齐文化人才资料汇编

张宇声　主编

齊魯書社

《齐文化人才资料汇编》编委会

强国必须重才

人才建设对民族振兴、国家富强具有十分重大的意义。我们党和国家非常重视人才。中共中央、国务院很早就提出“实施人才强国战略”，强调“建设人才强国”。习近平总书记也指出：“要树立强烈的人才意识，寻觅人才求贤若渴，发现人才如获至宝，举荐人才不拘一格，使用人才各尽其能。”

中华民族历来有尚贤爱才的优良传统。齐文化作为中国传统文化的重要组成部分，蕴含着丰富的人才思想。齐国在建国之始就确立了“尊贤尚功”的基本国策，继而提出了“百年树人”的教育理念和以人才为宝的用人思想，为历代所称道。齐国在人才培养、人才引进、人才选拔、人才任用、人才考核、人才激励等方面的理论与实践，对今天建设人才强国仍具有积极的借鉴和启迪意义。

一、尊贤尚功的治国方略

中国五千年的历史证明，国家的兴盛与人才的选用密切相关。西周初年，齐国开国君主姜太公确立了尊贤尚功的治国方略。此后，历代齐国君主一直沿用这一方略并将其发扬光大，齐国从一个僻居东方的小国发展成为“膏壤二千里”（《史记·齐太公世家》）的泱泱大国。

周初尊贤尚功方略的确立。周朝建立后，分封天下。姜太公以首功被分封到齐国。当时的齐国，经济落后，人口稀少，同时又面临莱人的侵扰。姜太公确立了尊贤尚功的治国方略，“修道术，尊贤智，赏有功”（《汉书·地理志下》），为齐国的发展强大奠定了基础。西周初期，世卿世禄制占统治地位。史载，姜太公曾经问周公怎么治理鲁国，周公明确回答：“尊尊而亲亲。”在此时代背景下，姜太公“举贤而上功”，弃任亲而选择任贤，无疑是具有远见卓识的。齐国立国之初，人才奇缺，姜太公尊贤尚功的治国方略，有利于最大程度地发挥国内所有人才的作用，这不但为西周初期齐国地位的巩固与发展做出了突出贡献，也确立了齐国重视人才的传统。

春秋时期尊贤尚功方略的继承。春秋时期，礼坏乐崩，齐国君主继承姜太公尊贤尚功的治国方略，选贤用能，称霸诸侯。齐桓公在鲍叔牙、国氏、高氏等贤臣、大族的辅佐下取得君位后，接受鲍叔牙的建议，任用与自己有一箭之仇的管仲为相。管仲辅佐齐桓公对内改革，富国强兵，对外尊王攘夷，“九合诸侯，一匡天下”(《史记·齐太公世家》)。齐桓公能够建立春秋首霸的不朽功业，正得益于任用管仲等贤能之士。正如《荀子·王霸》所说，齐桓公“九合诸侯，一匡天下，为五伯长，是亦无它故焉，知一政于管仲也”。齐桓公死后，齐国霸业中衰，齐景公为了恢复中原霸业，重用晏婴为相、田穰苴为将，使齐国强盛一时。

战国时代尊贤尚功方略的发扬光大。战国时代，随着士阶层的崛起，各国统治者为了富国强兵，无不重视人才，礼贤下士之风和布衣卿相之局由此形成。齐国君主顺应历史潮流，继承尊贤尚功的治国方略并将其发扬光大。内政上，齐威王任用邹忌为相进行改革，达到了富国强兵的目的；军事上，齐威王、齐宣王任命田忌为将、孙膑为军师，在桂陵、马陵之战中重创当时的中原霸主魏国；外交上，重用淳于髡等稷下名士，出使楚、魏、赵等国，既维护了齐国的尊严，又救齐国于危难之中。战国时期，齐国君主能够称王天下、开疆拓土，进而与秦王朝并称东帝、西帝，都与重用人才密切相关。

战国时期齐国君主在人才建设上有两个方面很值得注意。一是稷下学宫的创立。田氏取代姜齐政权后，创立了稷下学宫，招致各国人才，给予大夫封号，“为开第康庄之衢，高门大屋，尊宠之”(《史记·孟子荀卿列传》)。稷下学宫是齐国的人才培养基地、政治咨询机构，也是学术交流中心。稷下先生或教化百姓，或为田齐政权制造政治舆论，或为田氏政权提供政治咨询，或参与处理齐国政务，为齐国的繁荣兴盛提供了有力支撑。二是“士贵王者不贵”观念的确立与传播。据《战国策·齐策四》记载：齐宣王接见颜斶，颜斶认为应该“王前”，即齐宣王主动前来迎接他，而不是“斶前”，即自己趋近齐宣王。这是因为“士贵耳，王者不贵”。他广征博引，用大量的历史事实和理论分析充分论证了“士”在治国平天下中的重要地位和巨大作用。齐宣王听后，不但接受了

“士贵王不贵”之论，还甘愿做颜斶的弟子，并意欲授之以高官厚禄。齐宣王能够认可“士贵王不贵”，礼遇颜斶，在当时无疑是难能可贵的。

稷下学宫出现在齐国，“士贵王不贵”论出现在齐国，不是偶然的。这是齐国长期尊重人才的结果，是对姜太公确立的尊贤尚功治国方略的弘扬与发展。“备长在乎任贤”（《管子·版法》），“任贤则诸侯服”（《管子·霸言》），历代君主选贤任能，使齐国不断走向强盛。

二、百年树人的教育理念

国家的富足强大离不开大量优秀人才。只有源源不断地培养高素质人才，使人才资源得到保证，才能使国家实现可持续发展。齐国统治者深刻地理解这一道理，并且形成了以贵族子弟、士农工商、将士等不同对象为主的人才培养体系。

人才培养是长久之计。《管子》提出了“一年之计，莫如树谷；十年之计，莫如树木；终身之计，莫如树人”的理念。习近平总书记曾于2014年6月9日，在中国科学院第十七次院士大会、中国工程院第十二次院士大会上，引用此语说明人才培养的重要作用。他说：“‘一年之计，莫如树谷；十年之计，莫如树木；终身之计，莫如树人。’我们要把人才资源开发放在科技创新最优先的位置，改革人才培养、引进、使用等机制，努力造就一批世界水平的科学家、科技领军人才、工程师和高水平创新团队，注重培养一线创新人才和青年科技人才。”这充分说明人才培养是百年大计。

人才培养是全民教育。春秋时期齐国实行的四民分业教育是现代职业教育的先河。四民指士、农、工、商四大阶层，他们是齐国的基石。齐国统治者认为，如果从事这四种不同职业的人杂居在一起，说什么话的都有，必然会相互影响，从而使百姓见异思迁、难以专心从事自己的职业，这样就会影响生产的发展和国家的安定，所以，要按照四民的职业让他们居住在不同的区域：让士居住在闲静的地方，让工人居住在官府附近，让商人居住在集市一带，让农民居住在田野附近。这种教育方式体现了对士、农、工、商四大阶层职业技术培养的重视，既有利于社会的稳定，又有利于提高专业技术，从而为称霸中原提供保障，这在古代社会难能可贵。

人才培养是全方位育人。战国时代是一个礼贤下士的时代，也是一个布衣卿相的时代。当时许许多多的士人通过跟随名师学习,最后出将入相,成为左右时局的人物。而培养士人最有名的地方莫过于稷下学宫。稷下先生如何教导学生的情况,可从《管子·弟子职》中窥知一二。

据郭沫若考证,《管子·弟子职》记载了当时稷下学宫的学则。《管子·弟子职》对学生从早起到晚眠,在尊师、礼仪、起居、学习等方面的行为都有具体明确的要求。如尊师方面,《管子·弟子职》规定:晚睡早起是学生的本分。学生早起后清扫席前而后洗手漱口,做事要注意恭敬谨慎。轻提衣襟为老师摆设盥洗之器,服侍老师洗完后撤下盥器,并洒扫室屋,摆好讲席,恭候老师讲课。老师将要休息,弟子们要起来服侍,恭敬地奉上枕席,问老师足向何处?弟子第一次铺席问老师足向何处,是表明要尊重老师的就寝习惯,以后不再问是为了避免无故烦扰老师。老师已经休息,弟子还会向学友请教学习,互相切磋琢磨,各自加深理解所学的义理。学习的内容包括从善、从义,性情要温顺孝悌,心志、行为必须正直,出外居家要遵守常规并接近有德之士,容貌要端庄整齐,内心必须合于规范,学习要专一不懈,不可半途而废等。再如礼仪方面,《管子·弟子职》规定:若在学习过程中,有宾客来访,要迅速起立,对宾客不要失礼,边应边走,快进来向老师请示。即使来宾所找的人不在,也必须回来告知,然后回原位继续学习。学习中若有疑难,要拱手提出问题。老师下课走出,学生一律起立,等等。

这些要求体现了全方位育人、全过程育人,既强化了重仁义、尊师重道的教育,又强化了对专业技能的培养,对建设具有中国特色和世界水平的现代教育、落实"立德树人"的根本任务、培养"高素质劳动者和技术技能人才"等具有重要借鉴价值。

三、以人才为宝的用人思想

以人才为宝的用人思想是齐文化人才思想的重要组成部分。据《史记·田敬仲完世家》记载,齐威王与魏惠王相会,魏惠王以有十枚夜明珠自诩,夸耀自己有宝贝。齐威王却不以为然,他把自己的贤臣良将视如珍宝:"寡人之所以为宝与王异,吾臣有檀子者,使守南城,则楚人不敢为寇东取,泗上十二诸侯皆来朝。吾臣有朌子者,使守高唐,则赵人不敢东渔于河。吾吏有黔夫者,使守徐州,则燕人祭北门,赵人祭西门,徙而从者七千余家。吾臣有种首者,使备盗贼，则道不拾遗。将以照千里，岂特十二乘哉！”齐威王以人才为宝，是对姜太公尊贤尚功治国方略的继承和发扬，是齐国上下尊重人才思想的集中体现。

人才为社稷之宝。人才对国家建设极为重要，兴国安邦需要一流人才。《荀子·儒效》：“故人主用俗人，则万乘之国亡；用俗儒，则万乘之国存；用雅儒，则千乘之国安；用大儒，则百里之地久，而后三年，天下为一，诸侯为臣，用万乘之国，则举错而定，一朝而伯。”社稷需贤臣，贤臣可兴国安邦。《管子·形势解》：“明主之治天下也，必用圣人，而后天下治。”社稷需良将，良将可保家卫国。《六韬·龙韬·奇兵》：“得贤将者，兵强国昌；不得贤将者，兵弱国亡。”齐国能够在春秋称霸、战国称雄，就是以人才为宝、重用贤臣良将的结果。齐国八百年的历史充分证明了古语“得人者昌，失人者亡”的正确性。

人才为君王之宝。人才关系到君王的功业成就、荣辱安危。《管子·五辅》指出，古代那些能够获得广泛称誉、取得丰功伟业的君王，“非得人者，未之尝闻”；那些失去国家、颠覆宗庙的君王，“非失人者，未之尝闻”。所以对于君王来说，“人，不可不务也，此天下之极也”。齐桓公能够成就霸业，得益于身边有众多的优秀人才。晏婴曾对齐景公讲：“昔吾先君桓公身体惰懈，辞令不给，则隰朋昵侍；左右多过，狱谳不中，则弦宁昵侍；田野不修，民氓不安，则宁戚昵侍；军吏怠，戎士偷，则王子成甫昵侍；居处佚怠，左右慑畏，繁乎乐，省乎治，则东郭牙昵侍；德义不中，信行衰微，则管子昵侍。先君能以人之长续其短，以人之厚补其薄，是以辞令穷远而不逆，兵加于有罪而不顿，是以诸侯朝其德，而天子致其胙。”（《晏子春秋·内篇问上》）但齐桓公晚年信任易牙、竖刁（也作“竖刀”）、公子开方等小人，最后导致齐国内乱，自己竟困死宫中，尸体生虫爬出户外，人们才知道他已去世。《说苑·尊贤》：“（齐桓公）得管仲、隰朋，九合诸侯，一匡天下，毕朝周室，为五霸长，以其得贤佐也；失管仲、隰朋，任竖刁、易牙，身死不葬，虫流出户。一人之身，荣辱俱施者何？其所任异也。”齐桓公的教训正说明了人才对君主的重要性。

人才为百姓之宝。忠正直谏之人可以匡正君主过失，减少君主对百姓的危害，为百姓之宝。晏婴一生不遗余力地劝谏景公，不但使齐国国力增强，具有了复霸中原的实力，而且制止了齐景公许多不良的生活习俗及危害国家百姓的行为。《晏子春秋》中有“景公饮酒不恤天灾致能歌者晏子谏”“景公衣狐白裘不知天寒晏子谏”“景公藉重而狱多欲托晏子谏”“景公冬起大台之役晏子谏”等内容。《晏子春秋·外篇第八》记载齐景公在晏婴死后，感慨地说：“子大夫日夜责寡人，不遗尺寸，寡人犹且淫佚而不收，怨罪重积于百姓。今天降祸于齐，不加于寡人，而加于夫子，齐国之社稷危矣，百姓将谁告夫！”晏婴去世后，齐景公感慨“百姓将谁告夫”，正说明了晏婴对齐国百姓的重要性。

四、开放包容的引才战略

当今世界，国家之间的竞争日趋激烈，其表现是多方面的，但归根到底是人才的竞争，因此人才的引进已成为国家间综合实力竞争的杀手锏。春秋战国之际亦是如此。齐国统治者充分意识到引进人才的重要性，提出了“争天下者，必先争人”、“圣王卑礼以下天下之贤而王之”(《管子·霸言》)、“收天下之豪杰，有天下之骏雄”(《管子·七法》)等口号，采取措施引进了大量人才。

建立智囊学府大批吸纳人才。春秋末期至战国初期，齐国统治者为了巩固政权，在家族养士的基础上创建了稷下学宫，通过稷下学宫招揽了大批天下贤士，如孟轲、荀子等。这些学者属于不同的学派，如孟轲、荀子是儒家，宋钘是墨家，田巴、兒说是名家，田骈、慎到是稷下黄老道家学派，邹衍是阴阳五行学派，等等。此外还有属于管子学派、晏子学派的学者。稷下学宫中的著名学者被称为稷下先生。稷下先生除了参与学术辩论之外，还积极参与政务。他们或为国君提供适宜的治国方案，或推荐官吏、出使他国，直接为国家服务；或真诚地回答统治者的政治咨询，或针对国君的过失勇于进谏，等等。稷下学宫不仅是齐国统治者的官方智库，也是先秦诸子百家争鸣的主阵地、战国时期的学术研究与交流中心。稷下学宫不仅对齐国的兴盛起到了重大的作用，也为后世统治者重视人才、吸纳人才、包容人才树立了典范。

派出招才团队大批引进人才。春秋时期，齐桓公曾派游士八十人，携带着大量的珠宝、财物、钱币，周游四方诸侯国，以吸纳天下贤士为齐国服务。《国语·齐语》载，管仲建议齐桓公“为游士八十人，奉之以车马、衣裘，多其资币，使周游于四方，以号召天下之贤士”，同时以霸主的身份对天下表现好的诸侯、列士、大臣进行奖赏。《管子·大匡》：“诸侯之君有行事善者，以重币贺之；从列士以下有善者，衣裳贺之；凡诸侯之臣有谏其君而善者，以玺问之，以信其言。”齐桓公通过种种方式，大量引进天下人才，使齐国人才济济，为首霸中原奠定了坚实的基础。

建立“庭燎”制度大批吸引人才。庭燎之礼是西周、春秋时期周天子和诸侯国君接待外国使者或商讨国家大事时所举行的最高规格的接待礼仪。由于周天子和诸侯国君的身份和地位不同,庭燎之礼的规格也各有差别。齐桓公为了吸引人才,特将庭燎的规格设为当时的最高规格即天子的级别,以求天下贤才。《韩诗外传》卷三载,齐桓公曾设庭燎之礼以接待天下贤士,然而过了一年也没有贤士来见。这时,一位会九九算术的东野鄙人求见齐桓公。齐桓公认为九九算术只是小术,不值得他以庭燎之礼来接待。东野鄙人回答说:“臣闻君设庭燎以待士,期年而士不至。夫士之所以不至者,君天下之贤君也,四方之士皆自以为不及君,故不至也。夫九九,薄能耳,而君犹礼之,况贤于九九者乎!夫太山不让砾石,江海不辞小流,所以成其大也。……”“桓公曰:‘善。’乃固礼之。期月,四方之士相导而至矣。”齐桓公以当时最高规格的接待礼仪接见了一位会九九算术的东野鄙人,此举使齐桓公得到了天下贤士的信任。一个月后,天下贤士接踵而至。

五、严密规范的选拔程序

人才选拔是用贤的前提和基础,是治国理政之本。齐国人才选拔有完备的制度,以三选制最有代表性。三选制是齐桓公开创的从下层人士中选拔官吏的重要制度,开辟了下层人士参加政治的渠道,对逐步打破世卿世禄制有积极意义。

第一步,基层推荐。据《国语·齐语》记载:管仲通过立法的形式,规定乡大夫、五属大夫等官员具有荐举贤才的职责:“于子之乡,有居处好学、慈孝于父母、聪慧质仁、发闻于乡里者,有则以告。有而不以告,谓之蔽明,其罪五。”“于子之乡,有拳勇股肱之力秀出于众者,有则以告。有而不以告,谓之蔽贤,其罪五。”这说明基层人才首先由乡长和五属大夫荐举。地方官吏如果埋没、压制人才,则治以“蔽明”“蔽贤”之罪。

第二步,官员考察。即经中央长官进行为期一年的考察,并写出考评意见。“桓公令官长期而书伐,以告且选,选其官之贤者而复用之,曰:‘有人居我官,有功休德,惟慎端悫以待时,使民以劝,绥谤言,足以补官之不善政。’”(《国语·齐语》)考评的内容既有政绩(即功劳卓著),又有官德(即品德高尚,谨慎正派),还有工作能力(即处事不失时机,能以劝勉的办法治理百姓,制止诽谤)。

第三步,国君面试。《国语·齐语》载:“桓公召而与之语,訾相其质,足以比成事,诚可立而授之。设之以国家之患而不疚,退问之其乡,以观其所能而无大厉,升以为上卿之赞。”桓公亲自策问,策问的内容包括审视他的素质,看他是否可以辅助完成国事;以国家可能遇到的患难诘问他,如果问不倒,再退而诘问乡里的事情,以观察他的能力,如没有大毛病,就晋升他做上卿的助手。

对于民间的优秀人才,除通过基层推荐层层选拔外,国君还礼贤下士,亲自寻访。史书记载,齐桓公听闻小臣稷是一位难得的治国人才,曾经五访小臣稷,终于感动了小臣稷,使他为齐国霸业效力。齐桓公此举可与周文王招纳姜太公、刘备三顾茅庐等求贤佳话相媲美。《高士传·小臣稷》载:“桓公以此能致士,为五霸之长。”

“三选法”实施的结果是上至天子命卿,下至普通百姓都勉力为善。《国语·齐语》记载:“国子、高子退而修乡,乡退而修连,连退而修里,里退而修轨,轨退而修伍,伍退而修家。夫是,故匹夫有善,可得而举也;匹夫有不善,可得而诛也。政既成,乡不越长,朝不越爵,罢士无伍,罢女无家。夫是,故民皆勉为善。与其为善于乡也,不如为善于里;与其为善于里也,不如为善于家。是故士莫敢言一朝之便,皆有终岁之计;莫敢以终岁之议,皆有终身之功。”也就是说,上至国子、高子天子命卿,中至乡长、五属大夫,下至普通百姓,都积极行动起来,勉力为善。百姓中凡有好的,都可得到推荐;凡有坏的,都要受到诛罚,百姓因此努力终身修善,而不只图一时的侥幸。政令下达后效果明显:乡里幼不越长,朝中卑不越尊,没有德行的男人没人与他为伍,没有德行的女人不能外嫁。

六、公正无私的任用原则

培养人才、引进人才、选拔人才都是为了使用人才。齐相晏婴认为国有三不祥:“夫有贤而不知,一不祥;知而不用,二不祥;用而不任,三不祥也。”(《晏子春秋·内篇谏下》)足见其对人才使用重要性的认识。齐国的用人原则主要有:

大公无私的用人原则。这以鲍叔牙荐管仲为相最具代表性。史书记载:齐国君主齐襄公、公孙无知相继被杀,管仲辅佐公子纠,鲍叔牙辅佐公子小白

(即齐桓公)争夺君位。在争夺君位过程中,管仲为阻止公子小白回齐,曾箭射小白,并险些将他射死。齐桓公即位后,本意要任命鲍叔牙为相。鲍叔牙从称霸中原的大局出发,认为他的治国才能不如管仲,因而劝谏齐桓公放弃一箭私仇,任用管仲为相。鲍叔牙对齐桓公说:“我有五个方面不如管夷吾:宽惠爱民,我不如他;治国不失权柄,我不如他;忠信以交好诸侯,我不如他;制定礼仪以示范于四方,我不如他;披甲击鼓,立于军门,使士卒勇气倍增,我不如他。管仲好比人民的父母,将欲治理人民,就不可不用他们的父母。”(《管子·小匡》)在鲍叔牙的劝说下,齐桓公捐弃前仇,亲迎管仲于郊,最终成就霸业。当管仲辅佐齐桓公成就首霸中原的功业后,人们赞叹鲍叔牙的推荐之功超过管仲的治世功德。《史记·管晏列传》载:“鲍叔既进管仲,以身下之。子孙世禄于齐,有封邑者十余世,常为名大夫。天下不多管仲之贤而多鲍叔能知人也。”鲍叔牙推荐管仲为相,甘心位居管仲之下,但鲍氏家族在齐国世代长享富贵。世人在传颂鲍叔牙和管仲的功德时,更赞叹鲍叔牙的推荐之功。

不拘小节的用人原则。量能选拔,不可求全责备。人的才能具有差异性,人各具优点和不足,量能选拔,扬长避短,方能最大限度地发挥人才的作用。齐桓公发现卫人宁戚这一治国良材之后,虽然群臣因其小恶而加以反对,但齐桓公不避小恶仍然予以重用。宁戚后来为齐国称霸中原做出了重大贡献。

任人之长的用人原则。齐国统治者意识到:人与人禀赋不同,成长环境不同,所受教育不同,能力、专长也各不相同,因而要根据个人能力授予不同的官职,《管子·权修》称之为“察能授官”,《晏子春秋·内篇问上》称之为“任人之长,不强其短;任人之工,不强其拙”。管仲为相后,正是在坚持任人之长的用人原则下向各国委派出使人员的。卫国诡诈浅薄,贪图小利,就派头脑灵活、善于创新的公子开方去;鲁国喜好六艺,遵循礼法,就派为人恭谨、博学懂礼的季友去;楚国喜好机巧文饰,不好大义而好小信,就派博通政教、善于辞令的蒙孙去。其结果是经过五年的时间,诸侯归附。

和而不同的用人原则。“和而不同”作为一项用人原则是由晏婴明确提出来的。晏婴对“和”与“同”下了明确的定义。他认为“和”指下级对上级尤其是对君主提出批评性建议,以弥补君主的错误、纠正君主的过失。所谓“同”指下级对上级尤其是对君主无原则地赞同或附和。这可从晏婴、梁丘据两人对待齐景公的行为中看出来。晏婴作为齐国宰相,一方面尽职尽责地辅佐齐景公处理政事,另一方面不遗余力地委婉指出齐景公的过错,使他改过迁善。而梁丘据作为齐景公的近臣,对于景公的要求则不分好坏完全满足。

用人不疑的用人原则。《说苑·尊贤》载,齐桓公问管仲什么事情会危害霸业,管仲说:"不知贤,害霸;知而不用,害霸;用而不任,害霸;任而不信,害霸;信而复使小人参之,害霸。"也就是说,不知贤、不用贤,不任贤、不信贤,都会危害霸业。而齐桓公对管仲可以说是充分信任的,他把管仲当作是飞鸟的翅膀、渡水的舟船。因此当晋国客人来到齐国,官员请示怎么接待时,连问了三次,齐桓公都让他去请示管仲。官员很不解,齐桓公说:"吾得仲父已难矣,得仲父之后,何为不易乎哉?"(《韩非子·难二》)可见齐桓公对管仲的信任。齐桓公对管仲的充分信任也使齐桓公得到了丰厚的回报。《吕氏春秋·贵公》云:"桓公行公去私恶,用管子而为五伯长。"

七、完善严格的考核制度

齐国的人才考核制度形成于春秋及战国时期,体系完整,操作严格,主要体现在考核时间固定、标准明确、内容全面、监督到位上。

考核时间固定。春秋时期,齐国君主对官吏的考核大致可分为一年两小考和三年一大考两种形式,并且规定在每年的正月之初和腊月的末尾进行考核,年初进行奖赏,年底进行科罚。考察的对象既包括乡长、五属大夫等中层官吏,也包括士、农、工、商等基层官吏。齐国的乡长和五属大夫都必须在每年初即正月之朝向齐君述职。国君通过正月之朝考察乡长、属大夫的政绩。如果第一年、第二年考核不合格,可以赦免;如果第三年考核仍然不合格,则罪不可赦。

考核标准明确。齐国对大夫、士、农、工、商都有不同的考核标准:考核大夫,根据劝勉国事有无功绩,为政有没有治绩,土地有没有开垦,办案是否认真;考核贵人的子弟,根据居住是否奢华,是否压制朋友,是否好吃懒做;考核士,根据出入有无常规,是否敬爱老人,是否贪于钱财;考核农民,根据是否顺于父兄,是否勤于耕种土地,是否多服其劳;考核工、商,则根据出入是否顺于父兄,是否严肃对待任务,是否违逆老人、行事诡诈。

考核内容全面。既重视品德的考核,又重视能力的考核。品德的考核包括谦让、忠诚、信用、敬业等内容。齐国统治者很早就意识到人有自私的一面，多数人在利益面前往往“见利忘义”，加强品德的考核有助于人才保持清醒的头脑，使人才不在关键时刻利令智昏，做出有损国家、社会利益的事情。能力的考核侧重于是否能够做好本职工作。对于能够胜任本职工作的，仍让其留任乃至给予奖励；对于不能够胜任本职工作的，要给予处罚或免职。

考核监督到位。在人才的考核方面，国君具有莫大的权力，齐国的贤臣早就注意到这一问题，他们认为应该加强对君主考核权的监督，认为君主运用这项权力时要小心谨慎，绝对不能违背公平与公义而凭一己之私来随便处置。如齐景公曾经凭自己的喜好赐赏于国人，但具体执行赏罚命令的职计、士师等官员都拒绝执行。后经晏婴的劝谏，齐景公明白赏罚要以劝善禁暴为标准，并不是为了满足自己的私欲，因此齐景公收回成命，并改正了以前的过错。

八、有效管用的激励措施

君主要有效地管理百官、民众，既要设置官爵俸禄作为奖励手段，也要确立刑威法度作为约束手段。官爵是引导，刑罚是震慑，两手都要有，才能“劝民”“威众”。齐国的人才激励措施包括奖励和惩罚两个最基本的方面，主要体现为赏罚有信、奖功罚过、罚大赏小。

赏罚有信。据《六韬·文韬》记载，周文王问姜太公：“怎样才能奖励一个人就能激励百人，处罚一个人就能警戒众人？”姜太公回答说：“凡用赏者贵信，用罚者贵必。”也就是说，赏罚要严明，该赏赐的一定赏赐，该处罚的坚决处罚。当事人受到奖励或惩戒，其他人也会潜移默化地受到影响。奖惩不严明，该奖的不奖，该罚的不罚，君主就会失去权威。

奖功罚过。奖惩不公正，会打击人的积极性。《管子·八观》指出：功劳很大，俸禄赏赐却很少，那么有功勋的人就不会全心全意为国家效力；政绩很突出，爵位却很低，那么有才能的人就不会竭尽所能为国家效力。这样就会造成“兵士不战”“内治不别”的后果。而奖惩的准绳就是业绩和功效，这以齐威王奖励即墨大夫、诛杀阿大夫的案例最为典型。齐威王初年，朝政混乱。他派人实地考察，发现即墨大夫管理有方，百姓富足，社会安宁，就“封之万家”，进行赏赐；阿大夫治理无方，土地荒芜，百姓困苦，就“烹阿大夫，及左右尝誉者皆并烹之”。这样一来，全国上下都很受震动，“人人不敢饰非，务尽其诚”，其结果是“齐国大治，诸侯闻之,莫敢致兵于齐二十余年”(《史记·田敬仲完世家》)。

罚贵赏贱。据《六韬·龙韬》记载,周武王问姜太公:“将领怎样才能树立权威?怎样才算是英明?怎样能做到令行禁止?”姜太公说:“将以诛大为威,以赏小为明,以罚审为禁止而令行。”地位再高的人,违法也要处罚,这样就可以树立权威;地位极低的人,有功也要赏赐,这样才能体现英明;赏罚公正得当,就能做到令行禁止。这是因为诛杀位高权重之人,可以使三军震动,“杀一人而三军震”;赏赐马夫徒隶,可以让万人喜悦,“赏一人而万人说”。因此姜太公提出“杀贵大,赏贵小”,刑罚能到最高层,赏赐能到最底层,权威自然就树立起来了。春秋时期,司马穰苴将“杀贵大、赏贵小”的人才激励理论用到了极致。据《史记·司马穰苴列传》载,齐景公时,晋国和燕国侵略齐国,司马穰苴被任命为将,领兵抗敌。出征前,司马穰苴集合军队,齐景公宠信的监军庄贾迟到,司马穰苴以军法将其处斩;行军中,司马穰苴与士兵同甘共苦,将自己的物资粮食拿出来款待战士。司马穰苴“杀贵大,赏贵小”,大大激发了军队的战斗力,人人“争奋出为之赴战”,晋军、燕军不战而退,齐军乘势收复失地。

齐文化人才思想丰富且有特色。山东理工大学齐文化研究院、山东省高校优秀传统文化与人才培养研究基地在齐文化人才研究方面有深厚的积累,将有关文献及相关典籍中的齐文化人才资料进行分类汇编、简注,颇具匠心。每部分的说明提纲挈领,要言不烦。通过本资料汇编,读者既可以鉴赏齐文化中的人才思想精华,又能够了解齐国官制、领略齐国高超的用人艺术、了解先秦诸子对齐国用人思想的理论阐释。相信本书的出版,将会对齐文化人才思想的发掘、中国古代人才思想史的研究、优秀传统文化的弘扬、人才强国的建设,起到积极的作用。

是为序。

齐秀生

2017 年 1 月

目录

一、人才为宝

在人才思想史上，人才为宝的思想占有重要地位，它的思想灵魂在于解开了用人唯亲的束缚，打破了长期占垄断地位的周代宗法社会的秩序。人才为宝的提法与战国齐威王与梁惠王的一段经典对话有直接关系。据《史记·田敬仲完世家》记载，齐威王"与魏王（指梁惠王）会田于郊。魏王问曰：'王亦有宝乎？'威王曰：'无有。'梁王曰：'若寡人国小也，尚有径寸之珠照车前后各十二乘者十枚，奈何以万乘之国而无宝乎？'威王曰：'寡人之所以为宝与王异。吾臣有檀子者，使守南城，则楚人不敢为寇东取，泗上十二诸侯皆来朝。吾臣有肦子者，使守高唐，则赵人不敢东渔于河。吾吏有黔夫者，使守徐州，则燕人祭北门，赵人祭西门，徙而从者七千余家。吾臣有种首者，使备盗贼，则道不拾遗。将以照千里，岂特十二乘哉！'梁惠王惭，不怿而去"。通过齐威王与梁惠王的谈话内容可知，二人对于什么是"宝"的问题分歧明显，梁惠王以有十枚夜明珠自诩，夜明珠的珍贵世人皆知，而齐威王不以为然，他把自己的贤臣良将视如珍宝。鲜明的对比突出了齐威王对人才的重视。这个故事成为齐威王任人唯贤、重视人才的千古佳话，使齐威王树立了明君的形象典范，也是人才为宝这一颇具现代意味的词语的较早出处。

人才为宝的思想是齐文化人才思想的重要组成部分，它的发展脉络具有一定的连续性与传承性。其实，在战国时期齐威王提出这个问题之前，齐国人才思想史上已经有了该思想的痕迹，并且得到了较好的实践。齐国的开创者姜太公对人才有着自己的认识,《六韬》中有姜太公对选将的认识,他认为“将者,人之司命,三军与之俱治,与之俱乱。得贤将者,兵强国昌;不得贤将者,兵弱国亡”。举贤要尚功,在姜太公看来,治国需要贤人,需要有才能的人,这为齐国的人才观定下了基调。当然,太公在受封齐国前,作为周兴的功臣,本身就被周文王、周武王视为至宝,以自身的行动践行着贤人的素养。《史记》《汉书》《晏子春秋》《吕氏春秋》《六韬》等典籍中都有相关记载,只是各自记载的侧重点不同而已。

齐国另一中兴改革功臣——管仲本身就是一贤者,在鲍叔牙的推荐下,他受到齐桓公的重用,成为齐国一代贤相。齐国大夫鲍叔牙推掉齐桓公任己为相的安排,秉承着任人唯贤的思想,极力推荐管仲为相,这不仅体现了鲍叔牙博大的胸怀,更反映出其为国为民的历史责任感,同时也反映出鲍叔牙是人才为宝思想的忠诚守护者与践行者。齐桓公作为齐国明君,没有记恨管仲的一箭之仇,而是接受了鲍叔牙的建议,封管仲为相,把齐国的行政大权交给了他,并尊称管仲为仲父。《管子》记载,“寡人(指齐桓公)之有仲父也,犹飞鸿之有羽翼也,若济大水有舟楫也”,可见齐桓公对管仲的重视与信任程度。而管仲作为齐相,本身也重视人才,以人才为宝,强调人才对国家的重要性,如“争天下者,必先争人。明大数者得人,审小计者失人。得天下之众者王,得其半者霸。是故圣王卑礼以下天下之贤而王之”。天下的稳固,人才是第一位的,故有“收天下之豪杰,有天下之骏雄”之说。管仲其他有关人才为宝的思想详见《管子》《说苑》《韩非子》《国语》《战国策》等典籍。齐国其他历史时期也有诸多重视人才的案例,也有一些因用人不当或唯亲是用等引起政局混乱甚至局势动荡、朝代更迭的反面实例。这些材料共同说明了重视人才的重要性,从某种程度上也进一步丰富了人才为宝的思想。

齐文化作为一种重要的地域文化,与其他地域文化相比,有着自身的特点。“仓廪实而知礼节,衣食足而知荣辱”,这恰恰体现了齐文化的务实性。其实从齐地独特的地理方位中也能窥探出齐文化特质的端倪。《史记·货殖列传》记载:“齐带山海,膏壤千里,宜桑麻,人民多文采布帛鱼盐。临菑亦海岱之间一都会也。其俗宽缓阔达,而足智,好议论,地重,难动摇,怯于众斗,勇于持刺，故多劫人者，大国之风也。”齐国地处大海之滨，传统农业相对薄弱，而工商渔盐业较为发达。早期商业的活跃促使齐地形成了“足智，好议论”的文化传统，这也是齐文化与其他地域文化最大的不同点。“足智，好议论”的传统促进了齐地人才的萌生与集聚，而稷下学宫的建立则成为该传统优势发挥的最好见证。稷下学宫是一个百家争鸣的舞台，汇集了诸如儒家、法家、名家、阴阳家、道家等名流学派的众多学人贤者。诸多稷下先生登上了齐国的政治舞台并成为治国安邦的重要力量。《史记·孟子荀卿列传》记载：“自如淳于髡以下，皆命曰列大夫，为开第康庄之衢，高门大屋尊宠之。览天下诸侯宾客，言齐能致天下贤士也。”从某种意义上讲，只有当时的齐国才能够网罗那么多贤士，才能兴办稷下学宫，当然这与齐国独特的文化氛围是分不开的。稷下学宫的兴办、稷下学人的任用，正是齐地人才为宝思想的最好佐证。

子路曰：“桓公杀公子纠，召忽死之，管仲不死①。”曰：“未仁乎？”子曰：“桓公九合诸侯，不以②兵车，管仲之力也。如其仁③，如其仁！”

——《论语·宪问》

【注释】

①管仲不死：管仲没有为公子纠自杀。　②以：用，凭借。　③如其仁：这就是管仲的仁德。如：乃，是。

子贡曰：“管仲非仁者与？桓公杀公子纠，不能死，又相之。”子曰：“管仲相桓公，霸诸侯，一匡天下，民到于今受其赐。微①管仲，吾其被发左衽矣②。岂若匹夫匹妇之为谅③也，自经于沟渎④而莫之知也？”

——《论语·宪问》

【注释】

①微：假如没有。　②吾其被发左衽矣：我们都会披散着头发，衣襟向左边开，沦为落后民族了。被：通“披”。　③谅：诚信。　④自经：自缢。沟渎：沟壑。

故校之以计①,而索其情②,曰:主孰③有道?将孰有能?天地孰得?法令孰行?兵众孰强?士卒孰练?赏罚孰明?吾以此知胜负矣。

——《孙子兵法·计篇》

【注释】

①校(jiào):比较。计:计算,估计。 ②索:探索。情:指实际情况。③孰:疑问代词,谁,哪一方。

故知兵之将,生民之司命①,国家安危之主②也。

——《孙子兵法·作战篇》

【注释】

①生民之司命:民众命运的掌握者。 ②主:主宰。

夫将者,国之辅①也,辅周②则国必强,辅隙③则国必弱。

——《孙子兵法·谋攻篇》

【注释】

①辅:增强车轮支力的辅木,这里指国家的骨干人才。 ②辅周:辅佐周密。 ③辅隙:辅佐有缺陷、漏洞。

故用间①有五:有因间,有内间,有反间,有死间,有生间。五间俱起,莫知其道②,是谓神纪③,人君之宝④也。

——《孙子兵法·用间篇》

【注释】

①间:间谍。这里分为五类间谍。 ②莫知其道:没有人知道我军的行动规律。道:途径,规律。 ③神纪:神秘莫测之道。纪:即"道",这里有"道理"的意思。 ④人君之宝:这里指君主克敌制胜的法宝。

昔殷之兴也,伊挚①在夏;周之兴也,吕牙②在殷。故明君贤将,

能以上智③为间者，必成大功。此兵之要④，三军之所恃⑤而动也。

——《孙子兵法·用间篇》

【注释】

①伊挚：即伊尹，原为夏桀之臣，商汤用他灭夏。 ②吕牙：即姜子牙，亦称姜太公，曾为殷纣王之臣。周武王姬发伐纣，用吕牙为师。 ③上智：高超的智慧，这里指具有高超智慧的人。 ④要：关键。 ⑤恃：依靠。

鲍叔①帅师来言曰："子纠②，亲③也，请君讨之。管、召④，仇也，请受而甘心焉。"乃杀子纠于生窦⑤，召忽死之⑥。管仲请囚，鲍叔受之，乃堂阜而税⑦之。归而以告曰："管夷吾治于高傒⑧，使相可也。"公从之。

——《左传·庄公九年》

【注释】

①鲍叔：鲍叔牙，齐国大夫，齐公子小白的师傅。 ②子纠：齐国公子纠，齐襄公之弟、齐桓公之兄、齐僖公之子，母为鲁女。 ③亲：亲兄弟。 ④管、召：管仲、召忽，皆为公子纠门客。 ⑤生窦：地名，在今山东菏泽北。 ⑥死：为之死，指自杀。之：公子纠。 ⑦堂阜：地名，在今山东蒙阴县西北。税：通"脱"，释放。 ⑧高傒：齐国大夫。此句谓管仲治能过于高傒。

崔氏①之乱，丧群公子。故钼在鲁，叔孙还在燕，贾②在句渎之丘。及庆氏亡③，皆召之，具其器用，而反④其邑焉。与晏子邶殿⑤，其鄙六十，弗受。子尾⑥曰："富，人之所欲也，何独弗欲？"对曰："庆氏之邑足欲，故亡。吾邑不足欲也，益之以邶殿，乃足欲。足欲，亡无日矣。在外，不得宰⑦吾一邑。不受邶殿，非恶富也，恐失富也。且夫富，如布帛之有幅⑧焉。为之制度，使无迁也。夫民生厚而用利，于是乎正德以幅之，使无黜嫚⑨，谓之幅利。利过则为败。吾不敢贪多，所谓幅也。"与北郭佐邑⑩六十，受之。与子雅邑，辞多受少。

与子尾邑，受而稍致之。公以为忠，故有宠。释卢蒲嫳于北竟⑪。

——《左传·襄公二十八年》

【注释】

①崔氏：崔杼，齐国大夫，此时为齐国执政者。 ②鉏、叔孙、贾：皆为齐国公子。 ③庆氏亡：指公元前538年，楚灵王伐吴，楚令屈申破朱方，杀庆封，灭其族。庆封：齐国大夫，权臣。 ④反：通“返”，返回。 ⑤与：赐给。晏子：晏婴，齐国大夫。邶殿：齐国城邑，在今山东昌邑。 ⑥子尾：齐惠公之孙、公子祁（字子高）之子。 ⑦宰：主管，主持，这里是“持有”的意思。 ⑧幅：指衣服尺寸，与“富”谐音，晏子用来作比。 ⑨黜：不足。嫚：过分。 ⑩北郭佐邑：地名，与下文的“雅邑”“尾邑”皆为齐国城邑。 ⑪卢蒲嫳：齐国大夫，原为庆封同党。竟：通“境”。

桓公自莒反于齐，使鲍叔①为宰，辞曰：“臣，君之庸臣也。君加惠于臣，使不冻馁②，则是君之赐也。若必治国家者，则非臣之所能也。若必治国家者，则其管夷吾③乎。臣之所不若夷吾者五：宽惠柔④民，弗若也；治国家不失其柄，弗若也；忠信可结于百姓，弗若也；制礼义可法于四方，弗若也；执枹鼓立于军门⑤，使百姓皆加勇焉，弗若也。”

桓公曰：“夫管夷吾射寡人中钩⑥，是以滨于死。”鲍叔对曰：“夫为其君动也。君若宥⑦而反之，夫犹是也。”桓公曰：“若何？”鲍子对曰：“请诸鲁。”桓公曰：“施伯⑧，鲁君之谋臣也，夫知吾将用之，必不予我矣。若之何？”鲍子对曰：“使人请诸鲁，曰：‘寡君有不令之臣⑨在君之国，欲以戮之于群臣，故请之。’则予我矣。”桓公使请诸鲁，如鲍叔之言。

——《国语·齐语》

【注释】

①鲍叔：齐国大夫鲍叔牙。齐桓公继位前，鲍叔牙为其傅。 ②馁：饥饿。 ③管夷吾：管仲，名夷吾，字仲。 ④柔：安抚。 ⑤枹：鼓槌。军门：军营之门。 ⑥管夷吾射寡人中钩：公元前685年，公子小白（即齐桓公）由莒返齐即

位,管仲受公子纠命截击小白,射中了小白的衣带钩。 ⑦宥:赦免。 ⑧施伯:鲁国大夫。 ⑨不令之臣:不听从命令的臣子。

庄公以问施伯①,施伯对曰:"此非欲戮之也,欲用其政也。夫管子,天下之才也,所在之国,则必得志于天下。令彼在齐,则必长为鲁国忧矣。"

——《国语·齐语》

【注释】

①庄公:鲁庄公,姬姓。施伯:鲁国大夫。

桓公知诸侯之归己也,故使轻其币①而重其礼。故天下诸侯罢马②以为币,缕綦以为奉③,鹿皮四个;诸侯之使垂橐而入④,稛载而归⑤。故拘之以利⑥,结之以信,示之以武,故天下小国诸侯既许桓公,莫之敢背,就其利而信其仁、畏其武。桓公知天下诸侯多与⑦己也,故又大施忠焉。可为动者为之动,可为谋者为之谋,军谭、遂⑧而不有也,诸侯称宽⑨焉。

——《国语·齐语》

【注释】

①轻其币:适当减少各诸侯前来聘问的礼物。 ②罢马:劣质马匹。 ③缕:麻线。綦:带有纹饰的布帛。奉:垫玉器的垫板。 ④垂橐而入:空着口袋进入(齐国)。橐:口袋。 ⑤稛载而归:带着大批物品离开。稛:通"捆",捆束。 ⑥拘之以利:用利益笼络诸侯。 ⑦与:认同,认可。 ⑧谭、遂:两诸侯国名。 ⑨宽:宽厚,仁义。

通齐国之鱼盐于东莱①,使关市几而不征②,以为诸侯利,诸侯称广焉。筑葵兹、晏、负夏、领釜丘③,以御戎、狄之地,所以禁暴于诸侯也;筑五鹿、中牟、盖与、牡丘④,以卫诸夏之地,所以示权于中国

也。教[5]大成,定三革[6],隐五刃[7],朝服以济河而无怵惕[8]焉,文事胜矣。是故大国惭愧,小国附协。唯能用管夷吾、宁戚、隰朋、宾胥无、鲍叔牙之属而伯[9]功立。

——《国语·齐语》

【注释】

①东莱:齐国地名,在今山东半岛。 ②几而不征:只稽查不收税。几:稽查。 ③葵兹、晏、负夏、领釜丘:齐国边疆地名。 ④五鹿、中牟、盖与、牡丘:地名。五鹿:在今河南濮阳。中牟:在今河南汤阴西。盖与:在今河北大名东。牡丘:在今山东聊城东北。 ⑤教:教化。 ⑥三革:甲、胄、盾三种皮革兵器。 ⑦五刃:刀、剑、矛、戟、矢五种兵器。 ⑧怵惕:惊骇。 ⑨管夷吾、宁戚、隰朋、宾胥无、鲍叔牙:皆为齐国著名贤达。伯:通“霸”。

靖郭君善齐貌辨[1]。齐貌辨之为人也多疵[2],门人弗说[3]。士尉[4]以证靖郭君,靖郭君不听,士尉辞而去。孟尝君又窃[5]以谏,靖郭君大怒曰:“刬[6]而类,破吾家。苟可慊[7]齐貌辨者,吾无辞为之。”于是舍之上舍,令长子御,旦暮进食。

——《战国策·齐策一》

【注释】

①靖郭君:孟尝君田文的父亲田婴。齐貌辨:齐人,靖郭君的门客。②疵:小毛病。 ③说:通“悦”,喜欢。 ④士尉:齐人,也是靖郭君的门客。⑤窃:私下里,秘密地。 ⑥刬:通“铲”,削除。 ⑦慊:满意。

数年,威王[1]薨,宣王[2]立。靖郭君之交,大不善于宣王,辞而之薛[3],与齐貌辨俱留。无几何,齐貌辨辞而行,请见宣王。靖郭君曰:“王之不说婴甚,公往必得死焉。”齐貌辨曰:“固不求生也,请必行。”靖郭君不能止。

——《战国策·齐策一》

【注释】

①威王：齐威王，公元前356年—公元前320年在位。 ②宣王：齐威王之子，公元前319年—公元前301年在位。 ③薛：城邑名，靖郭君封邑，今山东枣庄薛城。

齐貌辨行至齐，宣王闻之，藏怒以待之。齐貌辨见宣王，王曰："子，靖郭君之所听爱夫？"齐貌辨曰："爱则有之，听则无有。王之方①为太子之时，辨谓靖郭君曰：'太子相②不仁，过颐豕视，若是者倍反。不若废太子，更立卫姬婴儿郊师③。'靖郭君泣而曰：'不可，吾不忍也。'若听辨而为之，必无今日之患也。此为一。至于薛，昭阳④请以数倍之地易薛，辨又曰：'必听之。'靖郭君曰：'受薛于先王⑤，虽恶于后王，吾独谓先王何乎！且先王之庙在薛，吾岂可以先王之庙与楚乎！'又不肯听辨。此为二。"宣王大息⑥，动于颜色，曰："靖郭君之于寡人一至此乎！寡人少，殊不知此。客肯为寡人来靖郭君乎？"齐貌辨对曰："敬诺。"

——《战国策·齐策一》

【注释】

①方：当时。 ②相：长相，面貌。 ③郊师：卫姬之子，齐宣王庶弟。 ④昭阳：楚国将军。 ⑤先王：齐威王。 ⑥大息：深深叹气。

靖郭君来，衣威王之衣，冠其冠，带其剑，宣王自迎靖郭君于郊，望之而泣。靖郭君至，因请相①之。靖郭君辞，不得已而受。七日，谢病强辞，三日而听②。当是时，靖郭君可谓能自知人矣！能自知人，故人非之不为沮。此齐貌辨之所以外生乐患趣③难者也！

——《战国策·齐策一》

【注释】

①相：为相，做相国。 ②听：同意，表示应允。 ③趣：通"趋"。

万乘之国[①],兵不可以无主[②];土地博大,野不可以无吏;百姓殷众[③],官不可以无长[④];操民之命,朝不可以无政[⑤]。

——《管子·权修》

【注释】

①万乘之国:拥有一万辆兵车的国家。古代以一车四马为一乘。兵车数量反映国家实力,万乘之国为大国。 ②主:主帅。 ③殷众:众多。殷:多。④官:官府。长:长官。 ⑤朝:朝廷,指国家。政:政令。

古之圣王所以取明名[①]广誉,厚功大业,显于天下,不忘于后世,非得人者未之尝闻。暴王之所以失国家,危社稷,覆[②]宗庙,灭[③]于天下,非失人者未之尝闻。今有土之君[④],皆处欲安,动欲威,战欲胜,守欲固。大者欲王天下[⑤],小者欲霸诸侯,而不务[⑥]得人,是以小者兵挫而地削,大者身死而国亡。故曰:人不可不务也,此天下之极[⑦]也。

——《管子·五辅》

【注释】

①明名:盛名。明:盛。 ②覆:倾覆。 ③灭:消失。 ④有土之君:拥有土地的君主。 ⑤王天下:称王于天下。 ⑥务:致力于。 ⑦极:至,最。

王主积[①]于民,霸主[②]积于将战士,衰主积于贵人[③],亡主[④]积于妇女、珠玉,故先王慎其所积。

——《管子·枢言》

【注释】

①王主:成就王业的君主。积:积聚。 ②霸主:成就霸业的君主。③衰主:让国家衰败的君主。贵人:地位高贵的人,这里指官僚贵族。 ④亡主:亡国的君主。

至于堂阜[①]之上,鲍叔祓[②]而浴之三。桓公亲迎之郊。管仲诎

缨捷衽[3]，使人操斧而立其后。公辞斧三，然后退之。公曰："垂缨下衽[4]，寡人将见。"管仲再拜稽首[5]曰："应公之赐，杀之黄泉，死且不朽[6]。"公遂与归，礼之于庙，三酌[7]而问为政焉。

——《管子·小匡》

【注释】

①堂阜：地名，在今山东蒙阴县西北。 ②祓（fú）：古代除灾去邪的一种仪式。 ③诎缨捷衽：卷起帽缨，挽起衣襟。表示自己有罪，愿意接受处罚。诎：通"屈"。捷衽：即"插衽"，将衣襟挽起塞入衣带。 ④垂缨下衽：垂下帽缨，放下衣襟。齐桓公让管仲"垂缨下衽"，恢复正常装束，表示赦免管仲。⑤再拜：拜了两拜。稽（qǐ）首：古时一种礼节，跪下，拱手至地，头也至地。⑥应公之赐，杀之黄泉，死且不朽：接受您的恩赐，我即使被杀，命归黄泉，声名也将不朽。 ⑦酌：斟酒。

桓公在位，管仲、隰朋见。立有间[1]，有贰鸿飞而过之。桓公叹曰："仲父[2]，今彼鸿鹄有时而南，有时而北，有时而往，有时而来，四方无远，所欲至而至焉，非唯有羽翼之故，是以能通其意于天下乎？"管仲、隰朋不对。桓公曰："二子何故不对？"管子对曰："君有霸王之心，而夷吾非霸王之臣也，是以不敢对。"桓公曰："仲父胡为然，盍不当言[3]，寡人其有乡[4]乎？寡人之有仲父也，犹飞鸿之有羽翼也，若济大水有舟楫也。仲父不一言教寡人，寡人之有耳，将安闻道而得度[5]哉？"管子对曰："君若将欲霸王，举大事乎？则必从其本事矣。"桓公变躬迁席，拱手而问曰："敢问何谓其本？"管子对曰："齐国百姓，公之本也。人甚忧饥，而税敛重；人甚惧死，而刑政险[6]；人甚伤劳，而上举事不时。公轻其税敛，则人不忧饥；缓其刑政，则人不惧死；举事以时，则人不伤劳。"桓公曰："寡人闻仲父之言，此三者闻命矣，不敢擅[7]也，将荐之先君。"于是令百官有司，削方墨笔[8]。明日皆朝于太庙之门，朝定令于百吏。使税者百一钟[9]，孤幼不刑，泽梁

时纵，关讥而不征[10]，市书而不赋[11]，近者示之以忠信，远者示之以礼义。行此数年，而民归之如流水。

——《管子·霸形》

【注释】

①有间：一会儿。 ②仲父：齐桓公对管仲的尊称。 ③盍：通“何”。当言：直言。当：通“谠”，正直。 ④其：表示祈使，应当，可以。乡：通“向”，方向，指导方针。 ⑤道：治国之道。度：法度。 ⑥险：峻，严酷。 ⑦擅：专有。 ⑧削方墨笔：削好方板，准备好墨与笔。古代不足百字，书写在方板上。方：方板。 ⑨税者百一钟：一百钟纳税一钟。钟：古代量器，十釜为一钟。⑩关讥而不征：关卡只检查不收税。讥：稽查。 ⑪市书而不赋：市场只登记不收税。

夫下不戴[1]其上，臣不戴其君，则贤人不来[2]。贤人不来，则百姓不用[3]。百姓不用，则天下不至。

——《管子·君臣下》

【注释】

①戴：拥戴，尊奉。 ②来：指出来做官。 ③不用：不肯为君主效力。

神圣者王[1]，仁智者君，武勇者长[2]，此天之道，人之情也。

——《管子·君臣下》

【注释】

①王：称王天下。 ②长：做长官。

桓公与管仲阖门[1]而谋伐莒，未发也，而已闻于国[2]矣。桓公怒谓管仲曰：“寡人与仲父阖门而谋伐莒，未发也，而已闻于国，其故何也？”管仲曰：“国必有圣人。”桓公曰：“然。夫日之役者[3]，有执席食以视上[4]者，必彼是邪？”于是乃令之复役，毋复相代。少焉，东郭邮至。桓公令傧者延[5]而上，与之分级而上，问焉，曰：“子言伐莒者

乎?”东郭邮曰:“然,臣也。”桓公曰:“寡人不言伐莒,而子言伐莒,其故何也?”东郭邮对曰:“臣闻之,君子善谋,而小人善意⑥,臣意之也。”桓公曰:“子奚以意之?”东郭邮曰:“夫欣然喜乐者,钟鼓⑦之色也;夫渊然清静者,缞绖之色⑧也;漻然⑨丰满,而手足拇动者,兵甲之色也。日者,臣视二君之在台上也,口开而不阖,是言莒⑩也;举手而指,势当莒也。且臣观小国诸侯之不服者,唯莒,于是臣故曰伐莒。”桓公曰:“善哉,以微射⑪明,此之谓乎!子其坐,寡人与子同之⑫。”

——《管子·小问》

【注释】

①阖门:闭门。 ②闻于国:在国都中传开。国:国都。 ③役者:服役的人。 ④食:进奉饭食。视上:向上看,察看齐桓公和管仲的表情动作。 ⑤傧者:负责接待的人。延:请。 ⑥善意:善于揣度。意:揣度,推测。 ⑦钟鼓:鸣钟击鼓,指喜庆之事。 ⑧缞绖之色:居丧时的表情。缞绖:丧服。 ⑨漻然:丰满气盛的样子。 ⑩莒:古音“吕”,开口呼,因此发音时“口开而不阖”。 ⑪射:猜测,推测。 ⑫寡人与子同之:我和你共同谋划这件事。

此则亦见于《吕氏春秋·重言》、《说苑·权谋》、《论衡·知时》、《金楼子·志怪》、《韩诗外传》卷四。

明主与圣人谋①,故其谋得;与之举事②,故其事成。乱主与不肖者谋,故其计失;与之举事,故其事败。

——《管子·形势解》

【注释】

①谋:谋划。 ②举事:行事,做事。

明主不用其智,而任①圣人之智;不用其力,而任众人之力。故以圣人之智思虑者,无不知也;以众人之力起事者,无不成也。能自

去[2]而因天下之智力起，则身逸而福多。乱主独用其智，而不任圣人之智；独用其力，而不任众人之力，故其身劳而祸多。

——《管子·形势解》

【注释】

①任：依靠。 ②自去：放弃自己的才智。去：放弃，舍弃。

分地若一，强者能守；分财若一，智者能收[1]。智者有什倍[2]人之功，愚者有不赓本[3]之事。

——《管子·国蓄》

【注释】

①收：获利。 ②什倍：十倍。 ③不赓本：赔本。赓：补偿。

昔先君桓公，其方任贤而赞德[1]之时，亡国恃以存[2]，危国仰以安[3]，是以民乐其政而世高其德，行远征暴[4]，劳者不疾[5]，驱海内使朝天子，而诸侯不怨。当是时，盛君之行不能进[6]焉。及其卒而衰，怠于德而并于乐[7]，身溺于妇侍而谋因于竖刁[8]，是以民苦其政，而世非其行，故身死乎胡宫[9]而不举，虫出而不收。

——《晏子春秋·内篇谏上》

【注释】

①任贤而赞德：任用贤良，称赞美德。 ②亡国恃以存：衰亡的国家依靠他而得以存在。 ③危国仰以安：陷于危难的国家仰仗他得以安定。 ④行远征暴：派遣军队到远处去讨伐暴君。 ⑤劳者不疾：劳师不怨。 ⑥进：加，进一步。 ⑦怠于德而并于乐：德行怠惰，放纵淫乐。 ⑧妇侍：妇人与宦官。竖刁：齐国佞臣。 ⑨胡宫：齐桓公居住的宫室。

景公问晏子曰："昔吾先君桓公，有管仲夷吾保乂[1]齐国，能遂武功而立文德，纠合兄弟[2]，抚存冀州[3]，吴越受令，荆楚惛忧[4]，莫不宾服，勤于周室，天子加德⑤。先君昭功，管子之力也。今寡人亦欲存⑥齐国之政于夫子，夫子以佐佑⑦寡人，彰先君之功烈，而继管子之业。”晏子对曰：“昔吾先君桓公，能任用贤，国有什伍，治遍细民⑧，贵不凌贱，富不傲贫，功不遗罢⑨，佞不吐愚⑩，举事不私，听狱不阿⑪，内妾无羡⑫食，外臣无羡禄，鳏寡无饥色；不以饮食之辟⑬害民之财，不以宫室之侈劳人之力；节取于民，而普施之；府无藏，仓无粟，上无骄行，下无谄德。是以管子能以齐国免于难，而以吾先君参乎天子。今君欲彰先君之功烈，而继管子之业，则无以多辟伤百姓，无以嗜欲玩好怨诸侯，臣孰敢不承善尽力⑭，以顺君意？今君疏远贤人，而任谗谀；使民若不胜，藉敛若不得；厚取于民，而薄其施；多求于诸侯，而轻其礼；府藏朽蠹，而礼悖于诸侯；菽粟藏深，而怨积于百姓；君臣交恶，而政刑无常：臣恐国之危失，而公不得享也。又恶能彰先君之功烈而继管子之业乎？”

——《晏子春秋·内篇问上》

【注释】

①保乂：安治。②纠合：纠集组成，即联合。兄弟：指兄弟之国。③抚存：安抚。冀州：指中原一带。④惛忧：即闻忧，闻而恐惧。⑤加德：嘉其德。加：嘉。⑥存：寄。⑦佐佑：帮助。⑧治遍细民：治理所及，不遗一小民。⑨功不遗罢：不以有功谴责无功者。遗：当为“遣”之讹，“遣”即“谴”，谴责。罢：无功者。⑩佞不吐愚：不以佞而诎愚。吐：当作“咄”，通“诎”。⑪听狱不阿：审理案件不偏私。⑫羡：多余。⑬辟：当作“癖”，爱好。⑭承善尽力：承善以立文德，尽力以遂武德。

景公问于晏子曰：“治国何患？”晏子对曰：“患夫社鼠①。”公曰：“何谓也？”对曰：“夫社，束木而涂之②，鼠因往托③焉，熏之则恐烧其木，灌之则恐败其涂④，此鼠所以不可得杀者，以社故也。夫国亦有焉，人主左右是也。内则蔽善恶于君上，外则卖权重于百姓，不诛之

则乱，诛之则为人主所案据[5]，腹而有之[6]，此亦国之社鼠也。人有酤酒者，为器甚洁清，置表[7]甚长，而酒酸不售，问之里人其故，里人曰：'公狗之猛，人挈器而入，且酤公酒，狗迎而噬之，此酒所以酸而不售也。'夫国亦有猛狗，用事者[8]是也。有道术之士[9]，欲干万乘之主，而用事者迎而龁之，此亦国之猛狗也。左右为社鼠，用事者为猛狗，主安得无壅[10]，国安得无患乎？"

——《晏子春秋·内篇问上》

【注释】

①社鼠：躲于社庙中的老鼠。社：指土地神。 ②束木而涂之：把木板扎成排并用泥土涂抹。 ③托：寓居。 ④败其涂：损坏社庙的泥墙。 ⑤案据：把持。 ⑥腹而有之：当作"覆而宥之"，即平反而赦之。 ⑦表：挂在酒店前的酒幌。 ⑧用事者：掌权者。 ⑨道术之士：有治国方略的贤能之士。⑩壅：壅塞，这里指蒙蔽。

此则亦见于《说苑·政理》、《韩非子·外储说右上》、《韩诗外传》卷七，人物是齐桓公与管仲，与此不同。

景公问于晏子曰："昔吾先君桓公，善饮酒穷乐[1]，食味方丈[2]，好色无别[3]，辟若此[4]，何以能率诸侯以朝天子乎？"晏子对曰："昔吾先君桓公，变俗以政[5]，下贤以身。管仲，君之贼[6]也，知其能足以安国济功，故迎之于鲁郊，自御，礼之于庙。异日，君过于康庄，闻宁戚歌，止车而听之，则贤人之风也，举以为大田[7]。先君见贤不留[8]，使能不怠，是以内政则民怀之，征伐则诸侯畏之。今君闻先君之过，而不能明其大节，桓公之霸也，君奚疑焉？"

——《晏子春秋·内篇问下》

【注释】

①穷乐：极尽欢乐。穷：尽，此指尽情。 ②食味方丈：美食佳肴摆满一丈见方的桌子。 ③好色无别：齐桓公不分亲疏之别，淫诸姑姊妹。 ④辟若

此:僻德若此。辟:通“僻”。⑤变俗以政:用政治教化改变民俗。⑥贼:仇敌。⑦大田:官名,田官之长,掌管田园开辟、农作仓廪等事。⑧留:拖延,此指埋没。

景公问晏子曰:“昔吾先君桓公,从车三百乘[1],九合诸侯[2],一匡天下。今吾从车千乘,可以逮[3]先君桓公之后乎?”晏子对曰:“桓公从车三百乘,九合诸侯、一匡天下者,左有鲍叔,右有仲父。今君左为倡,右为优[4],谗人在前,谀人在后,又焉可逮桓公之后者乎?”

——《晏子春秋·内篇问下》

【注释】

①从车:跟随的战车。乘:古代一车四马为一乘。②九合诸侯:多次召会诸侯。③逮:及。④左为倡,右为优:倡优、倡伎、俳优,都指以歌舞、演戏助兴的艺人。

晏子为庄公臣,言大用[1],每朝,赐爵益邑[2];俄而不用,每朝致[3]邑与爵。爵邑尽,退朝而乘,喟[4]然而叹,终而笑。其仆曰:“何叹笑相从数[5]也?”晏子曰:“吾叹也,哀吾君不免于难;吾笑也,喜吾自得[6]也,吾亦无死矣。”崔杼果弑庄公,晏子立崔杼之门,从者曰:“死乎?”晏子曰:“独吾君也乎哉!吾死也!”曰:“行乎?”曰:“独吾罪也乎哉!吾亡也!”曰:“归乎?”曰:“吾君死,安归!君民者,岂以陵民,社稷是主;臣君者,岂为其口实[7],社稷是养。故君为社稷死,则死之;为社稷亡,则亡之;若君为己死而为己亡,非其私昵[8],孰能任之。且人有君而弑之,吾焉得死之?而焉得亡之?将庸何归!”门启而入,崔子曰:“子何不死?子何不死?”晏子曰:“祸始,吾不在也;祸终,吾不知也;吾何为死?且吾闻之,以亡为行者,不足以存君;以死为义者,不足以立功。婴岂婢子也哉!其缢而从之也!”遂袒免[9],坐,枕君尸而哭,兴,三踊而出。人谓崔子必杀之,崔子曰:“民之望

也,舍之得民。”

——《晏子春秋·内篇杂上》

【注释】

①言大用:指晏子的建议每每被采纳。 ②邑:食邑。 ③致:归还。④喟:同“喟”,叹息。 ⑤相从:原义跟随,此指转换。数:通“速”,快。⑥自得:自己得以保全。 ⑦口实:指俸禄。 ⑧私昵:嬖臣。 ⑨袒免:袒衣免冠,古代五服之外的远亲所服的丧礼。

景公使晏子为东阿宰①,三年,毁②闻于国。景公不说,召而免之。晏子谢曰:“婴知婴之过矣,请复治阿,三年而誉必闻于国。”景公不忍,复使治阿,三年而誉闻于国。景公说,召而赏之。辞而不受。景公问其故,对曰:“昔者婴之治阿也,筑蹊径③,急门闾之政④,而淫民恶之;举⑤俭力孝弟,罚偷窳⑥,而惰民恶之;决狱不避,贵强⑦恶之;左右所求,法则予,非法则否,而左右恶之;事贵人体⑧不过礼,而贵人恶之。是以三邪⑨毁乎外,二谗⑩毁于内,三年而毁闻乎君也。今臣谨更之,不筑蹊径,而缓门闾之政,而淫民说;不举俭力孝弟,不罚偷窳,而惰民说;决狱阿贵强,而贵强说;左右所求言诺,而左右说;事贵人体过礼,而贵人说。是以三邪誉乎外,二谗誉乎内,三年而誉闻于君也。昔者婴之所以当诛者宜赏,今所以当赏者宜诛,是故不敢受。”景公知晏子贤,乃任以国政,三年而齐大兴。

——《晏子春秋·内篇杂上》

【注释】

①东阿:齐邑,故地在山东东阿县东北。宰:长官。 ②毁:毁谤之言。③筑蹊径:堵塞小路,用以防奸。 ④急门闾之政:严格城门与闾门的管理,以防寇盗。 ⑤举:推举,提倡。 ⑥偷窳:偷盗懒惰的人。 ⑦贵强:权贵豪强。 ⑧体:指待人的礼仪标准。 ⑨三邪:指淫民、惰民与贵强三类人。⑩二谗:指左右和贵人。

景公与晏子立于曲潢[①]之上，晏子称曰："衣莫若新，人莫若故。"公曰："衣之新也，信善[②]矣。人之故，相知情[③]。"晏子归，负载使人辞于公曰："婴故老耄[④]无能也，请毋服壮者之事。"公自治国，身弱于高国[⑤]，百姓大乱。公恐，复召晏子。诸侯忌其威，而高国服其政，田畴垦辟，蚕桑豢[⑥]牧之处不足，丝蚕于燕，牧马于鲁，共贡入朝。

——《晏子春秋·内篇杂上》

【注释】

①曲潢：齐国水名。 ②信善：确实是好的。 ③相知情：互相知道实情。这里指景公认为晏子居朝太久，知道的情况多，因此有嫌弃的意思。 ④老耄：七八十岁的人，指年迈体衰。 ⑤高国：齐国的两大贵族高氏、国氏。 ⑥豢：喂养牲畜。

晋平公欲伐齐，使范昭[①]往观焉。景公觞[②]之，饮酒酣，范昭曰："请君之弃罇[③]。"公曰："酌寡人之罇，进之于客。"范昭已饮，晏子曰："彻罇，更之[④]。"罇觯具矣，范昭佯醉，不说而起舞，谓太师曰："能为我调成周之乐[⑤]乎？吾为子舞之。"太师曰："冥臣[⑥]不习。"范昭趋而出。景公谓晏子曰："晋，大国也，使人来将观吾政，今子怒大国之使者，将奈何？"晏子曰："夫范昭之为人也，非陋而不知礼也，且欲试吾君臣，故绝之也。"景公谓太师曰："子何以不为客调成周之乐乎？"太师对曰："夫成周之乐，天子之乐也，调之，必人主舞之。今范昭人臣，欲舞天子之乐，臣故不为也。"范昭归以报平公曰："齐未可伐也。臣欲试其君，而晏子识之；臣欲犯其礼，而太师知之。"仲尼闻之曰："夫不出于尊俎[⑦]之间，而知千里之外，其晏子之谓也。可谓折冲[⑧]矣！而太师其与焉。"

——《晏子春秋·内篇杂上》

【注释】

①范昭：晋国大臣。 ②觞：向人敬酒。 ③请君之弃罇：请求用国君不

用的酒具给我酌酒。这在春秋时期的外交礼节中是一种失礼的行为。范昭以此试探齐国之政是否已乱礼，以便确定是否攻打齐国。 ④彻罇，更之：把酒具撤走，重换酒具。这表明晏婴对范昭的失礼行为表示不满，并进行了针锋相对的斗争，为齐国挽回了尊严。 ⑤成周之乐：为周天子演奏的乐曲。 ⑥冥臣：失明之臣，古乐乐师的自称。 ⑦尊俎：古代盛酒的器皿，此指宴席。 ⑧折冲：使敌人的冲车退后，指击退敌人。

景公问晏子曰："治国之患亦有常乎？"对曰："佞人谗夫之在君侧者，好恶①良臣，而行与小人，此国之长患也。"公曰："谗佞之人，则诚不善矣；虽然，则奚曾为国常患乎？"晏子曰："君以为耳目而好谋事②，则是君之耳目缪也。夫上乱君之耳目，下使群臣皆失其职，岂不诚足患哉！"公曰："如是乎！寡人将去之。"晏子曰："公不能去也。"公忿然作色不说，曰："夫子何小③寡人甚也！"对曰："臣何敢挢④也！夫能自周⑤于君者，才能皆非常也。夫藏大不诚于中者，必谨小诚于外，以成其大不诚，入则求君之嗜欲能顺之，公怨良臣，则具其往失而益之⑥，出则行威以取富⑦。夫何密近⑧，不为大利变，而务与君至义者也？此难得其知也。"公曰："然则先圣奈何？"对曰："先圣之治也，审见宾客，听治不留⑨，群臣皆得毕其诚，谗谀安得容其私！"公曰："然则夫子助寡人止之，寡人亦事勿用。"对曰："谗夫佞人之在君侧者，若社之有鼠也，谚言有之曰：'社鼠不可熏去。'谗佞之人，隐⑩君之威以自守也，是难去焉。"

——《晏子春秋·外篇》

【注释】

①好恶：喜好诽谤。 ②谋事：商量国事。 ③小：小看。 ④挢：通"矫"，矫拂。 ⑤周：周密。 ⑥公怨良臣，则具其往失而益之：顺君之嗜欲，举良臣往日令君失意之事以益其怨。 ⑦出则行威以取富：出则假借君威，肆行而贪得。 ⑧密近：亲密，亲近。 ⑨听治：听政治事，即治理国政。不留：

不滞留。 ⑩隐：依凭。

景公游于菑，闻晏子死，公乘侈舆服繁驵[1]驱之。自以为迟，下车而趋；知不若车之遬，则又乘。比至于国者，四下而趋。行哭而往，伏尸而号，曰："子大夫日夜责寡人，不遗尺寸[2]，寡人犹且淫泆而不收，怨罪重积于百姓。今天降祸于齐，不加于寡人，而加于夫子，齐国之社稷危矣，百姓将谁告[3]夫！"

——《晏子春秋·外篇》

【注释】

①侈：通"趋"，催促之意。侈舆：催促赶快驾车。服繁驵：驾骏马。 ②不遗尺寸：指不放过细小的事情。 ③将谁告：将向谁诉说。

此则亦见于《说苑·君道》。

晏子没十有七年，景公饮诸大夫酒。公射，出质[1]，堂上唱善，若出一口。公作色太息，播[2]弓矢。弦章入，公曰："章，自晏子没后，不复闻不善之事。"弦章对曰："君好之，则臣服之；君嗜之，则臣食之。尺蠖[3]食黄则黄，食苍则苍是也。"公曰："善。吾不食谄人以言也。"以鱼五十乘赐弦章。章归，鱼车塞涂，抚其御之手，曰："昔者晏子辞党以正君[4]，故过失不掩之。今诸臣谀以干利，吾若受鱼，是反晏子之义，而顺谄谀之欲也。"固辞鱼不受。君子曰："弦章之廉，晏子之遗行也。"

——《晏子春秋·外篇》

【注释】

①出质：越出箭靶。质：箭靶。 ②播：丢下。 ③尺蠖：虫名。 ④辞党以正君：谢绝赏赐以匡正国君。党：为"赏"之误。

此则亦见于《说苑·君道》。

尊贤使能，俊杰在位，则天下之士皆悦，而愿立于其朝矣。

——《孟子·公孙丑上》

文王问太公曰："天下熙熙①，一盈一虚②，一治一乱，所以然者何也？其君贤不肖③不等乎？其天时变化自然乎？"

太公曰："君不肖，则国危而民乱；君贤圣，则国安而民治。祸福在君，不在天时。"

——《六韬·文韬·盈虚》

【注释】

①熙熙：纷扰众多的样子。 ②一盈一虚：这里指气运盛衰。盈：充满。虚：空虚。 ③不肖：与"贤"对举，不贤，无能。

太公曰："……人君无以三宝借人，借人则君失其威。"

文王曰："敢问三宝？"

太公曰："大农、大工、大商①，谓之三宝。农一其乡②，则谷足；工一其乡，则器足；商一其乡，则货③足。三宝各安其处，民乃不虑。无乱其乡，无乱其族。臣无富于君，都无大于国④。六守长⑤，则君昌；三宝完⑥，则国安。"

——《六韬·文韬·六守》

【注释】

①大农、大工、大商：农、工、商都是有关国计民生的大事，所以称"大农、大工、大商"。 ②一其乡：指在一处聚居许多从事同一行业的人。古代城乡居民由国家严格控制，而且农之子恒为农，工之子恒为工，商之子恒为商，聚族而居。一：统一，这里指聚集、集结。 ③货：财货。 ④都：较大的城邑。国：国都。《左传·隐公元年》所谓"大都不过参(三)国之一，中五之一，小九之一"，也就是"都无大于国"的意思。 ⑤六守：指仁、义、忠、信、勇、谋六种人才标准。长：经常，以为常则。 ⑥完：完整，完好。

太公曰："天生四时，地生万物，天下有民，仁圣牧[1]之。故春道生，万物荣；夏道长，万物成；秋道敛[2]，万物盈；冬道藏，万物寻[3]。盈则藏，藏则复起，莫知所终，莫知所始。圣人配[4]之，以为天地经纪[5]。故天下治，仁圣藏；天下乱，仁圣昌[6]。至道其然也。圣人之在天地间也，其宝[7]固大矣。"

——《六韬·文韬·守国》

【注释】

①牧：管理，统治。古代以牧养牲畜比喻统治百姓。 ②敛：收敛。这里指生长完毕，收敛生机。 ③寻：当作"隐"，隐藏不动的意思。一说"寻"当作"静"。 ④配：相配，引申为参照仿效。 ⑤经纪：纲常，法度。这里是说，圣人能配合四季变化规律，效法天地，制定治理国家的纲常法度。 ⑥故天下治，仁圣藏；天下乱，仁圣昌：如果天下安定，政治清明，仁君圣人就隐伏不见，不必显扬于世；如果天下大乱，仁君圣人就会应运而起，拨乱反正，大行其道。 ⑦宝：指圣人的地位和作用。

心以启智，智以启财，财以启众，众以启贤[1]，贤之有启，以王天下[2]。

——《六韬·武韬·三疑》

【注释】

①众以启贤：民众之中会出现贤才。 ②贤之有启，以王天下：贤才出现了，为我所用，就可以完成统一天下的王业。

故兵者，国之大事，存亡之道，命在于将。将者，国之辅，先王[1]之所重也。故置将[2]不可不察也。故曰：兵不两胜[3]，亦不两败[4]。兵出逾境，期不十日，不有亡国，必有破军杀将。

——《六韬·龙韬·论将》

【注释】

①先王：先世圣王。这里指武王之父文王。 ②置将：任命将领。 ③两

胜：双方都胜利。 ④两败：双方都失败。

故曰：将不仁，则三军不亲；将不勇，则三军不锐；将不智，则三军大疑；将不明，则三军大倾①；将不精微，则三军失其机；将不常戒，则三军失其备；将不强力②，则三军失其职。故将者，人之司命③，三军与之俱治，与之俱乱。得贤将者，兵强国昌；不得贤将者，兵弱国亡。

——《六韬·龙韬·奇兵》

【注释】

①倾：倾危，倾倒，无所凭依。 ②强力：这里指刚强坚定而有魄力。 ③司命：掌握命运的人。

将心，心也；众心，心也①；马牛车兵，佚饱，力②也。教惟豫③；战惟节④。将军，身也；卒，支⑤也；伍，指拇⑥也。

——《司马法·定爵》

【注释】

①将心，心也；众心，心也：这里指将军与士兵必须心意统一。 ②佚：通“逸”，安逸。饱：饱食。力：战斗力。 ③教：这里指训练。惟：必须。豫：通“预”，这里指素有准备。 ④节：节制。 ⑤卒：古代军队的编制单位，通常每百人为一卒。支：通“肢”，四肢。 ⑥伍：古代军队的编制单位，通常每五人为一伍。指：手指或脚趾。拇：手或脚的大指。

一曰人，二曰正，三曰辞，四曰巧，五曰火，六曰水，七曰兵，是谓七政①。荣、利、耻、死②，是谓四守。容色积威③，不过改意④，凡此道也。唯仁有亲；有仁无信，反败厥身⑤。人人，正正，辞辞，火火⑥。

——《司马法·定爵》

【注释】

①人：这里指网罗人才。正：这里指严肃法纪。辞：这里指注重宣传。火：

这里指善用火攻。兵:这里指改善武器装备。七政:七种军国大政。 ②荣、利、耻、死:这里指人有爱荣、好利、羞耻、畏死之心。 ③容色积威:面色保持着威严。 ④不过改意:不过分轻易地改变主意。 ⑤有仁无信,反败厥身:只讲仁爱而不讲信义,反而会自取失败。厥:其。 ⑥人人:用人要得其人。正正:正人必先正己。辞辞:言辞要得其准。火火:火攻要得其宜。

孙子曰:"众卒①者,所以分功②有胜也。"

孙子曰:"明主、知道之将,不以众卒几③功。"

——《孙膑兵法·威王问》

【注释】

①众卒:与选卒相对,指一般士卒。 ②分功:分担工作任务。 ③几:期望,倚仗。

孙子曰:兵之胜在于篡卒①,其勇在于制②,其巧在于势,其利在于信③,其德在于道,其富在于亟归④,其强在于休民,其伤在于数战⑤。

——《孙膑兵法·篡卒》

【注释】

①篡卒:挑选士卒。 ②制:制度,法纪。 ③利:锐。这句话是说,军队战斗力强在于将帅言而有信。 ④亟归:速归。这里指速战速决,使部队尽快回到国内。 ⑤数战:频繁征战。

孙子曰:间于天地之间,莫贵于人。战□□□□不单①。天时、地利、人和,三者不得,虽胜有央。是以必付与而□战,不得已而后战。故抚时②而战,不复使其众。无方③而战者,小胜以付磿④者也。

——《孙膑兵法·月战》

【注释】

①战□□□□不单:此处有缺文,可能是说战争胜利的因素不是单一的。 ②抚时:按时。 ③无方:没有规律。方:原则,规律。 ④磿(lì):通"历",这

里指天时方面的历数。

孙子曰：若欲知兵之情，弩矢其法也。矢，卒也。弩，将也。发者①，主也。

矢，金②在前，羽在后，故犀而善走③。前[重而]后轻，故正而听人。今治卒则后重而前轻，阵之则辨④，趣之敌则不听，人治卒⑤不法矢也。

弩者，将也。弩张，柄⑥不正，偏强偏弱而不和，其两洋之送矢⑦也不壹，矢虽轻重得，前后适，犹不中[招⑧也]。

——《孙膑兵法[·兵情]》

【注释】

①发者：指射弩之人。 ②金：指铜箭头。 ③犀：犀利。走：疾行，这里指箭的飞行。 ④辨：应为“辦”（办），意即能也、成也。 ⑤治卒：指布阵时分配兵力。 ⑥棅：古同“柄”，指弩臂。 ⑦两洋：指弓弩两端。洋：疑借为“翔”。“两洋”即两翔、两翼。弩弓横置时，形似鸟舒两翼、人张两臂，所以将其两端叫作“两洋”。送矢：弹射箭矢。 ⑧招：原为“召”，箭靶。

君子行不贵苟难，说不贵苟察，名不贵苟传，唯其当之为贵①。故怀负石而赴河，是行之难为者也，而申徒狄②能之；然而君子不贵者，非礼义之中也。山渊平，天地比，齐秦袭③，入乎耳，出乎口，钩有须，卵有毛，是说之难持者也④，而惠施、邓析能之；然而君子不贵者，非礼义之中也。盗跖吟口，名声若日月，与舜、禹俱传而不息；然而君子不贵者，非礼义之中也。故曰：君子行不贵苟难，说不贵苟察，名不贵苟传，唯其当之为贵。《诗》曰：“物其有矣，唯其时矣。”此之谓也。君子易知而难狎，易惧而难胁，畏患而不避义死，欲利而不为所非，交亲而不比，言辩而不辞，荡荡乎，其有以殊于世也。

——《荀子·不苟》

【注释】

①君子行不贵苟难，说不贵苟察，名不贵苟传，唯其当之为贵：君子对于行为，不以不正当的难能为可贵；对于学说，不以不正当的明察为宝贵；对于名声，不以不正当的流传为珍贵；行为、学说、名声只有符合了礼义才是宝贵的。②申徒狄：殷时人。　③齐秦袭：春秋战国时齐国在今山东省北部一带，秦国在今陕西中部一带，两国不相连；但从宇宙的角度来看，它们的距离可忽略不计，因而可以说它们相连。袭：合。　④入乎耳，出乎口，钩有须，卵有毛，是说之难持者也：从耳朵中进去从嘴巴里出来，女人有胡须，蛋有羽毛，这些都是难以把握的学说。

君子能亦好，不能亦好；小人能亦丑，不能亦丑。君子能则宽容易直以开道①人，不能则恭敬縛绌②以畏事人；小人能则倨傲僻违以骄溢③人，不能则妒嫉怨诽以倾覆人。故曰：君子能则人荣学焉，不能则人乐告之；小人能则人贱学焉，不能则人羞告之。是君子、小人之分也。君子宽而不僈，廉而不刿④，辩而不争，察而不激，寡立而不胜，坚强而不暴，柔从而不流，恭敬谨慎而容，夫是之谓至文。《诗》曰："温温恭人，惟德之基。"此之谓矣。君子崇人之德，扬人之美，非谄谀也；正义直指，举人之过，非毁疵也；言己之光美，拟于舜、禹，参于天地，非夸诞也；与时屈伸，柔从若蒲苇，非慑怯也；刚强猛毅，靡所不信⑤，非骄暴也；以义变应，知当曲直故也。《诗》曰："左之左之，君子宜之；右之右之，君子有之。"此言君子能以义屈信变应故也。

——《荀子·不苟》

【注释】

①道：通"导"。　②縛：通"撙"，抑制。绌：减损，贬低，使不足。　③溢：水漫出来，引申指盛气凌人。　④僈：怠惰。刿：刺伤。　⑤信：读为"伸"。

君子，小人之反也：君子大心则敬天而道，小心则畏义而节；知

则明通而类，愚则端悫而法；见由则恭而止，见闭则敬而齐；喜则和而治，忧则静而理；通则文而明，穷则约而详。小人则不然：大心则慢而暴，小心则淫而倾；知则攫盗而渐，愚则毒贼而乱；见由则兑[①]而倨，见闭则怨而险；喜则轻而翾[②]，忧则挫而慑；通则骄而偏，穷则弃而儑[③]。传曰："君子两进，小人两废[④]。"此之谓也。君子治治，非治乱也。曷谓邪？曰：礼义之谓治，非礼义之谓乱也。故君子者，治礼义者也，非治非礼义者也。然则国乱将弗治与？曰：国乱而治之者，非案乱而治之之谓也，去乱而被之以治；人污而修[⑤]之者，非案污而修之之谓也，去污而易之以修。故去乱而非治乱也，去污而非修污也。治之为名，犹曰君子为治而不为乱，为修而不为污也。君子絜[⑥]其身而同焉者合矣，善其言而类焉者应矣。故马鸣而马应之，牛鸣而牛应之，非知也，其势然也。故新浴者振其衣，新沐者弹其冠，人之情也。其谁能以己之潐潐，受人之掝掝[⑦]者哉！

——《荀子·不苟》

【注释】

①兑：说，通"悦"。 ②翾：飞。 ③儑：心灰意懒。 ④君子两进，小人两废：君子在相对的两种情况下都在进步，小人在相对的两种情况下都在堕落。 ⑤修：当读为"涤"。 ⑥絜：洁。 ⑦潐潐：明察之貌。掝掝：昏乱之貌。

君子养心莫善于诚，致诚则无它事矣，唯仁之为守，唯义之为行。诚心守仁则形，形则神，神则能化矣。诚心行义则理，理则明，明则能变矣。变化代兴，谓之天德。天不言而人推高焉，地不言而人推厚焉，四时不言而百姓期焉。夫此有常，以至其诚者也。君子至德，嘿[①]然而喻，未施而亲，不怒而威。夫此顺命，以慎其独者也。善之为道者，不诚则不独，不独则不形，不形则虽作于心，见于色，出

于言，民犹若未从也，虽从必疑。天地为大矣，不诚则不能化万物；圣人为知矣，不诚则不能化万民；父子为亲矣，不诚则疏；君上为尊矣，不诚则卑。夫诚者，君子之所守也，而政事之本也。唯所居以其类至②，操之则得之，舍之则失之。操而得之则轻，轻则独行，独行而不舍则济矣。济而材尽，长迁而不反其初③，则化矣。君子位尊而志恭，心小而道大，所听视者近而所闻见者远。是何邪？则操术然也。故千人万人之情，一人之情是也；天地始者，今日是也；百王之道，后王是也。君子审后王之道而论于百王之前，若端拜而议。推礼义之统，分是非之分，总天下之要，治海内之众，若使一人。故操弥约而事弥大。五寸之矩，尽天下之方也。故君子不下室堂而海内之情举④积此者，则操术然也。

——《荀子·不苟》

【注释】

①嘿：默。　②唯所居以其类至：指天地诚则能化万物，圣人诚则能化万民，父子诚则亲，君上诚则尊。　③长迁而不反其初：长久迁留而不返回性恶之初。　④举：都。

凡言不合先王，不顺礼义，谓之奸言，虽辩，君子不听。法先王，顺礼义，党①学者，然而不好言，不乐言，则必非诚士也。故君子之于言也，志好之，行安之，乐言之。故君子必辩。凡人莫不好言其所善，而君子为甚。故赠人以言，重于金石珠玉；劝人以言，美于黼黻文章②；听人以言，乐于钟鼓琴瑟。故君子之于言无厌。鄙夫反是：好其实，不恤其文，是以终身不免埤污佣俗③。故《易》曰："括囊，无咎无誉。"腐儒之谓也。

——《荀子·非相》

【注释】

①党：亲近。　②黼黻（fǔ fú）文章：华丽的衣服色彩。　③埤污：卑污。

佣俗：庸俗。佣：平庸。

凡说之难，以至高遇至卑，以至治接至乱。未可直至也，远举则病缪[①]，近世则病佣[②]。善者于是间也，亦必远举而不缪，近世而不佣，与时迁徙，与世偃仰[③]，缓急嬴绌[④]，府然若渠匽檃栝[⑤]之于己也，曲得所谓焉，然而不折伤。故君子之度己则以绳，接人则用抴[⑥]。度己以绳，故足以为天下法则矣。接人用抴，故能宽容，因求以成天下之大事矣。故君子贤而能容罢，知而能容愚，博而能容浅，粹而能容杂，夫是之谓兼术。《诗》曰："徐方既同，天子之功[⑦]。"此之谓也。谈说之术：矜庄以莅之，端诚以处之，坚强以持之，分别以喻之，譬称以明之，欣欢芬芗以送之[⑧]，宝之珍之，贵之神之，如是则说常无不受。虽不说人，人莫不贵。夫是之谓为能贵其所贵。传曰："唯君子为能贵其所贵。"此之谓也。

——《荀子·非相》

【注释】

①远举：援引上古之事。缪：荒谬，谬妄。　②佣：庸俗，一般化。　③偃仰：俯仰，高低。　④嬴绌：这里是进退伸屈的意思。嬴：盈余，满。　⑤府然：宽广包容的样子。渠匽：渠堰。匽：通"堰"，渠坝。檃栝：矫正弯木的工具。⑥抴：通"枻"，船桨，接人上船之物，引申为引导。　⑦徐方既同，天子之功：语出《诗经·大雅·常武》。徐方：古代一个偏远国，在今淮河流域中下游地区。⑧欣欢芬芗：指和气。芗：通"香"。

君子必辩。凡人莫不好言其所善，而君子为甚焉。是以小人辩言险，而君子辩言仁也。言而非仁之中也，则其言不若其默也，其辩不若其呐[①]也；言而仁之中也，则好言者上矣，不好言者下也。故仁言大矣。起于上所以道于下，政令是也；起于下所以忠于上，谋救是也。故君子之行仁也无厌。志好之，行安之，乐言之，故言君子必

辩。小辩不如见端[②]，见端不如见本分。小辩而察，见端而明，本分而理，圣人、士、君子之分具矣。有小人之辩者，有士君子之辩者，有圣人之辩者：不先虑，不早谋，发之而当，成文而类，居错迁徙[③]，应变不穷，是圣人之辩者也；先虑之，早谋之，斯须[④]之言而足听，文而致实，博而党[⑤]正，是士君子之辩者也。听其言则辞辩而无统，用其身则多诈而无功，上不足以顺明王，下不足以和齐百姓；然而口舌之均，噡唯[⑥]则节，足以为奇伟偃却[⑦]之属，夫是之谓奸人之雄。圣王起，所以先诛也，然后盗贼次之。盗贼得变，此不得变也。

——《荀子·非相》

【注释】

①呐：拙于言辞。 ②小辩：辩说小事。端：头绪。 ③居错：举措，举用或废置。居：读为“举”。错：置。迁徙：变动，变化。 ④斯须：片刻，一会儿。 ⑤党：通“谠”，正直。 ⑥噡唯：语言或多或少。噡：多言。唯：少言。 ⑦奇伟：夸大。偃却：即“偃蹇”，高傲。

士君子之所能不能为：君子能为可贵，不能使人必贵己；能为可信，不能使人必信己；能为可用，不能使人必用己。故君子耻不修，不耻见污；耻不信，不耻不见信；耻不能，不耻不见用。是以不诱于誉，不恐于诽，率道而行，端然正己，不为物倾侧，夫是之谓诚君子。《诗》云：“温温恭人，维德之基。”此之谓也。士君子之容：其冠进，其衣逢，其容良，俨然，壮然，祺然，蕼然，恢恢然，广广然，昭昭然，荡荡然[①]，是父兄之容也。其冠进，其衣逢，其容悫，俭然，恀然，辅然，端然，訾然，洞然，缀缀然，瞀瞀然[②]，是子弟之容也。吾语汝学者之嵬容：其冠絻，其缨禁缓，其容简连；填填然，狄狄然，莫莫然，瞡瞡然，瞿瞿然，尽尽然，盱盱然[③]；酒食声色之中，则瞒瞒然，瞑瞑然[④]；礼节之中，则疾疾然，訾訾然[⑤]；劳苦事业之中，则儢儢然，离离然[⑥]，偷儒而罔，无廉耻而忍謑诟[⑦]，是学者之嵬也。弟佗[⑧]其冠，神禫[⑨]其辞，

禹行而舜趋，是子张氏之贱儒也。正其衣冠，齐其颜色，嗛然而终日不言，是子夏氏之贱儒也。偷儒惮事，无廉耻而耆饮食，必曰君子固不用力，是子游氏之贱儒也。彼君子则不然。佚而不惰，劳而不侵，宗原应变，曲得其宜⑩，如是，然后圣人也。

——《荀子·非十二子》

【注释】

①俨然：庄重的样子。壮：通“庄”，严肃而不可侵犯的样子。祺然：安详的样子。蕼然：宽舒的样子。恢恢然，广广然：指气度开阔的样子。昭昭然，荡荡然：明朗、坦率的样子。 ②俭然：自谦的样子。恀然：依恃尊长的样子。辅然：亲近的样子。訾然：柔顺的样子。訾：通“孳”。洞然：恭敬的样子。缀缀然：不背离的样子。瞀瞀然：不敢正视的样子。 ③嵬容：怪异之容。絻：同“俯”。缨：帽带。禁：通“衿”，腰带。缓：松。简连：傲慢的样子。填填然：自我满足的样子。狄狄然：跳跃的样子。莫莫然：沉默寡言的样子。瞡瞡然：见识浅短的样子。瞿瞿然：惊慌失措的样子。尽尽然：消沉沮丧的样子。盱盱然：直目瞪眼的样子。 ④瞒瞒然，瞑瞑然：沉醉迷乱的样子。 ⑤疾疾然：憎恶的样子。訾訾然：骂骂咧咧的样子。 ⑥儢儢然：怠慢的样子。离离然：不亲自去做的样子。 ⑦偷儒：偷懒而怯懦的样子。儒：懦弱。謑诟：辱骂，谩骂。 ⑧弟佗：颓唐、陨落的样子。 ⑨神禫：通“冲淡”，平淡。 ⑩佚而不惰，劳而不侵，宗原应变，曲得其宜：安逸却不懒惰，即使劳苦也不懈怠，尊奉那根本的原则来应付各种事变，各方面处理得都很恰当。

以类行杂，以一①行万。始则终，终则始，若环之无端也，舍是而天下以衰矣。天地者，生之始也；礼义者，治之始也；君子者，礼义之始也。为之，贯之，积重之，致好之者，君子之始也。故天地生君子，君子理天地。君子者，天地之参也，万物之揔②也，民之父母也。无君子，则天地不理，礼义无统，上无君师，下无父子，夫是之谓至乱。君臣、父子、兄弟、夫妇，始则终，终则始，与天地同理，与万世同久，夫是之谓大本。故丧祭、朝聘、师旅，一也；贵贱、杀生、与夺③，一也；

君君、臣臣、父父、子子、兄兄、弟弟，一也；农农、士士、工工、商商，一也。

——《荀子·王制》

【注释】

①类：同一类事物的法则，即同类事物所共有的规律。行：做，治理。一：指统括一切之道，此指礼义。　②揔：总。　③与夺：给予与剥夺，指赏罚。

国者，天下之制利用①也；人主者，天下之利势也。得道以持之，则大安也，大荣也，积美之源也。不得道以持之，则大危也，大累也，有之不如无之，及其綦也，索为匹夫，不可得也，齐湣、宋献②是也。故人主天下之利势也，然而不能自安也，安之者必将道也。故用国者，义立而王，信立而霸，权谋立而亡。三者，明主之所谨择也，仁人之所务白也。挈国以呼③礼义，而无以害之；行一不义、杀一无罪而得天下，仁者不为也。擽然④扶持心国，且若是其固也。之所与为之者之人，则举义士也；之所以为布陈于国家刑法者，则举义法也；主之所极然帅群臣而首乡之者，则举义志也。如是，则下仰上以义矣，是綦⑤定也。綦定而国定，国定而天下定。

——《荀子·王霸》

【注释】

①制：属衍字。利：便利，有利。用：用具，工具。　②綦：极。齐湣：即齐湣王，战国时齐国国君，为燕所败，死于莒。宋献：即宋康王，名偃，战国时宋国国君，为齐闵王所灭。　③挈：提起，带领，引申为领导。呼：呼唤，引申为提倡。④擽然：石头的样子，表示坚固稳定。擽：通“落”。　⑤綦：通“基”，基础。这里指政治的基础，即立身于天下的根本。荀子在这里把“义”看作是政治的基础。

为人主者，莫不欲强而恶弱，欲安而恶危，欲荣而恶辱，是禹、桀之所同也。要①此三欲，辟②此三恶，果何道而便？曰：在慎取相，道

莫径是矣。故知而不仁不可，仁而不知不可，既知且仁，是人主之宝也，而王霸之佐也。不急得不知，得而不用不仁。无其人而幸有其功，愚莫大焉。今人主有六[③]患：使贤者为之，则与不肖者规之；使知者虑之，则与愚者论之；使修士行之，则与污邪之人疑[④]之。虽欲成功，得乎哉！譬之是犹立直木而恐其景之枉也，惑莫大焉！语曰："好女之色，恶者之孽也。公正之士，众人之痤也。循乎道之人，污邪之贼也。"今使污邪之人论其怨贼，而求其无偏，得乎哉！譬之是犹立枉木而求其景之直也，乱莫大焉。

——《荀子·君道》

【注释】

①要：设法取得。 ②辟：通"避"。 ③六：当为"大"字之误。 ④疑：通"拟"，揣度，估量。

故古之人为之不然。其取人有道，其用人有法。取人之道，参之以礼；用人之法，禁之以等。行义[①]动静，度之以礼；知虑取舍，稽之以成；日月积久，校之以功。故卑不得以临尊，轻不得以县重[②]，愚不得以谋知：是以万举不过也。故校之以礼，而观其能安敬也；与之举措迁移，而观其能应变也；与之安燕[③]，而观其能无流慆[④]也；接之以声色、权利、忿怒、患险，而观其能无离守也。彼诚有之者与诚无之者，若白黑然，可诎邪哉！故伯乐不可欺以马，而君子不可欺以人。此明王之道也。

——《荀子·君道》

【注释】

①行义：品行，道义。 ②县：古"悬"字，衡量。古代的权衡类似现代的天平，所以轻的砝码无法衡量重的物体。这里的"轻""重"喻指权势而言。③燕：通"宴"，安闲。 ④流慆：放荡享乐的意思。

人主欲得善射，射远中微者，县[①]贵爵重赏以招致之。内不可以阿子弟，外不可以隐远人，能中是[②]者取之，是岂不必得之之道也哉！虽圣人不能易也。欲得善驭，及速致远者，一日而千里，县贵爵重赏以招致之。内不可以阿子弟，外不可以隐远人，能致是者取之，是岂不必得之之道也哉！虽圣人不能易也。欲治国驭民，调壹上下，将内以固城，外以拒难，治则制人，人不能制也，乱则危辱灭亡，可立而待也。然而求卿相辅佐，则独不若是其公也，案唯便嬖[③]亲比己者之用也，岂不过甚矣哉！故有社稷者莫不欲强，俄则弱矣；莫不欲安，俄则危矣；莫不欲存，俄则亡矣。古有万国，今有十数焉，是无它故，莫不失之是也。

——《荀子·君道》

【注释】

①县：古“悬”字，悬挂，指挂出布告昭示。　②是：指代上文“得善射”的方法。　③便嬖：善于逢迎而得到君主宠信的近臣。

故明主有私人以金石珠玉，无私人以官职事业，是何也？曰：本不利于所私也。彼不能而主使之，则是主暗也；臣不能而诬能，则是臣诈也。主暗于上，臣诈于下，灭亡无日，俱害之道也。夫文王非无贵戚也，非无子弟也，非无便嬖也，倜然乃举太公于州[①]人而用之，岂私之也哉！以为亲邪？则周姬姓也，而彼姜姓也。以为故邪？则未尝相识也。以为好丽邪？则夫人行年七十有二，齫然而齿堕[②]矣。然而用之者，夫文王欲立贵道，欲白贵名，以惠天下，而不可以独也[③]。非于是子莫足以举之，故举是子而用之[④]。于是乎贵道果立，贵名果明[⑤]，兼制天下，立七十一国，姬姓独居五十三人，周之子孙苟不狂惑者，莫不为天下之显诸侯，如是者，能爱人也。故举天下之大道，立天下之大功，然后隐其所怜所爱，其下犹足以为天下之显诸侯。故曰：“唯明主为能爱其所爱，暗主则必危其所

爱。"此之谓也。

——《荀子·君道》

【注释】

①倜然:远离的样子,此指远离世俗、与众不同的样子。州:或作"舟",古国名,姜姓,建都淳于(山东安丘东北)。 ②翻然而齿堕:翻当为"陨"字之误,无齿。 ③然而用之者,夫文王欲立贵道,欲白贵名,以惠天下,而不可以独也:但是还要任用他,那是因为文王想要树立宝贵的政治原则,想要显扬尊贵的名声,以此来造福天下,而这些是不能单靠自己一个人办到的。 ④非于是子莫足以举之,故举是子而用之:除了这姜太公又没有什么人可以选用,所以提拔了这个人而任用了他。 ⑤于是乎贵道果立,贵名果明:于是宝贵的政治原则果然树立起来了,尊贵的名声果然明显卓著。

衡听、显幽、重明、退奸、进良[①]之术:朋党比周之誉,君子不听;残贼加累之谮[②],君子不用;隐忌雍蔽[③]之人,君子不近;货财禽犊[④]之请,君子不许。凡流言、流说、流事、流谋、流誉、流诉,不官而衡[⑤]至者,君子慎之。闻听而明誉[⑥]之,定其当而当,然后士其刑赏而还与[⑦]之。如是则奸言、奸说、奸事、奸谋、奸誉、奸诉,莫之试也,忠言、忠说、忠事、忠谋、忠誉、忠诉,莫不明通,方起以尚尽矣。夫是之谓衡听、显幽、重明、退奸、进良之术。

川渊深而鱼鳖归之,山林茂而禽兽归之,刑政平而百姓归之,礼义备而君子归之。故礼及身而行修,义及国而政明,能以礼挟而贵名白,天下愿,令行禁止,王者之事毕矣。《诗》曰:"惠此中国,以绥四方。"此之谓也。川渊者,龙鱼之居也;山林者,鸟兽之居也;国家者,士民之居也。川渊枯则龙鱼去之,山林险则鸟兽去之,国家失政则士民去之。无土则人不安居,无人则土不守,无道法则人不至,无君子则道不举。故土之与人也,道之与法也者,国家之本作也。君子也者,道法之捴要也,不可少顷旷也。得之则治,失之则乱;得之

则安，失之则危；得之则存，失之则亡。故有良法而乱者有之矣，有君子而乱者，自古及今，未尝闻也。传曰："治生乎君子，乱生乎小人。"此之谓也。

——《荀子·致士》

【注释】

①衡：通"横"，遍，到处。幽：隐晦，指隐居的贤士。重：再。明：显著，指已显扬的贤士。奸：指下文的"奸言、奸说、奸事、奸谋、奸誉、奸诉"。良：指下文的"忠言、忠说、忠事、忠谋、忠誉、忠诉"。 ②贼：陷害好人。累：祸害。谮：诬陷。 ③隐忌：猜忌。隐：通"意"。雍：通"壅"，堵塞。蔽：遮盖。 ④禽犊：泛指送人的礼物。禽：家禽。犊：小牛。 ⑤流：指没有根据。诉：诉说。官：官方，指正当的途径，用作"至"的状语。衡：通"横"，指不正当的途径，等于现在所说的"小道"（消息）。 ⑥誉：通"举"，列举。 ⑦还：通"旋"，立即。与：给予。

故人之命在天，国之命在礼。人君者隆礼尊贤而王，重法爱民而霸，好利多诈而危，权谋、倾覆、幽险而亡。威有三：有道德之威者，有暴察之威者，有狂妄之威者。此三威者，不可不孰察也。礼乐则修，分义则明，举错则时，爱利则形。如是，百姓贵之如帝，高之如天，亲之如父母，畏之如神明，故赏不用而民劝，罚不用而威行。夫是之谓道德之威。礼乐则不修，分义则不明，举错则不时，爱利则不形，然而其禁暴也察，其诛不服也审，其刑罚重而信，其诛杀猛而必，黭然而①雷击之，如墙厌②之。如是，百姓劫则致畏，嬴则敖上，执拘则聚，得间则散，敌中则夺，非劫之以形势，非振③之以诛杀，则无以有其下。夫是之谓暴察之威。无爱人之心，无利人之事，而日为乱人之道，百姓讙敖④，则从而执缚之，刑灼之，不和人心。如是，下比周贲⑤溃以离上矣，倾覆灭亡，可立而待也。夫是之谓狂妄之威。此三威者，不可不孰察也。道德之威成乎安强，暴察之威成乎危弱，狂

安之威成乎灭亡也。

——《荀子·强国》

【注释】

①黭:通“奄”。而:通“如”。 ②厌:通“压”。 ③嬴:通“赢”,盈余,宽松。敖:通“傲”。执拘:拘捕,指强行集中。聚:《集解》作“最”,是“冣”字之误,今据《韩诗外传》卷六第二十六章改。间:间隙,空子,时机。中:击。形势:权势地位。振:通“震”,恐惧,这里用作使动词。 ④讙:喧哗。敖:通“嗷”,众声嘈杂。 ⑤比周:结伙。贲:通“奔”。

天子无妻①,告人无匹也。四海之内无客礼,告无适②也。足能行,待相者③然后进;口能言,待官人然后诏。不视而见,不听而聪,不言而信,不虑而知,不动而功,告至备④也。天子也者,势至重,形至佚,心至愈⑤,志无所诎,形无所劳,尊无上矣。《诗》曰:“普天之下,莫非王土;率土之滨⑥,莫非王臣。”此之谓也。圣王在上,分义行乎下,则士大夫无流淫之行,百吏官人无怠慢之事,众庶百姓无奸怪之俗,无盗贼之罪,莫敢犯上之大禁,天下晓然皆知夫盗窃之不可以为富也,皆知夫贼害之不可以为寿也,皆知夫犯上之禁不可以为安也。由其道则人得其所好焉,不由其道则必遇其所恶焉。是故刑罚綦省而威行如流。世晓然皆知夫为奸则虽隐窜逃亡之由不足以免也,故莫不服罪而请。《书》曰:“凡人自得罪。”此之谓也。故刑当罪则威,不当罪则侮;爵当贤则贵,不当贤则贱。古者刑不过罪,爵不逾德,故杀其父而臣其子,杀其兄而臣其弟。刑罚不怒罪,爵赏不逾德,分然各以其诚通。是以为善者劝,为不善者沮,刑罚綦省而威行如流,政令致明而化易如神。传曰:“一人有庆,兆民赖之⑦。”此之谓也。

——《荀子·君子》

【注释】

①天子无妻:“妻”是“夫”的配偶,从声训的角度来说,“妻”就是“齐”的意思,即与丈夫齐等。由于天子至高无上,不能有人与他齐等,所以天子之妻称“后”而不称“妻”,从这种意义上来说,也就是“天子无妻”,而并非真的没有配偶。《礼记·曲礼下》:“天子之妃曰后,诸侯曰夫人,大夫曰孺人,士曰妇人,庶人曰妻。” ②无适:《吕氏春秋·下贤》:“帝也者,天下之适也。”天子是天下的主人,所以四海之内没有人敢做他的主人而把他当客人。适:主。《礼记·郊特牲》:“天子无客礼,莫敢为主焉。”与这两句同义。 ③相者:辅助行礼的人。 ④至备:指天子的臣属极其完备。因为其臣属完备,各种事情可以全部委托群臣去干,所以能“不视而见,不听而聪,不言而信,不虑而知,不动而功”。⑤愈:通“愉”。 ⑥率土之滨:指海边以内的国土。古人认为中国四周都是海,所以沿着海边而包抄,也就是指中国而言。“率土之滨”即“四海之内”,它与“普天之下”同义。率:循,顺着。滨:水边。 ⑦一人有庆,兆民赖之:语出《尚书·吕刑》。庆:善。兆:数量单位。古代下数以十万为一亿,十亿为一兆;中数以万万为一亿,万亿为一兆;上数以亿亿为一兆。此极言其多。赖:依靠,也可理解为“利”“受惠”。

乱世则不然:刑罚怒罪,爵赏逾德,以族论罪,以世举贤。故一人有罪而三族①皆夷,德虽如舜,不免刑均,是以族论罪也。先祖当②贤,后子孙必显,行虽如桀、纣,列从必尊,此以世举贤也。以族论罪,以世举贤,虽欲无乱,得乎哉?《诗》曰:“百川沸腾,山冢崒崩;高岸为谷,深谷为陵。哀今之人,胡憯莫惩③!”此之谓也。论法圣王,则知所贵矣;以义制事,则知所利矣。论知所贵,则知所养矣;事知所利,则动知所出矣。二者,是非之本,得失之原也。故成王之于周公也,无所往而不听,知所贵也。桓公之于管仲也,国事无所往而不用,知所利也。吴有伍子胥而不能用,国至于亡,倍道失贤也。故尊圣者王,贵贤者霸,敬贤者存,慢贤者亡,古今一也。故尚贤使能,等贵贱,分亲疏,序长幼,此先王之道也。故尚贤使能,则主尊下安;

贵贱有等，则令行而不流[4]；亲疏有分，则施行而不悖[5]，长幼有序，则事业捷成而有所休。故仁者，仁此者也；义者，分此者也；节者，死生此者也；忠者，惇慎[6]此者也。兼此而能之，备矣；备而不矜，一自善也，谓之圣。不矜矣，夫故天下不与争能而致善用其功。有而不有也，夫故为天下贵矣。《诗》曰："淑人君子，其仪不忒；其仪不忒，正是四国。"此之谓也。

——《荀子·君子》

【注释】

①故：犹"夫"。三族：指父族、母族、妻族。 ②当：通"尝"，曾经。③百川沸腾，山冢崒崩；高岸为谷，深谷为陵。哀今之人，胡憯莫惩：语出《诗·小雅·十月之交》，暗喻民怨沸腾，统治集团分崩离析，上下等级地位发生了变易。冢：山顶。崒：通"碎"。胡：何，为什么。憯：助词，曾，乃。惩：警戒。④流：通"留"。 ⑤施：恩惠。行：赐，给予。悖：谬误。 ⑥惇：忠厚，诚实。慎：真诚。

礼者，本末相顺，终始相应。礼者，以财物为用，以贵贱为文，以多少为异。下臣事君以货，中臣事君以身，上臣事君以人。《易》曰："复自道，何其咎？"《春秋》贤穆公[1]，以为能变也。士有妒友，则贤交不亲；君有妒臣，则贤人不至。蔽公者谓之昧，隐良者谓之妒，奉妒昧者谓之交谲[2]。交谲之人，妒昧之臣，国之薉[3]孽也。口能言之，身能行之，国宝也；口不能言，身能行之，国器也；口能言之，身不能行，国用也；口言善，身行恶，国妖也。治国者敬其宝，爱其器，任其用，除其妖。不富无以养民情，不教无以理民性。故家，五亩宅，百亩田，务其业而勿夺其时，所以富之也。立大学，设庠序，修六礼，明十教[4]，所以道之也。《诗》曰："饮之食之，教之诲之。"王事具矣。武王始入殷，表商容之闾，释箕子之囚，哭比干之墓，天下乡[5]善矣。天下、国有俊士，世有贤人。迷者不问路，溺者不问遂[6]，亡人好独。

《诗》曰:“我言维服,勿用为笑。先民有言,询于刍荛[⑦]。”言博问也。有法者以法行,无法者以类举。以其本,知其末,以其左,知其右,凡百事异理而相守也。

——《荀子·大略》

【注释】

①《春秋》贤穆公:《春秋·文公十二年》中有“秦伯使遂来聘”一语。《公羊传》释此语:“遂者何?秦大夫也。秦无大夫,此何以书?贤缪公也。何贤乎穆公?以为能变也。”遂:即西乞术。谓前秦缪公不听老臣蹇叔的劝告,败于崤山,后来悔改前非,并告诫秦军:有事与老年人商量就不会犯错误,所以说他“能变”。 ②交:通“狡”。谲:欺诈,玩弄手段。 ③薉:同“秽”,污秽。 ④修:修明。六礼:指冠礼、婚礼、丧礼、祭礼、乡饮酒礼、相见礼。十:当为“七”字之误。七教:参见《礼记·王制》,指有关父子、兄弟、夫妇、君臣、长幼、朋友、宾客七个方面的伦理教育,内容主要是父亲慈爱儿子、儿子孝顺父亲,兄长对弟善良、弟弟敬重兄长,丈夫有道义、妻子听从丈夫,君主仁爱、臣子忠诚,年长的照顾年幼的、年幼的顺从年长的,对朋友讲究信用,对宾客讲究礼节。 ⑤表:设立标记以表彰其功德。商容:商纣王时的贤人,被纣王贬退。闾:里巷的大门。乡:通“向”。 ⑥遂:通“隧”,河中可以涉水而过的路。 ⑦服:事。用:以。刍荛:割草打柴的人。

国将兴,必贵师而重傅,贵师而重傅则法度存。国将衰,必贱师而轻傅,贱师而轻傅则人有快,人有快则法度坏。古者匹夫五十而士[①]。天子、诸侯子十九而冠[②],冠而听治,其教至也。君子也者而好之,其人[③],其人也而不教,不祥。非君子而好之,非其人也,非其人而教之,赍盗粮,借贼兵也。不自嗛[④]其行者,言滥过。古之贤人,贱为布衣,贫为匹夫,食则饘粥不足,衣则竖褐[⑤]不完,然而非礼不进,非义不受,安取此?

——《荀子·大略》

【注释】

①士:通“仕”。 ②冠:指举行冠礼。冠礼是古代男子成年所举行的一种结发戴冠的礼仪,一般人都在二十岁时举行,天子、诸侯的儿子因受到的教育好而早成,所以在十九岁时就举行冠礼。 ③其人:指理想的教育对象。 ④嗛:通“歉”,不足,这里用作意动词,表示“以……为不足”。 ⑤饘粥:古代的粥,稠的叫“饘”,稀的叫“粥”。竖褐:竖直剪裁而制作粗糙的粗布衣。

为说者曰:“孙卿不及孔子。”是不然。孙卿迫于乱世,鰌于严刑,上无贤主,下遇暴秦,礼义不行,教化不成,仁者绌约,天下冥冥,行全刺之,诸侯大倾。当是时也,知者不得虑,能者不得治,贤者不得使。故君上蔽而无睹,贤人距而不受。然则孙卿怀将圣[①]之心,蒙佯狂之色,视[②]天下以愚。《诗》曰:“既明且哲,以保其身。”此之谓也。是其所以名声不白,徒与不众,光辉不博也。今之学者,得孙卿之遗言余教,足以为天下法式表仪,所存者神,所过者化,观其善行,孔子弗过,世不详察,云非圣人,奈何!天下不治,孙卿不遇时也。德若尧、禹,世少知之。方术不用,为人所疑。其知至明,循道正行,足以为纪纲。呜呼!贤哉!宜为帝王。天地不知,善桀、纣,杀贤良。比干剖心,孔子拘匡,接舆避世[③],箕子佯狂,田常为乱[④],阖闾擅强。为恶得福,善者有殃。今为说者,又不察其实,乃信其名。时世不同,誉何由生?不得为政,功安能成?志修德厚,孰谓不贤乎?

——《荀子·尧问》

【注释】

①将圣:大圣。 ②视:通“示”。 ③接舆避世:接舆,春秋时楚国的隐士,他装疯避世,因迎孔子之车而歌,故称接舆。有人说他姓陆,名通,字接舆。

④田常为乱：田常，即田成子，也作田恒、陈恒、陈成子，春秋时齐国的大臣。公元前481年，他杀死齐简公，拥立齐平公，任相国。从此，姜姓的齐国政权完全为田氏所控制。

管仲、隰朋从于桓公而伐孤竹[①]，春往冬反，迷惑失道。管仲曰："老马之智可用也。"乃放老马而随之，遂得道。行山中无水，隰朋曰："蚁冬居山之阳，夏居山之阴。蚁壤一寸而仞有水。"乃掘地，遂得水。以管仲之圣而隰朋之智，至其所不知，不难[②]师于老马与蚁。今人不知以其愚心而师圣人之智，不亦过乎？

——《韩非子·说林上》

【注释】

①管仲、隰朋：都是春秋时期辅佐齐桓公的大臣。孤竹：商周时一个小国家。　②不难：不惜，不耻。

齐景公之晋[①]，从平公饮，师旷侍坐。景公问政于师旷，曰："太师将奚以教寡人？"师旷曰："君必惠民而已。"中坐，酒酣，将出，又复问政于师旷，曰："太师奚以教寡人？"曰："君必惠民而已矣。"景公出之舍，师旷送之，又问政于师旷。师旷曰："君必惠民而已矣。"景公归，思，未醒，而得师旷之所谓——公子尾、公子夏者，景公之二弟也，甚得齐民，家富贵而民说之，拟于公室，此危吾位者也。今谓我惠民者，使我与二弟争民耶？——于是反国，发廪粟以赋众贫[②]，散府余财以赐孤寡[③]，仓无陈粟，府无余财，宫妇不御者出嫁之，七十受禄米。鬻德惠施于民[④]也，已与二弟争。居二年，二弟出走，公子夏逃楚，公子尾走晋。

——《韩非子·外储说右上》

【注释】

①齐景公之晋：齐景公到晋国。　②发廪粟以赋众贫：发放米仓粮食给予

贫困民众。 ③散府余财以赐孤寡：散发财库中多余的钱财，赏赐给孤寡人家。 ④鬻德惠施于民：把恩德布施给民众。

景公与晏子游于少海，登柏寝之台而还望其国，曰："美哉！泱泱乎！堂堂乎[①]！后世将孰有此？"晏子对曰："其田成氏乎！"景公曰："寡人有此国也，而曰田成氏有之，何也？"晏子对曰："夫田成氏甚得齐民。其于民也，上之请爵禄行诸大臣，下之私大斗、斛、区、釜以出贷，小斗、斛、区、釜以收之[②]。杀一牛，取一豆肉，余以食士。终岁，布帛取二制焉，余以衣士。故市木之价，不加贵于山；泽之鱼、盐、龟、鳖、蠃、蚌，不贵于海[③]。君重敛，而田成氏厚施。齐尝大饥，道旁饿死者不可胜数也，父子相牵而趋田成氏者不闻不生。故周秦之民相与歌之曰：'讴乎，其已乎！苞乎，其往归田成子乎[④]！'《诗》曰：'虽无德与女，式歌且舞。'今田成氏之德，而民之歌舞，民德归之矣。故曰：'其田成氏乎！'"公泫然出涕曰："不亦悲乎！寡人有国而田成氏有之。今为之奈何？"晏子对曰："君何患焉？若君欲夺之，则近贤而远不肖，治其烦乱，缓其刑罚，振贫穷而恤孤寡，行恩惠而给不足，民将归君，则虽有十田成氏，其如君何？"

或曰："景公不知用势，而师旷、晏子不知除患。夫猎者，托车舆之安，用六马之足，使王良佐辔，则身不劳而易及轻兽矣。今释车舆之利，捐六马之足与王良之御，而下走逐兽，则虽楼季之足无时及兽矣。托良马固车，则臧获有余。国者，君之车也；势者，君之马也。夫不处势以禁诛擅爱之臣，而必德厚以与天下齐行以争民，是皆不乘君之车、不因马之利、舍车而下走者也。故曰："景公，不知用势之主也；而师旷、晏子，不知除患之臣也。"

——《韩非子·外储说右上》

【注释】

①泱泱乎！堂堂乎：广大弘阔，雄伟壮观。 ②上之请爵禄行诸大臣，下

之私大斗、斛、区、釜以出贷，小斗、斛、区、釜以收之：向上请求爵位俸禄赐给大臣，向下私自增大量器出贷粮食，缩小量器来回收。 ③市木之价，不加贵于山；泽之鱼、盐、龟、鳖、蠃、蚌，不贵于海：集市上木头的价格不比山上的贵，湖泊里的鱼、盐、龟、鳖、螺、蚌的价格不比海里的贵。 ④讴乎，其已乎！苞乎，其往归田成子乎：哎呀，快要完了吧！成了，还是去投奔田成子！

齐桓公时，有处士曰小臣稷，桓公三往而弗得见。桓公曰："吾闻布衣之士不轻爵禄，无以易万乘之主；万乘之主不好仁义，亦无以下布衣之士。"于是五往乃得见之。或曰：桓公不知仁义。夫仁义者，忧天下之害，趋一国之患，不避卑辱，谓之仁义。故伊尹以中国为乱，道为宰于汤①；百里奚以秦为乱，道为虏于穆公②。皆忧天下之害，趋一国之患，不辞卑辱，故谓之仁义。今桓公以万乘之势，下匹夫之士，将欲忧齐国，而小臣不行，见小臣之忘民也。忘民不可谓仁义。仁义者，不失人臣之礼，不败君臣之位者也。是故四封之内，执会而朝名曰臣，臣吏分职受事名曰萌③。今小臣在民萌之众，而逆君上之欲，故不可谓仁义。仁义不在焉，桓公又从而礼之。使小臣有智能而遁桓公，是隐也，宜刑；若无智能而虚骄矜桓公，是诬也，宜戮。小臣之行，非刑则戮。桓公不能领臣主之理而礼刑戮之人，是桓公以轻上侮君之俗教于齐国也，非所以为治也。故曰："桓公不知仁义。"

——《韩非子·难一》

【注释】

①故伊尹以中国为乱，道为宰于汤：所以伊尹认为中原国家混乱，通过做厨师向成汤献策求得任用。 ②百里奚以秦为乱，道为虏于穆公：百里奚认为秦国混乱，通过做俘虏向秦穆公献策求得任用。 ③是故四封之内，执会而朝名曰臣，臣吏分职受事名曰萌：因此国境之内，拿着鸟兽朝见君主的，叫作臣；臣子的下属官吏按不同职务掌理政事的，叫作萌。

人有设桓公隐者曰:“一难,二难,三难,何也?”桓公不能对,以告管仲。管仲对曰:“一难也,近优而远士。二难也,去其国而数之海①。三难也,君老而晚置太子。”桓公曰:“善。”不择日而庙礼太子。或曰:管仲之射隐,不得也②。士之用不在近远,而俳优侏儒固人主之所与燕也③,则近优而远士而以为治,非其难者也。夫处势而不能用其有,而悖不去国,是以一人之力禁一国。以一人之力禁一国者,少能胜之。明能照远奸而见隐微,必行之令,虽远于海,内必无变。然则去国之海而不劫杀,非其难者也。楚成王置商臣以为太子,又欲置公子职,商臣作难,遂弑成王。公子宰,周太子也,公子根有宠,遂以东州反,分而为两国。此皆非晚置太子之患也。夫分势不二,庶孽卑,宠无藉,虽处大臣,晚置太子可也④。然则晚置太子,庶孽不乱,又非其难也。物之所谓难者,必借人成势而勿使侵害己,可谓一难也;贵妾不使二后,二难也;爱孽不使危正适,专听一臣而不敢隅君,此则可谓三难也⑤。

——《韩非子·难三》

【注释】

①去其国而数之海:君主离开了国都而屡次去海边游玩。 ②或曰:管仲之射隐,不得也:有人说:管仲猜隐语,并没有猜中。 ③而俳优侏儒固人主之所与燕也:而俳优侏儒本来就是和君主一起娱乐的人。 ④夫分势不二,庶孽卑,宠无藉,虽处大臣,晚置太子可也:权力分配不并重,把庶子的地位压低,宠爱他们但不给他们资本,这样庶子即使做了大臣,迟立太子也是可以的。⑤物之所谓难者,必借人成势而勿使侵害己,可谓一难也;贵妾不使二后,二难也;爱孽不使危正适,专听一臣而不敢隅君,此则可谓三难也:事情中称得上困难的,一定要给予人家权力来形成威势,却又不想让对方侵害自己,这可说是第一件困难的事。宠爱姬妾,却又不使她与正妻地位相等,这可说是第二件困难的事。喜爱庶子,却不想让他威胁太子,专听一个大臣的话,却又要他不敢与君主匹敌,这可说是第三件困难的事了。

桓公之立，发兵攻鲁，心欲杀管仲。鲍叔牙曰："臣幸得从君，君竟以立。君之尊，臣无以增君。君将治齐，即高傒①与叔牙足也。君且欲霸王，非管夷吾不可。夷吾所居国国重，不可失也。"于是桓公从之。乃详为召管仲欲甘心，实欲用之。管仲知之，故请往。鲍叔牙迎受管仲，及堂阜而脱桎梏②，斋祓③而见桓公。桓公厚礼以为大夫，任政④。

——《史记·齐太公世家》

【注释】

①高傒：姜姓，高氏，名傒，字敬仲（一说是谥号），春秋齐国世臣，在卿大夫中声望最高。 ②堂阜：齐地名。桎梏：古代刑具，在足曰桎，在手曰梏，类似于现代的手铐、脚镣。 ③斋祓：斋戒沐浴，祓除秽恶。 ④任政：主持政务。

当是时，齐有孟尝，赵有平原，楚有春申，魏有信陵①。此四君者，皆明知而忠信，宽厚而爱人，尊贤重士，约从离衡②，并韩、魏、燕、楚、齐、赵、宋、卫、中山之众。于是六国之士有宁越、徐尚、苏秦、杜赫之属为之谋③，齐明、周最、陈轸、昭滑、楼缓、翟景、苏厉、乐毅④之徒通其意，吴起、孙膑、带佗、兒良、王廖、田忌、廉颇、赵奢⑤之朋制其兵。常以十倍之地，百万之众，叩关而攻秦。秦人开关延敌，九国之师逡巡遁逃⑥而不敢进。

——《史记·秦始皇本纪》

【注释】

①齐有孟尝，赵有平原，楚有春申，魏有信陵：战国四君子，地位仅次于国君。 ②约从离衡：四君子皆为其国相约合纵，以离散秦的连横策略。 ③宁越：赵人。徐尚：未详。苏秦：东周洛阳人。杜赫：周人。 ④齐明：东周臣，后仕秦、楚及韩。周最：周之公子，亦仕秦。陈轸：夏人，亦仕秦。昭滑：楚人。楼缓：魏文侯弟，所谓楼子。翟景：未详。苏厉：苏秦之弟，仕齐。乐毅：本齐臣，进入燕国后，燕昭王以客礼对待，封为亚卿。 ⑤吴起：卫人，事魏文侯为将。

孙膑:孙武之后也,孙武、孙膑二人皆为著名兵家。田忌:齐将也。廉颇:赵将也。赵奢:亦赵之将。 ⑥逡巡:有所顾虑而徘徊不前或退却。遁逃:逃走,躲避。

自齐王毁废孟尝君①,诸客皆去。后召而复之,冯驩②迎之。未到,孟尝君太息叹曰:"文③常好客,遇客无所敢失,食客三千有余人,先生所知也。客见文一日废,皆背文而去,莫顾文者。今赖先生得复其位,客亦有何面目复见文乎?如复见文者,必唾其面而大辱之。"冯驩结辔④下拜。孟尝君下车接之,曰:"先生为客谢乎?"冯驩曰:"非为客谢也,为君之言失。夫物有必至,事有固然,君知之乎?"孟尝君曰:"愚不知所谓也。"曰:"生者必有死,物之必至也;富贵多士,贫贱寡友,事之固然也。君独不见夫趣市朝者乎?明旦,侧肩争门而入;日暮之后,过市朝⑤者掉臂而不顾。非好朝而恶暮,所期物忘其中。今君失位,宾客皆去,不足以怨士而徒绝⑥宾客之路。原⑦君遇客如故。"孟尝君再拜曰:"敬从命矣。闻先生之言,敢不奉教焉。"

——《史记·孟尝君列传》

【注释】

①齐王:指齐湣王。孟尝君:战国四公子之一,齐国宗室大臣。 ②冯驩:孟尝君的门客。 ③文:指孟尝君田文。 ④辔:驾驭牲口的嚼子和缰绳。⑤市朝:市之行位有如朝列,故为市朝。 ⑥徒绝:白白地断绝。徒:白白地。⑦原:通"愿",希望。

管仲富拟于公室,有三归①、反坫②,齐人不以为侈。管仲卒,齐国遵其政,常强于诸侯。后百余年而有晏子焉。

——《史记·管晏列传》

【注释】

①三归:三座高台,供游赏之用。 ②反坫:堂屋两柱间设有土台,供放置

酒器之用。按礼制,诸侯才有三归和反坫,管仲是大夫,不应享有,可见齐王对管仲的重视。

齐桓公染[①]于管仲、鲍叔,晋文公染于咎犯、郄偃,荆庄王[②]染于孙叔敖、沈尹蒸,吴王阖庐染于伍员、文之仪,越王句践染于范蠡、大夫种。此五君者所染当[③],故霸诸侯,功名传于后世。

——《吕氏春秋·当染》

【注释】

①染:熏陶,熏染。 ②荆庄王:楚庄王。 ③所染当:所受熏染影响合适得当。

吕太公望封于齐,周公旦封于鲁,二君者甚相善也。相谓曰:“何以治国?”太公望曰:“尊贤上功[①]。”周公旦曰:“亲亲上恩[②]。”太公望曰:“鲁自此削[③]矣。”周公旦曰:“鲁虽削,有齐者亦必非吕氏也。”其后齐日以大,至于霸,二十四世而田成子有齐国。鲁公以削,至于觐[④]存,三十四世而亡。

——《吕氏春秋·长见》

【注释】

①尊贤上功:尊崇贤能,崇尚功业。上:通“尚”。 ②亲亲上恩:宠信亲戚,推重恩德。 ③削:削弱。 ④觐:通“仅”。

此则亦见于《韩诗外传》卷十第二十五章。

孟尝君为从[①],公孙弘谓孟尝君曰:“君不若使人西观秦王。意者[②]秦王帝王之主也,君恐不得为臣,何暇从以难[③]之?意者秦王不肖主也,君从以难之未晚也。”孟尝君曰:“善。愿因请公往矣。”公孙弘敬诺,以车十乘之秦。秦昭王闻之,而欲丑之以辞[④],以观公孙弘。公孙弘见昭王,昭王曰:“薛之地小大几何?”公孙弘对曰:“百里。”昭

王笑曰："寡人之国，地数千里，犹未敢以有难也。今孟尝君之地方百里，而因欲以难寡人，犹可乎？"公孙弘对曰："孟尝君好士，大王不好士。"昭王曰："孟尝君之好士何如？"公孙弘对曰："义不臣乎天子，不友乎诸侯，得意则不惭为人君，不得意则不肯为人臣，如此者三人。能治可为管、商[5]之师，说义听行，其能致主霸王，如此者五人。万乘之严主，辱其使者，退而自刎也，必以其血污其衣，有如臣者七人。"昭王笑而谢[6]焉曰："客胡为若此？寡人善孟尝君，欲客之，必谨谕[7]寡人之意也。"公孙弘敬诺。

——《吕氏春秋·不侵》

【注释】

①为从：倡导合纵。从：通"纵"，合纵。 ②意者：抑或，料想。 ③难：抵抗，与……为敌。 ④丑之以辞：用言辞羞辱他。丑：羞辱。 ⑤管、商：管仲、商鞅。 ⑥谢：道歉。 ⑦谕：告知。

若夫有道之士，必礼必知[1]，然后其智能可尽。解在乎胜书之说周公[2]，可谓能听矣；齐桓公之见小臣稷、魏文侯之见田子方也，皆可谓能礼士矣。

——《吕氏春秋·谨听》

【注释】

①必礼必知：一定要礼待他们、了解他们。知：了解。 ②解在乎胜书之说周公：道理体现在胜书劝说周公上。《吕氏春秋·精谕》载胜书对周公旦说："廷堂很小而人很多，轻声说您不能听到，大声说别人就会知道。是轻声说呢，还是大声说呢？"周公旦说："轻声说。"胜书说："假如有件事情，悄声地说不能说明白，不说就不能办成。是悄声地说呢，还是不说呢？"周公旦说："不说。"所以胜书能凭着不言劝说周公，而周公旦也能在胜书不说话的情况下听懂他的意思。这就叫作不用别人说话就能听懂。

齐桓公见小臣稷，一日三至弗得见。从者曰："万乘之主见布衣

之士，一日三至而弗得见，亦可以止矣。”桓公曰：“不然。士骜[①]禄爵者，固轻其主；其主骜霸王者，亦轻其士。纵夫子骜禄爵，吾庸[②]敢骜霸王乎？”遂见之，不可止。

——《吕氏春秋·下贤》

【注释】

①骜：通“傲”，傲视。　②庸：怎么，哪里。

此则亦见于《韩诗外传》卷六、《新序·杂事五》。

齐桓公合诸侯，卫人后至。公朝而与管仲谋伐卫，退朝而入[①]，卫姬[②]望见君，下堂再拜，请卫君之罪。公曰：“吾于卫无故，子曷为请？”对曰：“妾望君之入也，足高气强[③]，有伐国之志也。见妾而有动色[④]，伐卫也。”明日君朝，揖管仲而进之。管仲曰：“君舍卫乎？”公曰：“仲父安识之？”管仲曰：“君之揖朝也恭，而言也徐，见臣而有惭色，臣是以知之。”君曰：“善。仲父治外，夫人治内，寡人知终不为诸侯笑矣。”

——《吕氏春秋·精谕》

【注释】

①退朝而入：退朝后进入内室。　②卫姬：齐桓公夫人，卫侯之女，故称卫姬。　③足高气强：步子很大，怒气很盛。　④动色：变了脸色。

能意见齐宣王。宣王曰：“寡人闻子好直[①]，有之乎？”对曰：“意恶能直[②]？意闻好直之士，家不处乱国，身不见污君[③]。身今得见王，而家宅乎齐，意恶能直？”宣王怒曰：“野[④]士也！”将罪之。能意曰：“臣少而好事，长而行之，王胡不能与[⑤]野士乎，将以彰其所好耶？”王乃舍之。能意者，使谨乎论于主之侧，亦必不阿主。不阿主之所得岂少哉？此贤主之所求，而不肖主之所恶也。

——《吕氏春秋·贵直》

【注释】

①好直：喜欢直谏。 ②意恶能直：我能意怎么能够做到正直呢？恶（wū）：何，怎么。 ③身不见污君：自身不见德行不好的君主。污君：有污行的君主。 ④野：粗野。 ⑤与：采用，听取。

齐桓公逐白鹿，至麦丘，见邦人曰："尔何谓者也？"对曰："臣麦丘之邦人。"桓公曰："叟年几何？"对曰："臣年八十有三矣。"桓公曰："美哉寿也！"与之饮。曰："叟盍①为寡人寿也？"对曰："野人不知为君王之寿。"桓公曰："盍以叟之寿祝寡人矣？"邦人奉觞再拜②曰："使吾君固寿，金玉之贱，人民是宝。"桓公曰："善哉祝乎！寡人闻之矣：'至德不孤，善言必再。'叟盍复之？"邦人奉觞再拜曰："使吾君好学而不恶下问，贤者在侧，谏者得入③。"桓公曰："善哉祝乎！寡人闻之：'至德不孤，善言必三。'叟盍复之？"邦人奉觞再拜曰："无使群臣百姓得罪于吾君，亦无使吾君得罪于群臣百姓。"桓公不说，曰："此一言者，非夫前二言之祝，叟其革④之矣！"邦人潸然而涕下，曰："愿君熟思之，此一言者，夫前二言之上也。臣闻子得罪于父，可因姑姊妹而谢也，父乃赦之。臣得罪于君，可使左右而谢⑤也，君乃赦之。昔者桀得罪于汤，纣得罪于武王，此君得罪于臣也，至今未有为谢也。"桓公曰："善哉！寡人赖宗庙之福，社稷之灵，使寡人遇叟于是。"扶而载之，自御⑥以归，荐之于庙，而断政焉。桓公之所以九合诸侯，一匡天下，不以兵车者，非独管仲也，亦遇之于是⑦。

——《韩诗外传》卷十第一章

【注释】

①盍：何不。下"盍以叟之寿祝寡人矣""叟盍复之"之"盍"同。 ②奉觞：捧酒杯。奉：通"捧"。再拜：拜了两拜。 ③得入：听得进去。 ④革：变，改。 ⑤谢：谢罪。 ⑥自御：亲自驾车。 ⑦亦遇之于是：也是因为他在麦

丘遇到了这位老人家的缘故。之：指麦丘老人。

此则亦见于《新序·杂事四》。

齐使使献鸿于楚，鸿渴，使者道饮，鸿攫筥溃失[①]。使者遂之楚，曰："齐使者献鸿，鸿渴，道饮，攫筥溃失。臣欲亡去，为[②]两君之使不通；欲拔剑而死，人将以吾君贱士贵鸿也。攫筥在此，愿以将事[③]。"楚王贤其言，辩其词，因留而赐之，终身以为上客。

——《韩诗外传》卷十第八章

【注释】

①攫筥溃失：抓破笼子逃跑。攫：通"攫"。筥：筐，笼，原作"笞"。②为：使，使得。 ③愿以将事：希望凭借它完成使命。

齐有妇人，极丑无双，号曰"无盐女"[①]。其为人也，臼头[②]深目，长肚大节，昂鼻结喉，肥项少发，折腰出胸[③]，皮肤若漆。行年三十，无所容入[④]，衒嫁不售[⑤]，流弃莫执[⑥]。于是乃拂拭短褐，自诣[⑦]宣王，愿一见。谓谒者[⑧]曰："妾，齐之不售女也，闻君王之圣德，愿备后宫之扫除[⑨]，顿首司马门外[⑩]，唯王幸许之。"谒者以闻。宣王方置酒于渐台，左右闻之，莫不掩口而大笑曰："此天下强颜[⑪]女子也。"于是宣王乃召而见之，谓曰："昔先王为寡人取妃匹[⑫]，皆已备有列位矣。寡人今日听郑、卫之声，讴吟感伤，扬[⑬]《激楚》之遗风。今夫人不容乡里布衣[⑭]，而欲干万乘之王[⑮]，亦有奇能乎？"无盐女对曰："无有。直窃慕大王之美义耳。"王曰："虽然，何喜？"良久曰："窃尝喜隐[⑯]。"王曰："隐固寡人之所愿也，试一行之。"言未卒，忽然不见矣。宣王大惊，立发隐书[⑰]而读之，退而惟[⑱]之，又不能得。明日，复更召而问之，又不以隐对，但扬目衔齿，举手拊肘[⑲]，曰："殆[⑳]哉！殆哉！"如此者四。宣王曰："愿遂闻命。"无盐女曰："今大王之君国也，西有衡[㉑]秦之患，南有强楚之仇，外有三国[㉒]之难；内聚奸臣，众人不附；春秋

四十，壮男不立㉓；不务众子而务众妇，尊所好而忽所恃。一旦山陵崩阤㉔，社稷不定，此一殆也。渐台五重，黄金白玉，琅玕龙疏㉕，翡翠珠玑，莫落㉖连饰，万民罢㉗极，此二殆也。贤者伏匿于山林，谄谀强于左右，邪伪立于本朝，谏者不得通入，此三殆也。酒浆流湎㉘，以夜续朝；女乐俳优，从横㉙大笑，外不修诸侯之礼，内不秉国家之治，此四殆也。故曰：殆哉！殆哉！"于是宣王掩然㉚无声，意入黄泉㉛，忽然而昂，喟然而叹曰："痛乎，无盐君之言！吾今乃一闻寡人之殆，寡人之殆几不全！"于是立停渐台，罢女乐，退谄谀，去雕琢㉜，选兵马，实府库，四辟公门㉝，招进直言㉞，延及侧陋㉟，择吉日，立太子，进慈母，显隐女㊱，拜无盐君为王后，而国大安者，丑女之力也。

——《新序·杂事二》

【注释】

①无盐女：据《列女传》，无盐女，名钟离春，相传是战国时齐国无盐人，故称无盐女，齐宣王王后。 ②臼(jiù)头：头中央凹下，像石臼一样。 ③折腰：驼背。出胸：胸部前凸。 ④无所容入：没有地方接纳，即无人愿娶。 ⑤衒嫁不售：自我夸饰以求嫁人，也不能出嫁。售：此指求出嫁。 ⑥流弃莫执：像东西丢弃在路边无人捡拾。 ⑦诣：晋谒，造访。 ⑧谒者：国君左右掌传达等事的近侍。 ⑨备后宫之扫除：愿意打扫后宫，这里指愿意做君王的嫔妃。⑩顿首司马门外：在司马门外给君王叩头，即在司马门外等候君王的召见。⑪强颜：厚颜，不知羞耻。 ⑫妃匹：配偶。 ⑬扬：扬哥，高声歌唱。 ⑭布衣：平民百姓。 ⑮万乘之王：拥有兵车万辆的大国国君。这里指齐宣王。⑯隐：隐语，谜语。 ⑰隐书：关于隐语的书。 ⑱惟：思考，谋虑。 ⑲拊肘：拍打胳膊肘儿。 ⑳殆：危险。 ㉑衡：通"横"，蛮横，残暴。 ㉒三国：指韩国、赵国、魏国。 ㉓春秋四十，壮男不立：年龄都四十岁了，长子还没有立为太子。春秋：指年龄。 ㉔山陵崩阤：喻帝王死亡。 ㉕琅玕(láng gān)：似玉的美石。龙疏：即龙兹，珠玉名。 ㉖莫落：通"幕络"，连绵缠绕。 ㉗罢：通"疲"，疲惫。 ㉘酒浆流湎：沉湎于美酒之中。 ㉙从横：恣意妄行。从：通"纵"。 ㉚掩然：黯然。 ㉛意入黄泉：形容沉思之深。黄泉：地下。 ㉜雕

琢:精美的装饰。 ㉝辟:打开。公门:君主的宫门。 ㉞直言:指敢于直言进谏的人。 ㉟侧陋:地位卑微的贤能人士。 ㊱显隐女:尊显善于说隐语的女子。隐女:指无盐女。

此则亦见于《列女传·辨通》。

春秋之时,天子微弱,诸侯力政①,皆叛不朝,众暴寡,强劫弱,南夷与北狄交侵,中国之不绝若线。桓公于是用管仲、鲍叔、隰朋、宾胥无、宁戚,三存亡国,一继绝世②,救中国,攘③戎狄,卒④胁荆蛮,以尊周室,霸诸侯。

——《说苑·尊贤》

【注释】

①政:通“征”。 ②一继绝世:指定周襄王天子之位。 ③攘:攘却。 ④卒:终究,最后。

或曰:将谓桓公仁义乎?杀兄而立,非仁义也。将谓桓公恭俭乎?与妇人同舆驰于邑中,非恭俭也。将谓桓公清洁①乎?闺门之内,无可嫁者,非清洁也。此三者,亡国失君之行也,然而桓公兼有之,以得管仲、隰朋,九合诸侯,一匡天下,毕朝周室,为五霸长,以其得贤佐也。失管仲、隰朋,任竖刁、易牙,身死不葬,虫流出户。一人之身,荣辱俱施者何?其所任异也。由此观之,则任佐急②矣。

——《说苑·尊贤》

【注释】

①清洁:清白,私生活检点。 ②急:紧急,迫切。

齐景公伐宋,至于岐隄之上,登高以望,太息而叹曰:“昔我先君桓公,长毂①八百乘,以霸诸侯。今我长毂三千乘,而不敢久处于此者,岂其无管仲欤?”弦章对曰:“臣闻之,水广则鱼大,君明则臣忠。

昔有桓公,故有管仲。令②桓公在此,则车下之臣尽管仲也。”

——《说苑·尊贤》

【注释】

①长毂(gǔ):兵车。兵车车毂很长,用以撞击敌人,故称长毂。毂:车轮中心有洞可以插轴的部分。 ②令:假使。

诸侯举兵以伐齐。齐王闻之,惕然①而恐,召其群臣大夫,告曰:“有智为寡人用之。”于是博士淳于髡仰天大笑而不应。王复问之,又大笑不应。三问,三笑不应。王艴然作色②不悦,曰:“先生以寡人语为戏乎?”对曰:“臣非敢以大王语为戏也,臣笑臣邻之祠田也,以一奁③饭,一壶酒,三鲋鱼④,祝曰:‘蟹堁者宜禾,洿邪者百车⑤,传之后世,洋洋有余。’臣笑其赐鬼薄而请之厚也。”于是王乃立淳于髡为上卿,赐之千金,革车百乘,与平⑥诸侯之事。诸侯闻之,立罢其兵,休其士卒,遂不敢攻齐。此非淳于髡之力乎?

——《说苑·尊贤》

【注释】

①惕然:忧惧的样子。 ②艴(bó)然:生气的样子。作色:变了脸色。 ③奁(lián):盛物的器具。 ④鲋(fù)鱼:鲫鱼。 ⑤蟹堁(kè)者宜禾:狭小的高地上长出好庄稼。蟹堁:狭小的高地,指旱地。洿(wū)邪者百车:地势低洼的田地里收获百车粮食。 ⑥平:平息。

此则亦见于《说苑·复恩》。

子路问于孔子曰:“管仲何如人也?”子曰:“大人①也。”子路曰:“昔者管子说襄公,襄公不说,是不辩也;欲立公子纠而不能,是无能也;家残于齐而无忧色,是不慈也;桎梏而居槛车②中无惭色,是无愧也;事所射之君,是不贞也;召忽死之,管子不死,是无仁也。夫子何以大之?”子曰:“管仲说襄公,襄公不说,管仲非不

辩也，襄公不知说也；欲立子纠而不能，非无能也，不遇时也；家残于齐而无忧色，非不慈也，知命也；桎梏居槛车而无惭色，非无愧也，自裁也；事所射之君，非不贞也，知权也；召忽死之，管子不死，非无仁也，召忽者，人臣之材也，不死则三军之虏也，死之则名闻天下，夫何为不死哉？管子者，天子之佐、诸侯之相也，死之则不免为沟中之瘠[③]，不死则功复用于天下，夫何为死之哉？由，汝不知也。”

——《说苑·善说》

【注释】

①大人：了不起的人物。 ②桎梏（zhì gù）：古代刑具，在足曰桎，在手曰梏，类似于现代的手铐、脚镣。槛车：囚禁犯人的有栅栏的车。 ③瘠：通“胔”（zì），将要腐烂的尸骨。

此则亦见于《孔子家语·致思》。

昔太公始封，周公问：“何以治齐？”太公曰：“举贤而上功。”周公曰：“后世必有篡杀之臣。”其后二十九世为强臣田和所灭[①]，而和自立为齐侯。初，和之先陈公子完[②]有罪来奔齐，齐桓公以为大夫，更称田氏。九世至和而篡齐[③]，至孙威王称王，五世为秦所灭[④]。

——《汉书·地理志下》

【注释】

①其后二十九世为强臣田和所灭：此事指田齐代替姜齐，事在公元前386年。 ②陈公子完：陈厉公之子。 ③九世至和而篡齐：指陈完传九世至田和而代齐。 ④五世为秦所灭：指秦王嬴政灭齐国，事在公元前221年。

庆为太仆[①]，御出[②]，上问车中几马，庆以策数马毕，举手曰：“六马。”庆于兄弟最为简易矣，然犹如此。出为齐相，齐国慕其家行，不

治[3]而齐国大治，为立石相祠。

——《汉书·万石卫直周张传》

【注释】

①庆：石奋之少子。太仆：官名，执掌车马畜牧。　②御出：皇帝驾车出行。　③不治：无为而治。

士者，国之重器；得士则重，失士则轻。《诗》云："济济多士，文王以宁。"庙堂之议，非草茅所当言也。臣诚恐身涂野草，尸并卒伍，故数上书求见，辄报罢。臣闻齐桓之时有以九九[1]见者，桓公不逆，欲以致大也。今臣所言非特九九也，陛下距臣者三矣，此天下士所以不至也。昔秦武王[2]好力，任鄙[3]叩关自鬻；缪公[4]行伯，繇余[5]归德。今欲致天下之士，民有上书求见者，辄使诣尚书问其所言，言可采取者，秩以升斗之禄，赐以一束之帛。若此，则天下之士发愤懑，吐忠言，嘉谋日闻于上，天下条贯，国家表里，烂然可睹矣。夫以四海之广，士民之数，能言之类至众多也。然其隽桀[6]指世陈政，言成文章，质之先圣而不缪，施之当世合时务，若此者，亦亡几人。故爵禄束帛者，天下之底石[7]，高祖所以厉世摩钝也。孔子曰："工欲善其事，必先利其器。"至秦则不然，张诽谤之罔，以为汉驱除，倒持泰阿，授楚其柄。故诚能勿失其柄，天下虽有不顺，莫敢触其锋，此孝武皇帝所以辟地建功为汉世宗也。今不循伯者之道，乃欲以三代选举之法取当时之士，犹察伯乐之图，求骐骥于市，而不可得，亦已明矣。故高祖弃陈平之过而获其谋，晋文召天王[8]，齐桓用其仇[9]，有益于时，不顾逆顺，此所谓伯道者也。一色成体谓之醇，白黑杂合谓之駮[10]。欲以承平之法治暴秦之绪，犹以乡饮酒之礼理军市也。

——《汉书·杨胡朱梅云传》

【注释】

①九九:九九算法。 ②秦武王:嬴姓,赵氏,名荡,亦称秦武烈王、秦悼武王,秦惠文王之子,战国时期秦国国君。 ③任鄙:秦国大力士。 ④缪公:秦穆公。 ⑤繇余:秦国大夫。 ⑥隽桀:俊杰。 ⑦厎石:磨刀石。 ⑧晋文召天王:指晋文公迫使周天子狩于河阳。 ⑨齐桓用其仇:指齐桓公任用曾与其为敌的管仲为相。 ⑩駮:古同"驳"。

二、人才培养

国家的富足强大离不开优秀人才。只有源源不断地培养高素质人才，使人才资源得到保证，才能使国家实现可持续发展。齐国政治家深刻理解这一点。《管子·权修》："一年之计，莫如树谷；十年之计，莫如树木；终身之计，莫如树人。一树一获者，谷也；一树十获者，木也；一树百获者，人也。"这就是著名的"百年树人"的教育思想。管仲指出，培养人才与"树谷""树木"这些生产活动一样需要投入，而且投入更大，但是获得的社会效益也大，因此，必须重视教育、培养人才。

商周时期已经形成了比较完善的人才培养机制。西周王室及各诸侯国上层普遍实行师保教育，设傅、师、保教育贵族子弟。在齐国，不但太子有傅，庶子也有傅，如管仲、召忽傅公子纠，鲍叔牙傅公子小白等；并由德高望重、有治国经验的重臣负责德与能的教育，确保贵族子弟具备驭人驾势的能力。与此同时，各代统治者还兴建学校，设立乡师，推行广泛的社会教育。《孟子·滕文公上》："设为庠序学校以教之。庠者，养也；校者，教也；序者，射也。夏曰校，殷曰序，周曰庠，学则三代共之，皆所以明人伦也。"由此可见，夏商周三代都有学校教育。

齐国的人才教育与培养情况可从稷下学宫的盛况与《管子·弟子职》的记载中窥见一斑。

稷下学宫是田齐统治者为招揽和培养天下人才，在稷门外建立的规模宏大的学校和学术机构。《史记·田敬仲完世家》:"自如驺衍、淳于髡、田骈、接予、慎到、环渊之徒七十六人,皆赐列第,为上大夫,不治而议论。是以齐稷下学士复盛,且数百千人。"稷下先生享受"上大夫""列大夫"等较高的政治地位和荣誉,与其门徒讲学、授徒、讲习技艺,为齐国乃至其他诸国培养了大量人才。

《管子·弟子职》应该是稷下学官之学则。其开篇讲道:"先生施教,弟子是则。温恭自虚,所受是极。见善从之,闻义则服。温柔孝悌,毋骄恃力。志毋虚邪,行必正直。游居有常,必就有德。颜色整齐,中心必式。夙兴夜寐,衣带必饬。朝益暮习,小心翼翼。一此不解,是谓学则。"此学则对学生从早起到晚眠、尊师、礼仪、起居、学习等方面的行为,都有具体明确的要求。这些养成教育和日常行为规范的培养中贯穿着崇重仁义、尊师重道的学风。

齐国还在四民分业改革中创造性地进行职业教育。齐桓公改士农工商四民杂处为分别集中居住,实行四民分业定居,以培养各具专长的人才,优秀者可入仕为官。《管子·小匡》:"圣王之处士必于闲燕,处农必就田野,处工必就官府,处商必就市井。……旦昔从事于此,以教其子弟。少而习焉,其心安焉,不见异物而迁焉。是故其父兄之教,不肃而成;其子弟之学,不劳而能。"这被看作是中国历史上职业学校的雏形。四民分业定居的实施为齐国培养了大批士、农、工、商各阶层的人才。他们或执干戈保卫国家,或发展农业、手工业和商业创造大量财富,为齐国富强打下坚实的基础。

在培养方式上,除直接教育外,备受重视的是政教风化与教育感化,即"教化"。这种古老的教育传统往往通过在上者对在下者的影响,或者通过一定的社会思想与舆论礼俗,对受众施行潜移默化的教育,在培养人才的身心内在规范方面发挥着重要作用。《管子·五辅》:"民知德矣,而未知义,然后明行以导之义。……夫民必知义然后中正,中正然后和调,和调乃能处安,处安然后动威,动威乃可以战胜而守固。"《管子·侈靡》:"为国者反民性,然后可以与民戚。民欲佚而教以劳,民欲生而教以死。劳教定而国富,死教定而威行。"荀子主张通过"积""渐"使人性自化。所谓"积",指通过个人主观努力,"长迁于善"。《荀子·劝学》:"积土成山,风雨兴焉;积水成渊,蛟龙生焉;积善成德,而神明自得,圣心备焉。故不积跬步,无以至千里;不积小流,无以成江河。"所谓"渐",即注重客观环境的影响。

荀子认为环境和教育对人的发展有至关重要的影响。《荀子·劝学》："干越夷貉之子，生而同声，长而异俗，教使之然也……蓬生麻中，不扶而直。兰槐之根是为芷，其渐之滫，君子不近，庶人不服。其质非不美也，所渐者然也。故君子居必择乡，游必就士，所以防邪僻而近中正也。"统治者也认为可以采取种种措施从根本上杜绝不良环境对百姓的影响，以让百姓从善如同天性一般，这也是王室师保教育方法的延伸和发扬。这种培养人才与管理百姓的方法，在一定程度上遏止了罪恶的产生。《管子·八观》云："教训习俗者众，则君民化变而不自知也。……明君者闭其门，塞其途，弇其迹，使民毋由接于淫非之地，是以民之道正行善也，若性然。"

关于培养过程，孟子强调"内省""自得"，强调"思"，注重发挥人才自身的主观能动性。《孟子·告子上》："恻隐之心，人皆有之。羞恶之心，人皆有之。恭敬之心，人皆有之。是非之心，人皆有之。恻隐之心，仁也。羞恶之心，义也。恭敬之心，礼也。是非之心，智也。仁义礼智，非由外铄我也，我固有之也，弗思耳矣。"《孟子·尽心上》："万物皆备于我矣。反身而诚，乐莫大焉。强恕而行，求仁莫近焉。"

与孟子不同的是，荀子把学习过程分为"闻""见""知""行"，并把"行"看作学习的最终目的。《荀子·儒效》："不闻不若闻之，闻之不若见之，见之不若知之，知之不若行之，学至于行之而止矣。行之，明也。明之为圣人。"从感性到理性，由闻、见到知，最终落脚在行上。由知到行，知行合一，缺一不可。荀子还提出了终生学习的思想，"学不可以已"，"真积力久则入，学至乎没而后止也"。

对于人才培养的目标与方法，齐文化典籍中有丰富的记载，以《孙子兵法》《司马法》《六韬》《孙膑兵法》这四部齐兵书为例。这几部兵书叙述了优秀将帅士卒的培养目标与培养途径。《孙子兵法·计篇》："将者，智、信、仁、勇、严也。"《孙子兵法·形篇》："故善战者，立于不败之地，而不失敌之败也。是故胜兵先胜而后求战，败兵先战而后求胜。善用兵者，修道而保法，故能为胜败之政。"《孙子兵法·虚实篇》："凡先处战地而待敌者佚，后处战地而趋战者劳。故善战者，致人而不致于人。"此书亦指出应对错误危险的做法保持警戒。《孙子兵法·九变篇》："故将有五危：必死可杀，必生可虏，忿速可侮，廉洁可辱，爱民可烦。凡此五者，将之过也，用兵之灾也。"

当然，有关君子、儒者、辅臣等的培养内容亦颇为丰富，这也是人才培养的一个重要部分。只是，其中有些内容的设计制订是以“学而优则仕”为中心的，在培养目标与模式上有单一化倾向，对人才培养的多面性与创新性产生了一定的负面影响。

故经之以五事①，校②之以计，而索其情③：一曰道④，二曰天⑤，三曰地⑥，四曰将⑦，五曰法⑧。道者，令民与上同意⑨也，故可以与之死，可以与之生，而不畏危⑩。天者，阴阳、寒暑、时制⑪也。地者，远近、险易、广狭、死生⑫也。将者，智、信、仁、勇、严也。法者，曲制、官道、主用⑬也。凡此五者，将莫不闻。知之者胜，不知者不胜。

——《孙子兵法·计篇》

【注释】

①经之以五事：通过五个方面来分析研究。经：衡量，这里是分析研究的意思。 ②校（jiào）：比较。 ③索：探索。情：指实际情况。 ④道：道义品德，这里指政治方面是否得民心。 ⑤天：指天时（气候、时令）方面的条件。 ⑥地：指地理条件，如距离远近、险要平坦、广阔狭隘等地形、地势。 ⑦将：将帅。这里指将帅的谋略、智能及作战方法等。 ⑧法：军法，法令。这里指军队的编制、将帅的职掌、军备物资的供给等。 ⑨上：指国君。同意：同心。 ⑩畏危：惧怕危险。 ⑪阴阳：指昼夜、晴雨等气象变化。时制：指春、夏、秋、冬四季。 ⑫险易：地势的险阻平坦。死生：这里指死地与生地，即地形是否有利于攻守进退。 ⑬曲制：指军队编制制度。官道：指各级将吏的职责划分以及统辖管理制度。主用：掌管物资费用的后勤管理制度。主：掌管。用：物资费用。这些都属于古代军法的规定范围。

故善战者，立于不败之地，而不失敌之败①也。是故，胜兵先胜②而后求战，败兵先战而后求胜。善用兵者，修道而保法③，故能为胜败之政。

——《孙子兵法·形篇》

【注释】

①敌之败:指致使敌人战败的时机。 ②先胜:指事先制造取胜条件。③修道而保法:指修明政治并且遵循法度。

孙子曰:凡先处战地而待敌者佚①,后处战地而趋战者劳②。故善战者,致人而不致于人③。

——《孙子兵法·虚实篇》

【注释】

①先处:这里是先期到达占据的意思。处:居止。佚:安逸,这里是从容的意思。 ②趋战:仓促应战。趋:急行。劳:疲劳。 ③致人:使人致,这里指调动敌人。致于人:这里指被敌人调动。

故三军可夺气①,将军可夺心②。是故朝气锐③,昼气惰④,暮气归⑤。故善用兵者,避其锐气,击其惰归,此治气⑥者也。以治待乱,以静待哗,此治心者也。以近待远,以佚待劳,以饱待饥,此治力者也。无邀正正之旗⑦,勿击堂堂之陈⑧,此治变者也。

——《孙子兵法·军争篇》

【注释】

①夺气:挫伤士气。夺:剥夺,这里指打击、挫伤。 ②夺心:动摇决心。③朝气锐:早晨士气饱满,锐不可当。锐:这里指气盛。 ④昼气惰:白天士气低落。惰:懒惰,懈怠。 ⑤暮气归:傍晚士气衰竭。归:止息,这里指气竭。⑥治气:指掌控士气。 ⑦无邀正正之旗:不要迎击旗帜整齐、强盛严肃的军队。邀:迎击,截击。 ⑧堂堂:阵容整肃,气势饱满。陈:通"阵"。

故将通于九变之地利①者,知用兵矣;将不通于九变之利者,虽知地形,不能得地之利矣;治兵不知九变之术,虽知五利②,不能得人之用矣。

是故智者之虑,必杂于利害③,杂于利而务可信④也,杂于害而

患可解也。

——《孙子兵法·九变篇》

【注释】

①通于九变之地利:指精通各种不同地形条件下作战方法的运用。九变之地:指《孙子兵法·九地篇》里的散地、轻地、争地、交地、衢地、重地、圮地、围地、死地九种地形。 ②五利:指"涂(途)有所不由,军有所不击,城有所不攻,地有所不争,君命有所不受"五种变通的好处。一说指"圮地无舍,衢地交合,绝地无留,围地则谋,死地则战"的好处。 ③杂于利害:兼顾利害两个方面。杂:掺杂,这里引申为兼顾。 ④务:任务,事务。信(shēn):通"伸",这里指任务顺利完成。

故将有五危:必死可杀①也,必生可虏②也,忿速可侮③也,廉洁可辱④也,爱民可烦⑤也。凡此五者,将之过也,用兵之灾也。覆军杀将⑥,必以⑦五危,不可不察也。

——《孙子兵法·九变篇》

【注释】

①必死:指有勇无谋,只知死拼。可杀:可能被杀。 ②必生:指贪生怕死。可虏:可能被俘虏。 ③忿速:指愤怒急躁。速:急躁。可侮:可能被欺侮。④廉洁:指过于洁身清廉,自矜名节。可辱:可能被羞辱。 ⑤爱民可烦:指溺爱其民,就会被烦扰。 ⑥覆军杀将:全军覆灭,将帅被杀。 ⑦以:因为。

故兵有走者,有弛者,有陷者,有崩者,有乱者,有北者①。凡此六者,非天之灾,将之过也。

夫势均,以一击十,曰走。卒强吏弱,曰弛。吏强卒弱,曰陷。大吏②怒而不服,遇敌怼而自战③,将不知其能,曰崩。将弱不严,教道④不明,吏卒无常,陈兵纵横⑤,曰乱。将不能料敌⑥,以少合⑦众,以弱击强,兵无选锋⑧,曰北。凡此六者,败之道也。将之至任⑨,不可不察也。

——《孙子兵法·地形篇》

【注释】

①走：败走。弛：废弛。陷：陷败。崩：崩溃。北：败北，败退。这里指军队打败仗的六种情况。 ②大吏：级别低的军官。 ③敌怼（duì）：冤家对头。自战：擅自出战。 ④教道：教育士卒的方法和原则。 ⑤陈兵纵横：列队布阵，杂乱无章。陈：通“阵”。 ⑥料敌：判断敌情。 ⑦合：迎战。 ⑧选锋：精选勇敢士卒为先锋。 ⑨至任：至关重要的责任。至：极，最。

故战道①必胜，主曰无战，必战可也；战道不胜，主曰必战，无战可也。故进不求名，退不避罪，唯人是保②，而利合于主③，国之宝也。

——《孙子兵法·地形篇》

【注释】

①战道：指战场上的实际情况。 ②唯人是保：只求保全百姓。人：唐人避李世民讳，改“民”为“人”，后人从之。 ③利合于主：符合国君的利益。主：指国君。

知吾卒之可以击，而不知敌之不可击，胜之半也；知敌之可击，而不知吾卒之不可以击，胜之半也；知敌之可击，知吾卒之可以击，而不知地形之不可以战，胜之半也。故知兵者①，动而不迷②，举而不穷③。故曰：知彼知己，胜乃不殆④；知天知地，胜乃不穷。

——《孙子兵法·地形篇》

【注释】

①知兵者：指通晓用兵作战的人。 ②动而不迷：行动起来不迷失方向，这里也指目标明确不盲动。 ③举而不穷：指作战时战略战术变化无穷。 ④殆：危险。

主不可以怒而兴师，将不可以愠①而致战。合于利而动，不合于利而止。怒可以复喜，愠可以复悦，亡国不可以复存，死者不可以复生。故明君慎之，良将警之，此安国全军②之道也。

——《孙子兵法·火攻篇》

【注释】

①兴师：兴兵作战。愠(yùn)：愤怒，恼怒。 ②全军：保全军队。

故明君贤将，所以动而胜人[①]，成功出于众[②]者，先知[③]也。先知者，不可取于鬼神[④]，不可象于事[⑤]，不可验于度[⑥]，必取于人，知敌之情者也。

——《孙子兵法·用间篇》

【注释】

①动而胜人：指兵出即胜。 ②出于众：超出众人。 ③先知：预先掌握敌情。 ④取于鬼神：指用祈祷、祭祀等迷信方法求助于鬼神。取：求助。⑤象于事：指筮占之事。《易·系辞下》云："吉事有祥，象事知器，占事知来。""象事"当指易筮的"象数之学"。 ⑥验于度：指用日月星辰运行度数来验证。验：验证。度：天象度数。

桓公曰："成民之事若何？"管子对曰："四民[①]者勿使杂处，杂处则其言咙[②]，其事易。"公曰："处士、农、工、商若何？"管子对曰："昔圣王之处士也，使就闲燕[③]；处工，就官府；处商，就市井；处农，就田野。

——《国语·齐语》

【注释】

①四民：士、农、工、商。 ②咙(máng)：混乱。 ③闲燕：清闲舒适。

此则及以下四则亦见于《管子·小匡》。

"令夫士，群萃而州处[①]，闲燕则父与父言义，子与子言孝，其事君者言敬，其幼者言悌[②]。少而习焉，其心安焉，不见异物而迁焉。是故其父兄之教不肃[③]而成，其子弟之学不劳而能。夫是故士之子恒为士。

——《国语·齐语》

【注释】

①群萃：聚集。州处：聚居。 ②弟：孝悌，这里是敬重兄长的意思。③肃：严厉。

"令夫工，群萃而州处，审其四时[1]，辨其功苦[2]，权[3]节其用，论比协材[4]，旦暮从事，施于四方，以饬[5]其子弟，相语以事[6]，相示以巧，相陈以功[7]。少而习焉，其心安焉，不见异物而迁焉。是故其父兄之教不肃而成，其子弟之学不劳而能。夫是故工之子恒为工。

——《国语·齐语》

【注释】

①四时：一年四季。 ②辨：分辨。功苦：质量优劣。 ③权：权衡。④协材：材料协调配合。 ⑤饬：整治，这里是教导之意。 ⑥事：工匠之事。⑦功：用处。

"令夫商，群聚而州处，察其四时，而监其乡之资[1]，以知其市之贾[2]，负、任、担、荷[3]，服牛轺马[4]，以周四方，以其所有，易其所无，市贱鬻[5]贵，旦暮从事于此，以饬其子弟，相语以利，相示以赖[6]，相陈以知贾。少而习焉，其心安焉，不见异物而迁焉。是故其父兄之教不肃而成，其子弟之学不劳而能。夫是故商之子恒为商。

——《国语·齐语》

【注释】

①资：商业利益。 ②贾：通"价"，价格。 ③负：背。任：抱。担：挑。荷：扛。 ④轺马：赶马车。 ⑤市：买。鬻：卖。 ⑥赖：赚取。

"令夫农，群聚而州处，察其四时，权节其用，耒、耜、耞、芟[1]。及寒，击菒除田[2]，以待时耕；及耕，深耕而疾耰[3]之，以待时雨。时雨既至，挟其枪、刈、耨、镈[4]，以旦暮从事于田野，脱衣就功[5]，首戴茅

蒲⑥，身衣袯襫⑦，霑体涂足，暴其发肤，尽其四支⑧之敏，以从事于田野。少而习焉，其心安焉，不见异物而迁焉，是故其父兄之教不肃而成，其子弟之学不劳而能。夫是故农之子恒为农。野处而不暱⑨。其秀民之能为士者，必足赖⑩也。有司见而不以告，其罪五⑪。有司已于事⑫而竣。”

——《国语·齐语》

【注释】

①耒、耜、枷、芟：农具名称。 ②槀（gǎo）：枯草。 ③耰：一种农具，用来弄碎土地、平整田地。 ④枪、刈、耨、镈：农具名称。 ⑤就功：干农活。 ⑥茅蒲：草帽。 ⑦袯襫（bó shì）：蓑衣。 ⑧支：通“肢”，肢体。 ⑨暱：通“慝”，邪恶。 ⑩赖：依靠。 ⑪罪五：墨、劓、刖、宫、大辟五种刑罚。 ⑫事：举荐人才。

仓廪实①则知礼节，衣食足则知荣辱。

——《管子·牧民》

【注释】

①仓廪：粮仓。实：充实。

何谓四维①？一曰礼，二曰义，三曰廉，四曰耻。礼不逾节②，义不自进③，廉不蔽恶④，耻不从枉⑤。故不逾节则上位安，不自进则民无巧诈，不蔽恶则行⑥自全，不从枉则邪事不生。

——《管子·牧民》

【注释】

①维：绳索，引申为纲领。 ②礼不逾节：依礼行事，就不会超越应守的规范。逾：超越。 ③自进：投机钻营，追求高位。 ④廉：正直。蔽恶：掩盖过错。 ⑤从枉：干坏事。枉：邪曲。 ⑥行：品行，操守。

一年之计，莫如树谷①；十年之计，莫如树木；终身之计，莫如树人②。一树一获者，谷也；一树十获者，木也；一树百获者，人也。我

苟种之，如神用之，举事如神，唯王之门③。

——《管子·权修》

【注释】

①一年之计，莫如树谷：做一年的打算，没有比种植五谷更好的了。树：种植。　②树人：培养人才。　③我苟种之，如神用之，举事如神，唯王之门：我们如果重视培养人才，使用起来会得心应手，举办大事如有神助，这是称王天下的途径。苟：如果。门：门径。

必先顺教①，万民乡风②；旦暮利之，众乃胜任③。

——《管子·版法》

【注释】

①顺教：训导教化。顺：通“训”。　②乡风：趋向好的风俗。乡：通“向”。③旦暮利之，众乃胜任：经常给民众好处，民众才能积极担当起应担当的责任。旦暮：早晚，引申为经常。胜：能够承受、担当。

得人之道①，莫如利之②；利之之道，莫如教之以政。

——《管子·五辅》

【注释】

①道：方法，途径。　②利之：给予好处。

先生施教，弟子是则①。温恭自虚，所受是极②。见善从之，闻义则服③。温柔孝悌，毋骄恃力。志毋虚邪，行必正直。游居有常④，必就有德⑤。颜色整齐⑥，中心必式⑦。夙兴夜寐，衣带必饬⑧。朝益暮习⑨，小心翼翼。一此不解⑩，是谓学则。

——《管子·弟子职》

【注释】

①则：效法。　②极：尽，最大限度。　③服：行，实行，这里指身体力行。④游：出游。居：居家。常：常规。　⑤必就有德：一定接近德行高尚的人，向

他们学习。就：靠近，接近。 ⑥颜色整齐：表情端庄严肃。 ⑦必式：一定要符合规范。式：法式，准则，规范。 ⑧饬：通“饰”，修饰。 ⑨朝益暮习：早上学习新的，晚上温习旧的。 ⑩一：专一。解：通“懈”，懈怠。

少者之事，夜寐蚤作①。既拚盥漱②，执事有恪③。摄衣共盥④，先生乃作。沃盥彻盥⑤，泛拚正席⑥，先生乃坐。出入恭敬，如见宾客。危坐乡师⑦，颜色毋怍⑧。

——《管子·弟子职》

【注释】

①蚤：通“早”。作：起床。 ②拚(fèn)：扫除。盥漱：洗漱。 ③恪：谨慎，恭敬。 ④摄衣共盥：轻提衣襟恭敬地为先生准备好盥洗用具。共：通“供”。 ⑤沃盥：浇水洗手洗脸。沃：浇。彻盥：撤下盥洗用具。彻：通“撤”。 ⑥泛拚：洒水后扫除。正席：摆正席位。 ⑦危坐乡师：面向老师端正地坐着。危坐：端坐。乡：通“向”。 ⑧怍(zuò)：变动表情脸色。

受业之纪①，必由长始。一周则然，其余则否②。始诵必作，其次则已。凡言与行，思中③以为纪。古之将兴者，必由此始。后至就席，狭坐则起④。若有宾客，弟子骏作⑤。对客无让⑥，应且遂行⑦，趋进受命⑧，所求虽不在，必以反命⑨。反坐⑩复业。若有所疑，捧手⑪问之。师出皆起。

——《管子·弟子职》

【注释】

①纪：准则，规矩。 ②一周则然，其余则否：第一轮如此，其余的就不用这样了。 ③中：中和，即不偏不倚，诸事和谐。 ④狭坐则起：坐在旁边的起身避让。狭坐：坐在边上。狭，即“挟”，在旁称挟。 ⑤骏作：迅速起身。骏：疾，迅速。 ⑥无让：不要失礼。让：通“攘”，拒斥，排斥。 ⑦应且遂行：一边答应一边行走。 ⑧趋进受命：急速进去向老师请示。趋：快步走。命：吩咐，指教。 ⑨反命：复命。 ⑩反坐：回到原位坐下。 ⑪捧手：拱手。

至于食时，先生将食，弟子馔馈[①]。摄衽[②]盥漱，跪坐而馈。置酱错食[③]，陈膳毋悖[④]。凡置彼食：鸟兽鱼鳖，必先菜羹。羹胾[⑤]中别。胾在酱前，其设要方[⑥]。饭是为卒[⑦]，左酒右酱。告具而退，捧手而立。三饭二斗[⑧]，左执虚豆[⑨]，右执挟匕[⑩]。周还而贰[⑪]，唯嗛之视[⑫]。同嗛以齿[⑬]，周则有始。柄尺不跪[⑭]，是谓贰纪[⑮]。先生已食，弟子乃彻。趋走进漱，拚前敛祭[⑯]。

——《管子·弟子职》

【注释】

①馔馈：安排饭食，服侍进餐。馔：饭食。馈：进食。 ②衽：衣襟。 ③错食：放置食物。错，安置。 ④悖：违反规矩。 ⑤胾（zì）：切成大块的肉。 ⑥其设要方：食物的摆设要符合定规。方：常法，定规。 ⑦卒：完毕，结束。 ⑧三饭二斗：三碗饭和二斗酒。 ⑨虚豆：空碗。豆：古代食器。 ⑩挟匕：指筷子、汤勺一类的餐具。 ⑪贰：重复，增添饭菜。 ⑫唯嗛之视：用心观察杯碗将空的情况。嗛（qiàn）：通“歉”，是“歉食不满”之意。 ⑬同嗛以齿：饭碗同时空了，就按照年龄顺序依次添饭。齿：指年龄。 ⑭柄尺不跪：饭勺柄长过尺，添饭时不用跪着。 ⑮贰纪：添饭的规矩。贰：再，指添饭。 ⑯拚前：收拾好席前。敛祭：把祭品收起来。祭：祭品。

先生有命，弟子乃食。以齿相要，坐必尽席。饭必捧擥[①]，羹不以手。亦有据膝，毋有隐肘[②]。既食乃饱，循咡[③]覆手。振衽扫席[④]，已食者作。抠衣而降[⑤]，旋而乡席。各彻[⑥]其馈，如于宾客。既彻并器[⑦]，乃还而立。

——《管子·弟子职》

【注释】

①捧擥（lǎn）：用手捧执。擥：用手撮持。 ②隐肘：臂肘靠在桌案上。隐：倚，伏。 ③循咡（èr）：饭后用手擦嘴。咡：嘴旁，口耳之间。 ④振衽：抖动衣襟。扫席：指离开坐垫。 ⑤抠衣而降：提起衣襟下来。抠衣：摄衣，提起衣襟。 ⑥彻：通“撤”。 ⑦并器：收藏食器。并：通“屏”，收藏。

凡拚之道：实水于盘，攘臂袂[①]及肘，堂上则播洒，室中握手[②]。执箕膺揲[③]，厥中[④]有帚。入户而立，其仪不贷[⑤]。执帚下箕，倚于户侧。凡拚之纪，必由奥[⑥]始。俯仰磬折[⑦]，拚毋有彻[⑧]。拚前而退，聚于户内。坐板[⑨]排之，以叶适己[⑩]，实帚于箕。先生若作，乃兴而辞。坐执而立，遂出弃之。既拚反立，是协是[⑪]稽。暮食复礼。

——《管子·弟子职》

【注释】

①攘：捋起。袂：袖子。 ②握手：握手掬水轻洒。 ③执箕膺揲(yè)：手拿畚箕，畚箕对着自身。膺揲：箕舌对着自己的胸。膺：胸。揲：叶(葉)，箕舌，指接在簸箕底部向前延伸的板。 ④厥中：其中，畚箕中。 ⑤贷：通"忒"，差错。 ⑥奥：古代指室内西南角，后泛指房室的深处，即内室。 ⑦磬折：弯腰如磬。磬：古代一种曲尺形的打击乐器。 ⑧彻：毁坏。 ⑨板：当作"扱"(xī)，收取。 ⑩以叶适己：把箕舌对着自己。 ⑪协：协同，和合。是：于是。

昏将举火，执烛[①]隅坐。错总[②]之法，横于坐所。栉之远近，乃承厥火，居句如矩[③]。蒸间容蒸[④]。然[⑤]者处下，捧椀以为绪[⑥]。右手执烛，左手正栉。有堕代烛[⑦]，交坐毋倍[⑧]尊者。乃取厥栉，遂出是去[⑨]。

——《管子·弟子职》

【注释】

①烛：火把，火炬。古代以柴薪麻秸等物燃火照明。 ②错：通"措"，安置。总：成束的薪柴麻秸，用以燃火照明。 ③栉之远近，乃承厥火，居句如矩：根据火炬灰烬的长短，接续另外的火炬，原来的火炬和接续的火炬，一直一横，像矩尺一样。栉：火烛之灰烬。厥：其，那。居句：即倨句，直者为倨，横者为句。 ④蒸间容蒸：捆扎火炬时，细柴之间要留有空隙，以利于燃烧。蒸：细薪。 ⑤然：即"燃"。 ⑥捧椀以为绪：捧碗收集火炬余灰。椀：碗。绪：余，此指燃尽之灰。 ⑦有堕代烛：执烛有疲倦的就替代。堕：通"惰"，疲倦。

⑧交坐：两人替换执烛。倍：通“背”，背向。 ⑨去：弃，抛弃。

先生将息，弟子皆起。敬奉枕席，问所何趾①。俶衽则请②，有常则否。先生既息，各就其友。相切相磋，各长其仪③。周则复始，是谓弟子之纪。

——《管子·弟子职》

【注释】

①问所何趾：请问先生睡时脚朝哪个方向。 ②俶(chù)衽则请：第一次为先生铺床要请示。俶：开始。衽：古代睡觉时用的席子。 ③仪：通“义”，义理。

其为气也，至大至刚，以直养而无害，则塞于天地之间。其为气也，配义与道。无是，馁也。是集义所生者，非义袭①而取之也。行有不慊于心②，则馁矣。

——《孟子·公孙丑上》

【注释】

①义袭：义偶然从外进入内心。袭：偷袭。 ②慊：快，满意。

孟子曰：“人皆有不忍人之心。先王有不忍人之心，斯有不忍人之政矣；以不忍人之心，行不忍人之政，治天下可运之掌上。所以谓人皆有不忍人之心者，今人乍见孺子将入于井，皆有怵惕恻隐①之心，非所以内交②于孺子之父母也，非所以要③誉于乡党朋友也，非恶其声而然也。由是观之：无恻隐之心，非人也；无羞恶之心，非人也；无辞让之心；非人也；无是非之心，非人也。恻隐之心，仁之端也；羞恶之心，义之端也；辞让之心，礼之端也；是非之心，智之端也。人之有是四端也，犹其有四体也。有是四端而自谓不能者，自贼④者也。谓其君不能者，贼其君者也。凡有四端于我者，知皆扩而充之

矣，若火之始然[5]，泉之始达。苟能充之，足以保四海；苟不充之，不足以事父母。"

——《孟子·公孙丑上》

【注释】

①怵惕恻隐：恐惧哀痛。 ②内交：结交。内：通"纳"。 ③要：通"邀"，求取。 ④自贼：自己残害自己。贼：残害。 ⑤然："燃"的本字。

孟子道性善，言必称尧舜。

——《孟子·滕文公上》

设为庠序学校[1]以教之。庠者，养[2]也。校者，教也。序者，射[3]也。夏曰校，殷曰序，周曰庠，学则三代共之，皆所以明人伦也。人伦明于上，小民亲于下。有王者起，必来取法，是为王者师也。

——《孟子·滕文公上》

【注释】

①庠、序、校：指地方学校。学：指国立学校。 ②养：教导。 ③射：教导。

孟子曰："人有恒言，皆曰：'天下国家。'天下之本在国，国之本在家，家之本在身。"

——《孟子·离娄上》

孟子曰："事[1]孰为大？事亲为大。守[2]孰为大？守身为大。不失其身而能事其亲者，吾闻之矣。失其身而能事其亲者，吾未之闻也。孰不为事？事亲，事之本也。孰不为守？守身，守之本也。曾子养曾皙[3]，必有酒肉，将彻[4]，必请所与，问有余，必曰有。曾皙死，曾元[5]养曾子，必有酒肉，将彻，不请所与，问有余，曰亡矣，将以复进

也。此所谓养口体者也。若曾子，则可谓养志也。事亲若曾子者可也。”

——《孟子·离娄上》

【注释】

①事：事奉。 ②守：守护。 ③曾子：曾参，孔子弟子。曾晳：名点，曾参之父，也是孔子弟子。 ④彻：撤除，撤去。 ⑤曾元：曾参之子。

孟子曰：“天下大悦而将归己，视天下悦而归己犹草芥也，惟舜为然。不得乎亲，不可以为人。不顺乎亲，不可以为子。舜尽事亲之道而瞽瞍底豫①，瞽瞍底豫而天下化，瞽瞍底豫而天下之为父子者定，此之谓大孝。”

——《孟子·离娄上》

【注释】

①瞽瞍：舜的父亲。底豫：得以快乐。底：致。豫：安乐，安逸。

孟子曰：“人之所以异于禽兽者几希①，庶民去之，君子存之。舜明于庶物，察于人伦，由②仁义行，非行仁义也。”

——《孟子·离娄下》

【注释】

①几希：非常少。 ②由：经由，遵循。

公都子曰：“匡章，通国皆称不孝焉。夫子与之游，又从而礼貌之，敢问何也？”孟子曰：“世俗所谓不孝者五：惰其四支①，不顾父母之养，一不孝也；博奕，好饮酒，不顾父母之养，二不孝也；好货财，私妻子，不顾父母之养，三不孝也；从②耳目之欲，以为父母戮③，四不孝也；好勇斗很④，以危父母，五不孝也。章子有一于是乎？夫章子，子父责善⑤而不相遇也。责善，朋友之道也。父子责善，贼恩之大者。夫章子，岂

不欲有夫妻子母之属哉？为得罪于父，不得近，出妻屏[6]子，终身不养焉。其设心以为不若是，是则罪之大者，是则章子而已矣。”

——《孟子·离娄下》

【注释】

①四支：四肢。支：通“肢”。 ②从：放纵。 ③戮：羞辱。 ④很：今作“狠”。 ⑤责善：以善相责。 ⑥屏：赶出。

帝使其子九男二女[1]，百官牛羊仓廪备，以事舜于畎亩之中。天下之士多就之者，帝将胥天下而迁之[2]焉；为不顺于父母，如穷人无所归。天下之士悦之，人之所欲也，而不足以解忧；好色，人之所欲，妻帝之二女，而不足以解忧；富，人之所欲，富有天下，而不足以解忧；贵，人之所欲，贵为天子，而不足以解忧。人悦之、好色、富、贵，无足以解忧者，惟顺于父母可以解忧。人少则慕父母，知好色则慕少艾[3]，有妻子则慕妻子，仕则慕君，不得于君则热中[4]。大孝终身慕父母，五十而慕者，予于大舜见之矣。

——《孟子·万章上》

【注释】

①帝：指帝尧。九男：尧的九个儿子。二女：两个女儿，即娥皇、女英。②胥：尽，全部。迁之：交移给舜。 ③少艾：年轻貌美。艾：美好。 ④热中：躁急心热。

万章曰：“父母使舜完廪[1]，捐阶[2]，瞽瞍焚廪；使浚井[3]，出，从而揜[4]之。象曰：‘谟盖都君[5]咸我绩，牛羊父母，仓廪父母，干戈朕，琴朕，弤[6]朕，二嫂使治朕栖[7]。’象往入舜宫，舜在床琴[8]。象曰：‘郁陶[9]思君尔。’忸怩[10]。舜曰：‘惟兹[11]臣庶，汝其于[12]予治。’不识舜不知象之将杀己与？”曰：“奚而[13]不知也？象忧亦忧，象喜亦喜。”

——《孟子·万章上》

【注释】

①完廪：修缮谷仓。 ②捐：去除。阶：木梯。 ③浚井：淘井。 ④揜：同“掩”，盖，这里指用土填塞井。 ⑤谟盖：谋害。谟：通“谋”。盖：通“害”。都君：指舜。 ⑥弤：舜弓名。 ⑦栖：床。 ⑧在床琴：坐在床上弹琴。⑨郁陶：思念的样子。 ⑩忸怩：惭愧的样子。 ⑪惟：想念。兹：此。⑫于：为，帮助。 ⑬奚而：犹言“奚为”，如何，怎么。

万章问曰：“象日以杀舜为事，立为天子则放之，何也？”

孟子曰：“封之也。或曰放焉。”万章曰：“舜流共工于幽州[①]，放驩兜于崇山[②]，杀三苗于三危[③]，殛鲧于羽山[④]，四罪而天下咸服，诛不仁也。象至不仁，封之有庳[⑤]。有庳之人奚罪焉？仁人固如是乎？在他人则诛之，在弟则封之？”曰：“仁人之于弟也，不藏怒焉，不宿怨焉，亲爱之而已矣。亲之欲其贵也，爱之欲其富也，封之有庳，富贵之也。身为天子，弟为匹夫，可谓亲爱之乎？”“敢问或曰放者，何谓也？”曰：“象不得有为于其国，天子使吏治其国，而纳其贡税焉，故谓之放。岂得暴彼民哉？虽然，欲常常而见之，故源源[⑥]而来，‘不及贡，以政接于有庳’，此之谓也。”

——《孟子·万章上》

【注释】

①共工：水官名。幽州：地名，在北方偏远之地。 ②驩兜：尧舜时大臣。崇山：地名，在南方偏远之地。 ③杀：当为“窜”。三苗：国名。三危：山名，在西方偏远之地。 ④殛：杀。鲧：大禹的父亲。羽山：山名，在东方偏远之地。⑤有庳：国名，可能在湖南道县北。 ⑥源源：源源不断。

恻隐之心，人皆有之。羞恶之心，人皆有之。恭敬之心，人皆有之。是非之心，人皆有之。恻隐之心，仁也。羞恶之心，义也。恭敬之心，礼也。是非之心，智也。仁义礼智，非由外铄[①]我也，我固有之

也，弗思耳矣。

——《孟子·告子上》

【注释】

①铄：自外而加的美饰。

孟子曰：“牛山[1]之木尝美矣。以其郊于大国[2]也，斧斤伐之，可以为美乎！是其日夜之所息，雨露之所润，非无萌蘖之生焉，牛羊又从而牧之，是以若彼濯濯[3]也。人见其濯濯也，以为未尝有材焉，此岂山之性也哉？虽存乎人者，岂无仁义之心哉？其所以放其良心者，亦犹斧斤之于木也。旦旦而伐之，可以为美乎？其日夜之所息，平旦[4]之气，其好恶与人相近也者几希。则其旦昼[5]之所为，有梏[6]亡之矣。梏之反覆，则其夜气不足以存。夜气不足以存，则其违禽兽不远矣。人见其禽兽也，而以为未尝有才[7]焉者，是岂人之情[8]也哉！故苟得其养，无物不长；苟失其养，无物不消。孔子曰：‘操则存，舍则亡，出入无时，莫知其乡。’惟心之谓与？”

——《孟子·告子上》

【注释】

①牛山：山名，在今山东临淄南。 ②郊：指树木生长在临淄郊外。大国：指临淄。 ③濯濯：光秃的样子。 ④平旦：清晨。 ⑤旦昼：白天。 ⑥有：通“又”。梏：同“牿”，圈禁。 ⑦才：草木初生曰才，人初生之性也可称为才。⑧情：质也，此指本性。

孟子曰：“尽其心者，知其性也。知其性，则知天矣。存[1]其心，养[2]其性，所以事天也。殀寿不贰[3]，修身以俟之，所以立命也。”

——《孟子·尽心上》

【注释】

①存：朱熹注为“操而不舍”。 ②养：朱熹注为“顺而不害”。 ③殀：同

“天”。不贰：赵岐注为“虽见前人或殀或寿，终无二心改易其道”。

孟子曰：“万物皆备于我矣。反身而诚，乐莫大焉。强恕而行①，求仁莫近焉。”

——《孟子·尽心上》

【注释】

①强恕而行：努力按推己及人的恕道去做。

孟子曰：“人之所不学而能者，其良能①也。所不虑而知者，其良知也。孩提之童无不知爱其亲者，及其长也，无不知敬其兄也。亲亲，仁也。敬长，义也。无他，达之天下也。”

——《孟子·尽心上》

【注释】

①良能：本能。良：朱熹注为“本然之善也”。

孟子曰：“君子有三乐，而王天下不与存焉。父母俱存，兄弟无故①，一乐也。仰不愧于天，俯不怍②于人，二乐也。得天下英才而教育之，三乐也。君子有三乐，而王天下不与存焉。”

——《孟子·尽心上》

【注释】

①故：变故，如灾难、祸患、疾病、死亡等。　②怍：惭愧。

孟子曰：“……君子所性，仁义礼智根于心，其生色也睟然①，见于面，盎②于背，施③于四体，四体不言而喻。”

——《孟子·尽心上》

【注释】

①睟然：润泽的样子。　②盎：显现。　③施：扩展。

孟子曰："君子之所以教者五：有如时雨化之者，有成德者，有达财[①]者，有答问者，有私淑艾[②]者。此五者，君子之所以教也。"

——《孟子·尽心上》

【注释】

①达财：成就才能。财：通"材"。 ②私淑艾：朱熹释为："人或不能及门受业，但闻君子之道于人，而窃以善治其身，是亦君子之教诲之所及。"

太公曰："……夫王者之道如龙首，高居而远望，深视而审听[①]，示其形，隐其情，若天之高不可极也，若渊之深不可测也。故可怒而不怒，奸臣乃作；可杀而不杀，大贼[②]乃发；兵势不行，敌国乃强。"

——《六韬·文韬·上贤》

【注释】

①深视：深刻地观察。审听：仔细地听。 ②大贼：祸国殃民的巨奸大恶。

太公曰："……呜呼！圣人务静[①]之，贤人务正[②]之。愚人不能正，故与人争。上劳[③]则刑繁，刑繁则民忧，民忧则流亡。上下不安其生，累世[④]不休，命之曰大失。天下之人如流水，障之则止，启之则行，静之则清。呜呼！神哉！圣人见其所始，则知其所终。"

文王曰："静之奈何？"

太公曰："天有常形[⑤]，民有常生[⑥]，与天下共其生，而天下静矣。太上因[⑦]之，其次化之，夫民化而从政，是以天无为而成事，民无与而自富，此圣人之德也。"

——《六韬·武韬·文启》

【注释】

①静：清静无为。 ②正：指纠正不良风俗。 ③劳：指烦苛多事。 ④累世：多代，许多世代。 ⑤常形：自然界有一定的运行规律，如有春、夏、秋、冬的变化，万物也随之春生、夏长、秋敛、冬藏。 ⑥常生：最基本的生产生

活,如春耕、夏耘、秋收、冬息等。 ⑦太上:最好。因:顺应。

文王问太公曰:“何如而可为天下?”

太公曰:“大盖①天下,然后能容天下;信盖天下,然后能约②天下;仁盖天下,然后能怀③天下;恩盖天下,然后能保天下;权盖天下,然后能不失天下;事而不疑,则天运④不能移,时变不能迁。此六者备,然后可以为天下政。故利天下者,天下启之;害天下者,天下闭之。生天下者,天下德⑤之;杀天下者,天下贼⑥之。彻⑦天下者,天下通之;穷⑧天下者,天下仇之。安天下者,天下恃之;危天下者,天下灾之⑨。天下者非一人之天下,唯有道者处之。”

——《六韬·武韬·顺启》

【注释】

①大:指器量、度量之大。盖:覆盖,包容。 ②约:约束,收拢,这里指制订法令加以控制。 ③怀:怀柔,使之归服。 ④天运:天体运行的规律,自然的气数,这里指天命,亦即上天的意志。 ⑤德:感恩。 ⑥贼:残害,毁灭。 ⑦彻:畅通,通达。 ⑧穷:与“彻”相对,指困迫、无路可走。 ⑨灾之:指视之如灾星,避之唯恐不及。

武王问太公曰:“论将之道奈何?”

太公曰:“将有五材、十过①。”

武王曰:“敢问其目。”

太公曰:“所谓五材者,勇、智、仁、信、忠也。勇则不可犯,智则不可乱,仁则爱人,信则不欺,忠则无二心。

“所谓十过者:有勇而轻死者,有急而心速②者,有贪而好利者,有仁而不忍人③者,有智而心怯者,有信而喜信人者,有廉洁而不爱人④者,有智而心缓者,有刚毅而自用者,有懦而喜任人⑤者。

“勇而轻死者,可暴⑥也;急而心速者,可久⑦也;贪而好利者,可

遗[8]也；仁而不忍人者，可劳[9]也；智而心怯者，可窘[10]也；信而喜信人者，可诳[11]也；廉洁而不爱人者，可侮也；智而心缓者，可袭也；刚毅而自用者，可事[12]也；懦而喜任人者，可欺也。"

——《六韬·龙韬·论将》

【注释】

①材：指优秀的品质。过：缺点。 ②心速：指情绪急躁而虑事不周。 ③不忍人：不忍心伤害别人。 ④不爱人：指待人刻薄寡恩。 ⑤任人：没有主见，依赖别人。 ⑥暴：急速，突然，这里指突然进攻。 ⑦久：指持久而战，消磨其锐气。 ⑧遗（wèi）：赠予，这里指贿赂、收买。 ⑨劳：指烦劳困扰。 ⑩窘：困迫，束手无策。 ⑪诳：用言语欺骗。 ⑫事：指烦以琐事，使之心力交瘁。

武王问太公曰："吾欲三军之众，攻城争先登，野战争先赴，闻金[1]声而怒，闻鼓声而喜，为之奈何？"

太公曰："将有三。"

武王曰："敢问其目。"

太公曰："将冬不服裘，夏不操扇，雨不张盖，名曰礼将；将不身服礼[2]，无以知士卒之寒暑。出隘塞，犯泥涂[3]，将必先下步[4]，名曰力将。将不身服力[5]，无以知士卒之劳苦。军皆定次[6]，将乃就舍[7]，炊者皆熟，将乃就食，军不举火[8]，将亦不举，名曰止欲将。将不身服止欲，无以知士卒之饥饱。将与士卒共寒暑、劳苦、饥饱，故三军之众，闻鼓声则喜，闻金声则怒。高城深池，矢石繁下，士争先登；白刃始合，士争先赴。士非好死而乐伤也，为其将知寒暑、饥饱之审，而见劳苦之明也。"

——《六韬·龙韬·励军》

【注释】

①金：金钲，军中使用的一种铜制响器，两军交锋，鸣金则停，击鼓则冲。

②不身服礼：指不能以身作则。服：服习，从事，执行。③犯：进入。涂：通“途”，道路。④下步：下马步行。⑤不身服力：指不能身体力行。⑥次：停留止息，这里指军队宿营。⑦就舍：入营舍休息止宿。⑧举火：指点火做饭。

太公曰：“……故善战者，不待张军①；善除患者，理于未生②；善胜敌者，胜于无形；上战无与战③。故争胜于白刃之前者，非良将也；设备于已失之后者，非上圣④也；智与众同，非国师⑤也；技与众同，非国工⑥也。

事莫大于必克，用莫大于玄默⑦，动莫神于不意，谋莫善于不识。夫先胜者，先见⑧弱于敌而后战者也，故事半而功倍焉。圣人征⑨于天地之动，孰知其纪⑩，循阴阳之道而从其候⑪；当天地盈缩⑫因以为常；物有死生，因天地之形⑬。故曰：未见形而战，虽众必败。

善战者，居之不挠⑭，见胜则起，不胜则止。故曰：无恐惧，无犹豫。用兵之害，犹豫最大；三军之灾，莫过狐疑。善战者见利不失，遇时不疑，失利后时，反受其殃。故智者从之而不释，巧者一决而不犹豫，是以迅雷不及掩耳，迅电不及瞑目，赴之若惊⑮，用之若狂⑯，当之者破，近之者亡，孰能御之？

夫将有所不言而守⑰者，神也；有所不见而视者，明也。故知神明之道者，野无衡⑱敌，对无立国⑲。”

——《六韬·龙韬·军势》

【注释】

①张军：军队展开，摆成阵势。②理于未生：防患于未然的意思。理：本义为治理，这里理解为处置、处理。③上战：最高的战略。“上战无与战”，与《孙子兵法·谋攻篇》所言“不战而屈人之兵，善之善者也”意思相近。④上圣：圣人中杰出的人。⑤国师：一国之中智慧最高的人。⑥国工：一国之中技能最高的匠人。⑦玄默：内蕴玄机而潜蓄不露，沉静无为。⑧见

(xiàn):显露,显示。 ⑨征:征验,验证。 ⑩孰:即“熟”,熟悉,熟习。纪:准则、规律,也可理解为终极。 ⑪阴阳:原指日光向背。古人认为一切现象都有正反两方面,即有阴有阳,阴阳互相作用、彼此消长,既对立,又包容,从而化生万物。这里“阴阳之道”似专指日月运转规律,日为阳,月为阴。候:节候。 ⑫天地盈缩:这里指一年之中,日夜或长或短;一月之中,月形或盈或亏。 ⑬形:指盈缩变化。 ⑭挠:曲。这里指受到干扰,改变原先的状态。 ⑮惊:受惊之马。 ⑯狂:发狂之犬。 ⑰守:指坚守玄默之道。⑱野:旷野,这里指战场。衡:通“横”,强横。 ⑲对无立国:对面没有站得住脚的敌国。

武王问太公曰:“引兵深入诸侯之地,遇深溪、大谷、险阻之水,吾三军未得毕济,而天暴雨,流水大至,后不得属于前,无有舟梁之备,又无水草①之资,吾欲毕济,使三军不稽留,为之奈何?”

太公曰:“凡帅师将众,虑不先设,器械不备,教不素信②,士卒不习。若此,不可以为王者之兵也。……”

——《六韬·虎韬·军略》

【注释】

①水草:指用以堵塞水流的稻草。 ②教不素信:平时训练不落实。

武王问太公曰:“何以知敌垒①之虚实、自来自去?”

太公曰:“将必上知天道,下知地理,中知人事。登高下望,以观敌之变动:望其垒,即知其虚实;望其士卒,则知其去来。”

——《六韬·虎韬·垒虚》

【注释】

①垒:营垒。

武王问太公曰:“合三军之众,欲令士卒服习教战①之道奈何?”

太公曰:“凡领三军,必有金鼓之节②,所以整齐士众者也。将必

先明告吏士，申之以三令，以教操兵起居、旌旗指麾[3]之变法。故教吏士，使一人学战，教成[4]，合之十人；十人学战，教成，合之百人；百人学战，教成，合之千人；千人学战，教成，合之万人；万人学战，教成，合之三军之众；大战之法，教成，合之百万之众。故能成其大兵，立威于天下。"

——《六韬·犬韬·教战》

【注释】

①服习：反复练习，熟练掌握。教战：指军事训练。 ②节：节制，指挥。③操兵：指使用兵器。起居：指坐立进退、分合变化、列队布阵等基本动作。指麾：指挥。 ④教成：训练完成。

天子之义[1]，必纯取法天地[2]，而观于先圣[3]。士庶[4]之义，必奉于父母[5]，而正于君长[6]。故虽有明君，士不先教[7]，不可用也。

古之教民，必立贵贱之伦经[8]，使不相陵[9]。德义[10]不相逾，材技不相掩[11]，勇力不相犯，故力同而意和也。

古者，国容[12]不入军，军容不入国，故德义不相逾。上贵不伐[13]之士。不伐之士，上之器[14]也；苟不伐，则无求，无求则不争。国中之听，必得其情；军旅[15]之听，必得其宜。故材技不相掩。从命为士，上赏[16]；犯命为士，上戮[17]；故勇力不相犯。

既致教其民[18]，然后谨选而使之[19]。事极修[20]，则百官给[21]矣；教极省[22]，则民兴良[23]矣；习贯[24]成，则民体[25]俗矣。教化之至也。

——《司马法·天子之义》

【注释】

①天子之义：指天子正确适宜的思想行为。 ②纯：完全。取法天地：按天地之道行事。 ③观于先圣：借鉴于古代的圣人。 ④士：先秦时最低等级的贵族。庶：平民百姓。 ⑤奉于父母：指遵从父母教训。 ⑥正于君长：指就正于国君与长官。 ⑦先教：事先进行教育。 ⑧贵贱之伦经：贵

贱的次序。 ⑨相陵：互相侵犯。 ⑩德义：指道德和义务。 ⑪材技：指才能技艺。掩：埋没，掩盖。 ⑫容：仪容。 ⑬贵：以之为贵，这里是尊敬的意思。伐：自夸。 ⑭器：古以钟鼎等礼器标志贵族身份，将钟鼎称为器，器在这里引申为器重之义。 ⑮军旅：军和旅是军队高级编制单位，与“卒伍”低级编制单位对称，这里代指军队。 ⑯从命：指听从命令的人。上赏：最重之赏。 ⑰上戮：最重之处罚。戮：诛杀，这里指处罚、制裁。 ⑱既致教其民：已经对民众进行了教育。 ⑲谨选而使之：慎重选拔并任用他们。⑳事极修：各项事情都管理得很好。 ㉑给：供给，这里是不缺的意思。㉒教极省：教育非常简明扼要。 ㉓兴良：向善。 ㉔习贯：读为“习惯”。㉕体：身体力行。

古者国容①不入军，军容不入国。军容入国则民德废，国容入军则民德弱②。故在国言文而语温③，在朝恭以逊，修己以待人，不召不至，不问不言，难进易退④。在军抗而立⑤，在行遂而果⑥。介者不拜⑦，兵车不式⑧，城上不趋⑨，危事不齿⑩。故礼与法表里也，文与武左右也。

——《司马法·天子之义》

【注释】

①容：仪容。 ②军容入国则民德废，国容入军则民德弱：如果以军中仪容施之于国中，则民德粗鲁，失其谦敬之义；如果以国中仪容施之于军中，则民德文弱，失其威猛之义。 ③言文而语温：言辞文雅而语气温和。 ④难进易退：难于前进而易于后退，表示谦逊。 ⑤抗而立：昂首直立。 ⑥在行：在阵间。遂：决断，干脆利落。果：果断。 ⑦介者不拜：穿着铠甲不跪拜。介者：身着铠甲的人。 ⑧兵车不式：在兵车上可不行俯首之礼。式：通“轼”，车舆前面的横木，古人在车上抚轼行俯首之礼。 ⑨城上不趋：在城上不可急走。趋：急走，奔跑。 ⑩危事不齿：遇到危险时可以不按尊卑排列次序。不齿：不（按尊卑）排列次序。

作兵义[①]，作事时[②]，使人惠[③]，见敌静，见乱暇[④]，见危难，无忘其众。居国惠以信[⑤]，在军广以武[⑥]，刃上果以敏[⑦]。居国和，在军法[⑧]，刃上察[⑨]。居国见好[⑩]，在军见方[⑪]，刃上见信[⑫]。

——《司马法·定爵》

【注释】

①作兵义：发动战争要合乎正义。义：指合乎正义。 ②作事时：做事要遵循天时。 ③使人惠：用人要施恩惠。 ④见乱暇：遇混乱要沉着冷静。暇：从容，沉着冷静。 ⑤居国惠以信：在国中要仁惠而诚信。信：诚信。⑥在军广以武：在军中要豁达而勇武。广：宽容，豁达。 ⑦刃上：指临阵杀敌。果以敏：果断而机敏。 ⑧法：指法纪严明。 ⑨察：指明察动静。⑩好：喜欢，爱戴。 ⑪在军见方：在军中要为部众所效法。方：通“仿”，效仿，效法。 ⑫刃上见信：在两军交战时要为全军将士所信赖。

人教厚[①]，静乃治[②]。威利章[③]，相守义则人勉[④]，虑多成则人服[⑤]。时中服[⑥]，厥次治[⑦]。物既章，目乃明[⑧]；虑既定，心乃强[⑨]。进退无疑[⑩]，见敌无谋[⑪]，听诛[⑫]。无诳其名[⑬]，无变其旗[⑭]。

——《司马法·定爵》

【注释】

①人教厚：人经过训练变得淳厚。 ②静乃治：指悠闲裕如而其民可治。静：安闲。 ③威利章：指赏罚分明。威：这里指罚。利：这里指赏。章：即“彰”，彰显。 ④相守义则人勉：上下都遵守信义，人们就能勤勉。 ⑤虑多成则人服：谋划多数都能成功，人们就能信服。 ⑥时中服：无过与不及为时中。这句话是说合乎时宜地令人信服。 ⑦厥次治：事情依次办好。厥：其，指军中事物。次：次序，这里是依次之义。治：这里指治理好。 ⑧物既章，目乃明：旗帜鲜明，眼睛就能看得清楚。物：指旗帜。 ⑨虑既定，心乃强：作战计谋确定后，信心就会增强。 ⑩进退无疑：指进退毫不考虑。疑：疑虑。⑪无谋：拿不出主意。 ⑫听诛：听受处罚。 ⑬无诳其名：指不要随意乱用金鼓，使下级产生迷惑。诳：欺骗，迷惑，这里指随便乱用。名：曹操注《孙子兵

法·势篇》:“金鼓曰名。” ⑭无变其旗:指不可轻易变换旗号,使下级产生误解。

凡人之形①,由众之求②;试以名行③,必善行之④。若行不行,身以将之⑤;若行而行,因使勿忘;三乃成章⑥,人生之宜⑦,谓之法。

——《司马法·定爵》

【注释】

①形:通“型”,指楷模。 ②由众之求:意思是从大众那里选拔出来。③试以名行:对他们的名声与操行要加以考验。试:检验,考验。 ④必善行之:意思是让他们一定要努力去做。 ⑤身以将之:以身作则而扶助之。⑥三乃成章:经过三个过程,事情才能达到圆满。成章:乐完,告一段落,叫成章,这里指事情圆满。 ⑦人生之宜:即“人性之宜”,指最符合人性的。

上同无获①,上专多死②,上生多疑③,上死不胜④。

——《司马法·严位》

【注释】

①上同无获:将领喜欢随声附和,就不会有所成就。同:雷同,这里是随声附和、曲上附下的意思。 ②上专多死:将领喜欢独断专横,就会多所杀戮。③上生多疑:将领贪生怕死,就会疑虑重重。生:指贪生怕死。 ④上死不胜:将领只知拼命,就不会取得胜利。死:指拼死。

凡民,以仁救,以义战,以智决,以勇斗,以信专①,以利劝②,以功胜③。故心中仁④,行中义;堪物⑤智也,堪大勇也,堪久信也。

让以和⑥,人以洽;自予以不循⑦,争贤以为人⑧,说其心,效其力。

——《司马法·严位》

【注释】

①以信专:靠信念来专心一志。 ②以利劝:靠利益来鼓励。劝:勉励,鼓

励。 ③以功胜:靠功爵来取胜。 ④中仁:合乎仁爱。中:符合,合乎。⑤堪物:能够应付外界事物。堪:可以,能够。 ⑥让以和:谦让因而和睦。以:因而。 ⑦自予以不循:自己夸耀自己因而不顺义理。自予:指自己夸耀自己。 ⑧争贤以为人:争以贤人为榜样。

孙子曰:智①不足,将兵,自恃②也。勇不足,将兵,自广也。不知道,数战不足③,将兵,幸也。夫安万乘国④,广万乘王,全万乘之民命者,唯知道。知道者,上知天之道,下知地之理,内得其民之心,外知敌之情⑤,阵则知八阵⑥之经,见胜而战,弗见而诤⑦,此王者之将也。

——《孙膑兵法·八阵》

【注释】

①智:原为"知",指智谋。 ②恃:原为"侍"。 ③数战不足:指没有打过几次仗,没有什么作战经验。 ④万乘国:指可以出动上万辆兵车的国家。⑤情:原为"请"。 ⑥八阵:古代阵法的通称。 ⑦诤:疑同"静",静止不动。这句话是说,没有取胜的把握就按兵不动。

[孙]子①曰:善教者于本,不临军而变,故曰五教:处国之教一,行行②之教一,处军之[教一,处阵之教一,隐而]不相见利战③之教一。

处国之教奚如?曰:……孝悌良五德④者,士无壹乎?虽能射不登车。是故善射为左,善御为御,毕毋为右⑤。然则三人安车,五人安伍,十人为列,百人为卒,千人有鼓,万人为戎⑥,而众大可用也。

处国之教如此,行行之教奚如?废车疲⑦马,将军之人必任焉,所以率⑧……险幼将自立焉,所以敬□……□足矣。

行行之教如此,处军之教[奚如?]……也。

处军之教如[此,处阵]之教奚如?兵革车甲,阵之器也。……

以兴善。然而阵既利而阵实蘩。

处阵之教如此，隐而不相见利战之教[奚如?]

——《孙膑兵法·五教法》

【注释】

①[孙]子：本篇第一简上端残损，无“孙”字，整理小组补出“孙”字。②行行：走着不停。③[隐而]不相见利战：似指部队应以隐蔽或突袭的战法接敌。④悌：原为“弟”。五德：五个方面的品德，具体内容不详。⑤毕毋为右：意即都不能居于战车右边的位置，此位置通常留给手持长兵器的战士。毋：原为“母”。⑥伍、列、卒、戎：均为当时军队的编制单位。⑦疲：原为“罢”(罷)。⑧率：原为“衔”。

将者不可以不义，不义则不严，不严则不威，不威则卒弗死①。故义者，兵之首也。

将者不可以不仁，不仁则军不克，军不克则军无功。故仁者，兵之腹也。

将者不可以无德，无德则无力，无力则三军之利不得。故德者，兵之手也。

将者不可以不信，不信则令不行，令不行则军不槫②，军不槫则无名③。故信者，兵之足也。

将者不可以不智胜，不智胜……则军无□。故决④者，兵之尾也。

——《孙膑兵法·将义》

【注释】

①弗死：士卒不肯效死。②槫：专制，统一。③名：功名，功绩。④决：果断。

……赤子，爱之若狡童①，敬之若严师，用之若土芥②，将军……

不失,将军之智也。

不轻寡[3],不劫于敌[4],慎终若始[5],将军……而不御,君令不入军门[6],将军之恒也。

入军……将不两生,军不两存[7],将军之……□将军之惠也。

赏不逾[8]日,罚不还面[9],不维其人[10],不何……外辰[11],此将军之德也。

——《孙膑兵法[·将德]》

【注释】

①狡童:面目狡好的幼童。 ②土芥:指尘土与草芥。芥:原为“盖”。这几句是说,将帅之于士卒,平时敬重爱护,该用时又要舍得用。 ③轻寡:因敌人数量少而轻视它。轻:原为“陉”。 ④劫于敌:为敌人所困。劫:迫。⑤慎终若始:事情要结束时仍像开始那样谨慎。 ⑥君令不入军门:“将在外,君命有所不受”的意思。 ⑦将不两生,军不两存:即敌我两军交战,必须拼个你死我活,决不“两生”“两存”。 ⑧逾:原为“榆”。 ⑨还面:转过脸。还:原为“睘”。 ⑩不维其人:不考虑他是什么人。维:思维,考虑。 ⑪辰:北极星。《论语·为政》:“为政以德,譬如北辰,居其所而众星拱之。”

将败:一曰不能而自能[1]。二曰骄。三曰贪于位。四曰贪于财。[五曰]□。六曰轻。七曰迟。八曰寡勇。九曰勇而弱。十曰寡信。十一[曰]……十四曰寡决。十五曰缓。十六曰怠。十七曰□。十八曰贼[2]。十九曰自私。廿曰自乱。多败者多失。

——《孙膑兵法·将败》

【注释】

①自能:自以为是,自以为能。 ②贼:残暴。

将失:一曰,失所以往来[1],可败也。二曰,收乱民而还用之,止北卒而还斗之[2],无资而有资[3],可败也。三曰,是非争,谋事辩讼[4],

可败也。四曰，令不行，众不壹，可败也。五曰，下不服，众不为用，可败也。六曰，民苦其师，可败也。七曰，师老⑤，可败也。八曰，师怀⑥，可败也。九曰，兵遁，可败也。十曰，兵□不□，可败也。

十一曰，军数惊，可败也。十二曰，兵道足陷，众苦⑦，可败也。十三曰，军事险固，众劳⑧，可败也。十四[曰]，□□□备，可败也。十五曰，日暮⑨路远，众有至⑩气，可败也。十六曰……可败也。十七[曰]……众恐，可败也。十八曰，令数变，众偷⑪，可败也。十九曰，军淮⑫，众不能其将吏⑬，可败也。廿曰，多幸⑭，众怠，可败也。

廿一曰，多疑，众疑，可败也。廿二曰，恶闻其过，可败也。廿三曰，与不能⑮，可败也。廿四曰，暴露伤志⑯，可败也。廿五曰，期战心分⑰，可败也。廿六曰，恃人之伤气⑱，可败也。廿七曰，事伤人，恃伏诈⑲，可败也。廿八曰，军舆无□，[可败也。廿九曰，]□下卒，众之心恶，可败也。卅曰，不能以成阵，出于夹⑳道，可败也。

卅一曰，兵之前行后行之兵，不参齐于阵前㉑，可败也。卅二曰㉒，战而忧前者后虚，忧后者前虚，忧左者右虚，忧右者左虚，战而有忧，可败也。

——《孙膑兵法[·将失]》

【注释】

①失所以往来：指部队失掉明确目标，当往不往，当来不来。 ②收乱民而还用之，止北卒而还斗之：意思是收容乱民和败卒来打仗。 ③无资而有资：本无实力而自以为有实力。 ④谋事辩讼：谋划大事时争辩不休。 ⑤师老：部队长期征战在外而得不到休整称为“老”。 ⑥师怀：士卒有所挂念，怀乡。 ⑦兵道足陷，众苦：道路泥泞难行，人马陷足，众以为苦。 ⑧军事险固，众劳：为修筑险要而坚固的军事设施而致军队疲劳。 ⑨暮：原为“莫”。 ⑩至：疑借为“恎”，埋怨。 ⑪偷：苟且敷衍。 ⑫军淮：军心离散。淮：通“乖”。 ⑬不能其将吏：这句话是说士卒不尊重将吏。 ⑭幸：偏爱，不公平。

⑮与不能：信任和重用无能之人。与：亲近，交往。 ⑯暴露伤志：部队因长期在外征战而挫伤士气。露：原为“路”。 ⑰战心分：临战之前，军心涣散。 ⑱恃人之伤气：企图依赖敌人斗志衰退。 ⑲恃伏诈：单纯依靠阴谋诡诈手段。 ⑳夹：疑借为“狭”。 ㉑兵之前行后行之兵，不参齐于阵前：部队前行后行的各种兵器，不能相互配合在阵前发挥威力。前一“兵”字指军队，后一“兵”字指兵器。一说，先出发的军队和后出发的军队不能按照约定按时到达陈前。 ㉒卅二曰：此下数句，可参考《孙子兵法·虚实篇》“故备前则后寡，备后则前寡，备左则右寡，备右则左寡，无所不备，则无所不寡”。

故善战者，见敌之所长，则知其所短；见敌之所不足，则知其所有余。见胜如见日月。其错胜①也，如以水胜火②。形以应形，正也；无形而制形，奇也③。

——《孙膑兵法·奇正》

【注释】

①错胜：制胜。错：通“措”，措置。 ②水胜火：五行说认为水胜火。 ③形以应形，正也；无形而制形，奇也：这句话是说，用有形对付有形是正，用无形对付有形是奇。

君子曰：学不可以已。青，取之于蓝而青于蓝；冰，水为之而寒于水。木直中绳，輮以为轮，其曲中规，虽有槁暴①，不复挺者，輮使之然也。故木受绳则直，金就砺则利，君子博学而日参省乎己，则知明而行无过矣。故不登高山，不知天之高也；不临深溪，不知地之厚也；不闻先王之遗言，不知学问之大也。干、越、夷、貉②之子，生而同声，长而异俗，教使之然也。《诗》曰：“嗟尔君子，无恒安息。靖共尔位，好是正直。神之听之，介尔景福③。”神莫大于化道，福莫长于无祸。吾尝终日而思矣，不如须臾之所学也；吾尝跂④而望矣，不如登高之博见也。登高而招，臂非加长也，而见者远；顺风而呼，声非加疾也，而闻者彰。假舆马者，非利足也，而致千里；假舟楫者，非能水

也，而绝江河。君子生非异也，善假于物也[5]。

——《荀子·劝学》

【注释】

①輮：通“煣”，用微火熏烤木料使它弯曲。有：通“又”。槁：通“熇”，烤。暴：古“曝”字，晒。 ②干：即“邗”，古国名，在今江苏扬州东北，春秋时为吴国所灭而成为吴邑，此指代吴国。夷：古代居住在东部的民族。貉：通“貊”，古代居住在东北部的民族。 ③嗟尔君子，无恒安息。靖共尔位，好是正直。神之听之，介尔景福：语出《诗·小雅·小明》。靖：安。共：通“供”。介：给予。景：大。 ④跂：通“企”，踮起脚后跟。 ⑤生：通“性”，指人的资质。这句话喻指君子通过向贤师益友学习来提高自己的修养。

南方有鸟焉，名曰蒙鸠，以羽为巢，而编之以发，系之苇苕[1]。风至苕折，卵破子死。巢非不完也，所系者然也。西方有木焉，名曰射干[2]，茎长四寸，生于高山之上，而临百仞之渊。木茎非能长也，所立者然也。蓬生麻中，不扶而直。兰槐之根是为芷，其渐之滫[3]，君子不近，庶人不服。其质非不美也，所渐者然也。故君子居必择乡，游必就士，所以防邪僻而近中正也。物类之起，必有所始。荣辱之来，必象其德。肉腐出虫，鱼枯生蠹。怠慢忘身，祸灾乃作。强自取柱[4]，柔自取束。邪秽在身，怨之所构。施薪若一，火就燥也；平地若一，水就湿也。草木畴[5]生，禽兽群焉，物各从其类也。是故质的[6]张而弓矢至焉；林木茂而斧斤至焉；树成阴而众鸟息焉；醯酸而蜹[7]聚焉。故言有召祸也，行有招辱也，君子慎其所立乎！

——《荀子·劝学》

【注释】

①蒙鸠：即鹪鹩，俗称黄脰鸟，又称巧妇鸟，常取茅苇毛毳为巢。苕：芦苇的花穗。 ②射干：又名乌扇，一种草本植物，根入药，茎细长，多生于山崖之间，形似树木，所以荀子称它为“木”，其实是一种草。 ③兰槐：香草名，又叫白芷，开白花，味香，古人称其苗为“兰”，称其根为“芷”。渐：浸。滫：尿。

④枉:通“祝”,折断。《大戴礼记·劝学》作“折”。 ⑤畴:通“俦”,类。⑥质:箭靶。的:箭靶的中心。 ⑦醯:醋。蜹:飞虫名,属蚊类。

昔者瓠巴鼓瑟而流鱼出听,伯牙鼓琴而六马仰秣[①]。故声无小而不闻,行无隐而不形。玉在山而草木润,渊生珠而崖不枯。为善不积邪,安有不闻者乎?学恶乎始?恶乎终?曰:其数则始乎诵《经》,终乎读《礼》;其义则始乎为士,终乎为圣人。真积力久则入,学至乎没而后止也。故学数有终,若其义则不可须臾舍也。为之,人也;舍之,禽兽也。故《书》者,政事之纪也;《诗》者,中声之所止也;《礼》者,法之大分,类之纲纪也。故学至乎《礼》而止矣。夫是之谓道德之极。《礼》之敬文也,《乐》之中和也,《诗》《书》之博也,《春秋》之微也,在天地之间者毕矣。君子之学也,入乎耳,箸[②]乎心,布乎四体,形乎动静。端而言,蝡而动,一可以为法则。小人之学也,入乎耳,出乎口。口耳之间则四寸耳,曷足以美七尺之躯哉!古之学者为己,今之学者为人。君子之学也,以美其身;小人之学也,以为禽犊。故不问而告谓之傲,问一而告二谓之囋[③]。傲,非也;囋,非也;君子如向矣。学莫便乎近其人,《礼》《乐》法而不说,《诗》《书》故而不切,《春秋》约而不速[④]。方其人之习君子之说,则尊以遍矣,周于世矣[⑤]。故曰:学莫便乎近其人。

——《荀子·劝学》

【注释】

①瓠巴:楚国人,善于弹瑟。伯牙:古代善于弹琴的人。六马:古代天子之车驾用六匹马拉,此指拉车之马。仰秣:《淮南子·说山训》高诱注曰:“仰秣,仰头吹吐,谓马笑也。” ②箸:通“著”,附着。 ③傲:通“躁”。囋:唠叨。这两句批评小人卖弄学问的为人之学。 ④学莫便乎近其人,《礼》《乐》法而不说,《诗》《书》故而不切,《春秋》约而不速:学习没有比接近贤师更便利的了。《礼》《乐》记载法度而未加详细解说,《诗》《书》记载旧事而不切近现实,《春

秋》文简辞约而不易迅速理解。 ⑤方其人之习君子之说，则尊以遍矣，周于世矣：仿效贤师学习君子的学说，那就能养成崇高的品德并获得广博的知识，也就能通晓世事了。

学之经①，莫速乎好其人，隆礼次之。上不能好其人，下不能隆礼，安特将学杂识志，顺《诗》《书》而已耳，则末世穷年，不免为陋儒而已。将原先王，本仁义，则礼正其经纬蹊径②也。若挈裘领，诎五指而顿③之，顺者不可胜数也。不道礼宪，以《诗》《书》为之，譬之犹以指测河也，以戈舂黍也，以锥餐壶也，不可以得之矣。故隆礼，虽未明，法士也；不隆礼，虽察辩，散儒也。问楛④者勿告也，告楛者勿问也，说楛者勿听也，有争气者勿与辩也。故必由其道至，然后接之，非其道则避之。故礼恭而后可与言道之方，辞顺而后可与言道之理，色从而后可与言道之致。故未可与言而言谓之傲，可与言而不言谓之隐，不观气色而言谓之瞽。故君子不傲、不隐、不瞽，谨顺其身。《诗》曰："匪交匪舒，天子所予⑤。"此之谓也。百发失一，不足谓善射；千里跬步不至，不足谓善御；伦类不通，仁义不一，不足谓善学。学也者，固学一之也。一出焉，一入焉，涂⑥巷之人也。其善者少，不善者多，桀、纣、盗跖也。全之尽之，然后学者也。君子知夫不全不粹之不足以为美也，故诵数以贯之，思索以通之，为其人以处之，除其害者以持养之。使目非是无欲见也，使耳非是无欲闻也，使口非是无欲言也，使心非是无欲虑也。及至其致好之也，目好之五色，耳好之五声，口好之五味，心利之有天下。是故权利不能倾也，群众不能移也，天下不能荡也。生乎由是，死乎由是，夫是之谓德操。德操然后能定，能定然后能应。能定能应，夫是之谓成人。天见其明，地见其光⑦，君子贵其全也。

——《荀子·劝学》

【注释】

①经：通"径"。 ②经纬：纵横的道路，南北向的叫经，东西向的叫纬，这里指四通八达。蹊径：小路，这里指途径。 ③诎：通"屈"，弯曲。顿：上下抖动使整齐。 ④楛：粗劣，这里指粗野恶劣而不合礼法的事情。 ⑤匪：通"非"，不。交：通"绞"，急。予：通"与"，赞许。 ⑥涂：通"途"。 ⑦见：通"现"。光：通"广"。

见善，修然，必以自存[1]也；见不善，愀然[2]，必以自省也。善在身，介然，必以自好也；不善在身，菑[3]然，必以自恶也。故非我而当者，吾师也；是我而当者，吾友也；谄谀我者，吾贼也。故君子隆师而亲友，以致恶其贼。好善无厌，受谏而能诫，虽欲无进，得乎哉！小人反是，致乱而恶人之非己也，致不肖而欲人之贤己也，心如虎狼，行如禽兽，而又恶人之贼己也。谄谀者亲，谏争者疏，修正为笑，至忠为贼，虽欲无灭亡，得乎哉！

——《荀子·修身》

【注释】

①修然：整饬的样子。存：省问。 ②愀然：忧惧的样子。 ③菑：通"灾"，害。

以善先人者谓之教，以善和人者谓之顺；以不善先人者谓之谄，以不善和人者谓之谀。是是、非非谓之知，非是、是非谓之愚。伤良曰谗，害良曰贼。是谓是、非谓非曰直。窃货曰盗，匿行曰诈，易言曰诞，趣[1]舍无定谓之无常，保利弃义谓之至贼。多闻曰博，少闻曰浅；多见曰闲[2]，少见曰陋。难进曰偍[3]，易忘曰漏。少而理曰治，多而乱曰秏[4]。治气养心之术：血气刚强，则柔之以调和；知虑渐深，则一之以易良；勇胆猛戾，则辅之以道顺；齐给便利[5]，则节之以动止；狭隘褊小，则廓之以广大；卑湿、重迟、贪利，则抗[6]之以高志；庸众驽

散，则劫之以师友；怠慢僄弃，则炤[7]之以祸灾；愚款端悫，则合之以礼乐，通之以思索。凡治气养心之术，莫径由礼，莫要得师，莫神一好。夫是之谓治气养心之术也。

——《荀子·修身》

【注释】

①趣：通“趋”，趋向，进取。 ②闲：通“僩”，宽大，这里指见识广博。 ③偍：迟缓。 ④秏：通“眊”，昏乱不明。 ⑤齐给便利：都是敏捷快速的意思。齐给：即“齐疾”。 ⑥抗：举，提高。 ⑦僄：轻薄。炤：同“照”，通“昭”，晓喻，使明白。

志意修则骄富贵，道义重则轻王公，内省而外物轻矣。传曰：“君子役物，小人役于物。”此之谓矣。身劳而心安，为之；利少而义多，为之；事乱君而通，不如事穷君而顺焉。故良农不为水旱不耕，良贾不为折阅[1]不市，士君子不为贫穷怠乎道。体恭敬而心忠信，术[2]礼义而情爱人，横行天下，虽困四夷，人莫不贵。劳苦之事则争先，饶乐之事则能让，端悫诚信，拘守而详，横行天下，虽困四夷，人莫不任。体倨固而心执诈，术顺墨而精杂污，横行天下，虽达四方，人莫不贱。劳苦之事则偷儒转脱，饶乐之事则佞兑而不曲，辟违而不悫，程役而不录[3]，横行天下，虽达四方，人莫不弃。行而供冀[4]，非渍淖也；行而俯项，非击戾[5]也；偶视而先俯，非恐惧也。然夫士欲独修其身，不以得罪于比俗之人也。

——《荀子·修身》

【注释】

①折：亏损。阅：卖。 ②术：通“述”，遵循。 ③儒：通“懦”，指怕事。偷儒：苟且偷安，懒惰。佞：口齿伶俐，此指施展口才不顾一切地争抢。《庄子·渔父》：“莫之顾而进之，谓之佞。”兑：通“锐”，锐利，也指口齿伶俐。不曲：不转弯，指毫不谦让地直取之。辟：通“僻”，邪恶。违：邪恶。程役：通“逞

欲”。录：检束。 ④供：通“恭”。冀：当作“翼”，敬。 ⑤击戾：抵触。

夫天生蒸民，有所以取之：志意致修，德行致厚，智虑致明，是天子之所以取天下也。政令法，举措时，听断公，上则能顺天子之命，下则能保百姓，是诸侯之所以取国家也。志行修，临官治，上则能顺上，下则能保其职，是士大夫之所以取田邑也。循法则、度量、刑辟、图籍，不知其义，谨守其数，慎不敢损益也，父子相传，以持王公，是故三代虽亡，治法犹存，是官人百吏之所以取禄秩也。孝弟原悫，軥录疾力，以敦比[①]其事业，而不敢怠傲，是庶人之所以取暖衣饱食，长生久视，以免于刑戮也。饰邪说，文奸言，为倚事，陶诞突盗[②]，惕悍憍暴，以偷生反侧于乱世之间，是奸人之所以取危辱死刑也。其虑之不深，其择之不谨，其定取舍楛僈[③]，是其所以危也。材性知能，君子小人一也；好荣恶辱，好利恶害，是君子小人之所同也，若其所以求之之道则异矣。小人也者，疾为诞而欲人之信己也，疾为诈而欲人之亲己也，禽兽之行而欲人之善己也。虑之难知也，行之难安也，持之难立也，成则必不得其所好，必遇其所恶焉。故君子者，信矣，而亦欲人之信己也；忠矣，而亦欲人之亲己也；修正治辨矣，而亦欲人之善己也。虑之易知也，行之易安也，持之易立也，成则必得其所好，必不遇其所恶焉。是故穷则不隐，通则大明，身死而名弥白。小人莫不延颈举踵而愿曰：“知虑材性，固有以贤人矣。”夫不知其与己无以异也，则君子注错之当，而小人注错之过也。故孰察小人之知能，足以知其有余，可以为君子之所为也。譬之越人安越，楚人安楚，君子安雅[④]。是非知能材性然也，是注错习俗之节异也。仁义德行，常安之术也，然而未必不危也；污僈[⑤]突盗，常危之术也，然而未必不安也。故君子道其常，而小人道其怪。

——《荀子·荣辱》

【注释】

①弟：通“悌”。原：诚实。軥录：又作“拘录”，通“劬碌”，勤劳的意思。疾：急切地从事。疾力：拼命用力。敦：治。比：治。 ②陶：传播流言蜚语。诞：欺骗，说谎。突盗：冲撞强夺。 ③楉：指用心粗疏草率。僈：通“慢”，怠慢，不在乎。 ④雅：通“夏”，华夏，中国（指中原地区）。 ⑤污僈：污秽卑鄙。僈：通“漫”。

凡人有所一同：饥而欲食，寒而欲暖，劳而欲息，好利而恶害，是人之所生而有也，是无待而然者也，是禹、桀之所同也。目辨白黑美恶，耳辨音声清浊，口辨酸咸甘苦，鼻辨芬芳腥臊，骨体肤理辨寒暑疾养，是又人之所常生而有也，是无待而然者也，是禹、桀之所同也。可以为尧、禹，可以为桀、跖，可以为工匠，可以为农贾，在势注错习俗之所积耳，是又人之所生而有也，是无待而然者也，是禹、桀之所同也。为尧、禹则常安荣，为桀、跖则常危辱；为尧、禹则常愉佚，为工匠农贾则常烦劳。然而人力为此而寡为彼，何也？曰：陋也。尧、禹者，非生而具者也，夫起于变故，成乎修修之为，待尽而后备者也。人之生固小人，无师无法则唯利之见耳。人之生固小人，又以遇乱世，得乱俗，是以小重小也，以乱得乱也。君子非得势以临之，则无由得开内焉。今是人之口腹，安知礼义？安知辞让？安知廉耻隅积？亦呥呥而嚌，乡乡[①]而饱已矣。人无师无法，则其心正其口腹也。今使人生而未尝睹刍豢稻粱[②]也，惟菽藿糟糠之为睹，则以至足为在此也。俄而粲然有秉刍豢稻粱而至者，则瞲然[③]视之曰：“此何怪也？”彼臭之而无嗛[④]于鼻，尝之而甘于口，食之而安于体，则莫不弃此而取彼矣。今以夫先王之道，仁义之统，以相群居，以相持养，以相藩饰，以相安固邪？以夫桀、跖之道，是其为相县也，几直[⑤]夫刍豢稻粱之县糟糠尔哉！然而人力为此而寡为彼，何也？曰：陋也。陋也者，天下之公患也，人之大殃大

害也。

——《荀子·荣辱》

【注释】

①呥呥:与“冉冉”同源,慢慢地。噍:嚼。乡:通“芗”,谷类的香气。②刍豢:吃草料的牛羊之类称为“刍”,吃粮食的猪狗之类叫作“豢”,“刍豢”泛指食用的家畜,这里指肉食。梁:谷子。 ③瞲然:惊奇的样子。 ④臭:通“嗅”。嗛:通“慊”,满足。 ⑤县:通“悬”,悬殊。几:通“岂”。直:只。

兼服天下之心:高上尊贵不以骄人;聪明圣知不以穷人;齐给速通不争先人,刚毅勇敢不以伤人;不知则问,不能则学,虽能必让,然后为德。遇君则修臣下之义,遇乡则修长幼之义,遇长则修子弟之义,遇友则修礼节辞让之义,遇贱而少者则修告导宽容之义。无不爱也,无不敬也,无与人争也,恢然如天地之苞[①]万物,如是则贤者贵之,不肖者亲之。如是而不服者,则可谓訞[②]怪狡猾之人矣,虽则子弟之中,刑及之而宜。《诗》云:“匪上帝不时,殷不用旧。虽无老成人,尚有典刑。曾是莫听,大命以倾[③]。”此之谓也。古之所谓士仕者,厚敦者也,合群者也,乐富贵者也,乐分施者也,远罪过者也,务事理者也,羞独富者也。今之所谓士仕者,污漫者也,贼乱者也,恣睢者也,贪利者也,触抵者也,无礼义而唯权势之嗜者也。古之所谓处士者,德盛者也,能静者也,修正者也,知命者也,著是者也。今之所谓处士者,无能而云能者也,无知而云知者也,利心无足而佯无欲者也,行伪险秽而强高言谨悫者也,以不俗为俗,离纵而跂訾[④]者也。

——《荀子·非十二子》

【注释】

①恢然:广大的样子。苞:通“包”。 ②訞:通“妖”,怪异邪恶。 ③匪上帝不时,殷不用旧。虽无老成人,尚有典刑。曾是莫听,大命以倾:并非上帝不善良,是纣王不用旧典章。虽然没有老成之臣,还有法典可依循。竟连这个也不

听，王朝因此而断送。 ④离纵：离于俗而放纵。跂訾：违俗自高之貌。

故君子务修其内而让之于外，务积德于身而处之以遵道，如是，则贵名起如日月，天下应之如雷霆。故曰：君子隐而显，微而明，辞让而胜。《诗》曰："鹤鸣于九皋，声闻于天。"此之谓也。鄙夫反是：比周而誉俞少，鄙争而名俞辱，烦劳以求安利，其身俞危。《诗》曰："民之无良，相怨一方。受爵不让，至于已斯亡[①]。"此之谓也。故能小而事大，辟之是犹力之少而任重也，舍粹[②]折无适也。身不肖而诬贤，是犹伛伸而好升高也，指其顶者愈众。故明主谲[③]德而序位，所以为不乱也；忠臣诚能然后敢受职，所以为不穷也。分不乱于上，能不穷于下，治辩[④]之极也。

——《荀子·儒效》

【注释】

①民之无良，相怨一方。受爵不让，至于已斯亡：小人总是不善良，互相怪怨另一方。争取爵位不谦让，直到自己被灭亡。 ②辟：通"譬"。粹：通"碎"。 ③谲：通"决"，决断。 ④辩：通"辦"（办），治理。

不闻不若闻之，闻之不若见之，见之不若知之，知之不若行之，学至于行之而止矣。行之，明也。明之为圣人。圣人也者，本仁义，当是非，齐言行，不失毫厘[①]，无它道焉，已[②]乎行之矣。故闻之而不见，虽博必谬；见之而不知，虽识必妄；知之而不行，虽敦必困。不闻不见，则虽当，非仁也。其道百举而百陷也。故人无师无法，而知则必为盗，勇则必为贼，云能则必为乱，察则必为怪，辩则必为诞。人有师有法，而知则速通，勇则速威，云能则速成，察则速尽，辩则速论。故有师法者，人之大宝也；无师法者，人之大殃也。人无师法则隆性矣，有师法则隆积矣，而师法者，所得乎情[③]，非所受乎性，不足以独立而治[④]。性也者，吾所不能为也，然而可化也。情也者，非吾

所有也,然而可为也。注错习俗,所以化性也;并一而不二,所以成积也[5]。习俗移志,安久移质;并一而不二,则通于神明,参于天地矣[6]。故积土而为山,积水而为海,旦暮积谓之岁。至高谓之天,至下谓之地,宇中六指[7]谓之极;涂[8]之人百姓,积善而全尽谓之圣人。彼求之而后得,为之而后成,积之而后高,尽之而后圣。

——《荀子·儒效》

【注释】

①毫:《集解》作"豪",据世德堂本改。毫厘:古代长度单位,十丝为一毫,十毫为一厘,十厘为一分,十分为一寸。这里比喻微小的数量。 ②已:止。③情:指合乎礼义的高尚情操。 ④不足以独立而治:指老师、法度不可能自我完善,也得依靠礼义来完善。 ⑤注错习俗,所以化性也;并一而不二,所以成积也:对人的安排措置以及习惯风俗,是用来改变本性的;专心致志地学习而不三心二意,是用来积累知识的。 ⑥习俗移志,安久移质;并一而不二,则通于神明,参于天地矣:风俗习惯能改变人的思想,安守习俗的时间长了,就会改变人的本质;专心致志地学习而不三心二意,就能通于神明,与天地相并列了。 ⑦宇:空间。六:指上、下、东、南、西、北六个方向。指:指向,延伸。⑧涂:通"途"。

故圣人也者,人之所积也。人积耨耕而为农夫,积斫削而为工匠,积反[1]货而为商贾,积礼义而为君子。工匠之子莫不继事,而都国之民安习其服,居楚而楚,居越而越,居夏而夏,是非天性也,积靡使然也。故人知谨注错,慎习俗,大积靡[2],则为君子矣;纵性情而不足问学,则为小人矣。为君子则常安荣矣,为小人则常危辱矣。凡人莫不欲安荣而恶危辱,故唯君子为能得其所好,小人则日徼[3]其所恶。《诗》曰:"维此良人,弗求弗迪;维彼忍心,是顾是复[4]。民之贪乱,宁为荼毒[5]。"此之谓也。人论:志不免于曲私,而冀人之以己为公也;行不免于污漫,而冀人之以己为修也;甚愚陋沟瞀[6],而冀人之以己为知也。是众人也。志忍私，然后能公，行忍情性，然后能修，知而好问，然后能才，公修而才，可谓小儒矣。志安公，行安修，知通统类，如是则可谓大儒矣。大儒者，天子三公也。小儒者，诸侯大夫士也。众人者，工农商贾也。礼者，人主之所以为群臣寸尺寻丈检式⑦也，人伦尽矣。

——《荀子·儒效》

【注释】

①反：通"贩"。 ②靡：接触，磨炼，指受外力的影响。 ③徼：通"邀"，求取，招致。 ④维此良人，弗求弗迪；维彼忍心，是顾是复：有了这些善良人，你不访求不进用；那些狠心残忍者，你却照顾又看重。 ⑤民之贪乱，宁为荼毒：民众一心想作乱，难道甘愿被残害？ ⑥甚：《集解》作"其"，据宋浙本改。沟瞀：通"怐愗"，愚昧无知。 ⑦寻：长度单位，八尺为一寻。为群臣寸尺寻丈：这是一种比喻的说法，指衡量群臣的德才是一寸高，还是一尺、一寻、一丈高，等于说"掂群臣的分量""区别群臣的档次"。检式：都是法度、准则的意思。

若夫重色而衣之，重味而食之，重财物而制之，合天下而君之，非特以为淫泰也，固以为王天下。治万变，材万物，养万民，兼制天下者，为莫若仁人之善也夫①。故其知虑足以治之，其仁厚足以安之，其德音足以化之，得之则治，失之则乱。百姓诚赖其知也，故相率而为之劳苦，以务佚之，以养其知也；诚美其厚也，故为之出死断亡以覆②救之，以养其厚也；诚美其德也，故为之雕琢刻镂、黼黻文章以藩饰之，以养其德也。故仁人在上，百姓贵之如帝，亲之如父母，为之出死断亡而愉者，无它故焉，其所是焉诚美，其所得焉诚大，其所利焉诚多。《诗》曰："我任我辇，我车我牛，我行既集，盖云归哉③！"此之谓也。故曰：君子以德，小人以力。力者，德之役也。百姓之力，待之而后功；百姓之群，待之而后和；百姓之财，待之而后

聚；百姓之势，待之而后安；百姓之寿，待之而后长。父子不得不亲，兄弟不得不顺，男女不得不欢，少者以长，老者以养。故曰："天地生之，圣人成之。"此之谓也。今之世而不然：厚刀布之敛以夺之财，重田野之税以夺之食，苛关市之征以难其事。不然而已矣，有掎挈④伺诈，权谋倾覆，以相颠倒，以靡敝之。百姓晓然皆知其污漫暴乱，而将大危亡也。是以臣或弑其君，下或杀其上，粥其城，倍其节，而不死其事者，无它故焉，人主自取之⑤。《诗》曰："无言不雠，无德不报⑥。"此之谓也。

——《荀子·富国》

【注释】

①材：通"裁"。制：依王先谦说，当为"利"字之误。夫：罢了。　②断：决。覆：掩护，捍卫。　③我任我辇，我车我牛，我行既集，盖云归哉：我背粮食我拉车，我扶车子我牵牛，我们运输已完成，吩咐我们都回去。　④有：通"又"。掎：从后拖拉，牵制，指抓住对方的弱点。挈：持，抓，指抓住对方的弱点。　⑤是以臣或弑其君，下或杀其上，粥其城，倍其节，而不死其事者，无它故焉，人主自取之：因此臣子中有人杀死了他们的君主，下级中有人杀死了他们的上司，出卖城池、违反节操而不为君主的事业卖命，这没有其他的缘故，而是君主自作自受啊。　⑥无言不雠，无德不报：说话总会有应答，施恩总会有回报。

故厚德音以先之，明礼义以道之，致忠信以爱之，尚贤使能以次之，爵服庆赏以申之，时其事，轻其任，以调齐之，长养之，如保赤子。政令以定，风俗以一，有离俗不顺其上，则百姓莫不敦恶，莫不毒孽，若祓①不祥，然后刑于是起矣。是大刑之所加也，辱孰大焉？将以为利邪？则大刑加焉，身苟不狂惑戆陋②，谁睹是而不改也哉！然后百姓晓然皆知修上之法，像上之志而安乐之。于是有能化善、修身、正行、积礼义、尊道德，百姓莫不贵敬，莫不亲誉，然后赏于是起矣。是

高爵丰禄之所加也，荣孰大焉？将以为害邪？则高爵丰禄以持养之，生民之属，孰不愿也？雕雕焉县贵爵重赏于其前，县明刑大辱于其后[3]，虽欲无化，能乎哉！故民归之如流水，所存者神，所为者化而顺。暴悍勇力之属为之化而愿，旁辟曲私之属为之化而公，矜纠收缭[4]之属为之化而调，夫是之谓大化至一。

——《荀子·议兵》

【注释】

①敦：通"憝"，怨恨。毒：祸害。孽：妖孽，灾害。祓：古代一种除灾驱邪的仪式，此泛指驱除。 ②戆：纯朴而愚蠢。陋：见闻少，知识浅薄。 ③雕雕焉：昭昭然，明白的样子。县：通"悬"，挂。明刑：刑罚名。除去犯人的冠饰，将犯人的罪状写在板上，并插在他背部来公开示众。 ④旁：偏颇，不公正。辟：通"僻"，邪僻，不正当。曲：弯曲，不正直。私：偏私，不公道。矜：骄傲，不谦和。纠：检举揭发，不客气。收：夺取，不谦让。缭：纠缠，不和睦。

凡兼人者有三术：有以德兼人者，有以力兼人者，有以富兼人者。彼贵我名声，美我德行，欲为我民，故辟门除涂以迎吾人，因其民，袭其处，而百姓皆安，立法施令莫不顺比。是故得地而权弥重，兼人而兵俞[1]强，是以德兼人者也。非贵我名声也，非美我德行也，彼畏我威，劫我势，故民虽有离心，不敢有畔虑，若是，则戎甲俞众，奉养必费。是故得地而权弥轻，兼人而兵俞弱，是以力兼人者也。非贵我名声也，非美我德行也，用贫求富，用饥求饱，虚腹张口来归我食，若是，则必发夫掌窌[2]之粟以食之，委之财货以富之，立良有司以接之，已朞三年，然后民可信也。是故得地而权弥轻，兼人而国俞贫，是以富兼人者也。故曰：以德兼人者王，以力兼人者弱，以富兼人者贫。古今一也。兼并易能也，唯坚凝之难焉。齐能并宋，而不能凝也，故魏夺之。燕能并齐，而不能凝也，故田单夺之；韩之上地，方数百里，完全富足而趋赵，赵不能凝也，故秦夺之。故能并之而不

能凝，则必夺；不能并之又不能凝其有，则必亡。能凝之，则必能并之矣。得之则凝，兼并无强。古者汤以薄，武王以滈[3]，皆百里之地也，天下为一，诸侯为臣，无它故焉，能凝之也。故凝士以礼，凝民以政，礼修而士服，政平而民安[4]。士服民安，夫是之谓大凝。以守则固，以征则强，令行禁止，王者之事毕矣。

——《荀子·议兵》

【注释】

①俞：通“愈”。 ②掌：当作“禀”，“禀”同“廪”，米仓。窌：地窖。 ③薄：通“亳”。滈：通“鄗”。 ④故凝士以礼，凝民以政，礼修而士服，政平而民安：因此凝聚士人要依靠礼义，凝聚民众要依靠政策。礼义完善，士人就会归服；政治清明，民众就安定。

应侯[1]问孙卿子曰：“入秦何见？”孙卿子曰：“其固塞[2]险，形势便，山林川谷美，天材之利多，是形胜也。入境，观其风俗，其百姓朴，其声乐不流污，其服不挑[3]，甚畏有司而顺，古之民也。及都邑官府，其百吏肃然，莫不恭俭敦敬，忠信而不楛[4]，古之吏也。入其国，观其士大夫，出于其门，入于公门，出于公门，归于其家，无有私事也，不比周，不朋党，倜然[5]莫不明通而公也，古之士大夫也。观其朝廷，其间听决百事不留，恬然如无治者，古之朝也。故四世有胜，非幸也，数也。是所见也。故曰：佚而治，约而详，不烦而功，治之至也，秦类之矣。虽然，则有其諰[6]矣。兼是数具者而尽有之，然而县之以王者之功名，则倜倜然其不及远矣。是何也？则其殆无儒邪！故曰：粹而王，驳而霸，无一焉而亡。此亦秦之所短也。”

——《荀子·强国》

【注释】

①应侯：即范雎，战国时魏国人，秦昭王时曾任秦相，受封于应（今河南鲁

山县东北），号应侯。②固塞：指边塞。③挑：通“佻”，轻薄。一说通“姚”，妖艳。④楛：粗劣。⑤偶然：远离的样子，这里指远离世俗、与众不同的样子。⑥諰：忧惧。

若夫心意修，德行厚，知虑明，生于今而志乎古，则是其在我者也。故君子敬其在己者，而不慕其在天者①；小人错②其在己者，而慕其在天者。君子敬其在己者而不慕其在天者，是以日进也；小人错其在己者，而慕其在天者，是以日退也。故君子之所以日进与小人之所以日退，一③也。君子小人之所以相县④者在此耳。

——《荀子·天论》

【注释】

①在天者：指富贵。《论语·颜渊》：“死生有命，富贵在天。”②错：通“措”，搁置。③一：指有所注重有所忽略的态度一样。④县：通“悬”，悬殊，差距大。

世俗之为说者曰：“主道利周①。”是不然。主者，民之唱也；上者，下之仪②也。彼将听唱而应，视仪而动。唱默则民无应也，仪隐则下无动也。不应不动，则上下无以相有③也。若是，则与无上同也，不祥莫大焉。故上者，下之本也，上宣明则下治辨④矣，上端诚则下愿悫矣，上公正则下易直矣。治辨则易一，愿悫则易使，易直则易知。易一则强，易使则功，易知则明，是治之所由生也。上周密则下疑玄⑤矣，上幽险则下渐诈矣，上偏曲则下比周矣。疑玄则难一，渐诈则难使，比周则难知。难一则不强，难使则不功，难知则不明，是乱之所由作也。故主道利明不利幽，利宣不利周。故主道明则下安，主道幽则下危。故下安则贵上，下危则贱上。故上易知则下亲上矣，上难知则下畏上矣。下亲上则上安，下畏上则上危。故主道莫恶乎难知，莫危乎使下畏己。传曰：“恶之者众则危。”《书》曰：

"克明明[6]德。"《诗》曰:"明明在下。"故先王明之,岂特玄[7]之耳哉!

——《荀子·正论》

【注释】

①周:周密,指隐蔽不露。 ②仪:立木以示人叫作仪,也叫表。 ③有:通"友",亲善。 ④辨:通"辦"(办),治理。 ⑤玄:通"眩",迷惑。 ⑥明明:原为皎洁明亮的意思,指周文王、周武王的德行贤明完美。 ⑦特:只。玄:幽深。

礼起于何也?曰:人生而有欲,欲而不得,则不能无求;求而无度量分界,则不能不争;争则乱,乱则穷。先王恶其乱也,故制礼义以分[1]之,以养人之欲,给人之求。使欲必不穷乎物,物必不屈[2]于欲,两者相持而长,是礼之所起也。故礼者,养也。刍豢稻梁,五味调香,所以养口也;椒兰芬苾[3],所以养鼻也;雕琢刻镂、黼黻文章,所以养目也;钟鼓管磬、琴瑟竽笙,所以养耳也;疏房檖貌、越席床笫几筵[4],所以养体也。故礼者,养也。君子既得其养,又好其别。曷谓别?曰:贵贱有等,长幼有差,贫富轻重皆有称者也。故天子大路越席,所以养体也;侧载睪芷,所以养鼻也;前有错衡,所以养目也;和鸾之声,步中《武》《象》,趋中《韶》《护》,所以养耳也;龙旗九斿,所以养信[5]也;寝兕、持虎、蛟韅、丝末、弥龙[6],所以养威也;故大路之马必倍至教顺,然后乘之,所以养安也。孰知夫出死要节[7]之所以养生也!孰知夫出费用之所以养财也!孰知夫恭敬辞让之所以养安也!孰知夫礼义文理之所以养情也!故人苟生之为见,若者必死;苟利之为见,若者必害;苟怠惰偷懦之为安,若者必危;苟情说之为乐,若者必灭。故人一之于礼义,则两得之矣;一之于情性,则两丧之矣。故儒者将使人两得之者也,墨者将使人两丧之者也,是儒、墨之分也。

——《荀子·礼论》

【注释】

①分：名分，这里作动词，表示确定名分，即划定各人的等级地位职分等。 ②屈：竭尽。 ③椒：香木名，其叶芳香，古人做茶茗时常煮其叶以为香。兰：香草名。苾：芳香。 ④疏：窗。檖：通“邃”，深远。貌：古“貌”字，通“庙”，王宫的前殿，朝堂。越席：竹编的床席。几筵：古人席地而坐，放在座位边上供倚靠的小桌子叫几，竹制的垫席叫筵。 ⑤斿：通“旒”，古代旌旗下边悬垂的饰物。信：符信，凭据。古代天子诸侯乃至各级官员为了区别不同的身份与地位，使用不同的旗章作为符信（称“信幡”），龙旗九斿是彰明天子身份的旗章，所以说“养信”。 ⑥寝兕、持虎：画在天子车子上的图案。兕：雌性的犀牛。持：通“跱”，蹲。蛟：通“鲛”，鲨鱼。䩭：马腹革带，在两腋旁，横经其下，而上系于鞍。末：车前遮挡风尘的帷帘。弥：车耳，车箱两旁之上的横木前端的曲钩，形似人耳。 ⑦要：约束。要节：用节操道义来约束自己，即坚守节操。如果不尽忠守节，就会受到制裁，所以说“出死要节”是用来养生的。

礼有三本[①]：天地者，生之本也；先祖者，类之本也；君师者，治之本也。无天地，恶生？无先祖，恶出？无君师，恶治？三者偏亡焉，无安人。故礼上事天，下事地，尊先祖而隆君师。是礼之三本也。故王者天太祖，诸侯不敢坏，大夫士有常宗，所以别贵始。贵始，得之本也。郊[②]止乎天子，而社止于诸侯，道及士大夫，所以别尊者事尊，卑者事卑，宜大者巨，宜小者小也。故有天下者事十世，有一国者事五世，有五乘之地[③]者事三世，有三乘之地者事二世，持[④]手而食者不得立宗庙，所以别积厚，积厚者流泽广，积薄者流泽狭也。……凡礼，始乎棁，成乎文，终乎悦校。故至备，情文俱尽；其次，情文代胜；其下，复情以归大一也。天地以合，日月以明，四时以序，星辰以行，江河以流，万物以昌，好恶以节，喜怒以当，以为下则顺，以为上则明，万物变而不乱，贰之则丧也。礼岂不至矣哉！立隆以为极，而天下莫之能损益也。本末相顺，终始相应，至文以有别，至察以有说。天下从之者治，不从者乱；从之者安，不从者危；从之

者存,不从者亡。小人不能测也。

——《荀子·礼论》

【注释】

①本:根本,本源,基础。 ②郊:古代天子每年冬至在南郊祭天的活动。古人认为天子受命于天,只有天子才有资格举行郊祭。 ③五乘之地:古代兵赋之法规定,六里见方的土地出兵车一乘(包括一辆车、四匹马、二十八个甲士、二十个盾手,三十个民夫),所以以六里见方的土地为一乘之地(见《管子·乘马》)。一说古代十里见方为一成,一成出兵车一乘,所以一乘之地为十里见方(见杨倞注及《国语·楚语》"赋皆千乘"韦昭注)。"五乘之地"即五个一乘之地,即180平方里或500平方里,指大夫一级的封地。 ④持:通"恃",依靠,凭借。

礼之理诚深矣,"坚白""同异"之察,入焉而溺;其理诚大矣,擅作典制辟陋[①]之说,入焉而丧;其理诚高矣,暴慢、恣睢、轻俗以为高之属,入焉而队[②]。故绳墨诚陈矣,则不可欺以曲直;衡诚县矣,则不可欺以轻重;规矩诚设矣,则不可欺以方圆;君子审于礼,则不可欺以诈伪。故绳者,直之至;衡者,平之至;规矩者,方圆之至;礼者,人道之极也。然而不法礼,不足礼,谓之无方[③]之民;法礼足礼,谓之有方之士。礼之中焉,能思索谓之能虑;礼之中焉,能勿易谓之能固。能虑能固加好者焉,斯圣人矣。故天者,高之极也;地者,下之极也;无穷者,广之极也;圣人者,道之极也。故学者,固学为圣人也,非特学为无方之民也。礼者,以财物为用,以贵贱为文,以多少为异,以隆杀为要。文理繁,情用省,是礼之隆也;文理省,情用繁,是礼之杀[④]也;文理情用,相为内外表里,并行而杂,是礼之中流也。故君子上致其隆,下尽其杀,而中处其中。步骤、驰骋、厉骛,不外是矣[⑤],是君子之坛宇、宫廷也。人有是,士君子也;外是,民也;于是其中焉,方皇周挟[⑥],曲得其次序,是圣人也。故厚者,礼之积也;大者,礼之

广也；高者，礼之隆也；明者，礼之尽也。《诗》曰："礼仪卒度，笑语卒获⑦。"此之谓也。

——《荀子·礼论》

【注释】

①辟：通"僻"，邪僻。陋：见识少。　②暴慢、恣睢、轻俗以为高之属，入焉而队：那些把粗暴傲慢、恣肆放荡、轻视习俗视为高尚的人，一进入礼的道理之中就垮台了。　③足：指充分地掌握。方：道。无方：无道，没有原则，没有固定的法度。　④杀：减少，简省。　⑤步骤、驰骋、厉骛，不外是矣：慢走快跑、驱马驰骋、剧烈奔跑都不越出这个规矩。　⑥方皇：广大。周挟：周遍。⑦礼仪卒度，笑语卒获：礼仪全都合法度，说笑就都合时务。

夫乐者乐也，人情之所必不免也，故人不能无乐。乐则必发于声音，形于动静，而人之道，声音、动静，性术之变尽是矣。故人不能不乐，乐则不能无形，形而不为道，则不能无乱。先王恶其乱也，故制《雅》《颂》①之声以道之，使其声足以乐而不流，使其文足以辨而不諰②，使其曲直、繁省、廉肉、节奏，足以感动人之善心③，使夫邪污之气无由得接焉。是先王立乐之方也，而墨子非之，奈何！故乐在宗庙之中，君臣上下同听之，则莫不和敬；闺门之内，父子兄弟同听之，则莫不和亲；乡里族长④之中，长少同听之，则莫不和顺。故乐者，审一以定和⑤者也，比物以饰⑥节者也，合奏以成文者也，足以率一道⑦，足以治万变。是先王立乐之术也，而墨子非之，奈何！故听其《雅》《颂》之声，而志意得广焉；执其干戚，习其俯仰屈伸，而容貌得庄焉；行其缀兆⑧，要其节奏，而行列得正焉，进退得齐焉。故乐者，出所以征诛也，入所以揖让也。征诛揖让，其义一也。出所以征诛，则莫不听从；入所以揖让，则莫不从服。故乐者，天下之大齐也，中和之纪也，人情之所必不免也。是先王立乐之术也，而墨子非之，奈何！且乐者，先王之所以饰喜也；军旅铁钺⑨者，先王之所以饰怒

也。先王喜怒皆得其齐焉。是故喜而天下和之，怒而暴乱畏之。先王之道，礼乐正其盛者也，而墨子非之。故曰：墨子之于道也，犹瞽之于白黑也，犹聋之于清浊也，犹欲之楚而北求之也。

——《荀子·乐论》

【注释】

①《雅》《颂》：《诗经》中的两类乐曲。“雅”是正的意思。《雅》就是朝廷的正声雅乐，分为《大雅》和《小雅》两种。“颂”即“容”，指舞蹈时的容貌。《颂》是宗庙祭祀的舞曲，分为《周颂》《鲁颂》《商颂》三种。 ②辨：通“辩”，《礼记·乐记》作“论”，孔颖达释为“谈论义理”。諰：边思边说的意思，引申为暗藏心机的花言巧语。 ③使其曲直、繁省、廉肉、节奏，足以感动人之善心：使那音律的宛转或舒扬、繁复或简单、清脆利落或圆润丰满、节制停顿或推进加快，都足够用来感动人的行善之心。 ④乡里族长：都是古代的行政区域单位。 ⑤一：指五音（宫、商、角、徵、羽，相当于现代简谱中的1、2、3、5、6）中作为主音的一个音。和：指五音中除主音以外用来应和主音的其他音。审一以定和：古代的宫、商、角、徵、羽虽然没有绝对音高，但有相对音高，只要其中一个音的音高确定了，其他各级的音高也就确定了。比如说，以宫为主音，它的音高一确定，那么五声音阶的各级音高也就都确定了，所以《淮南子·原道训》说：“故音者，宫立而五音形矣。”这就是此文所谓的“审一以定和”。 ⑥比：并列，配合。物：指乐器。饰：通“饬”，整治。 ⑦一道：治理社会的总原则，包括使君臣上下“和敬”、父子兄弟“和亲”、长少“和顺”的种种具体原则。⑧缀：表记，指舞蹈时行列的标识。兆：界域，指舞蹈者活动的界域。缀兆：指舞蹈时的行列位置。 ⑨铁：斧。钺：大斧。铁钺都是古代斩杀的刑具，这里泛指刑具。

夫声乐之入人也深，其化人也速，故先王谨为之文。乐中平则民和而不流，乐肃庄则民齐而不乱。民和齐则兵劲城固，敌国不敢婴①也。如是，则百姓莫不安其处，乐其乡，以至足其上矣。然后名声于是白，光辉于是大，四海之民莫不愿得以为师。是王者之始也。

乐姚冶以险，则民流優鄙贱矣[②]。流優则乱，鄙贱则争[③]。乱争则兵弱城犯，敌国危之。如是，则百姓不安其处，不乐其乡，不足其上矣。故礼乐废而邪音起者，危削侮辱之本也。故先王贵礼乐而贱邪音。其在《序官》也，曰："修宪命，审诛赏，禁淫声，以时顺修，使夷俗邪音不敢乱雅，太师之事也。"墨子曰："乐者，圣人之所非也，而儒者为之，过也。"君子以为不然。乐者，圣王之所乐也，而可以善民心，其感人深，其移风易俗，故先王导之以礼乐而民和睦。夫民有好恶之情，而无喜怒之应，则乱。先王恶其乱也，故修其行，正其乐，而天下顺焉。故齐衰[④]之服，哭泣之声，使人之心悲。带甲婴軸，歌于行伍，使人之心伤；姚冶之容，郑、卫之音，使人之心淫；绅端章甫[⑤]，舞《韶》歌《武》[⑥]，使人之心庄。故君子耳不听淫声，目不视女色，口不出恶言。此三者，君子慎之。

——《荀子·乐论》

【注释】

①婴：通"撄"，碰，触犯。　②乐姚冶以险，则民流優鄙贱矣：音乐妖冶轻浮而邪恶，那民众就淫荡轻慢、卑鄙下贱了。　③流優则乱，鄙贱则争：民众淫荡轻慢，就会混乱；卑鄙下贱，就会争夺。　④齐衰：丧服的一种，用粗麻布做成，因其缉边缝齐，故称齐衰。　⑤绅：古代士大夫束在腰间、一头垂下的大带子。端：古代诸侯、大夫、士在祭祀时穿的式样端正的礼服，举行冠礼、婚礼时也穿此。章甫：商代的一种礼帽，即缁布冠，它是行冠礼以后才戴的，用来表明("章")成人男子("甫")的身份，故称章甫。　⑥《韶》：舜时的乐曲名。《武》：又名《大武》，是周武王灭商以后周公所做的歌颂武王克商之功的乐曲名。

故曰：乐者，乐也。君子乐得其道，小人乐得其欲。以道制欲，则乐而不乱；以欲忘道，则惑而不乐。故乐者，所以道乐也。金石丝竹，所以道德也。乐行而民乡方矣。故乐者，治人之盛者也，而墨子

非之。且乐也者，和之不可变者也；礼也者，理之不可易者也。乐合同，礼别异。礼乐之统，管乎人心矣。穷本极变[①]，乐之情也；著诚去伪，礼之经也。墨子非之，几遇刑也。明王已没，莫之正也。愚者学之，危其身也。君子明乐，乃其德也。乱世恶善，不此听也。于乎哀哉！不得成也。弟子勉学，无所营[②]也。

——《荀子·乐论》

【注释】

①穷：穷究，深入到极点。本：指本性。极：达到最高限度。变：化，指感化人心、改变风俗。 ②营：通"荧"，惑乱。

人之性恶，其善者伪也。今人之性，生而有好利焉，顺是，故争夺生而辞让亡焉；生而有疾[①]恶焉，顺是，故残贼生而忠信亡焉；生而有耳目之欲，有好声色焉，顺是，故淫乱生而礼义文理亡焉。然则从[②]人之性，顺人之情，必出于争夺，合于犯分乱理而归于暴。故必将有师法之化，礼义之道，然后出于辞让，合于文理，而归于治。用此观之，然则人之性恶明矣，其善者伪也。故枸木必将待檃栝、烝矫然后直，钝金必将待砻、厉[③]然后利。今人之性恶，必将待师法然后正，得礼义然后治。今人无师法则偏险而不正，无礼义则悖乱而不治。古者圣王以人之性恶，以为偏险而不正，悖乱而不治，是以为之起礼义，制法度，以矫饰[④]人之情性而正之，以扰化人之情性而导之也。始皆出于治，合于道者也。今之人化师法，积文学，道礼义者为君子；纵性情，安恣睢，而违礼义者为小人。用此观之，然则人之性恶明矣，其善者伪也。孟子曰："人之学者，其性善。"曰：是不然。是不及[⑤]知人之性，而不察乎人之性、伪之分者也。

——《荀子·性恶》

【注释】

①疾：通"嫉"，嫉妒。 ②从：通"纵"。 ③枸：通"钩"，弯曲。檃栝：竹

木的整形工具。烝：同“蒸”，用蒸气加热，这是为了使被矫正的木材柔软以便矫正。金：金属之器，指有锋刃的武器或工具。砻：磨。厉：通“砺”，磨。④饰：通“饬”，整治。⑤及：达到，够。

凡性者，天之就也，不可学，不可事①；礼义者，圣人之所生也，人之所学而能，所事而成者也。不可学、不可事而在人者谓之性，可学而能、可事而成之在人者谓之伪。是性、伪之分也。今人之性，目可以见，耳可以听。夫可以见之，明不离目，可以听之，聪不离耳；目明而耳聪，不可学明矣。孟子曰：“今人之性善，将皆失丧其性故也。”曰：若是，则过矣。今人之性，生而离其朴，离其资，必失而丧之。用此观之，然则人之性恶明矣。所谓性善者，不离其朴而美之，不离其资②而利之也。使③夫资朴之于美，心意之于善，若夫可以见之，明不离目，可以听之，聪不离耳，故曰目明而耳聪也。今人之性，饥而欲饱，寒而欲暖，劳而欲休，此人之情性也。今人饥，见长而不敢先食者，将有所让也；劳而不敢求息者，将有所代也。夫子之让乎父，弟之让乎兄，子之代乎父，弟之代乎兄，此二行者，皆反于性而悖于情也。然而孝子之道，礼义之文理也。故顺情性则不辞让矣，辞让则悖于情性矣。用此观之，然则人之性恶明矣，其善者伪也④。

——《荀子·性恶》

【注释】

①事：从事，做，人为。　②资：资质，指所谓天生的才能、性情。　③使：犹“夫”，提示之词。　④其善者伪也：那些善良的行为则是人为的。

请成相①：世之殃，愚暗愚暗堕贤良！人主无贤，如瞽无相何伥伥！请布基，慎圣人，愚而自专事不治。主忌苟胜，群臣莫谏必逢灾。论臣过，反其施，尊主安国尚贤义。拒谏饰非，愚而上同国必祸。曷谓罢？国多私，比周还主党与施。远贤近谗，忠臣蔽塞主势

移。曷谓贤？明君臣，上能尊主下爱民。主诚听之，天下为一海内宾。主之孽，谗人达，贤能遁逃国乃蹶。愚以重愚，暗以重暗成为桀。世之灾，妒贤能，飞廉知政任恶来②。卑其志意，大其园囿高其台。武王怒，师牧野，纣卒易乡启乃下。武王善之，封之于宋立其祖。世之衰，谗人归，比干见刳箕子累。武王诛之，吕尚招麾殷民怀。世之祸，恶贤士，子胥见杀百里徙。穆公任之，强配五伯六卿施。世之愚，恶大儒，逆斥不通孔子拘。展禽三绌，春申道缀基毕输。请牧基，贤者思，尧在万世如见之。谗人罔极，险陂倾侧③此之疑。基必施，辨贤罢，文武之道同伏戏④。由之者治，不由者乱何疑为？凡成相，辨法方，至治之极复后王。复慎、墨、季、惠，百家之说诚不详。治复一，修之吉，君子执之心如结。众人贰之，谗夫弃之形是诘。水至平，端不倾，心术如此象圣人。而有势，直而用抴必参天。世无王，穷贤良，暴人刍豢仁人糟糠。礼乐灭息，圣人隐伏墨术行。治之经，礼与刑，君子以修百姓宁。明德慎罚，国家既治四海平。治之志，后势富，君子诚之好以待。处之敦固，有深藏之能远思。思乃精，志之荣，好而壹之神以成。精神相反，一而不贰为圣人。治之道，美不老，君子由之佼以好。下以教诲子弟，上以事祖考。成相竭，辞不蹶，君子道之顺以达。宗其贤良，辨其殃孽。

——《荀子·成相》

【注释】

①成：乐曲或曲词从头到尾演奏或演唱一遍。相：古代的一种打击乐器，又名“拊”“拊搏”，由熟皮制成的皮囊中塞满糠而成，形如小鼓，拍打时声音沉闷，因其一般用来打节拍，对乐曲的演奏或曲词的演唱起辅助作用，所以叫“相”。成相：即演奏拊搏，引申指一边念诵一边拍打拊搏作节拍的一种民间曲艺形式，与现在一边敲鼓为节拍一边说唱的大鼓以及一边击竹板为节拍一边念诵唱词的快板类似，只不过它不配乐，歌唱时也不说白，只是念诵而已。这里用作篇名。 ②飞廉：纣王的宠臣，善于奔走。恶来：纣王之臣，飞廉之子，

有力，善谗，周武王伐纣时被杀。 ③陂：通“诐”，邪僻。倾侧：偏邪不正。 ④伏戏：又作伏羲、伏牺、庖牺，传说是人类的始祖，教民结网，从事渔猎畜牧，应是原始狩猎时代的领袖。

亲亲、故故、庸庸、劳劳，仁之杀[①]也。贵贵、尊尊、贤贤、老老、长长，义之伦也。行之得其节，礼之序也。仁，爱也，故亲。义，理也，故行。礼，节也，故成。仁有里[②]，义有门。仁非其里而虚之[③]，非礼也。义非其门而由之，非义也。推恩而不理[④]，不成仁；遂理而不敢，不成义；审节而不和，不成礼；和而不发，不成乐。故曰：仁、义、礼、乐，其致一也。君子处仁以义，然后仁也；行义以礼，然后义也；制礼反本成末[⑤]，然后礼也。三者皆通，然后道也。

——《荀子·大略》

【注释】

①庸：功劳。庸庸：以庸为庸，把功劳当作功劳来对待，前一字用作意动词。杀：等差。 ②里：乡里，住处。这里与“门”一样，喻指礼制。 ③虚：依王念孙说，当为“處”（处）字之误。非其里而处之：指不遵守礼。 ④推恩而不理：指只有物质上的恩赐而不合乎礼义，如父子之间只有物质的供养而没有孝敬慈爱的道义。 ⑤反：通“返”。本：根本，指仁义。末：末梢，指礼节仪式。

入孝出弟[①]，人之小行也；上顺下笃，人之中行也；从道不从君，从义不从父，人之大行也。若夫志以礼安，言以类使，则儒道毕矣。虽舜，不能加毫末于是矣。孝子所以不从命有三：从命则亲危，不从命则亲安，孝子不从命乃衷[②]；从命则亲辱，不从命则亲荣，孝子不从命乃义；从命则禽兽，不从命则修饰，孝子不从命乃敬。故可以从而不从，是不子也；未可以从而从，是不衷也。明于从不从之义，而能致恭敬、忠信、端悫以慎行之，则可谓大孝矣。传曰：“从道不从君，从义不从父。”此之谓也。故劳苦彫萃[③]而能无失其敬，灾祸患难而

能无失其义，则不幸不顺见恶而能无失其爱，非仁人莫能行。《诗》曰："孝子不匮。"此之谓也。

——《荀子·子道》

【注释】

①弟：通"悌"。 ②衷：通"忠"。 ③彫萃：通"凋悴"，憔悴。

管仲、鲍叔相谓曰："君乱甚矣，必失国。齐国之诸公子其可辅者，非公子纠则小白也。与子人事一人焉，先达者相收[①]。"管仲乃从公子纠，鲍叔从小白。国人果弑君。小白先入为君，鲁人拘管仲而效之[②]，鲍叔言而相之[③]。故谚曰："巫咸虽善祝，不能自祓也；秦医虽善除，不能自弹也[④]。"以管仲之圣而待鲍叔之助，此鄙谚所谓"虏自卖裘而不售，士自誉辩而不信"[⑤]者也。

——《韩非子·说林下》

【注释】

①先达者相收：先成功的就收留另一个人。 ②鲁人拘管仲而效之：鲁国人把管仲拘禁起来献给小白。 ③鲍叔言而相之：在鲍叔牙的推荐下，管仲做了齐相。 ④巫咸虽善祝，不能自祓也；秦医虽善除，不能自弹也：巫咸虽然善于祷告，却不能拔除自己的灾祸；秦医虽然善于治病，却不能针灸好自己的病。⑤虏自卖裘而不售，士自誉辩而不信：奴隶自己出售裘衣是售不出的，士人自称善于辩说是没人信的。

宣王喜文学游说之士，自如驺衍、淳于髡、田骈、接予、慎到、环渊[①]之徒七十六人，皆赐列第[②]，为上大夫[③]，不治而议论。是以齐稷下学士复盛，且数百千人。

——《史记·田敬仲完世家》

【注释】

①驺衍、淳于髡、田骈、接予、慎到、环渊：皆为齐稷下学宫之稷下先生。②列第：指贵族官僚的邸宅。 ③上大夫：周王室与诸侯国的大夫，有上、中、

下之别。

孟轲[1]，驺人也。受业子思[2]之门人。道既通，游事齐宣王，宣王不能用。适梁，梁惠王不果所言，则见以为迂远而阔于事情。当是之时，秦用商君，富国强兵；楚、魏用吴起[3]，战胜弱敌；齐威王、宣王用孙子、田忌之徒，而诸侯东面朝齐。天下方务于合从连衡[4]，以攻伐为贤，而孟轲乃述唐、虞[5]、三代之德，是以所如者不合。退而与万章之徒序《诗》《书》，述仲尼之意，作《孟子》七篇。其后有驺子之属。

——《史记·孟子荀卿列传》

【注释】

①孟轲：孟子，名轲。　②子思：孔子的嫡孙、孔鲤的儿子。孔子的思想学说由曾参传子思，子思的门人再传孟子。　③吴起：战国初期的军事家、政治家、改革家、兵家的代表人物。　④合从连衡：战国时期，诸侯之间战争频起，秦国十分强大，对齐、楚、燕、韩、赵、魏六国虎视眈眈。为了阻止秦国的吞并，苏秦到六国去游说他们联合起来对抗秦国的进攻，张仪则游说六国向秦国俯首称臣。　⑤唐、虞：唐尧与虞舜的并称。

齐有三驺子[1]。其前驺忌，以鼓琴干威王，因及国政，封为成侯而受相印，先孟子[2]。

其次驺衍[3]，后孟子。驺衍睹有国者益淫侈，不能尚德，若《大雅》"整之于身，施及黎庶[4]"矣。乃深观阴阳消息而作怪迂之变，《终始》《大圣》之篇十余万言。其语闳大不经，必先验小物，推而大之，至于无垠[5]。先序今以上至黄帝，学者所共术，大并世盛衰[6]，因载其禨祥[7]度制，推而远之，至天地未生，窈冥[8]不可考而原也。先列中国名山大川，通谷禽兽，水土所殖，物类所珍，因而推之，及海外人之所不能睹。称引天地剖判以来，五德转移，治各有宜，而符应若

兹。以为儒者所谓中国者，于天下乃八十一分居其一分耳。中国名曰赤县神州。赤县神州内自有九州，禹之序九州是也，不得为州数。中国外如赤县神州者九，乃所谓九州也。于是有裨海[⑨]环之，人民禽兽莫能相通者，如一区中者，乃为一州。如此者九，乃有大瀛海环其外，天地之际焉。其术皆此类也。然要其归，必止乎仁义节俭，君臣上下六亲之施，始也滥耳[⑩]。王公大人初见其术，惧然顾化，其后不能行之。

——《史记·孟子荀卿列传》

【注释】

①驺子：原意为掌管车马的仆役，这里指驺忌、驺衍、驺奭。 ②驺忌：战国时齐国大臣。先孟子：时代比孟子早。 ③驺衍：战国时期阴阳家的代表人物，齐国人，曾为稷下名流。 ④黎庶：百姓。 ⑤无垠：广阔无边，没有边际。 ⑥大并世盛衰：言其大体随时代盛衰，观时而说事。 ⑦禨祥：吉凶先兆。 ⑧窈冥：深远渺茫。 ⑨裨海：小海。 ⑩君臣上下六亲之施，始也滥耳：驺衍认为君臣上下六亲之际，行事之所施所始，皆可为后代之宗本，因此称为滥耳。

是以驺子重于齐。适梁，惠王郊迎，执宾主之礼。适赵，平原君侧行撇席[①]。如燕，昭王拥彗先驱，请列弟子之座而受业，筑碣石宫[②]，身亲往师之。作《主运》[③]。其游诸侯见尊礼如此，岂与仲尼菜色陈蔡，孟轲困于齐梁同乎哉！故武王以仁义伐纣而王，伯夷饿不食周粟；卫灵公问陈，而孔子不答；梁惠王谋欲攻赵，孟轲称大王去邠。此岂有意阿世俗苟合而已哉！持方枘欲内圜凿[④]，其能入乎？或曰，伊尹负鼎而勉汤以王[⑤]，百里奚饭牛车下而缪公用霸[⑥]，作先合，然后引之大道。驺衍其言虽不轨，傥亦有牛鼎之意乎？

——《史记·孟子荀卿列传》

【注释】

①平原君：赵胜，战国四公子之一，赵国贵族，赵武灵王之子、惠文王之弟，因贤能而闻名。侧行撇席：以衣拂席为敬，不敢正坐当宾主之礼。 ②碣石宫：宫殿名称。 ③《主运》：汉代刘向别录邹子书有《主运》篇。 ④方枘欲内圜凿：方枘是笋，圜凿是孔。工人斫木，以方笋而内之圜孔，不可入。 ⑤伊尹负鼎而勉汤以王：伊尹背着鼎去给汤烹饪，却勉励汤行王道，结果汤统一了天下。 ⑥百里奚饭牛车下而缪公用霸：百里奚在车下喂牛但秦穆公任用了他，秦穆公因而称霸诸侯。

自驺衍与齐之稷下先生①，如淳于髡、慎到、环渊、接子、田骈、驺奭②之徒，各著书言治乱之事，以干世主，岂可胜道哉！

——《史记·孟子荀卿列传》

【注释】

①稷下：战国齐都城临淄西门稷门附近地区。齐威王、宣王曾在此建学宫，广招文学游说之士讲学议论，成为各学派活动的中心。稷下先生：战国时聚集在稷下学宫的学者。 ②淳于髡、慎到、环渊、接子、田骈、驺奭：稷下学宫著名的稷下先生。

驺奭①者，齐诸驺子，亦颇采驺衍之术以纪文。

于是齐王嘉之，自如淳于髡以下，皆命曰列大夫，为开第康庄之衢②，高门大屋，尊宠之。览天下诸侯宾客，言齐能致天下贤士也。

——《史记·孟子荀卿列传》

【注释】

①驺奭：战国"三邹子"之一，齐国稷下学宫黄老道家学者，采用驺衍学说入自己之文，人称"雕龙奭"。 ②康庄之衢：四达谓之衢，五达谓之康，六达谓之庄。

齐威王使大夫追论古者《司马兵法》而附穰苴于其中，因号曰《司马穰苴兵法》①。太史公曰：余读《司马兵法》，闳廓深远，虽三代

征伐,未能竟其义,如其文也,亦少褒②矣。若夫穰苴,区区为小国行师,何暇及《司马兵法》之揖让乎?世既多《司马兵法》,以故不论,著穰苴之列传焉。

——《史记·司马穰苴列传》

【注释】

①《司马穰苴兵法》:最早见于《汉书·艺文志》中的礼类,称《军礼司马法》,共计155篇。司马穰苴:本姓田,名穰苴。 ②褒:同"褒",赞扬,夸奖。

周兴,以少昊之虚曲阜封周公子伯禽①为鲁侯,以为周公主②。其民有圣人之教化,故孔子曰"齐一变至于鲁,鲁一变至于道③",言近正也。濒④洙泗之水,其民涉度⑤,幼者扶老而代其任。俗既益薄,长老不自安,与幼少相让,故曰:"鲁道衰,洙泗之间龂龂⑥如也。"孔子闵王道将废,乃修六经,以述唐虞三代之道,弟子受业而通者七十有七人。是以其民好学,上⑦礼义,重廉耻。周公始封,太公问:"何以治鲁?"周公曰:"尊尊而亲亲。"太公曰:"后世浸弱矣。"故鲁自文公以后,禄去公室,政在大夫,季氏逐昭公,陵夷⑧微弱,三十四世而为楚所灭。然本大国故自为分野。

——《汉书·地理志下》

【注释】

①伯禽:姬姓,名禽,伯是其排行,周公旦长子,周朝诸侯国鲁国的第一任国君。 ②主:掌管祭祀的人。 ③齐一变至于鲁,鲁一变至于道:指鲁政治合乎正义,齐国不如鲁国。 ④濒:临近。 ⑤度:通"渡"。 ⑥龂龂:争辩的样子。 ⑦上:崇尚。 ⑧陵夷:衰落。

仲尼既没,七十子之徒散游诸侯①,大者为卿相师傅,小者友教士大夫,或隐而不见。故子张②居陈,澹台子羽③居楚,子夏④居西河,子贡⑤终于齐。如田子方、段干木、吴起、禽滑釐之属,皆受业于

子夏之伦，为王者师。是时，独魏文侯[6]好学。天下并争于战国，儒术既黜焉，然齐鲁之间学者犹弗废，至于威、宣[7]之际，孟子、孙卿[8]之列咸遵夫子之业而润色之，以学显于当世。

——《汉书·儒林传》

【注释】

①七十子之徒散游诸侯：据《史记》记载，孔子有弟子三千，其中精通六艺者七十二人，称“七十二贤人”。 ②子张：颛孙师，字子张，孔子弟子，春秋末陈国阳城(今河南登封)人。 ③澹台子羽：姓澹台，字子羽。 ④子夏：姓卜名商，春秋时晋国人，孔子弟子，孔门十哲之一。 ⑤子贡：字子贡，以字行，孔子弟子，孔门十哲之一。 ⑥魏文侯：姬姓魏氏，名斯，战国时魏国开国君主。⑦威、宣：指齐威王、齐宣王。 ⑧孙卿：荀子。

三、人才引进

人才引进是一个颇具现代意义的概念，现代的解读是，通过一定的方式、途径和保障措施，从本处所外引入自身需要的、能够从事某种专业技能或胜任某种职业的人或者团队。当今世界风云变幻，国家之间的竞争日趋激烈，其表现是多方面的，有经济领域的竞争、军事领域的较量，还有政治领域的博弈。这些竞争归根到底都是人才的竞争。人是国家存在的根本，人才是国家生死存亡较量的关键，是综合国力竞争的主要内容之一。人才的引进因此变得格外重要。不仅国家间，社会中的各个行业中也存在着人才竞争，甚至是一个小小的单位或者某个学科的发展都离不开人才，因此人才的引进已成为国家、社会及各个行业、部门、学科发展与建设的重中之重。当今社会对人才的重视程度是可见的，古代的情况又是怎样的呢？其实在对人才的重视程度上，古今具有认识传承性。古人对人才也极为重视，从一些脍炙人口的诗句中可以窥视出古人的人才观，如《满江红》中的“逢著公卿，谁不道、人才难得”，《论诗》中的“江山代有才人出，各领风骚数百年”等。革命先驱孙中山也认为“治国经邦，人才为急”，认识到了人才对国家兴亡的重要意义。人才固然重要，有现成的人才可以使用自然更好，如果没有的话，那就需要从外引入，也称招贤纳士。古代招贤纳士的实例较多，有周文王招纳姜太公、刘备三顾茅庐等，这些都是流传千古、求贤若渴的佳话。齐国作为春秋战国时期重要的诸侯国，也有一些人才引进的范例与措施，较具代表性的有齐桓公令人“重为之皮币，以骤聘眺于诸侯，以安四邻。则四邻亲之国亲我矣。为游士八十人，奉之以车马衣裘，多其资币，使周游于四方，以号召天下之贤士”。人才的引进与正确使用使齐国国力大增、名扬诸侯，也使齐桓公本人成为春秋五霸之首、留名青史。

齐国在招贤纳士上不同于其他诸侯国，有着自身的一套措施，并形成了一系列制度体系，这也是齐文化人才思想的特色所在。首先，人才引进制度建设必不可少。齐国开设“庭燎”制度，吸引天下贤士。“庭燎”原为《诗经》的一篇，描写宫廷早朝的景象，表现君王勤于政事。齐桓公的庭燎求贤借用《诗经》中“庭燎”的本义，延伸为让人在宫殿面前燃起火炬，准备随时接见各地的贤才，这是招贤的一种特殊礼遇；并且用火炬的多少表示爵位的高低等，以代表庭燎礼仪的级别。在具体实践中，齐桓公常以王侯之礼接见贤士，以表示对贤人的重视程度。此做法对引进贤才有明显效果。其次，形成礼贤下士、事必躬行的纳贤姿态。《韩非子》载：“齐桓公时，有处士曰小臣稷，桓公三往而弗得见。桓公曰：‘吾闻布衣之士不轻爵禄，无以易万乘之主；万乘之主不好仁义，亦无以下布衣之士。’于是五往乃得见之。”《吕氏春秋》亦载：“齐桓公见小臣稷，一日三至弗得见。从者曰：‘万乘之主见布衣之士，一日三至而弗得见，亦可以止矣。’桓公曰：‘不然，士骜禄爵者固轻其主，其主骜霸王者亦轻其士。纵夫子骜禄爵，吾庸敢骜霸王乎？’遂见之，不可止。”齐桓公对人才的渴望程度可见一斑，这比后来的刘备三顾茅庐更甚。正是这种态度与行动才使得齐国逐渐强大起来进而成为诸侯大国。最后，人才引进保障措施的有效实施为人才引进提供了必要的基础支撑。《管子》载：“凡县吏进诸侯士而有善，观其能之大小以为之赏，有过无罪。”此措施有效地调动了各级官员引进人才的积极性。配以重金，去域外搜寻贤人的做法也是人才引进的重要手段。齐桓公派人带着钱币，“饰玩好，使出周游于四方，鬻之诸侯，以观其上下之所贵好，择其沉乱者而先政之”。同时在重要道路上设置驿站，为来往贤人提供必要的保障。以上引人措施的实施使齐国消耗了大量的财物，故有齐国财政“三分之二在宾客，其一在国”的说法，可见齐国引进人才的力度之大。

稷下学宫是齐文化中一颗璀璨的瑰宝，它是齐文化开放性、包容性、独特性的象征，同时也是重要的人才集聚地和文化高地。稷下学宫不仅仅是学术争鸣、人才培养的场所,同时也是吸收、引进人才的重要平台,素有“览天下诸侯宾客,言齐能致天下贤士”之誉。稷下学宫内人才众多,有孟子、荀子、淳于髡等众多稷下先生。他们在齐国的待遇与地位较高,有些甚至达到卿大夫的地位。他们多为齐国重要的谋士,有些还走上朝堂,担任重要职务,有些则起着引进、推荐人才的作用。《战国策》载淳于髡一日向齐宣王推荐七人,王斗一日推荐五人。这些稷下先生为齐国推荐人才,他们推荐的这些贤人大多是从齐国以外的地区招募而来的,或是某些重要卿士的门客,因此稷下学宫也成为当时重要的人才汇聚地和人才引进窗口。稷下学宫也使得齐国人才引进的方式较其他诸侯国而言较为独特。大量人才的引进为齐国的迅速崛起奠定了坚实的基础,使齐国“足智,好议论”的传统得以保留下来,这也是齐文化人才思想的可贵之处。

管仲言于齐侯①曰:“臣闻之,招携②以礼,怀③远以德。德礼不易,无人不怀。”齐侯修礼④于诸侯,诸侯官受方物⑤。

——《左传·僖公七年》

【注释】

①齐侯:齐桓公。 ②招携:招抚离心之国。 ③怀:归附。 ④修礼:按礼节对待。 ⑤方物:土特产。

初,鲍国去鲍氏而来为施孝叔①臣。施氏卜宰②,匡句须③吉。施氏之宰有百室之邑。与匡句须邑,使为宰。以让鲍国,而致邑焉。施孝叔曰:“子实吉④。”对曰:“能与忠良,吉孰大焉?”鲍国相施氏忠,故齐人取以为鲍氏后。仲尼曰:“鲍庄子⑤之知不如葵,葵犹能卫其足。”

——《左传·成公十七年》

【注释】

①鲍国:春秋时期齐国大臣,鲍叔牙曾孙。施孝叔:鲁惠公五世孙。②卜宰:占卜选择家臣。 ③匡:鲁国城邑。句须:人名。 ④子:指匡句须。

吉:占卜为吉。 ⑤鲍庄子:鲍牵,齐国人,鲍叔牙曾孙、鲍国之兄,谥庄子。

桓公曰:“吾欲从事①于诸侯,其可乎?”管子对曰:“未可。邻国未吾亲也。君欲从事于天下诸侯,则亲邻国。”桓公曰:“若何?”管子对曰:“审吾疆埸②,而反其侵地;正其封疆,无受其资;而重为之皮币③,以骤④聘眺于诸侯,以安四邻,则四邻之国亲我矣。为游士八十人,奉之以车马、衣裘⑤,多其资币,使周游于四方,以号召天下之贤士。皮币玩好,使民鬻⑥之四方,以监其上下⑦之所好,择其淫乱者而先征⑧之。”

——《国语·齐语》

【注释】

①从事:这里是称霸的意思。 ②审:审视。疆埸(yì):齐国疆域。 ③皮币:毛皮和缯帛,这里泛指贵重礼物。 ④骤:频繁地。 ⑤车马、衣裘:邦交的重要礼物。 ⑥鬻:卖。 ⑦监:观察。上下:君臣。 ⑧征:讨伐。

此则亦见于《管子·小匡》。

国多财则远者来,地辟举则民留处①。

——《管子·牧民》

【注释】

①辟:开辟。举:尽,全。留处:停留安居。

毋曰不同生①,远者不听;毋曰不同乡,远者不行②;毋曰不同国,远者不从。如地如天,何私何亲③?如月如日,唯君之节④。

——《管子·牧民》

【注释】

①同生:同姓,同一宗族。生:通“姓”。 ②行:实行。 ③如地如天,何私何亲:像天地生育万物,没有什么亲近偏爱。 ④如月如日,唯君之节:像日月普照一切,才算得上是君主的气度。

召远者使无为焉[①],亲近者言无事焉[②]。

——《管子·形势》

【注释】

①召远者使无为焉:招徕远方其他诸侯国的人,仅靠使者是不行的。召:招徕。 ②亲近者言无事焉:让国内近处的人亲附,仅靠言辞是不行的。亲:让人亲附。

欲知者知之[①],欲利者利之,欲勇者勇之,欲贵者贵之。彼欲贵,我贵之,人谓我有礼;彼欲勇,我勇之,人谓我恭;彼欲利,我利之,人谓我仁;彼欲知,我知之,人谓我慜[②]。

——《管子·枢言》

【注释】

①欲知者知之:想要智慧的,就给他智慧。知:通"智"。 ②慜:通"敏",聪明。

又游士八十人,奉[①]之以车马衣裘,多其资粮,财币足之,使出周游于四方,以号召收求天下之贤士。

——《管子·小匡》

【注释】

①奉:供应。

是故圣王卑礼以下[①]天下之贤而王之,均分以钓[②]天下之众而臣之。

——《管子·霸言》

【注释】

①王:当为"任",任用。下:处……之下。 ②均分:均分爵禄。钓:吸引。

公曰:"然则取士若何?"管子对曰:"假[①]而礼之,厚[②]而勿欺,则

天下之士至矣。”公曰:“致天下之精材若何?”管子对曰:“五而六之,九而十之,不可为数③。”公曰:“来工若何?”管子对曰:“三倍,不远千里④。”

——《管子·小问》

【注释】

①假:通“嘉”,赞美。 ②厚:厚待。 ③五而六之,九而十之,不可为数:他人出价为五,我出价为六,他人出价为九,我出价为十,不限定价数。 ④三倍,不远千里:工价是别处的三倍,工匠就会不远千里而来。

桓公曰:“何谓致天下之民?”管子对曰:“请使州有一掌①,里有积五窌②。民无以与正籍者予之长假③,死而不葬者予之长度④。饥者得食,寒者得衣,死者得葬,不赀者得振⑤,则天下之归我者若流水。此之谓致天下之民。故圣人善用非其有,使非其人⑥,动言摇辞,万民可得而亲。”桓公曰:“善。”

——《管子·轻重甲》

【注释】

①掌:地方官。 ②窌(jù):地窖。 ③无以与正籍:负担不起税收,不能参与纳税。正:通“征”。长假:长期借贷。假:借。 ④予之长度:给予安葬费用。长度:一种领取官钱以购买棺木的凭证。 ⑤振:通“赈”,赈济。 ⑥使非其人:使用不属于自己统治的人。

管子对曰:“请以令为诸侯之商贾立客舍,一乘者有食①,三乘者有菽菽②,五乘者有伍养③。天下之商贾归齐若流水。”

——《管子·轻重乙》

【注释】

①一乘者有食:带一辆车来的客商免费供应饮食。 ②三乘者有菽菽:带三辆车来的客商免费供应喂马的饲料。 ③五乘者有伍养:带五辆车来的商人安排五个仆役伺候。养:仆役。

晏子之晋，至中牟[1]，睹弊冠反裘负刍[2]，息于涂侧者，以为君子也，使人问焉。曰："子何为者也？"对曰："我越石父[3]者也。"晏子曰："何为至此？"曰："吾为人臣[4]，仆于中牟，见使将归。"晏子曰："何为为仆？"对曰："不免冻饿之切吾身，是以为仆也。"晏子曰："为仆几何？"对曰："三年矣。"晏子曰："可得赎乎？"对曰："可。"遂解左骖以赠[5]之，因载而与之俱归。至舍，不辞而入，越石父怒而请绝[6]，晏子使人应之曰："吾未尝得交夫子也，子为仆三年，吾乃今日睹而赎之，吾于子尚未可乎？子何绝我之暴[7]也。"越石父对之曰："臣闻之，士者诎乎不知己，而申乎知己，故君子不以功轻人之身，不为彼功诎身之理。吾三年为人臣仆，而莫吾知也。今子赎我，吾以子为知我矣；向者子乘，不我辞也，吾以子为忘；今又不辞而入，是与臣我者同矣。我犹且为臣，请鬻于世。"晏子出，见之曰："向者见客之容[8]，而今也见客之意[9]。婴闻之，省行者不引其过，察实者不讥其辞，婴可以辞而无弃乎！婴诚革之。"乃令粪洒改席，尊醮而礼之[10]。越石父曰："吾闻之，至恭不修途，尊礼不受摈。夫子礼之，仆不敢当也。"晏子遂以为上客。君子曰："俗人之有功则德，德则骄，晏子有功，免人于厄，而反诎下之，其去俗亦远矣。此全功之道也。"

——《晏子春秋·内篇杂上》

【注释】

①中牟：古邑，在今河南省境内，春秋时属晋国。 ②负刍：背干草的人。刍：喂牲畜的干草。 ③越石父：人名。 ④为人臣：给人当奴仆。臣：这里为男子贱称，意为奴隶。 ⑤赠：应为"赎"。 ⑥绝：断交。 ⑦暴：疾也。⑧容：外表。 ⑨意：气质意志。 ⑩尊醮而礼之：用醮礼来礼待越石父。醮：古代嘉礼中的一种简单仪节，用于冠礼和婚礼。

此则亦见于《吕氏春秋·观世》《史记·管晏列传》《新序·节士》。

太公曰:“缗①微饵明,小鱼食之;缗调②饵香,中鱼食之;缗隆③饵丰,大鱼食之。夫鱼食其饵,乃牵④于缗;人食其禄,乃服于君。故以饵取鱼,鱼可杀;以禄取人,人可竭⑤;以家取国,国可拔;以国取天下,天下可毕⑥。呜呼!曼曼绵绵⑦,其聚必散;嘿嘿昧昧⑧,其光必远。微⑨哉!圣人之德,诱乎独见⑩。乐哉!圣人之虑,各归其次,而树敛⑪焉。”

文王曰:“树敛若何,而天下归之?”

太公曰:“天下非一人之天下,乃天下之天下也。同天下之利者,则得天下;擅⑫天下之利者,则失天下。天有时,地有财,能与人共之者,仁也。仁之所在,天下归之。免人之死,解人之难,救人之患,济人之急者,德也。德之所在,天下归之。与人同忧、同乐、同好、同恶者,义也;义之所在,天下赴⑬之。凡人恶死而乐生,好德而归利,能生利⑭者,道也。道之所在,天下归之。”

——《六韬·文韬·文师》

【注释】

①缗(mín):钓丝。 ②调:指大小轻重合适。 ③隆:粗大。 ④牵:拘牵,这里指上钩被制。 ⑤竭:指使其竭尽才力。 ⑥毕:古时田猎用的长柄网,也指捕取禽兽,这里指征服。 ⑦曼曼绵绵:这里形容事物外表兴旺久远。曼:广远。绵绵:延续不断。 ⑧嘿嘿:同“默默”。昧昧:纯厚隐晦,不显露于外。 ⑨微:精微奇妙。 ⑩诱:称美之词。独见:指见解超群,先知先觉。 ⑪敛:聚敛,收揽。 ⑫擅:专擅,独自享用。 ⑬赴:奔赴,归顺。 ⑭生利:使利生,谋得实利。

韩珉相齐,令吏逐公畴竖①,大怒于周之留成阳君②也。谓韩珉曰:“公以二人者为贤人也,所入之国,因用之乎?则不如其处小国。何也?成阳君为秦去韩,公畴竖,楚王善之。今公因逐之,二人者必入秦、楚,必为公患。且明公之不善于天下。天下之不善公者,与欲有求于齐者，且收之，以临齐而市公。”

——《战国策·韩策三》

【注释】

①公畴竖：人名。 ②成阳君：韩封君，此时在周，主张连横秦、韩。

孟尝君在薛，招致诸侯宾客及亡人有罪者，皆归孟尝君。孟尝君舍业厚遇之①，以故倾天下之士。食客数千人，无贵贱一与文等。孟尝君待客坐语，而屏风后常有侍史，主记君所与客语，问亲戚居处。客去，孟尝君已使使存问，献遗②其亲戚。孟尝君曾待客夜食，有一人蔽火光。客怒，以饭不等，辍食辞去。孟尝君起，自持其饭比之。客惭，自刭③。士以此多归孟尝君。孟尝君客无所择，皆善遇之。人人各自以为孟尝君亲己。

——《史记·孟尝君列传》

【注释】

①舍业厚遇之：舍弃其家产而厚事宾客。 ②献遗：奉赠财物。 ③自刭：用刀自割其颈自杀。

孟尝君时相齐，封万户于薛。其食客三千人，邑入不足以奉客①，使人出钱于薛。岁余不入，贷钱者多不能与其息②，客奉将不给。孟尝君忧之，问左右：“何人可使收债于薛者？”传舍长曰：“代舍客冯公③形容状貌甚辩，长者，无他伎④能，宜可令收债。”孟尝君乃进冯驩而请之曰：“宾客不知文不肖，幸临文者三千余人，邑入不足以奉宾客，故出息钱于薛。薛岁不入，民颇不与其息。今客食恐不给，原⑤先生责之。”冯驩曰；“诺。”辞行，至薛，召取孟尝君钱者皆会，得息钱十万。乃多酿酒，买肥牛，召诸取钱者，能与息者皆来，不能与息者亦来，皆持取钱之券书合之。齐为会，日杀牛置酒。酒酣，乃持券如前合之，能与息者，与为期；贫不能与息者，取其券而烧之。

曰:“孟尝君所以贷钱者,为民之无者以为本业也;所以求息者,为无以奉客也。今富给者以要期,贫穷者燔[⑥]券书以捐之。诸君强饮食。有君如此,岂可负哉!”坐者皆起,再拜。

——《史记·孟尝君列传》

【注释】

①奉客:侍养宾客。　②息:利息。　③冯公:即冯驩。　④伎:通“技”,技能。　⑤原:通“愿”,希望。　⑥燔:焚烧。

孟尝君闻冯驩烧券书,怒而使使召驩。驩至,孟尝君曰:“文食客三千人,故贷钱于薛。文奉邑[①]少,而民尚多不以时与其息,客食恐不足,故请先生收责[②]之。闻先生得钱,即以多具牛酒而烧券书,何?”冯驩曰:“然。不多具牛酒即不能毕会,无以知其有余不足。有余者,为要期。不足者,虽守而责之十年,息愈多,急,即以逃亡自捐之。若急,终无以偿,上则为君好利不爱士民,下则有离上抵负之名,非所以厉士民彰[③]君声也。焚无用虚债之券,捐不可得之虚计,令薛民亲君而彰君之善声也,君有何疑焉!”孟尝君乃拊手[④]而谢之。

——《史记·孟尝君列传》

【注释】

①奉邑:以收取赋税作为俸禄的封地。奉:通“俸”。　②责:通“债”,债务。　③彰:彰显。　④拊手:拍手,表示喜悦或惊讶。

荀卿[①],赵人。年五十始来游学于齐。驺衍之术迂大而闳辩[②];奭也文具难施;淳于髡[③]久与处,时有得善言。故齐人颂曰:“谈天衍,雕龙奭,炙毂过髡[④]。”田骈[⑤]之属皆已死。齐襄王时,而荀卿最为老师。齐尚修列[⑥]大夫之缺,而荀卿三为祭酒[⑦]焉。齐人或谗荀卿,荀卿乃适楚,而春申君以为兰陵[⑧]令。春申君死而荀卿废,因家兰陵。李斯尝为弟子,已而相秦。荀卿嫉浊世之政,亡国乱君相属,

不遂大道而营于巫祝，信禨祥[⑨]，鄙儒[⑩]小拘，如庄周等又滑稽乱俗，于是推儒、墨、道德之行事兴坏，序列著数万言而卒。因葬兰陵。

——《史记·孟子荀卿列传》

【注释】

①荀卿：名况，仕齐为祭酒，仕楚为兰陵令。卿者，时人相尊而号为卿也。②闳辩：雄辩。 ③淳于髡：战国时齐国著名的政治家和思想家。 ④炙轂：即“炙輠”，指“炙轂过”。輠：古时车上盛贮油膏的器具。髡：古代剃去男子头发的一种刑罚。 ⑤田骈：又称陈骈，齐国人，与田齐宗室出于同姓，战国时期的思想家。 ⑥修列：依次整理，按顺序排列。 ⑦祭酒：官名。古礼，祭祀宴飨时，由最年长者举酒以祭于地，故祭酒为尊称。齐国稷下学官尊长亦称祭酒。 ⑧兰陵：古县名。今有山东兰陵县，治域与现在大致相当。 ⑨禨祥：吉凶之兆。 ⑩鄙儒：拘执、不达事理的儒生。

齐使者如梁，孙膑[①]以刑徒阴见，说齐使。齐使以为奇，窃[②]载与之齐。齐将田忌善而客待之。忌数与齐诸公子驰逐重射。孙子见其马足不甚相远，马有上、中、下辈。于是孙子谓田忌曰：“君弟重射，臣能令君胜。”田忌信然之，与王及诸公子逐射千金。及临质[③]，孙子曰：“今以君之下驷与彼上驷[④]，取君上驷与彼中驷，取君中驷与彼下驷。”既驰三辈毕，而田忌一不胜而再胜，卒得王千金。于是忌进孙子于威王。威王问兵法，遂以为师[⑤]。

——《史记·孙子吴起列传》

【注释】

①孙膑：齐国人，孙武后代，战国时军事家。 ②窃：私下里。 ③临质：临场比赛。 ④上驷：上等马。驷：古代同驾一辆车的四匹马。 ⑤师：军师，这里指让孙膑做齐国军师。

齐桓公设庭燎[①]，为便人欲造见[②]者，期年[③]而士不至。于是东野有以九九[④]见者，桓公使戏之曰：“九九足以见乎？”鄙人曰：“臣闻

君设庭燎以待士，期年而士不至。夫士之所以不至者，君天下之贤君也，四方之士皆自以不及君，故不至也。夫九九，薄能耳，而君犹礼之，况贤于九九者乎！夫太山不让砾石，江海不辞小流，所以成其大也。《诗》曰：'先民有言，询于刍荛⑤。'博谋也。"桓公曰："善。"乃固礼之。期月，四方之士相导而至矣。

——《韩诗外传》卷三第十八章

【注释】

①庭燎：古代庭中照明用的火炬。 ②造见：拜见。造：到。 ③期年：一整年。 ④九九：九九乘法口诀。 ⑤刍荛：割草打柴的人。

此则亦见于《说苑·尊贤》。

齐桓公问于宁戚曰："筦子①今年老矣，为弃寡人而就世②也，吾恐法令不行，人多失职，百姓疾怨，国多盗贼，吾何如而使奸邪不起，民足衣食乎？"宁戚对曰："要在得贤而任之。"桓公曰："得贤奈何？"宁戚对曰："开其道路，察而用之，尊其位，重其禄，显其名，则天下之士，骚然③举足而至矣。"桓公曰："既以举贤士而用之矣，微夫子幸而临之，则未有布衣屈奇之士④，踵门而求见寡人者！"宁戚对曰："是君察之不明，举之不显，而用之疑，官之卑，禄之薄也。且夫国之所以不得士者，有五阻焉：主不好士，谄谀在傍，一阻也；言便事者⑤，未尝见用，二阻也；壅塞掩蔽⑥，必因近习⑦，然后见察，三阻也；讯狱诘穷其辞，以法过之⑧，四阻也；执事适欲⑨，擅国权命⑩，五阻也。去此五阻，则豪俊并兴，贤智来处。五阻不去，则上蔽吏民之情，下塞贤士之路。是故明王圣主之治，若夫江海无不受，故长为百川之主，明王圣君无不容，故安乐而长久。因此观之，则安主利人者，非独一士也。"桓公曰："善！吾将著⑪夫五阻，以为戒本也。"

——《说苑·君道》

【注释】

①筦子:即管子。②为:如果。就世:死亡。③骚然:纷纷。④屈奇之士:非常之人。屈奇:奇异。⑤言便事者:提出平常的建议。⑥壅塞掩蔽:言路被堵塞,真相被掩盖。⑦必因近习:必须经过君主亲近的人。近习:君主身边亲近的人。⑧以法过之:执法严苛过分。⑨执事适欲:官吏为所欲为。⑩擅国权命:独断专权。权命:权力与命运。⑪著:牢记。

邹阳,齐人也。汉兴,诸侯王皆自治民聘贤。吴王濞招致四方游士,阳与吴严忌、枚乘[①]等俱仕吴,皆以文辩著名。久之,吴王以太子事怨望,称疾不朝,阴有邪谋,阳奏书谏。为其事尚隐,恶指斥言,故先引秦为谕,因道胡、越、齐、赵、淮南之难,然后乃致其意。

——《汉书·贾邹枚路传》

【注释】

①严忌:本姓庄,后人避汉明帝讳改为严,世称严夫子,会稽吴(今江苏苏州)人,西汉辞赋家。枚乘:字叔,淮阴(今属江苏)人,西汉著名辞赋家。

四、人才选拔

齐文化人才思想中有关人才选拔的内容非常丰富，涉及人才选拔的意义、原则、方式途径与标准等诸多内容。

首先，关于人才选拔的意义。一方面，人才选拔对国泰民安具有重要意义。《荀子·王制》指出选贤举良方能使政权稳定："选贤良，举笃敬，兴孝弟，收孤寡，补贫穷，如是，则庶人安政矣。庶人安政，然后君子安位。"《说苑·臣术》载齐威王患国至贫，成侯卿曰："举此数良人者，王枕而卧耳，何患国之贫哉？"但若非此，则致国家衰亡。《管子·立政九败解》："贤者不为下，智者不为谋，信者不为约，勇者不为死，如是则驱国而捐之也。"意思即各类人才如得不到选拔任用，就如同将国家政权拱手相让。

另一方面，人才选拔是招贤用贤的前提与基础，是治国理政之本。《晏子春秋·内篇问上》载晏子劝诫景公慎重选拔近臣，因其是百官各得其所的基础："左右善，则百僚各得其所宜。"《荀子·君道》指出人主为政关键在于人才选拔："能论官此三材者，而无失其次，是谓人主之道也。若是，则身佚而国治，功大而名美，上可以王，下可以霸，是人主之要守也。"《国语·齐语》记载齐桓公非常重视选拔人才，要求臣下必须及时上报推荐"居处好学，慈孝于父母，聪慧质仁，发闻于乡里者"和"有拳勇股肱之力秀出于众者"，否则以"蔽明"与"蔽贤"罪论处。

其次，关于人才选拔的原则。人才选拔是国之要政，具有重要意义，选拔过程中必须坚持两个原则。其一,选拔真贤,力避奸佞小人。《六韬·文韬·举贤》载文王询问为何致力于举贤却无成效:"举贤而不获其功,世乱愈甚,以致危亡者,何也?"太公指出其失在于"好用世俗之所誉,而不得真贤也"。《汉书·眭两夏侯京翼李传》亦记载汉元帝与京房讨论幽厉之君,京房指出明知"任贤必治,任不肖必乱"的"必然之道",幽厉之君却"不觉寤而更求贤",任用奸佞以致亡国。任用管仲,齐桓公称霸诸侯,任用易牙、竖刁、开方等奸臣,桓公身死国弱;晏婴在朝,齐景公几乎复霸,任用田桓子等奸臣,姜齐终被田齐取代。这些例子给我们的启示便是:必须选拔真正意义上的贤人,否则不仅无法产生正面效益,还会带来亡国灭种之灾。

其二,量能选拔,不可求全责备。人具有差异性,各具优点和不足。量能选拔,扬长避短,方能最大限度地发挥人才的作用。《管子·君臣上》最早提出这个观点:"是以明君之举其下也,尽知其短长,知其所不能益,若任之以事。贤人之臣其主也,尽知短长与身力之所不至,若量能而授官。"《吕氏春秋·举难》载齐桓公发现卫国人宁戚有奇才,欲委以重任,群臣反对,齐桓公不避小恶而坚持任用:"以人之小恶,亡人之大美,此人主之所以失天下之士也已。"《新序·杂事五》中亦有比喻性论述:"夫尺有所短,寸有所长。骅骝、騄骥,天下之俊马也。使之与狸、鼬试于釜灶之间,其疾未必能过狸、鼬也。黄鹄、白鹤,一举千里,使之与燕、服翼试之堂庑之下、庐室之间,其便未必能过燕、服翼也。辟闾、巨阙,天下之利剑也,击石不缺,刺石不锉,使之与管稾决目出眯,其便未必能过管稾也。"

再次,关于人才选拔的方式和途径。先秦人才选拔主要采用世卿世禄制,世袭的卿大夫按照声望和资历来担任官职,并享受采邑收入,至社会大变革的春秋战国时期,人才需求激增,各国为求生存纷纷招揽贤士,形成了颇具特色的人才选拔方式和途径。

齐国辨识人才的方式以引荐、自荐为主,或通过引荐人介绍或以面谈、相处观察的方式,问询其治国方略与军事谋略,观察其行为举止,以选拔出具备真才实学与治国治军才能之人。晏婴多次提出考察贤人的具体方法。《晏子春秋·内篇问上》曰:"举之以语,考之以事,能谕,则尚而亲之,近而勿辱以取人,则得贤之道也。"《六韬·文韬·六守》中亦记载有考察人才的方式方法:

"富之而观其无犯,贵之而观其无骄,付之而观其无转,使之而观其无隐,危之而观其无恐,事之而观其无穷。"《六韬·龙韬·选将》中亦有类似的论述:"知之有八征:一曰问之以言,以观其辞;二曰穷之以辞,以观其变;三曰与之间谍,以观其诚;四曰明白显问,以观其德;五曰使之以财,以观其廉;六曰试之以色,以观其贞;七曰告之以难,以观其勇;八曰醉之以酒,以观其态。"

在履职实践中对人才加以辨识举荐,注重实绩,这是历代统治者较推崇的选拔方法。《六韬·文韬·举贤》指出要通过职责实绩来辨识人才:"将相分职,而各以官名举人,按名督实。选才考能,令实当其名,名当其实,则得举贤之道矣。"根据战功大小封官晋爵,亦是古已有之的人才选拔方式。运筹帷幄之中、决胜千里之外的统帅与军师是人才,有万夫不挡之勇;奋勇杀敌、立下战功的士卒亦是人才。《史记·司马穰苴列传》载晏婴举荐田穰苴为将,田穰苴一举击退晋燕军队,收复失地,齐景公尊之为大司马。《六韬·犬韬·练士》指出,要根据士卒的表现,选拔出"冒刃之士""陷阵之士""勇锐之士""勇力之士""寇兵之士""死斗之士""励钝之士""敢死之士""必死之士""幸用之士""待命之士"等并加以使用。

值得一提的是齐国在选拔人才时,还会考察面相。《孟子·离娄上》中提到通过观察人的眼睛洞悉人的内心,眼正则心正:"存乎人者,莫良于眸子。眸子不能掩其恶。胸中正,则眸子瞭焉。胸中不正,则眸子眊焉。"此亦是对相人术较早的记录。

在选拔人才时,应该力求客观公正,不要受私恩私利左右。《韩非子·外储说左下》载管仲曾受恩于乌封人,乌封人希望得到回报,管仲拒绝:"我且贤之用,能之使,劳之论。我何以报子?"管仲不以私利选人用人的做法值得称道。

最后,关于人才选拔的标准。人才选拔必须遵循一定的标准。齐文化人才思想中有广泛而细致的规定。广泛指其涉及领域广,细致指其内容与层次划分细。

这一时期选拔人才的标准涉及治国安邦,涉及出奇计救国家于危难的相才、善运筹帷幄决胜千里的统帅、凭三寸不烂之舌周旋于列国的外交人才、拼杀于战场的优秀士卒、以手艺立身的工艺匠人等。《管子·君臣下》从功、德、劳等方面设立为相的标准:"故其立相也,陈功而加之以德,论劳而昭之以法,参伍相德而周举之,尊势而明信之。"《晏子春秋·内篇问上》从衣冠、言、行、治事四个方面设立君子的标准。《荀子·王制》从王者之人、王者之制、王者之论与等赋、政事、财万物等方面设立辅臣的标准。《六韬·文韬·六守》从仁、义、忠、信、勇、谋六个方面设立将帅的标准。《六韬·犬韬·武车士》与《六韬·犬韬·武骑士》从年龄、身高与体能等方面设立武车士与武骑士的标准。《考工记》从工作职责的角度设立王公、士大夫、百工、商旅、农夫与妇功的标准。

同一领域的人才也有其不同特点和层次,因此需要设立不同的选拔标准。对于辅臣,《荀子·君道》分别设立了"官人使吏之材""士大夫官师之材""卿相辅佐之材"的标准,《荀子·臣道》则分别设立了"态臣""篡臣""功臣""圣臣"的不同标准。甚至对于愚蠢奸佞之人,也设立了辨识标准。《管子·法法》指出了"卑人"与"愚士"的行为特点。《晏子春秋·内篇问上》则指出了佞人的行为特点。

人才选拔的方式途径与标准不是固定不变的,而是灵活变通的,这需要选才者具备聪慧的眼光和宽广的胸怀。齐文化中鲍叔牙荐管仲的故事最为经典,史赞:"天下不多管仲之贤而多鲍叔能知人也。"这段佳话至今仍被世人传颂。

正月之朝[①],乡长复事[②]。君亲问焉,曰:"于子之乡,有居处好学、慈孝于父母、聪慧质仁、发闻[③]于乡里者,有则以告。有而不以告,谓之蔽[④]明,其罪五。"有司已于事而竣。桓公又问焉,曰:"于子之乡,有拳勇股肱[⑤]之力秀出于众者,有则以告。有而不以告,谓之蔽贤,其罪五。"有司已于事而竣。桓公又问焉,曰:"于子之乡,有不慈孝于父母、不长悌于乡里、骄躁淫暴、不用上令者,有则以告。有而不以告,谓之下比[⑥],其罪五。"有司已于事而竣。是故乡长退而修德进贤,桓公亲见之,遂使役官[⑦]。

——《国语·齐语》

【注释】

①朝：朝会： ②复事：述职奏事。 ③发闻：名声远扬。 ④蔽：隐瞒。 ⑤拳勇：武勇。股肱：大腿和胳膊。 ⑥下比：庇护。 ⑦役：为。役官：推举做官。

此则及以下两则亦见于《管子·小匡》。

桓公令官长期而书伐①，以告且选②，选其官之贤者而复③用之，曰："有人居我官，有功休德，惟慎端悫④以待时，使民以劝，绥⑤谤言，足以补官之不善政。"桓公召而与之语，訾相⑥其质，足以比成事，诚可立而授之。设之以国家之患而不疚，退问之其乡，以观其所能而无大厉，升以为上卿之赞。谓之三选⑦。国子⑧、高子退而修乡，乡退而修连，连退而修里，里退而修轨，轨退而修伍，伍退而修家。是故匹夫有善，可得而举也；匹夫有不善，可得而诛也。政既成，乡不越长，朝不越爵，罢士无伍⑨，罢女无家⑩。夫是，故民皆勉为善。与其为善于乡也，不如为善于里；与其为善于里也，不如为善于家。是故士莫敢言一朝之便，皆有终岁之计；莫敢以终岁之议，皆有终身之功。

——《国语·齐语》

【注释】

①令官：主事官员，也称长官。伐：功劳。 ②选：举荐，推选。 ③复：陈述，这里相当于面试。 ④端悫：端正，朴实。 ⑤绥：停止。 ⑥訾相：观察。 ⑦三选：管仲为齐桓公制定的选拔官吏的方法，具体流程为乡长举荐、官长选拔、君主面试。 ⑧国子：齐国上卿等居高位者。 ⑨罢士无伍：无德行的人不能入伍当兵。 ⑩罢女无家：无德行的女人找不到婆家。

正月之朝，五属大夫①复事。桓公择是寡功者而谪②之，曰："制地、分民如一，何故独寡功？教不善则政不治，一再则宥③，三则不

赦。”桓公又亲问焉，曰：“于子之属，有居处为义好学、慈孝于父母、聪慧质仁、发闻于乡里者，有则以告。有而不以告，谓之蔽明，其罪五。”有司已于事而竣。桓公又问焉，曰：“于子之属，有拳勇股肱之力秀出于众者，有则以告。有而不以告，谓之蔽贤，其罪五。”有司已于事而竣。桓公又问焉，曰：“于子之属，有不慈孝于父母、不长悌于乡里、骄躁淫暴、不用上令者，有则以告。有而不以告，谓之下比，其罪五。”有司已于事而竣。五属大夫于是退而修属，属退而修县，县退而修乡，乡退而修卒，卒退而修邑，邑退而修家。是故匹夫有善，可得而举也；匹夫有不善，可得而诛也。政既成矣，以守则固，以征则强。

——《国语·齐语》

【注释】

①五属大夫：春秋时齐国管仲制定的边邑行政组织，五属为四万五千家，置大夫一人。 ②寡：少。谪：责怪。 ③宥：宽容。

人情不二，故民情可得而御①也。审其所好恶，则其长短可知也②；观其交游，则其贤不肖③可察也。二者不失，则民能可得而官也④。

——《管子·权修》

【注释】

①御：驾驭，掌握。 ②审其所好恶，则其长短可知也：考察一个人喜欢什么、讨厌什么，就可以知道他擅长什么、不擅长什么。长短：长处和短处。③不肖：不好，指坏人。 ④二者不失，则民能可得而官也：掌握了以上两点，那么人才就可以掌握并为我所用了。官：通“管”，管理使用。

闻贤而不举，殆①；闻善而不索②，殆；见能而不使，殆。

——《管子·法法》

【注释】

①殆：危险，失败。 ②索：搜寻，查找。

使君子食于道[1]，小人[2]食于力。君子食于道，则上尊而民顺；小人食于力，则财厚而养足。

——《管子·法法》

【注释】

①食于道：靠才能吃饭。道：治国之道。 ②小人：老百姓。

凡论人有要：矜物之人，无大士焉[1]。彼矜者，满也；满者，虚也。满虚在物，在物为制也。矜者，细之属也。凡论人而远古者，无高士焉。既不知古而易[2]其功者，无智士焉。德行成于身而远古，卑人也。事无资，遇时而简其业者，愚士也[3]。钓名之人，无贤士焉。钓利之君，无王主[4]焉。

——《管子·法法》

【注释】

①矜物之人，无大士焉：恃才傲物的人成不了伟大人物。矜：傲慢。②易：以……为易，轻视。 ③事无资，遇时而简其业者，愚士也：事业没有根基，遇到时机又疏忽怠慢的，是愚蠢的人。资：资本，凭借。简：怠惰。 ④王主：成就王业的君主。

桓公使鲍叔识君臣[1]之有善者，晏子识不仕与耕者之有善者，高子识工贾之有善者，国子为李[2]，隰朋为东国[3]，宾胥无为西土，弗郑为宅[4]。凡仕者近宫[5]，不仕与耕者近门[6]，工贾近市。

——《管子·大匡》

【注释】

①君臣：群臣。君："群"字之讹。 ②李：通"理"，理官掌管司法刑狱。③为东国：掌管东方各国事务。 ④为宅：掌管修建宫室住宅之事。 ⑤宫：

宫廷。 ⑥门:城门。

乡子弟力田为人率[①]者几何人？国子弟之无上事[②],衣食不节,率子弟不田弋猎者几何人？男女不整齐[③],乱乡子弟者有乎？

——《管子·问》

【注释】

①力田:努力耕作。率:表率。 ②无上事:没有正当职业。 ③不整齐:不守规矩。

处士修行[①],足以教人,可使帅众莅[②]百姓者几何人？士之急难[③]可使者几何人？工之巧,出足以利军伍,处可以修城郭、补守备者几何人？城粟军粮,其可以行几何年也？吏之急难可使者几何人？

——《管子·问》

【注释】

①修行:品行好。 ②莅:临,治理。 ③急难:国家有急难之事。

管仲寝疾[①],桓公往问之,曰:"仲父之疾甚矣,若不可讳[②]也,不幸而不起此疾,彼政我将安移之？"管仲未对。桓公曰:"鲍叔之为人何如？"管仲对曰:"鲍叔,君子也。千乘之国,不以其道予之,不受也。虽然,不可以为政。其为人也,好善而恶恶已甚[③],见一恶终身不忘。"桓公曰:"然则孰可？"管仲对曰:"隰朋可。朋之为人,好上识而下问[④]。臣闻之,以德予人者谓之仁,以财予人者谓之良。以善胜人[⑤]者,未有能服人者也;以善养人[⑥]者,未有不服人者也。于国有所不知政,于家有所不知事[⑦],必则朋乎！且朋之为人也,居其家不忘公门,居公门不忘其家,事君不二其心,亦不忘其身。举齐国之币,振[⑧]路家五十室,其人不知

也。大仁也哉，其朋乎！”公又问曰：“不幸而失仲父也，二三大夫者，其犹能以国宁乎？”管仲对曰：“君请矍已[9]乎？鲍叔牙之为人也好直，宾胥无之为人也好善，宁戚之为人也能事，孙宿之为人也善言。”公曰：“此四子者，其孰能一人之上也？寡人并而臣之，则其不以国宁，何也？”对曰：“鲍叔之为人好直，而不能以国诎[10]；宾胥无之为人也好善，而不能以国诎；宁戚之为人能事，而不能以足息[11]；孙宿之为人善言，而不能以信默[12]。臣闻之，消息[13]盈虚，与百姓诎信[14]，然后能以国宁勿已[15]者，朋其可乎？朋之为人也，动必量力，举必量技。”

——《管子·戒》

【注释】

①寝疾：卧病不起。 ②不可讳：不可讳言的事，此指死亡。 ③好善：喜欢好的。恶恶：憎恶坏的。已甚：非常严重。 ④上识而下问：向水平高的人学习，向地位低的人求教。 ⑤以善胜人：用行善来胜过别人。 ⑥以善养人：用行善来教育感化别人。养：教育。 ⑦于国有所不知政，于家有所不知事：治国有些政务不管，治家有些事情不问。 ⑧振：通“赈”，赈济，原作“握”。 ⑨矍已：自己衡量一下。矍：通“蒦”，衡量。 ⑩不能以国诎：不能为国家受委屈。 ⑪不能以足息：不能适可而止。 ⑫不能以信默：不能适时沉默。 ⑬消息：消减与增长。 ⑭诎信：屈伸。 ⑮能以国宁勿已：能够使国家长治久安。

是以明君之举其下也，尽知其短长，知其所不能益[1]，若[2]任之以事。贤人之臣其主也，尽知短长与身力之所不至，若量能而授[3]官。

——《管子·君臣上》

【注释】

①所不能益：能力的最高限度。 ②若：乃，才。 ③授：通“受”，接受。

故其立相也，陈功而加之以德，论劳而昭之以法，参伍相德而周举之，尊势而明信之[①]。

——《管子·君臣下》

【注释】

①故其立相也，陈功而加之以德，论劳而昭之以法，参伍相德而周举之，尊势而明信之：设立辅相，既要看其功勋，也要考虑德行，既要评定劳绩，也要参照法度，经过比较考核，各方面都合适，就举拔任用，尊重他的权威，并给予充分的信任。加：附加。昭：显示。参伍：参验比较。

是故夏三月以丙丁之日发五政。一政曰：求有功发劳力者[①]而举之。

——《管子·四时》

【注释】

①有功发劳力者：为国效力、有功劳的人。功发：功伐，功绩。发：通“伐”。劳力：为国效力。

立常[①]行政，能服信乎？中和慎敬，能日新乎？正衡[②]一静，能守慎乎？废私立公，能举人[③]乎？临政官民，能后其身[④]乎？能服信，此谓正纪。能服日新，此谓行理。守慎正名，伪诈自止。举人无私，臣德咸道。能后其身，上佐天子。

——《管子·正》

【注释】

①立常：建立常法。　②正：通“政”。衡：平，公正。　③举人：推举人才。④后其身：先人后己。

人君唯无[①]好金玉货财，必欲得其所好，然则必有以易[②]之。所以易之者何也？大官尊位，不然则尊爵重禄也。如是则不肖者在上位矣。然则贤者不为下[③]，智者不为谋，信者不为约，勇者不为死。

如是则驱国而捐之④也。

——《管子·立政九败解》

【注释】

①唯:只。无:语助词。 ②易:换取。 ③不为下:不甘居其下。④驱国而捐之:拿国家送给别人。

明主在上位,则竟①内之众尽力以奉其主,百官分职致治以安国家。乱主则不然,虽有勇力之士,大臣私之②,而非以奉其主也;虽有圣智之士,大臣私之,非以治其国也。故属数③虽众,不得进也;百官虽具,不得制也。如此者,有人主之名而无其实。

——《管子·明法解》

【注释】

①竟:通"境"。 ②私之:私自占有。 ③属数:下属的数目。

明主之择贤人也,言勇者试之以军,言智者试之以官。试于军而有功者则举之,试于官而事治者则用之。故以战功之事定勇怯,以官职之治定愚智。故勇怯愚智之见①也,如白黑之分。乱主则不然,听言而不试,故妄言者得用;任人而不官,故不肖者不困②。故明主以法案其言而求其实,以官任其身而课其功,专任法不自举焉。

——《管子·明法解》

【注释】

①见:通"现"。 ②任人而不官,故不肖者不困:任用官员却不进行考核,那么不称职的就不会受到困辱。官:当作"课",考核。下文"课其功"的"课",也是考核的意思。

齐桓公问管子曰:"吾念有而勿失①,得而勿亡②,为之有道乎?"对曰:"勿创勿作,时至而随③。毋以私好恶害公正。察民所恶,以自

为戒。黄帝立明台④之议者，上观于贤也；尧有衢室之问者，下听于人也；舜有告善之旌，而主不蔽也；禹立谏鼓于朝⑤，而备讯唉；汤有总街之庭⑥，以观人诽也；武王有灵台之复，而贤者进也。此古圣帝明王所以有而勿失，得而勿忘者也。”桓公曰：“吾欲效而为之，其名云何？”对曰：“名曰啧室⑦之议。曰：法简而易行，刑审而不犯，事约而易从，求⑧寡而易足。人有非上之所过，谓之正士，内⑨于啧室之议。有司执事者咸以厥⑩事奉职，而不忘为。此啧室之事也。请以东郭牙为之。此人能以正事争于君前者也。”桓公曰：“善。”

——《管子·桓公问》

【注释】

①有而勿失：长久占有不丧失。 ②亡：丢失，原作“忘”。 ③勿创勿作，时至而随：不要急于创新开始，条件成熟随机行事。 ④明台：传说为黄帝听政议政的地方。 ⑤立谏鼓于朝：置鼓于朝，使百姓击之以进谏。 ⑥总街之庭：设在街巷中心地区听取民众意见的场所。 ⑦啧室：专门用以辩论的场所。啧：争吵，辩论。 ⑧求：征求，这里指征收赋税。 ⑨内：通“纳”。 ⑩厥：其。

景公问晏子曰：“莅国治民，善为国家者何如？”晏子对曰：“举贤以临国，官能以敕民①，则其道也。举贤官能，则民与②若矣。”公曰：“虽有贤能，吾庸知乎？”晏子对曰：“贤而隐，庸为贤乎，吾君亦不务乎是，故不知也。”公曰：“请问求贤？”对曰：“观之以其游③，说之以其行，君无以靡曼④辩辞定其行，无以毁誉非议定其身，如此，则不为行⑤以扬声，不掩欲以荣⑥君。故通⑦则视其所举，穷⑧则视其所不为，富则视其所不取。夫上士，难进而易退也；其次，易进易退也；其下，易进难退也。以此数物者取人，其可乎！”

——《晏子春秋·内篇问上》

【注释】

①官能以敕民：给有才能的人授官，以治理百姓。 ②与：亲近。 ③游：交游。 ④靡曼：美妙。 ⑤为行：伪装的行为。为：通“伪”。 ⑥荣：通“营”，迷惑。 ⑦通：达，显贵。 ⑧穷：困顿，不得志。

景公问晏子曰：“君子常行①曷若？”晏子对曰：“衣冠不中②，不敢以入朝；所言不义，不敢以要君③；行己④不顺，治事不公，不敢以莅众⑤。衣冠无不中，故朝无奇僻之服⑥；所言无不义，故下无伪上之报；身行顺，治事公，故国无阿党之义⑦。三者，君子之常行者也。”

——《晏子春秋·内篇问上》

【注释】

①常行：日常行为。 ②不中：不正。 ③要君：要求国君。 ④行己：自身行为。 ⑤莅众：治理百姓。 ⑥奇僻之服：奇异邪僻的服装，即奇装异服。⑦阿党之义：结党营私的邪行。义：通“俄”，奸邪。

景公问于晏子曰：“忠臣之事君也何若？”晏子对曰：“有难不死，出亡不送。”公不说，曰：“君裂地而封之，疏爵①而贵之，君有难不死，出亡不送，可谓忠乎？”对曰：“言而见用，终身无难，臣奚死焉；谋而见从，终身不出②，臣奚送焉。若言不用，有难而死之，是妄死③也；谋而不从，出亡而送之，是诈伪④也。故忠臣也者，能纳善于君，不能与君陷于难。”

——《晏子春秋·内篇问上》

【注释】

①疏爵：分封爵位。 ②出：出亡，出逃。 ③妄死：枉死，死得没有价值。④诈伪：欺诈虚伪的行为。

此则亦见于《说苑·臣术》《新序·杂事五》。

景公问：“佞人①之事君如何？”晏子对曰：“意难，难不至②也。

明言行之以饰身[3],伪言[4]无欲以说人,严其交[5]以见其爱;观上之所欲,而微为之偶[6],求君逼迩[7],而阴为之与[8];内重爵禄,而外轻之以诬行[9],下事左右,而面示正公以伪廉[10];求上采听,而幸以求进;傲禄[11]以求多,辞任以求重;工乎取,鄙乎予;欢乎新,慢乎故;恡[12]乎财,薄乎施;睹贫穷若不识,趋利若不及;外交以自扬,背亲以自厚;积丰羡[13]之养,而声矜恤之义;非誉乎情,而言不行身,涉时所议,而好论贤不肖;有之己,不难非之人,无之已,不难求之人;其言强梁[14]而信,其进敏逊而顺;此佞人之行也。明君之所诛,愚君之所信也。"

——《晏子春秋·内篇问上》

【注释】

①佞人:善于花言巧语、阿谀奉承的人。 ②意难,难不至:应为"意难不至",第一个"难"涉上文而衍。意难不至:知道有灾难就不会来。 ③明言行之以饰身:当为"明言行以饰其身",公开自己的言行以美饰自己。 ④伪言:假称。 ⑤严:严密,这里为掩盖之意。交:通"徼",求取。 ⑥微为之偶:暗暗地与其偶合。微:暗暗。偶:偶合。 ⑦逼迩:当作"比迩",亲信。 ⑧与:党与。 ⑨诬行:内心所想与行为相违背。 ⑩伪廉:假装清廉。 ⑪傲禄:傲视爵禄。 ⑫恡:通"吝",吝啬。 ⑬丰羡:丰饶。 ⑭强梁:强横凶暴。

景公问晏子曰:"取人得贤之道何如?"晏子对曰:"举之以语[1],考之以事,能谕[2],则尚而亲之,近而勿辱以取人,则得贤之道也。是以明君居上,寡其官而多其行,拙于文而工于事,言不中[3]不言,行不法[4]不为也。"

——《晏子春秋·内篇问上》

【注释】

①举之以语:从他的言谈来判断是否举荐。 ②能谕:能晓谕,这里指通晓治国之道。 ③言不中:言论不合正道。 ④行不法:行为不合法令。

景公问于晏子曰:“为政何患?”晏子对曰:“患善恶之不分。”公曰:“何以察之?”对曰:“审①择左右。左右善,则百僚②各得其所宜,而善恶分。”孔子闻之曰:“此言也信矣!善进,则不善无由入矣;不善进,则善无由入矣。”

——《晏子春秋·内篇问上》

【注释】

①审:慎重。 ②百僚:百官。

此则亦见于《说苑·政理》。

晏子使晋,晋平公飨之文室①,既静矣,以晏②,平公问焉,曰:“昔吾先君得众若何?”晏子对曰:“君飨寡君,施及使臣,御③在君侧,恐惧不知所以对。”平公曰:“闻子大夫数矣,今乃得见,愿终闻之。”晏子对曰:“臣闻君子如美④,渊泽容之,众人归之,如鱼有依,极其游泳之乐;若渊泽决竭,其鱼动流⑤,夫往者维雨乎,不可复已。”

——《晏子春秋·内篇问下》

【注释】

①飨:飨礼,用隆重的礼仪设宴招待。文室:华丽的宫室。文:通“纹”,这里指雕梁画栋。 ②既静矣,以晏:飨礼结束后,又行宴礼。这里指主君飨国宾,亲自敬酒醴,飨礼完结,再行宴礼,宾客辞让,请用臣礼,然后交谈。③御:陪侍。 ④君子如美:疑为“君子如雨”。 ⑤动流:顺水游动。动:变化。

孟子曰:“存①乎人者,莫良于眸子②。眸子不能掩其恶。胸中正,则眸子瞭③焉。胸中不正,则眸子眊④焉。听其言也,观其眸子,人焉廋⑤哉?”

——《孟子·离娄上》

【注释】

①存:考察。 ②眸子:本指瞳仁,代指眼睛。 ③瞭:明亮。 ④眊:暗昧不明。 ⑤廋:藏匿。

甘茂亡秦[1],且之齐,出关遇苏子[2],曰:“君闻夫江上之处女乎?”苏子曰:“不闻。”曰:“夫江上之处女,有家贫而无烛者,处女相与语,欲去之。家贫无烛者将去矣,谓处女曰:‘妾以无烛,故常先至,扫室布席,何爱[3]余明之照四壁者?幸以赐妾,何妨于处女?妾自以有益于处女,何为去我?’处女相语以为然而留之。今臣不肖,弃逐于秦而出关,愿为足下扫室布席,幸无我逐也。”苏子曰:“善。请重[4]公于齐。”

——《战国策·秦策二》

【注释】

①甘茂亡秦:秦昭王元年(公元前306年),大臣甘茂逃离秦国。 ②关:指函谷关。苏子:指苏秦。 ③爱:吝惜。 ④重:重用。

乃西说秦王曰:“甘茂,贤人,非恒[1]士也;其居秦累世重矣[2]。自殽塞、溪谷[3],地形险易,尽知之。彼若以齐约韩、魏,反[4]以谋秦,是非秦之利也。”秦王曰:“然则奈何?”苏代曰:“不如重其贽[5]、厚其禄以迎之。彼来则置之槐谷,终身勿出,天下何从图秦。”秦王曰:“善。”与之上卿,以相迎之齐,甘茂辞不往。

——《战国策·秦策二》

【注释】

①恒:平常,一般。 ②居秦累世重矣:甘茂在秦侍奉多位秦王,如秦惠王、秦武王、秦昭王等。 ③殽塞:指崤山,在今河南洛阳市洛宁县北。溪谷:同下文“槐谷”,又作“鬼谷”,大体在今陕西咸阳三原清水谷。 ④反:通“返”。 ⑤贽:古时初次求见时所送的礼物,即见面礼。

苏秦伪谓王曰："甘茂，贤人也。今秦与之上卿，以相迎之，茂德①王之赐，故不往，愿为王臣。今王何以礼之？王若不留，必不德王。彼以甘茂之贤得擅用强秦之众，则难图也！"齐王曰："善。"赐之上卿，命而处②之。

——《战国策·秦策二》

【注释】

①德：为德感化，这里引申为感谢。 ②处：活动的地方，这里指留下。此则亦见于《史记·樗里子甘茂列传》。

淳于髡一日而见七人于宣王①。王曰："子来，寡人闻之，千里而一士，是比肩而立；百世而一圣，若随踵②而至也。今子一朝而见七士，则士不亦众乎？"淳于髡曰："不然。夫鸟同翼者而聚居，兽同足者而俱行③。今求柴葫、桔梗④于沮泽，则累世不得一焉。及之睾黍、梁父⑤之阴，则郄⑥车而载耳。夫物各有畴，今髡贤者之畴也。王求士于髡，譬若挹水于河，而取火于燧也。髡将复见之，岂特七士也。"

——《战国策·齐策三》

【注释】

①宣王：齐宣王，名辟疆。 ②踵：脚后跟。成语"接踵而至"出于此。③鸟同翼者而聚居，兽同足者而俱行：等同于成语"物以类聚，人以群分"。④柴葫、桔梗：山上生长的植物。 ⑤睾黍、梁父：山名。 ⑥郄：通"郤"，敞开，不加覆盖。

文王曰："六守①何也？"

太公曰："一曰仁，二曰义，三曰忠，四曰信，五曰勇，六曰谋，是谓六守。"

文王曰："慎择六守者何？"

太公曰："富之而观其无犯[2]，贵之而观其无骄，付之而观其无转[3]，使之而观其无隐[4]，危之而观其无恐，事之而观其无穷。富之而不犯者，仁也。贵之而不骄者，义也。付之而不转者，忠也。使之而不隐者，信也。危之而不恐者，勇也。事之而不穷者，谋也。"

——《六韬·文韬·六守》

【注释】

①六守：六项人才标准。 ②犯：违背礼制，干犯法禁。 ③转：通"专"，专断。 ④隐：隐瞒。

文王问太公曰："王人者，何上何下？何取何去？何禁何止？"

太公曰："王人者上贤，下不肖[1]。取诚信，去诈伪。禁暴乱，止奢侈。故王人者有六贼七害。"

文王曰："愿闻其道。"

太公曰："夫六贼者：一曰，臣有大作宫室池榭，游观倡乐[2]者，伤[3]王之德。二曰，民有不事农桑，任气游侠[4]，犯历[5]法禁，不从吏教者，伤王之化。三曰，臣有结朋党[6]，蔽贤智，鄣[7]主明者，伤王之权。四曰，士有抗志高节[8]，以为气势，外交诸侯，不重其主者，伤王之威。五曰，臣有轻爵位，贱有司[9]，羞为上犯难[10]者，伤功臣之劳[11]。六曰，强宗侵夺，陵侮[12]贫弱者，伤庶人[13]之业。

"七害者：一曰，无智略权谋，而以重赏尊爵之故，强勇轻战，侥幸于外[14]，王者慎勿使为将。二曰，有名无实，出入异言[15]，掩善扬恶，进退为巧，王者慎勿与谋。三曰，朴其身躬[16]，恶其衣服，语无为以求名，言无欲以求利，此伪人也，王者慎勿近。四曰，奇其冠带，伟其衣服，博闻辩辞，虚论高议，以为容美[17]，穷居静处，而诽时俗[18]，此奸人也，王者慎勿宠。五曰，谗佞苟得[19]，以求官爵，果敢轻死，以贪禄秩[20]，不图大事，得利而动，以高谈虚论，说[21]于人主，王者慎勿使。六曰，为雕文刻镂[22]，技巧华饰，而伤农事，王者必禁之。七曰，伪方

奇技㉓，巫蛊㉔左道，不祥之言㉕，幻惑良民，王者必止之。

“故民不尽力，非吾民也；士不诚信，非吾士也；臣不忠谏，非吾臣也；吏不平洁㉖爱人，非吾吏也；相不能富国强兵，调和阴阳㉗，以安万乘之主㉘，正群臣，定名实㉙，明赏罚，乐万民，非吾相也……”

——《六韬·文韬·上贤》

【注释】

①上贤：使贤才居于上位。下不肖：使不肖之徒处于下位。 ②倡乐：由倡表演的音乐歌舞。倡：古代表演音乐歌舞的艺人。 ③伤：损害。 ④任气：负气任性，意气用事。游侠：游于四方，敢于打抱不平，锄强扶弱，救人急难。 ⑤犯历：触犯，侵越。 ⑥朋党：争夺权利、排斥异己的宗派集团。⑦蔽：遮掩，阻挡。鄣：通“障”，遮蔽。 ⑧抗志高节：高尚的志向和节操。抗：高。 ⑨有司：官吏。官吏各主某职，事有专司，所以又称“有司”。 ⑩犯难(nàn)：不顾危难，冒险。 ⑪伤功臣之劳：指打击功臣的积极性。 ⑫陵侮：欺凌，欺侮。 ⑬庶人：众人，平民百姓。 ⑭侥幸于外：在军事行动中侥幸取胜。外：指战场。 ⑮出入异言：言行不一，当面一套，背后一套。 ⑯朴：质朴，简陋而不加修饰。身躬：身体。 ⑰容美：装饰外表，以求美观。 ⑱穷居静处，而诽时俗：身居简陋僻静之地，诽谤攻击时俗。 ⑲谗佞：巧言谄媚，诽谤他人。苟得：苟且贪求，不当得而得。 ⑳禄：古代官员的俸给。秩：古代官吏的职位或品级。 ㉑说：通“悦”，讨好。 ㉒雕文刻镂：在建筑物或日常生活用品上雕刻花纹图案。 ㉓伪方：用以骗人、没有实效的方术。 ㉔巫蛊(gǔ)：使用巫术加害他人。蛊：据说是一种人工培养的毒虫，用来害人，人不能知。 ㉕不祥之言：惑乱人心的妖言。 ㉖平洁：公平廉洁。 ㉗调和阴阳：古人认为天道与人事相应，如果人世政治清明，反映到天道上，就是阴阳和谐，亦即日月不食，气候适宜，风调雨顺，天地没有灾变。而辅佐国君处理政务，使政治清明，正是一国之相的事情，所以把调和阴阳规定为一国之相的职责。 ㉘万乘之主：拥有兵车一万辆的君主，本指天子，这里指像文王这样的王者。 ㉙定名实：指按照官名所表示的意思，任命具有实际能力的人担任这一官职，做到名实相副。可参看下则“以官名举人”条。

文王问太公曰："君务举[1]贤而不获其功，世乱愈甚，以致危亡者，何也？"

太公曰："举贤而不用，是有举贤之名，而无用贤之实也。"

文王曰："其失安在？"

太公曰："其失在君好用世俗之所誉，而不得真贤也。"

文王曰："何如？"

太公曰："君以世俗之所誉者为贤，以世俗之所毁[2]者为不肖，则多党[3]者进，少党者退。若是，则群邪比周[4]而蔽贤，忠臣死于无罪，奸臣以虚誉取爵位，是以世乱愈甚，则国不免于危亡。"

文王曰："举贤奈何？"

太公曰："将相分职[5]，而各以官名举人[6]，按名督实[7]。选才考能，令实当其名，名当其实，则得举贤之道也。"

——《六韬·文韬·举贤》

【注释】

①务：致力于，从事。举：选拔。 ②毁：诽谤。 ③党：朋党，同一宗派集团的人。 ④比周：结党营私。 ⑤将相分职：将和相各有职守，应分工负责。⑥以官名举人：按照官名表示的意思选用合适之人担任这一官职，如："相"是"辅相"义，任"相"之人要能辅佐国君处理各种政务；"将"是"统率"义，任"将"之人要能统率军队。 ⑦按名督实：指就其名而求其实，考察是否名实相符。督：这里是考察、考核的意思。

此则亦见于《说苑·君道》。

武王曰："何以知之[1]？"

太公曰："知之有八征[2]：一曰问之以言，以观其辞[3]；二曰穷[4]之以辞，以观其变[5]；三曰与之间谍[6]，以观其诚；四曰明白显问，以观其德；五曰使之以财，以观其廉；六曰试之以色，以观其贞；七曰告之以难[7]，以观其勇；八曰醉之以酒，以观其态。八征皆备，则贤不肖

别矣。”

——《六韬·龙韬·选将》

【注释】

①何以知之：这里是问怎样才能察知一个人真正的品质。 ②征：征验，征兆。 ③辞：言辞，这里指应对的能力。 ④穷：穷究。 ⑤变：随机应变的能力。 ⑥与之间谍：与下“明白显问”对举，意思是暗中派人对他监察侦视。⑦难(nàn)：祸难，急难。

武王问太公曰：“练士之道[①]奈何？”

太公曰：“军中有大勇、敢死、乐伤者，聚为一卒[②]，名曰冒刃[③]之士；有锐气、壮勇、强暴[④]者，聚为一卒，名曰陷阵之士；有奇表长剑、接武[⑤]齐列者，聚为一卒，名曰勇锐之士；有拔距伸钩、强梁多力、溃破金鼓、绝灭旌旗[⑥]者，聚为一卒，名曰勇力之士；有逾高绝远、轻足善走者，聚为一卒，名曰寇兵[⑦]之士；有王臣失势，欲复见功者，聚为一卒，名曰死斗之士；有死将之人子弟，欲与其将报仇者，聚为一卒，名曰敢死之士；有赘婿人虏[⑧]，欲掩迹[⑨]扬名者，聚为一卒，名曰励钝[⑩]之士；有贫穷愤怒，欲快其心者，聚为一卒，名曰必死之士；有胥靡[⑪]免罪之人，欲逃其耻者，聚为一卒，名曰幸用[⑫]之士；有材技兼人[⑬]，能负重致远者，聚为一卒，名曰待命之士。此军之练士，不可不察也。”

——《六韬·犬韬·练士》

【注释】

①练士之道：挑选士卒的方法。练：通“拣”，拣选。 ②卒：古代军队的一种编制单位。如春秋时郑国以一百人为一卒，齐国以二百人为一卒。 ③冒刃：敢于冒险。刃：刀口，刀锋，这里喻指危险。 ④强暴：强横凶暴，这里指武勇。 ⑤奇表长剑：这里是显示有志之士与众不同。接武：后列踏着前列的足迹前进。武：足迹。 ⑥拔距伸钩：这里都指臂力强大。拔距：古代一种练武方式，两人相对坐在地上，互相抓住对方手臂运力，以把对方从地上拔起为胜。伸钩：用力把钩子伸直。强梁：强横凶悍。溃破金鼓：指能攻破敌军金鼓所在

的指挥中心。绝灭旌旗:夺取敌军旗帜。 ⑦寇兵:指像流寇一样出没无常的军队。 ⑧赘婿:到女家结婚、加入女方家庭的男子。古代法律有歧视赘婿的规定,社会习惯也认为当赘婿是一种耻辱。虏:通“奴”。 ⑨掩迹:掩盖耻辱的痕迹。 ⑩钝:指因受挫折而意志消沉。 ⑪胥靡:用绳索系联在一起的服劳役的刑徒。 ⑫幸用:越出本分,侥幸得用。 ⑬兼人:超过常人。

武王问太公曰:“选车士①奈何?”

太公曰:“选车士之法:取年四十已下,长七尺五寸已上,走能逐奔马,及驰②而乘之,前后左右上下周旋,能缚束旌旗;力能彀八石弩③,射前后左右,皆便习者,名曰武车之士,不可不厚④也。”

——《六韬·犬韬·武车士》

【注释】

①车士:乘兵车作战的武士。 ②及驰:指能追及奔驰的战车。 ③彀(gòu):把弓弩拉满。八石(dàn)弩:拉力为八石的强弩。石:一百二十斤为一石。 ④厚:厚待,给予优厚待遇。

武王问太公曰:“选骑士奈何?”

太公曰:“选骑士之法:取年四十已下,长七尺五寸已上,壮健捷疾,超绝伦等①,能驰骑彀射,前后左右,周旋进退,越沟堑,登丘陵,冒险阻,绝大泽,驰强敌,乱大众②者,名曰武骑之士,不可不厚也。”

——《六韬·犬韬·武骑士》

【注释】

①超绝伦等:身怀特异才能,本领远远超过同辈。 ②大众:指众多敌军。

有通士者,有公士者,有直士者,有悫士①者,有小人者。上则能尊君,下则能爱民,物至而应,事起而辨②,若是,则可谓通士矣。不下比以暗上,不上同以疾下,分争于中,不以私害之,若是,则可谓公

士矣。身之所长，上虽不知，不以悖[3]君；身之所短，上虽不知，不以取赏；长短不饰，以情自竭，若是，则可谓直士矣。庸言必信之，庸行必慎之，畏法流俗，而不敢以其所独甚[4]，若是，则可谓悫士矣。言无常信，行无常贞，唯利所在，无所不倾，若是，则可谓小人矣。

——《荀子·不苟》

【注释】

①通士：通达事理的人。公士：公正无私的人。直士：耿直爽快的人。悫士：拘谨老实的人。 ②辨：通"辦"（办），治理。 ③悖：掩蔽，引申为隐瞒。④以：为。甚：通"耽"，特别爱好。

马骇舆[1]，则君子不安舆；庶人骇政，则君子不安位。马骇舆，则莫若静之；庶人骇政，则莫若惠之。选贤良，举笃敬，兴孝弟，收孤寡，补贫穷，如是，则庶人安政矣。庶人安政，然后君子安位。传曰："君者，舟也；庶人者，水也。水则载舟，水则覆舟。"此之谓也。故君人者欲安，则莫若平政爱民矣；欲荣，则莫若隆礼敬士矣；欲立功名，则莫若尚贤使能矣。是君人者之大节[2]也。三节者当，则其余莫不当矣。三节者不当，则其余虽曲当，犹将无益也。孔子曰："大节是也，小节是也，上君也。大节是也，小节一出焉，一入焉，中君也。大节非也，小节虽是也，吾无观其余矣。"

——《荀子·王制》

【注释】

①马骇舆：马在拉车时受惊了狂奔。 ②大节：关系存亡安危的大事。

王者之人[1]：饰[2]动以礼义，听断以类，明振毫末，举措应变而不穷，夫是之谓有原。是王者之人也。王者之制：道不过三代，法不二后王；道过三代谓之荡，法二后王谓之不雅。衣服有制，宫室有度，人徒有数，丧祭械用皆有等[3]宜。声则凡非雅声者，举废；色则凡非旧文者，举息；械用则凡非旧器者，举毁；夫是之谓复古。是王者之制也。王者之论：无德不贵，无能不官，无功不赏，无罪不罚。朝无幸位，民无幸生。尚贤使能而等位不遗，析愿禁悍而刑罚不过，百姓晓然皆知夫为善于家而取赏于朝也，为不善于幽而蒙刑于显也。夫是之谓定论。是王者之论也。王者之等赋、政事、财万物，所以养万民也。田野什一；关市几而不征；山林泽梁以时禁发而不税；相地而衰政④；理⑤道之远近而致贡；通流财物粟米无有滞留，使相归移⑥也。四海之内若一家，故近者不隐其能，远者不疾其劳，无⑦幽闲隐僻之国，莫不趋使而安乐之。夫是之谓人师。是王者之法也。

——《荀子·王制》

【注释】

①王者之人：依杨倞说，这里指辅佐大臣。 ②饰：通“饬”，整治，端正。③等：使……有等级。 ④衰：等差。政：通“征”。 ⑤理：分别。 ⑥归：通“馈”，供给。移：运输。 ⑦无：犹“虽”。

国者，天下之大器也，重任也，不可不善为择所而后错之，错险①则危；不可不善为择道然后道之②，涂薉则塞③，危塞则亡。彼国错者，非封焉④之谓也，何法之道，谁子之与也。故道王者之法与王者之人为之，则亦王；道霸者之法与霸者之人为之，则亦霸；道亡国之法与亡国之人为之，则亦亡。三者，明主之所以谨择也，而仁人之所以务白也。故国者，重任也，不以积持之则不立。故国者，世所以新者也，是惮；惮，非变也，改王，改行⑤也。故一朝之日也，一日之人也，然而厌焉有千岁之国，何也？曰：援夫千岁之信法以持之也，安与夫千岁之信士为之也。人无百岁之寿，而有千岁之信士，何也？曰：以夫千岁之法自持者，是乃千岁之信士矣。故与积礼义之君子为之则王，与端诚信全之士为之则霸，与权谋倾覆之人为之则亡。

三者,明主之所以谨择也,而仁人之所以务白也。善择之者制人,不善择之者人制之。彼持国者,必不可以独也,然则强固荣辱在于取相矣。身能,相能,如是者王。身不能,知恐惧而求能者,如是者强。身不能,不知恐惧而求能者,安唯便僻[6]左右亲比己者之用,如是者危削,綦之而亡。国者,巨用之则大,小用之则小,綦大而王,綦小而亡,小巨分流者存。巨用之者,先义而后利,安不恤亲疏,不恤贵贱,唯诚能之求,夫是之谓巨用之。小用之者,先利而后义,安不恤是非,不治曲直,唯便僻亲比己者之用,夫是之谓小用之。巨用之者若彼,小用之者若此;小巨分流者,亦一若彼,一若此也。故曰:"粹而王,驳[7]而霸,无一焉而亡。"此之谓也。

——《荀子·王霸》

【注释】

①所:处所,此喻指当权执政的大臣。错:通"措",放置,此指委任。险:险恶的地方,此喻指险恶的权奸。 ②道:前一个"道"是道路,指原则、办法。后一个"道"是引导,指根据一定的原则办法去领导、治理。此句应"重任"而言。 ③涂:通"途",道路,此指原则、办法。薉:同"秽",荒芜,杂草丛生,喻政治原则的恶劣卑污。塞:堵塞,行不通。 ④封:垒土作为疆界。焉:于之,给它。 ⑤惮:通"禅",更替,指具有继承性的演变。变:改变,指彻底的根本性的变化,即管理办法的改变。王:应为"玉",佩玉。行:步行。改玉改行:古代不同等级的人佩带的玉不同,举行各种仪式时走路的间距、快慢也有不同的规定。这里指改变了贵族阶层的等级地位从而改变了他们的佩玉和步行要求。 ⑥便僻:通"便嬖",善于逢迎而得到君主宠信的近臣。 ⑦驳:杂,指"小巨分流者"。

请问为人君?曰:以礼分施,均遍[1]而不偏。请问为人臣?曰:以礼侍君,忠顺而不懈。请问为人父?曰:宽惠而有礼。请问为人子?曰:敬爱而致文[2]。请问为人兄?曰:慈爱而见友[3]。请问为人

弟？曰：敬诎而不苟。请问为人夫？曰：致功而不流，致临而有辨[4]。请问为人妻？曰：夫有礼，则柔从听侍；夫无礼，则恐惧而自竦[5]也。此道也，偏立而乱，俱立而治，其足以稽[6]矣。请问兼能之奈何？曰：审之礼也。古者先王审礼，以方皇周浃[7]于天下，动无不当也。故君子恭而不难，敬而不巩[8]，贫穷而不约，富贵而不骄，并遇变态而不穷，审之礼也。故君子之于礼，敬而安之；其于事也，径而不失；其于人也，寡怨宽裕而无阿；其所为身也，谨修饰而不危[9]；其应变故也，齐给[10]便捷而不惑；其于天地万物也，不务说其所以然，而致善用其材；其于百官之事、技艺之人也，不与之争能，而致善用其功；其待上也，忠顺而不懈；其使下也，均遍而不偏；其交游也，缘类而有义；其居乡里也，容而不乱。是故穷则必有名，达则必有功，仁厚兼覆天下而不闵[11]，明达用天地、理万变而不疑，血气和平，志意广大，行义塞于天地之间，仁知之极也。夫是之谓圣人，审之礼也。

——《荀子·君道》

【注释】

①分施：施舍，给人恩惠。均遍：公平。　②致：极。文：指礼节礼貌。③见：通“现”。友：兄弟之间的亲爱、友好与帮助。　④临：近。有辨：指夫妻有别，保持一定的界限。　⑤竦：肃敬。　⑥稽：通“楷”，楷模。　⑦方皇：广大。周浃：周遍。　⑧难：畏惧。巩：通“恐”，恐惧。　⑨饰：通“饬”，整治。危：凶险，险诈。　⑩齐给：即“齐疾”，敏捷快速的意思。　⑪闵：通“昧”，昏暗。

材人[1]：愿悫拘录，计数纤啬，而无敢遗丧[2]，是官人使吏之材也。修饬端正，尊法敬分，而无倾侧之心，守职循业[3]，不敢损益，可传世也，而不可使侵夺，是士大夫官师之材也。知隆礼义之为尊君也，知好士之为美名也，知爱民之为安国也，知有常法之为一俗也，知尚贤使能之为长功也，知务本禁末之为多材也，知无与下争小利之为便于事也，知明制度、权物称用之为不泥也，是卿相辅佐之材也，未及君道也。能论官此三材者，而无失其次，是谓人主之道也。若是，则身佚而国治，功大而名美，上可以王，下可以霸，是人主之要守也。人主不能论此三材者，不知道此道[4]，安值将卑势出劳，并[5]耳目之乐，而亲自贯日而治详，一内而曲辨之，虑与臣下争小察而綦偏能[6]，自古及今，未有如此而不乱者也。是所谓“视乎不可见，听乎不可闻，为乎不可成”，此之谓也。

——《荀子·君道》

【注释】

①材人：安排任用人才的原则。 ②愿悫拘录，计数纤啬，而无敢遗丧：诚实勤劳，计算查点时精细拘谨而不敢遗漏。 ③业：书版，这里指法典图籍。循业：即“循法则、度量、刑辟、图籍，不知其义，谨守其数”。 ④道：遵循。此道：这个原则。 ⑤并：通“屏”。 ⑥而亲自贯日而治详，一内而曲辨之，虑与臣下争小察而綦偏能：而亲自连续几天把事情治理得周详完备，一天之内就曲折周到地把事办好，总是想和臣下在细小的方面比精明而使尽某一方面的才能。

人臣之论：有态[1]臣者，有篡臣者，有功臣者，有圣臣者。内不足使一民，外不足使距[2]难，百姓不亲，诸侯不信，然而巧敏佞说，善取宠乎上，是态臣者也。上不忠乎君，下善取誉乎民，不恤公道通义，朋党比周，以环[3]主图私为务，是篡臣者也。内足使以一民，外足使以距难，民亲之，士信之，上忠乎君，下爱百姓而不倦，是功臣者也。上则能尊君，下则能爱民，政令教化，刑下如影，应卒遇变，齐给如响，推类接誉，以待无方，曲成制象[4]，是圣臣者也。故用圣臣者王，用功臣者强，用篡臣者危，用态臣者亡。态臣用则必死，篡臣用则必危，功臣用则必荣，圣臣用则必尊。故齐之苏秦，楚之州侯，秦之张仪，可谓态臣者也。韩之张去疾，赵之奉阳，齐之孟尝，可谓篡臣也。

齐之管仲，晋之咎犯，楚之孙叔敖，可谓功臣矣。殷之伊尹，周之太公，可谓圣臣矣。是人臣之论也，吉凶贤不肖之极也。必谨志之而慎自为择取焉，足以稽[5]矣。

——《荀子·臣道》

【注释】

①态：姿态，态度，引申指阿谀奉承的样子。 ②距：通“拒”。 ③环：环绕，引申指封闭、蒙蔽。 ④刑：通“型”，典范，榜样，这里用作动词，做榜样。卒：通“猝”，突然。齐给：即“齐疾”，敏捷快速的意思。接：会合。誉：通“与”，同类。曲：曲折周到，各个方面。制：制度，准则。象：法式，榜样。曲成制象：指他的行为处处成为准则楷模，这是他严格遵守法度的结果。 ⑤稽：通“楷”，楷模。

从命而利君谓之顺，从命而不利君谓之谄；逆命而利君谓之忠，逆命而不利君谓之篡；不恤君之荣辱，不恤国之臧否[1]，偷合苟容，以持禄养交而已耳，谓之国贼。君有过谋过事，将危国家、殒社稷之惧也，大臣父兄，有能进言于君，用则可，不用则去，谓之谏；有能进言于君，用则可，不用则死，谓之争[2]；有能比知[3]同力，率群臣百吏而相与强君挢[4]君，君虽不安，不能不听，遂以解国之大患，除国之大害，成于尊君安国，谓之辅；有能抗君之命，窃君之重，反君之事，以安国之危，除君之辱，功伐足以成国之大利，谓之拂[5]。故谏、争、辅、拂之人，社稷之臣也，国君之宝也，明君之所尊厚也，而暗主惑君以为己贼也。故明君之所赏，暗君之所罚也；暗君之所赏，明君之所杀也。伊尹、箕子可谓谏矣；比干、子胥可谓争矣；平原君之于赵，可谓辅矣；信陵君之于魏，可谓拂矣。传曰：“从道不从君。”此之谓也。故正义之臣设，则朝廷不颇；谏、争、辅、拂之人信，则君过不远；爪牙之士施，则仇雠不作；边境之臣处，则疆垂[6]不丧，故明主好同而暗主好独，明主尚贤使能而飨其盛[7]，暗主妒贤畏能而灭其功。罚其忠，

赏其贼，夫是之谓至暗，桀、纣所以灭也。

——《荀子·臣道》

【注释】

①臧否：好坏。 ②争：通“诤”，拼命规劝。 ③比：合。知：通“智”。 ④强：勉力强求。挢：通“矫”，强行纠正。 ⑤拂：通“弼”，匡正，矫正式的辅助。 ⑥垂：通“陲”，边疆。 ⑦飨：通“享”，享受。盛：通“成”，成果。

有大忠者，有次忠者，有下忠者，有国贼者：以德复君而化之，大忠也；以德调君而辅之，次忠也；以是谏非而怒之，下忠也；不恤君之荣辱，不恤国之臧否，偷合苟容，以之持禄养交而已耳，国贼也。若周公之于成王也，可谓大忠矣；若管仲之于桓公，可谓次忠矣；若子胥之于夫差，可谓下忠矣；若曹触龙之于纣者，可谓国贼矣。

仁者必敬人。凡人非贤，则案不肖也。人贤而不敬，则是禽兽也；人不肖而不敬，则是狎虎也。禽兽则乱，狎虎则危，灾及其身矣。《诗》曰：“不敢暴虎，不敢冯[①]河。人知其一，莫知其它。战战兢兢[②]，如临深渊，如履薄冰。”此之谓也。故仁者必敬人。敬人有道：贤者则贵而敬之，不肖者则畏而敬之；贤者则亲而敬之，不肖者则疏而敬之。其敬一也，其情二也。若夫忠信端悫而不害伤，则无接而不然，是仁人之质也。忠信以为质，端悫以为统，礼义以为文，伦类以为理，喘而言，臑[③]而动，而一可以为法则。《诗》曰：“不僭[④]不贼，鲜不为则。”此之谓也。

恭敬，礼也；调和，乐也；谨慎，利也；斗怒，害也。故君子安[⑤]礼乐利，谨慎而无斗怒，是以百举不过也。小人反是。通忠之顺，权险之平，祸乱之从声，三者，非明主莫之能知也。争然后善，戾然后功，出死无私，致忠而公，夫是之谓通忠之顺，信陵君似之矣。夺然后义，杀然后仁，上下易位然后贞，功参天地，泽被生民，夫是之谓权险之平，汤、武是也。过而通情，和而无经，不恤是非，不论曲直，偷合

苟容，迷乱狂生，夫是之谓祸乱之从声，飞廉、恶来是也。传曰：“斩而齐，枉而顺，不同而一。”《诗》曰：“受小球大球，为下国缀旒[6]。”此之谓也。

——《荀子·臣道》

【注释】

①暴：空手搏击。冯：通“凭”，徒步涉水。 ②战战：通“颤颤”，恐惧发抖的样子。兢兢：小心谨慎的样子。 ③臑：通“蠕”。 ④僭：过分，过失。 ⑤安：乐，喜爱。一说“乐利”当作“乐乐”，与“安礼”相对。 ⑥球：通“捄”，法度。小球大球：小事之法度与大事之法度。下国：天子统治下的诸侯国。缀：表记。旒：挂在旗帜边缘上的装饰品。缀旒：表率的意思，喻指商汤、周武王成为表率。

“涂之人[1]可以为禹”，曷谓也？曰：凡禹之所以为禹者，以其为仁义法正也。然则仁义法正有可知可能之理，然而涂之人也，皆有可以知仁义法正之质，皆有可以能仁义法正之具，然则其可以为禹明矣。今以仁义法正为固无可知可能之理邪？然则唯[2]禹不知仁义法正，不能仁义法正也。将使涂之人固无可以知仁义法正之质，而固无可以能仁义法正之具邪？然则涂之人也，且内不可以知父子之义，外不可以知君臣之正。不然。今涂之人者，皆内可以知父子之义，外可以知君臣之正，然则其可以知之质，可以能之具，其在涂之人明矣。今使涂之人者以其可以知之质，可以能之具，本夫仁义之可知之理，可能之具[3]，然则其可以为禹明矣。今使涂之人伏术为学，专心一志，思索孰察，加日县[4]久，积善而不息，则通于神明，参于天地矣。故圣人者，人之所积而致矣。曰：“圣可积而致，然而皆不可积，何也？”曰：可以而不可使[5]也。故小人可以为君子而不肯为君子，君子可以为小人而不肯为小人。小人、君子者，未尝不可以相为也，然而不相为者，可以而不可使也。故涂之人可以为禹，则然；涂

之人能为禹，未必然也。虽不能为禹，无害可以为禹。足可以遍行天下，然而未尝有能遍行天下者也。夫工匠、农、贾，未尝不可以相为事也，然而未尝能相为事也。用此观之，然则可以为，未必能也；虽不能，无害可以为。然则能不能之与可不可，其不同远矣，其不可以相为明矣。尧问于舜曰："人情何如？"舜对曰："人情甚不美，又何问焉？妻子具而孝衰于亲，嗜欲得而信衰于友，爵禄盈而忠衰于君[⑥]。人之情乎！人之情乎！甚不美，又何问焉？"唯贤者为不然。

——《荀子·性恶》

【注释】

①涂：通"途"。涂之人：路上的人，指普通老百姓。 ②唯：通"虽"。 ③本：掌握。夫：那。可知之理，可能之具：当作"可知、可能之理"。 ④伏：通"服"。加日：累日。县：通"悬"，维系。 ⑤使：迫使，指由别人迫使他去做到。 ⑥妻子具而孝衰于亲，嗜欲得而信衰于友，爵禄盈而忠衰于君：有了妻子儿女，对父母的孝敬就减弱了；嗜好欲望满足了，对朋友的守信就减弱了；爵位俸禄满意了，对君主的忠诚就减弱了。

有圣人之知者，有士君子之知者，有小人之知者，有役夫之知者。多言则文而类，终日议其所以，言之千举万变，其统类一也，是圣人之知也。少言则径而省，论而法，若佚之以绳，是士君子之知也。其言也谄，其行也悖，其举事多悔，是小人之知也。齐给、便敏而无类，杂能、旁魄而无用，析速、粹孰而不急，不恤是非，不论曲直，以期胜人为意，是役夫之知也。有上勇者，有中勇者，有下勇者。天下有中，敢直其身；先王有道，敢行其意；上不循于乱世之君，下不俗[①]于乱世之民；仁之所在无贫穷，仁之所亡无富贵；天下知之，则欲与天下同苦乐之，天下不知之，则傀然[②]独立天地之间而不畏：是上勇也。礼恭而意俭，大齐信焉而轻货财；贤者敢推而尚之，不肖者敢援而废之：是中勇也。轻身而重货，恬祸而广解苟免；不恤是非、然

不然之情，以期胜人为意：是下勇也。繁弱、钜黍[3]，古之良弓也，然而不得排檠[4]则不能自正。桓公之葱，太公之阙，文王之禄，庄君之曶，阖闾之干将、莫邪、钜阙、辟闾[5]，此皆古之良剑也，然而不加砥厉则不能利，不得人力则不能断。骅骝、骐、骥、纤离、绿耳[6]，此皆古之良马也，然而前必有衔辔之制，后有鞭策之威，加之以造父之驭，然后一日而致千里也。夫人虽有性质美而心辩知，必将求贤师而事之，择良友而友之。得贤师而事之，则所闻者尧、舜、禹、汤之道也；得良友而友之，则所见者忠信敬让之行也。身日进于仁义而不自知也者，靡使然也。今与不善人处，则所闻者欺诬诈伪也，所见者污漫、淫邪、贪利之行也，身且加于刑戮而不自知者，靡使然也。传曰："不知其子视其友，不知其君视其左右[7]。"靡而已矣，靡而已矣。

——《荀子·性恶》

【注释】

①俗：用作动词，指与世沉浮，以世人之习俗为习俗。一说"俗"为"沿"字之误，与"循"同义。 ②傀然：即"块然""岿然"。 ③繁弱、钜黍：古代良弓名。 ④排檠：矫正弓弩的器具。 ⑤桓公：齐桓公。葱：桓公所用的良剑名，因剑呈青色，故名"葱"。太公：姜太公。阙：太公所用的良剑名。文王：周文王。录：文王所用的良剑名，因剑呈绿色，故名"录"。主君：指楚庄王。曶：楚庄王所用的良剑名，因剑光恍惚，故名"曶"。阖闾：吴王。干将、莫邪、钜阙、辟闾：都是阖闾使用的良剑名。干将、莫邪是阖闾让吴国剑匠干将与其妻子莫邪所铸。钜阙是越国人欧冶所铸、由越王允常献给阖闾的。 ⑥骅骝：黑鬣黑尾的赤色骏马，也名枣骝。骐：通"骐"，青黑色的骏马，其纹路如棋盘，故名。纤离：毛纹细密的黑色骏马。离：即"骊"。绿耳：即"騄耳"。 ⑦不知其子视其友，不知其君视其左右：不了解自己的儿子就看看他的朋友怎么样，不了解自己的君主就看看他身边的人怎么样。

请成相，道圣王，尧、舜尚贤身辞让。许由、善卷[1]，重义轻利行显明。尧让贤，以为民，泛利兼爱德施均。辨治上下，贵贱有等明君

臣。尧授能，舜遇时，尚贤推德天下治。虽有圣贤，适不遇世孰知之？尧不德，舜不辞，妻以二女任以事。大人哉舜！南面而立万物备。舜授禹，以天下，尚得推贤不失序。外不避仇，内不阿亲贤者予。禹劳心力，尧有德，干戈不用三苗服。举舜甽亩，任之天下身休息。得后稷，五谷殖，夔为乐正鸟兽服。契②为司徒，民知孝弟尊有德。禹有功，抑下鸿，辟除民害逐共工。北决九河，通十二渚疏三江③。禹傅土，平天下，躬亲为民行劳苦。得益、皋陶、横革、直成为辅。契玄王，生昭明，居于砥石迁于商，十有四世，乃有天乙是成汤。天乙汤，论举当，身让卞随举牟光④。道古贤圣基必张。

愿陈辞，世乱恶善不此治。隐讳疾贤，良由奸诈鲜无灾。患难哉！阪为先，圣知不用愚者谋。前车已覆，后未知更何觉时！不觉悟，不知苦，迷惑失指易上下。中不上达，蒙揜耳目塞门户。门户塞，大迷惑，悖乱昏莫不终极。是非反易，比周欺上恶正直。正直恶，心无度，邪枉辟回失道途。己无邮人，我独自美，岂独无故！不知戒，后必有，恨后遂过不肯悔。谗夫多进，反覆言语生诈态。人之态，不如备，争宠嫉贤利恶忌。妒功毁贤，下敛党与上蔽匿。上壅蔽，失辅势，任用谗夫不能制。郭公长父之难，厉王流于彘。周幽、厉，所以败，不听规谏忠是害。嗟我何人，独不遇时当乱世！欲衷对，言不从，恐为子胥身离凶。进谏不听，刭而独鹿⑤弃之江。观往事，以自戒，治乱是非亦可识。托于成相以喻意。

——《荀子·成相》

【注释】

①许由、善卷：尧、舜时代的隐士。传说尧要把帝位让给许由，许由不接受而逃到箕山下，农耕而食。舜要把帝位让给善卷，善卷不接受而逃入深山，不知去向。 ②契：传说是商族的始祖、帝喾的儿子，舜时因帮助禹治水有功，被任为司徒，赐姓子氏，封于商。 ③决：掘开堵塞水流的地方来疏通水道。九河：古代黄河从大陆泽（在今河北任县东北，今已湮没）向北分为九道，分别是

徒骇、太史、马颊、覆鬴、胡苏、简、絜、钩盘、鬲津，统称为九河，然后再合为一大河入海。九河古道今早已湮废，不能尽考，其地约在山东平原县以北、天津市以南一带。渚：州。十二渚：即十二州。相传禹治水后，分中国为九州，即冀州、兖州、青州、徐州、荆州、扬州、豫州、梁州、雍州。舜又从冀州分出幽州、并州，从青州分出营州，共十二州。三江：三条江，具体所指因文而异，古人也多异说。此文所指当为松江、娄江、东江。松江又名笠泽、吴江、松陵江，即今吴淞江（源自太湖，东北流经江苏吴江县、昆山县等入上海市而改名苏州河，会合黄浦江入长江）之上游七十里。娄江大抵与今浏河相当，自今苏州东南三十里之古三江口东北流，经江苏昆山县、太仓县而入长江。东江今已湮废，其故道大抵自古三江口东南流，经今澄湖、白蚬湖等，在浙江海盐县南入海。 ④卞随、牟光：汤时隐士。传说汤打败了夏桀，把天下让给他们，他们认为汤杀君不义，所以都不接受，并投水而死。牟光：又作“务光”。举：通“与”，给。⑤而：以。独鹿：即“属镂”，剑名，相传吴王将此剑赐给伍子胥，逼他自杀。

君人者不可以不慎取臣，匹夫不可不慎取友。友者，所以相有①也。道不同，何以相有也？均薪施火，火就燥；平地注水，水流湿。夫类之相从也，如此之著也，以友观人，焉所疑？取友善人，不可不慎，是德之基也。《诗》曰：“无将大车，维尘冥冥。”言无与小人处也。蓝苴路作②，似知而非。懦弱易夺，似仁而非。悍戆③好斗，似勇而非。仁义礼善之于人也，辟④之若货财粟米之于家也：多有之者富，少有之者贫，至无有者穷。故大者不能，小者不为，是弃国捐身之道也。

——《荀子·大略》

【注释】

①有：通“侑”，帮助。一说通“友”，友爱，亲爱。 ②蓝苴路作：依刘师培说，当作“滥狙略诈”。一说当作“监狙诒诈”。大约是狙伺欺诈意。 ③戆：刚直而愚蠢。 ④辟：通“譬”。

管仲束缚[①],自鲁之齐,道[②]而饥渴,过绮乌封人[③]而乞食。乌封人跪而食之,甚敬。封人因窃谓仲曰:"适幸,及齐不死而用齐,将何报我[④]?"曰:"如子之言,我且贤之用[⑤],能之使,劳之论。我何以报子?"封人怨之。

——《韩非子·外储说左下》

【注释】

①束缚:被捆绑。 ②道:行至半道。 ③绮乌:城邑名。封人:防守边疆的人员。 ④因:于是。窃谓:私下说。适:若。用齐:用于齐国,在齐国当官执政。将何报我:以何报我,用什么来报答我呢? ⑤且:将。贤之用:用贤明的人。

国有六职,百工与居一焉[①]。或坐而论道,或作而行之,或审曲面埶,以饬五材,以辨民器[②],或通四方之珍异以资之,或饬力以长地财,或治丝麻以成之。坐而论道,谓之王公;作而行之,谓之士大夫;审曲面埶,以饬五材,以辨民器,谓之百工;通四方之珍异以资之,谓之商旅;饬力以长地财,谓之农夫;治丝麻以成之,谓之妇功。粤无镈,燕无函,秦无庐,胡无弓车[③]。粤之无镈也,非无镈也,夫人而能为镈也;燕之无函也,非无函也,夫人而能为函也;秦之无庐也,非无庐也,夫人而能为庐也;胡之无弓车也,非无弓车也,夫人而能为弓车也。知者创物,巧者述之守之,世谓之工[④]。百工之事,皆圣人之作也。烁金以为刃,凝土以为器,作车以行陆,作舟以行水,此皆圣人之所作也。天有时,地有气,材有美,工有巧,合此四者,然后可以为良。材美工巧,然而不良,则不时,不得地气也。

——《考工记·总叙》

【注释】

①国有六职,百工与居一焉:国家有六类职业,百工是其中之一。 ②审曲面埶,以饬五材,以辨民器:审视(五材的)曲直、方圆,以加工整治五材,而具

备民众所需的器物。埶：同“势”。　③粤无镈，燕无函，秦无庐，胡无弓车：越地没有制作镈的工匠，燕地没有制作铠甲的工匠，秦地没有制作矛、戟等长柄武器的工匠，匈奴没有制作弓、车的工匠。　④知者创物，巧者述之守之，世谓之工：智慧的人创造器物，心灵手巧的人循其法式，守此职业世代相传，叫作工。

尹文见齐王，齐王谓尹文曰：“寡人甚好士。”尹文曰：“愿闻何谓士？”王未有以应。尹文曰：“今有人于此，事亲则孝，事君则忠，交友则信，居乡则悌，有此四行者，可谓士乎？”齐王曰：“此真所谓士已。”尹文曰：“王得若人①，肯以为臣乎？”王曰：“所愿而不能得也。”尹文曰：“使若人于庙朝中，深见侮②而不斗，王将以为臣乎？”王曰：“否。大夫见侮而不斗，则是辱也，辱则寡人弗以为臣矣。”尹文曰：“虽见侮而不斗，未失其四行也。未失其四行者，是未失其所以为士一③矣。未失其所以为士一，而王以为臣，失其所以为士一，而王不以为臣，则向之所谓士者，乃士乎？”王无以应。尹文曰：“今有人于此，将治其国，民有非则非之，民无非则非之④，民有罪则罚之，民无罪则罚之，而恶民之难治，可乎？”王曰：“不可。”尹文曰：“窃观下吏之治齐也，方若此也。”王曰：“使寡人治信若是，则民虽不治，寡人弗怨也。意者未至然⑤乎。”尹文曰：“言之不敢无说⑥。请言其说。王之令曰：‘杀人者死，伤人者刑。’民有畏王之令、深见侮而不敢斗者，是全王之令也，而王曰：‘见侮而不敢斗，是辱也。’夫谓之辱者，非此之谓也。以为臣不以为臣者，罪之也，此无罪而王罚之也。”齐王无以应。

——《吕氏春秋·正名》

【注释】

①若人：如此之人。　②深见侮：受到莫大的侮辱。　③未失其所以为士一：没有失去成为士的一个条件。　④民有非则非之，民无非则非之：百姓有错误就责备，没有错误也责备。　⑤未至然：没有到达这个地步。　⑥言之不

敢无说：既然说了就不敢没有理由。说：说法，理由。

宁戚欲干[①]齐桓公，穷困无以自进，于是为商旅将任车[②]以至齐，暮宿于郭门之外。桓公郊迎客，夜开门，辟[③]任车，爝火[④]甚盛，从者甚众。宁戚饭牛[⑤]居车下，望桓公而悲，击牛角疾歌。桓公闻之，抚其仆之手曰："异哉！之歌者非常人也。"命后车载之。桓公反，至，从者以请。桓公赐之衣冠，将见之。宁戚见，说桓公以治境内。明日复见，说桓公以为天下。桓公大说，将任之。群臣争[⑥]之曰："客，卫人也。卫之去齐不远，君不若使人问之，而固贤者也，用之未晚也。"桓公曰："不然。问之，患其有小恶，以人之小恶，亡人之大美，此人主之所以失天下之士也已。"凡听必有以矣，今听而不复问，合其所以[⑦]也。且人固难全，权[⑧]而用其长者，当举也。桓公得之矣。

——《吕氏春秋·举难》

【注释】

①干：求，求取。 ②将：驾。任车：装载货物的车。 ③辟：通"避"。 ④爝火：火把。 ⑤饭牛：喂牛。 ⑥争：通"诤"，诤谏。 ⑦合其所以：符合听者的心意。 ⑧权：权衡。

此则亦见于《淮南子·道应训》、《新序·杂事五》、《列女传》卷六。

管仲曰："吾始困[①]时，尝与鲍叔贾[②]，分财利多自与，鲍叔不以我为贪，知我贫也。吾尝[③]为鲍叔谋事而更穷困，鲍叔不以我为愚，知时有利不利也。吾尝三仕三见逐于君，鲍叔不以我为不肖[④]，知我不遭时也。吾尝三战三走，鲍叔不以我为怯，知我有老母也。公子纠[⑤]败，召忽[⑥]死之，吾幽囚受辱，鲍叔不以我为无耻，知我不羞小节而耻功名不显于天下也。生我者父母，知我者鲍子也。"

——《史记·管晏列传》

【注释】

①困：手头紧。 ②贾：做生意。 ③尝：曾经。 ④不肖：不才，无能。⑤公子纠：春秋时齐国人，齐襄公之弟、齐桓公之兄。 ⑥召忽：春秋时齐国人，少负才名，胸有大志，喜研军国治理之术，但长期不得志。齐襄公时，公子纠慕其才华和谋略，聘为师傅，终日伴读，讲史不倦。

鲍叔既进①管仲，以身下之。子孙世禄于齐，有封邑者十余世②，常为名大夫。天下不多管仲之贤而多鲍叔能知③人也。

——《史记·管晏列传》

【注释】

①进：推荐，荐举。 ②封邑者十余世：庄仲山产敬仲夷吾，夷吾产武子鸣，鸣产桓子启方，启方产成子孺，孺产庄子卢，卢产悼子其夷，其夷产襄子武，武产景子耐涉，耐涉产微，凡十代。 ③知：认识，重用。

管仲病，桓公问曰："群臣谁可相者？"管仲曰："知臣莫如君。"公曰："易牙①如何？"对曰："杀子以适②君，非人情，不可。"公曰："开方③如何？"对曰："倍亲以适君，非人情，难近。"公曰："竖刀④如何？"对曰："自宫⑤以适君，非人情，难亲。"

——《史记·齐太公世家》

【注释】

①易牙：雍人，名巫，也叫雍巫或狄牙，春秋时齐国人。 ②适：迎合。③开方：卫国公子，在齐国侍奉齐桓公。 ④竖刀：亦称竖刁，春秋时齐国奸臣，负责掌管内侍及女宫的戒令。 ⑤宫：丈夫割其势，女子闭于宫。

齐有闾丘印，年十八，道遮①宣王，曰："家贫亲老，愿得小仕。"宣王曰："子年尚稚，未可也。"闾丘印对曰："不然。昔者颛顼，行年十二而治天下，秦项橐七岁而为圣人师。由此观之，印不肖耳，年不稚矣。"宣王曰："未有咫角骖驹②，而能服重致远者也。由此观之，夫士

亦华发堕颠[3]而后可用耳。”闾丘卬曰：“不然。夫尺有所短，寸有所长。骅骝、騄骥[4]，天下之俊马[5]也。使之与狸、鼬试于釜灶之间，其疾未必能过狸、鼬也。黄鹄、白鹤，一举千里，使之与燕、服翼试之堂庑[6]之下、庐室之间，其便未必能过燕、服翼也。辟闾、巨阙[7]，天下之利剑也，击石不缺，刺石不锉[8]，使之与管稾决目出眯[9]，其便未必能过管稾也。由此观之，华发堕颠，与卬何以异哉？”宣王曰：“善。子有善言，何见寡人之晚也？”卬对曰：“夫鸡豚讙嗷，即夺钟鼓之音。云霞充咽[10]，则夺日月之明。谗人在侧，是以见晚也。《诗》曰：‘听言则对，谮言则退[11]。’庸得进乎？”宣王拊轼曰：“寡人有过，寡人有过。”遂载与之俱归，而用焉。

——《新序·杂事五》

【注释】

①道遮：拦住道路。 ②咫角：角只有八寸的牛犊。骖（cān）驹：只能在旁边为骖的小马驹。咫：八寸。骖：古代驾在车前两侧的马。 ③华发：头发花白。堕颠：脱发秃顶。 ④骅骝（huá liú）、騄骥（lù jì）：古代骏马名。 ⑤俊马：骏马。俊：通“骏”。 ⑥服翼：蝙蝠。试：比试。庑：堂下走廊。 ⑦辟闾、巨阙：古剑名。 ⑧锉：通“挫”，摧折，折断。 ⑨管稾：草梗。管：通“菅”，草。决：通“抉”，挑。眯：眯眼的异物。 ⑩充咽：充溢，充满。 ⑪听言则对，谮言则退：语出《诗经·小雅·雨无正》。意思是：对于应该听取的言论予以排斥，对于诋毁他人的言语却态度柔顺。对：拒绝。谮（zèn）：说别人的坏话，诬陷，中伤。

齐威王游于瑶台，成侯卿[1]来奏事，从车罗绮甚众，王望之，谓左右曰：“来者何为者也？”左右曰：“成侯卿也。”王曰：“国至贫也，何出之盛也？”左右曰：“与人者有以责之也，受人者有以易之也。王试问其说[2]。”成侯卿至，上谒[3]曰：“忌也。”王不应。又曰：“忌也。”王不应。又曰：“忌也。”王曰：“国至贫也，何出之盛也？”成侯卿曰：

“赦其死罪，使臣得言其说。”王曰：“诺。”对曰：“忌举田居子为西河，而秦、梁弱；忌举田解子为南城，而楚人抱罗绮而朝；忌举黔涿子为冥州，而燕人给牲，赵人给盛[4]；忌举田种首子为即墨，而于齐足究；忌举北郭刀勃子为大士，而九族益亲，民益富。举此数良人者，王枕而卧耳，何患国之贫哉？”

——《说苑·臣术》

【注释】

①成侯卿：即邹忌。 ②与人者有以责之也，受人者有以易之也。王试问其说：给予他人东西，有理由询问；接受他人东西，有理由改变。大王您试着问问，看他怎么说。 ③谒：拜见，请见。 ④燕人给牲：燕国人供给牲畜。赵人给盛：赵国人供给祭祀用的容器。

天下既定，后信[1]以罪废为淮阴侯，谋反被诛，临死叹曰：“悔不用蒯通[2]之言，死于女子之手！”高帝曰：“是齐辩士蒯通。”乃诏齐召蒯通。通至，上欲亨之，曰：“若教韩信反，何也？”通曰：“狗各吠非其主。当彼时，臣独知齐王韩信，非知陛下也。且秦失其鹿[3]，天下共逐之，高材者先得。天下匈匈[4]，争欲为陛下所为，顾[5]力不能，可殚诛邪！”上乃赦之。

至齐悼惠王时，曹参为相，礼下贤人，请通为客。

——《汉书·蒯伍江息夫传》

【注释】

①信：齐王韩信。 ②蒯通：本名蒯彻，范阳（今河北徐水北）人，因避汉武帝讳而改为通。 ③鹿：通“禄”，这里指政权。 ④匈匈：即“恟恟”，动乱。⑤顾：凭借。

初，齐王田荣[1]怨项羽，谋举兵畔之，劫齐士，不与者死[2]。齐处士[3]东郭先生、梁石君在劫中，强从。及田荣败，二人丑之，相与入深

山隐居。客谓通曰:“先生之于曹相国,拾遗[④]举过,显贤进能,齐国莫若先生者。先生知梁石君、东郭先生世俗所不及,何不进之于相国乎?”通曰:“诺。臣之里妇,与里之诸母相善也。里妇夜亡肉,姑[⑤]以为盗,怒而逐之。妇晨去,过所善诸母,语以事而谢[⑥]之。里母曰:‘女安行,我今令而家追女矣。’即束缊[⑦]请火于亡肉家,曰:‘昨暮夜,犬得肉,争斗相杀,请火治之。’亡肉家遽[⑧]追呼其妇。故里母非谈说之士也,束缊乞火非还妇之道也,然物有相感,事有适可。臣请乞火于曹相国。”乃见相国曰:“妇人有夫死三日而嫁者,有幽居守寡不出门者,足下即欲求妇,何取?”曰:“取不嫁者。”通曰:“然则求臣亦犹是也,彼东郭先生、梁石君,齐之俊士[⑨]也,隐居不嫁,未尝卑节下意以求仕也。愿足下使人礼之。”曹相国曰:“敬受命。”皆以为上宾。

——《汉书·蒯伍江息夫传》

【注释】

①田荣:秦末齐国狄县(今山东高青县东南)人,故齐王田氏宗族。 ②劫齐士,不与者死:劫取齐地人,不顺从就杀掉。 ③处士:未仕或不仕的士人。 ④拾遗:补录缺漏。 ⑤姑:婆婆。 ⑥谢:告辞。 ⑦缊:乱麻。 ⑧遽:迅速。 ⑨俊士:才华出众的人。

昔玉人献宝,楚王诛之;李斯竭忠,胡亥极刑[①]。是以箕子[②]阳狂,接舆[③]避世,恐遭此患也。愿大王察玉人、李斯之意,而后楚王、胡亥之听,毋使臣为箕子、接舆所笑。臣闻比干剖心[④],子胥鸱夷[⑤],臣始不信,乃今知之。愿大王孰察,少加怜焉!

——《汉书·贾邹枚路传》

【注释】

①李斯竭忠,胡亥极刑:秦二世胡亥荒淫无道,李斯上书献策,反被二世杀害。胡亥:秦二世。 ②箕子:名胥余,殷商末期人,文丁的儿子、帝乙的弟弟、

纣王的叔父,官太师,封于箕。③接舆:楚国隐者。④比干剖心:比干为商纣王的叔叔,时常进谏纣王,因此惹怒了纣王,最终被纣王挖心。⑤子胥鸱夷:伍子胥进谏夫差,不听,命伍子胥自杀,然后用皮口袋装其尸体扔入江中。鸱夷:皮口袋。

语曰:"有白头如新,倾盖如故①。"何则②?知与不知③也。故樊於期④逃秦之燕,借荆轲首以奉丹事;王奢⑤去齐之魏,临城自刭以却齐而存魏。夫王奢、樊於期非新于齐、秦而故于燕、魏也,所以去二国死两君者,行合于志,慕义无穷也。是以苏秦⑥不信于天下,为燕尾生;白圭⑦战亡六城,为魏取中山。何则?诚有以相知也。苏秦相燕,人恶之燕王,燕王按剑而怒⑧,食以駃騠⑨;白圭显于中山,人恶之于魏文侯,文侯赐以夜光之璧。何则?两主二臣,剖心析肝相信,岂移⑩于浮辞哉!

——《汉书·贾邹枚路传》

【注释】

①有白头如新,倾盖如故:相识很多年,头发都白了,还和刚认识一样,没有太多的感情;路上偶遇,停车交谈,就好像有多年的友情一样。②何则:为什么。③知与不知:白头如新是因为不相知,倾盖如故是因为相知。④樊於期:秦国将领,后受诬陷逃到燕国。⑤王奢:齐国大臣,后逃到魏国。⑥苏秦:战国时纵横家。⑦白圭:战国时中山国将军。⑧怒:对谗言者怒。⑨駃騠:一种骏马。⑩移:转移,这里指变心。

故女无美恶,入宫见妒;士无贤不肖,入朝见嫉。昔司马喜①膑脚于宋,卒相中山;范睢②拉胁折齿于魏,卒为应侯。此二人者,皆信必然之画③,捐朋党之私,挟孤独之交,故不能自免于嫉妒之人也。是以申徒狄蹈雍④之河,徐衍⑤负石入海。不容于世,义不苟取比周⑥于朝以移主上之心。故百里奚⑦乞食于道路,缪公委之以政;宁

戚[8]饭牛车下，桓公任之以国。此二人者，岂素宦于朝，借誉于左右，然后二主用之哉？感于心，合于行，坚如胶桼，昆弟不能离，岂惑于众口哉？故偏听生奸，独任成乱。昔鲁听季孙之说逐孔子，宋任子冉之计囚墨翟。夫以孔、墨之辩，不能自免于谗谀，而二国以危。何则？众口铄金，积毁销骨也。秦用戎人由余而伯中国，齐用越人子臧而强威、宣。此二国岂系于俗，牵于世，系奇偏之浮辞哉？公听并观，垂明当世。故意合则胡、越为兄弟，由馀、子臧[9]是矣；不合则骨肉为仇敌，朱、象、管、蔡是矣。今人主诚能用齐、秦之明，后宋、鲁之听，则五伯[10]不足侔，而三王[11]易为也。

——《汉书·贾邹枚路传》

【注释】

①司马喜：战国时宋国人，后在中山国为相。 ②范雎：战国时魏国人，后逃至秦国拜相封侯。 ③画：计划，规划。 ④申徒狄：商末人。雍：雍水。 ⑤徐衍：周代人，因疾世而投海自杀。 ⑥比周：结党。 ⑦百里奚：春秋时虞国人，后逃至秦国拜相。 ⑧宁戚：春秋时卫国人，齐桓公知其贤，封为大夫。 ⑨由馀：春秋晋国人。子臧：人名。 ⑩五伯：指春秋五霸，即齐桓公、晋文公、宋襄公、秦穆公、楚庄王。 ⑪三王：指夏禹、商汤、周文王。

是时，中书令石显颛[1]权，显友人五鹿充宗为尚书令[2]，与房同经，论议相非。二人用事，房尝宴见[3]，问上曰："幽、厉之君[4]何以危？所任者何人也？"上曰："君不明，而所任者巧佞[5]。"房曰："知其巧佞而用之邪，将以为贤也？"上曰："贤之。"房曰："然则今何以知其不贤也？"上曰："以其时乱而君危知之。"房曰："若是，任贤必治，任不肖必乱，必然之道也。幽、厉何不觉寤而更求贤，曷为卒任不肖以至于是？"上曰："临乱之君各贤其臣，令皆觉寤，天下安得危亡之君？"房曰："齐桓公、秦二世亦尝闻此君而非笑之，然则任竖刁、赵高[6]，政治日乱，盗贼满山，何不以幽、

厉卜之而觉寤乎?”

——《汉书·眭两夏侯京翼李传》

【注释】

①中书令:中书谒者令的简称,掌管收纳尚书奏事,传达皇帝诏令。颛:通“专”,独占。 ②尚书令:官名,掌管收发文书,隶属少府。 ③宴见:在皇帝公余时被召见,有别于朝见。 ④幽、厉之君:指周幽王、周厉王。 ⑤巧佞:机巧奸诈,阿谀奉承。 ⑥竖刁:齐桓公宦官寺人貂的蔑称。齐桓公死后,寺人貂弄权使齐国动乱。赵高:秦国权臣,阴谋弄权,在秦国灭亡中扮演了重要角色。

今欲兴至治,致太平,宜除赎罪之法。相、守选举不以实,及有臧者,辄行其诛,亡但[①]免官,则争尽力为善,贵孝弟[②],贱贾人,进真贤,举实廉,而天下治矣。孔子,匹夫之人耳,以乐道正身不解[③]之故,四海之内,天下之君,微孔子之言亡所折中[④]。况乎以汉地之广,陛下之德,处南面之尊,秉万乘[⑤]之权,因天地之助,其于变世易俗,调和阴阳,陶冶万物,化正天下,易于决流抑队[⑥]。自成、康以来,几[⑦]且千岁,欲为治者甚众,然而太平不复兴者,何也?以其舍法度而任私意,奢侈行而仁义废也。

——《汉书·王贡两龚鲍传》

【注释】

①亡但:不止。 ②孝弟:弟承兄位为帝者,享祀宗庙时称“孝弟”。 ③解:通“懈”。 ④折中:取正,判断事物的标准。 ⑤乘:古代称兵车,四马一车为一乘,万乘为大国之称。 ⑥决:排除。队:通“坠”。 ⑦几:几乎。

陛下诚深念高祖之苦[①],醇法太宗[②]之治,正己以先下,选贤以自辅,开进忠正,致诛奸臣,远放[③]谄佞,放出园陵之女,罢倡[④]乐,绝郑声,去甲乙之帐[⑤],退伪薄[⑥]之物,修节俭之化,驱天下之民皆

归于农，如此不解，则三王可侔，五帝可及。唯陛下留意省察，天下幸甚。

——《汉书·王贡两龚鲍传》

【注释】

①高祖之苦：汉高祖刘邦打天下之艰难。 ②太宗：汉文帝刘恒。 ③远：远离。放：免官。 ④倡：古代称歌舞乐人为倡。 ⑤甲乙之帐：汉武帝建造的帐幕。 ⑥伪薄：浮华轻巧。

五、人才任用

人才是第一生产力。重视人才、培养人才、引进人才、选拔人才都是为了使用人才。齐相晏婴认为国有三不祥:“有贤而不知,一不祥;知而不用,二不祥;用而不任,三不祥也。”(《晏子春秋·内篇谏下》)齐国历代统治者都非常重视人才的任用。齐文化典籍中有许多关于人才任用的精彩论述,史书中也有一些齐国人才任用的经典案例。

人才任用有任贤与任亲两条路线。据《汉书·地理志》载,“昔太公始封”,周公问姜太公怎么治理齐国,姜太公说:“举贤而上功。”姜太公问周公怎么治理鲁国,周公说:“尊尊而亲亲。”齐国一直遵从姜太公任贤的路线。齐桓公任用管仲为相,成为春秋五霸之首;齐威王任用邹忌改革,使齐国称雄诸侯。“备长在乎任贤”(《管子·版法》),“任贤则诸侯服”(《管子·霸言》),历代君主选贤任能,使齐国不断走向强盛。

任贤首先要任德。“错国于不倾之地者,授有德也”(《管子·牧民》),要想国家长治久安,就要把官职授予有德行的人。贤人需要德才兼备。《管子·君臣下》:“其选贤遂材也,举德以就列,不类无德;举能以就官,不类无能。”君主不能授予无德无能之辈官职和爵禄。德行、能力、功绩既有统一性,又有矛盾性。管子认为要兼顾德、能、功三者。《管子·立政》篇指出,君主需特别注意三个问题:“一曰德不当其位,二曰功不当其禄,三曰能不当其官。”这三个方面关乎国家的治乱兴衰。所以,无德之人“不可加于尊位”,无功之人“不可授与重禄”,无能之人“不可使任大官”。关于如何看待德行、能力、功绩,各家观点不同。孟子主张“尊贤使能”,强调德与能;商鞅主张“奖励耕战”,强调功勋业绩。管子则强调三者兼顾,体现了齐文化的包容性。

人与人禀赋不同,成长环境不同,所受教育不同,能力、专长也各不相同。这就需要“察能授官”(《管子·权修》),即根据个人能力授予不同的官职。鲁仲连曾对孟尝君说:猿猴虽然灵敏,但在水里比不上鱼鳖;骐骥虽然跑得快,但在危险的环境中,比不上狐狸;曹沫虽然勇武,但拿着农具站在田野中,比不上农夫。如果弃人所长,用人之短,“尧亦有所不及矣”(《战国策·齐策三》)。晏婴对此也有深刻的认识。他对齐景公讲,土地有不同的特性,适合种植不同的庄稼,不能奢求任何庄稼都能在这块土地上长得好;每个人有不同的才能,适合承担某一项事务,不能责求一个人样样精通、事事皆能。因此,人才任用应该把握一个大的原则:“任人之长,不强其短;任人之工,不强其拙。”(《晏子春秋·内篇问上》)

任人之长可以充分发挥人的价值,进而取得良好的效果,“明主之官物也,任其所长,不任其所短,故事无不成而功无不立”(《管子·形势解》)。《管子·大匡》载,管仲为相后,向各国派出使人员。卫国诡诈浅薄,贪图小利,就派头脑灵活、善于创新的公子开方去;鲁国喜好六艺,遵循礼法,就派为人恭谨、博学懂礼的季友去;楚国喜好机巧文饰,不好大义而好小信,就派博通政教、善于辞令的蒙孙去。其结果是“五年,诸侯附”。

龚自珍曾呼吁:“我劝天公重抖擞,不拘一格降人才。”齐国历史上有许多不拘一格用人才的事例。宁戚从卫国来到齐国,在车下喂牛,被齐桓公发现,后为大司田;晏婴车夫听从妻子的规劝,有过即改,被晏婴推举为大夫;淳于髡本齐之赘婿,受到齐王信任,屡献奇言;孙膑本刑余之人,受到齐王重用,屡建奇功。而最典型的例子莫过于“鸡鸣狗盗之徒”也可以在孟尝君手下谋事。孟尝君出使秦国,受人诋毁而被囚禁。幸手下会狗盗者,偷得狐白裘献于秦王爱姬,使孟尝君得以释放。后秦王反悔,派人追赶。幸手下会鸡鸣者,学鸡打鸣使函谷关守卒提前开门,使孟尝君得以逃脱。没有“鸡鸣狗盗之徒”,孟尝君逃不出秦国。孟尝君用人不拘一格。这些人也在关键时刻发挥了重要作用。

任用人才需做到用人不疑。《说苑·尊贤》载,齐桓公问管仲什么事情会危害霸业，管仲说："不知贤，害霸；知而不用，害霸；用而不任，害霸；任而不信，害霸；信而复使小人参之，害霸。"不知贤、不用贤，危害霸业；不信任贤人，更危害霸业。齐桓公对管仲可以说是充分信任，把管仲当作飞鸟的翅膀、渡水的舟船，"寡人之有仲父也，犹飞鸿之有羽翼也，若济大水有舟楫也"(《管子·霸形》)。《韩非子·难二》载，晋国客人来到齐国，官员请示怎么接待，问了三次，齐桓公都让他去请示管仲。官员很不解，齐桓公说："吾得仲父已难矣，得仲父之后，何为不易乎哉?"可见齐桓公对管仲的信任。

在人才任用方面，君主的作用很重要。首先，君主要真心任贤，有任贤的诚心与决心，不能仅停留在言辞上，正如《荀子·致士》所说："人主之患，不在乎不言用贤，而在乎不诚必用贤。"其次，君主要有胸怀，能够任用所有对自己事业有用的人，包括曾经的敌人。管仲曾箭射齐桓公，但齐桓公不计前嫌，拜管仲为相，尊为仲父，终成霸业。此事被后人盛赞，《吕氏春秋·贵公》云："桓公行公去私恶，用管子而为五伯长。"第三，君主要善于发现人才、使用人才。"天下不患无臣，患无君以使之"(《管子·牧民》)，天下不是没有人才，关键在于君主是否善用人才。王夫之在《读通鉴论·汉高帝》中说："上有明君，下有贤士大夫，佞者可忠，柔者可强，天下岂患无人材哉！匪上知与下愚，未有不待奖而成者也。"这和管子"天下不患无臣，患无君以使之"的理念是一致的。

君主要善于使人，也要善于识人，分清谁是贤人、谁是小人。《管子·小称》载，齐桓公晚年，身边有易牙、竖刁(也作竖刀)、公子开方等亲信。从表面上看，他们对齐桓公都非常好。易牙把自己儿子蒸了献给齐桓公，竖刁自宫为齐桓公管理后宫，公子开方侍奉齐桓公，十五年不回家探亲。但这三个人都是小人，管仲看得很明白，"人情非不爱其子也，于子之不爱，将何有于公"，"人情非不爱其身也，于身之不爱，将何有于公"，"人情非不爱其亲也，于亲之不爱，将何有于公"。因此在临终之前，管仲劝齐桓公除去这三个小人。但齐桓公最终没有听从管仲的劝告。后来齐桓公病重，这三人在齐国作乱。"桓公之所以身死十一日，虫出户而不收者，以不终用贤也。"齐桓公被易牙、竖刁、公子开方等小人蒙蔽，导致身死国乱，足资为戒。

癸酉[①],师陈于鞌。邴夏[②]御齐侯,逢丑父[③]为右。晋解张御郤克[④],郑丘缓[⑤]为右。齐侯曰:"余姑翦灭此而朝食[⑥]。"不介马而驰之。郤克伤于矢,流血及屦[⑦],未绝鼓音,曰:"余病[⑧]矣!"张侯曰:"自始合,而矢贯余手及肘,余折以御,左轮朱殷,岂敢言病?吾子忍之!"缓曰:"自始合,苟有险,余必下推车,子岂识之?然子病矣!"张侯[⑨]曰:"师之耳目,在吾旗鼓,进退从之。此车一人殿[⑩]之,可以集事。若之何其以病败君之大事也?擐[⑪]甲执兵,固即死也,病未及死,吾子勉之!"左并辔,右援枹而鼓。马逸不能止,师从之。齐师败绩。逐之,三周华不注[⑫]。

——《左传·成公二年》

【注释】

①癸酉:六月十七日。 ②邴夏:齐国大夫。 ③逢丑父:齐国大夫。 ④解张:晋国大夫。郤克:即郤献子,春秋中期晋国正卿。 ⑤郑丘缓:晋国大夫。 ⑥朝食:早饭。 ⑦屦:鞋子。 ⑧病:这里指受伤。 ⑨张侯:指解张,张为其字,侯为其名。 ⑩殿:镇守。 ⑪擐(huàn):穿。 ⑫华不注:山名。在今山东济南东北。

韩厥梦子舆[①]谓己曰:"且辟左右。"故中御[②]而从齐侯。邴夏曰:"射其御者,君子也。"公曰:"谓之君子而射之,非礼也。"射其左,越[③]于车下。射其右,毙于车中,綦毋张[④]丧车,从韩厥,曰:"请寓乘[⑤]。"从左右,皆肘之,使立于后。韩厥俛[⑥],定其右。逢丑父与公易位。将及华泉[⑦],骖絓[⑧]于木而止。丑父寝于轏中,蛇出于其下,以肱击之,伤而匿之,故不能推车而及。韩厥执絷[⑨]马前,再拜稽首,奉觞加璧[⑩]以进,曰:"寡君使群臣为鲁、卫请,曰:'无令舆师陷入君地。'下臣不幸,属当戎行,无所逃隐。且惧奔辟,而忝[⑪]两君。臣辱戎士,敢告不敏[⑫],摄官承乏。"丑父使公下,如华泉取饮。郑周父[⑬]御佐车,宛茷[⑭]为右,载齐侯以免。韩厥献丑父,郤献子将戮之。呼

曰："自今无有代其君任患者，有一于此，将为戮乎？"郤子曰："人不难以死免其君。我戮之，不祥，赦之以劝事君者。"乃免之。

——《左传·成公二年》

【注释】

①韩厥：晋国大夫。子舆：韩厥之父。 ②中御：站在中间，以显示地位，来代替御者。 ③越：坠下。 ④綦毋张：晋国大夫。 ⑤寓乘：搭乘。 ⑥俛：同"俯"，俯下身子。 ⑦华泉：华不注山下之泉。 ⑧骖絓（guà）：绊住左右之马。絓：绊住。 ⑨絷：绊马索。 ⑩奉觞加璧：敬酒献玉。 ⑪忝：羞辱。 ⑫不敏：谦辞，不才之意。 ⑬郑周父：齐国大夫。 ⑭宛茷：齐国大夫。

齐侯①免，求丑父，三入三出②。每出，齐师以帅退。入于狄卒，狄卒皆抽戈、楯冒③之。以入于卫师，卫师免之。遂自徐关④入。齐侯见保者，曰："勉之！齐师败矣！"辟⑤女子，女子曰："君免乎？"曰："免矣。"曰："锐司徒⑥免乎？"曰："免矣。"曰："苟君与吾父免矣，可若何！"乃奔。齐侯以为有礼，既而问之，辟司徒⑦之妻也。予之石窌⑧。

晋师从齐师，入自丘舆⑨，击马陉⑩。

——《左传·成公二年》

【注释】

①齐侯：齐顷公。 ②三入三出：指齐顷公三次出入晋军营地，企图救出逢丑父之事。 ③戈、楯：均为兵器。冒：庇护。 ④徐关：地名，在今山东临淄。 ⑤辟：避开。 ⑥锐司徒：官名，掌管军械。 ⑦辟司徒：官名，掌管军中营垒之事。 ⑧石窌：齐国城邑，在今山东长清东南。 ⑨丘舆：地名，在今山东青州西南。 ⑩马陉：地名，在今山东淄博南。

秋，齐侯①伐卫。先驱②，谷荣御王孙挥，召扬③为右。申驱④，成秩御莒恒，申鲜虞之傅挚⑤为右。曹开御戎，晏父⑥戎为右。贰广，上之登御邢公，卢蒲癸⑦为右。启，牢成御襄罢师，狼蘧疏⑧为

右；胠[9]，商子车御侯朝，桓跳[10]为右；大殿[11]，商子游御夏之御寇，崔如[12]为右，烛庸之越驷乘。自卫将遂伐晋。

——《左传·襄公二十三年》

【注释】

①齐侯：齐庄公。②先驱：军中先锋。③谷荣、王孙挥、召扬：皆为齐国大夫。④申驱：次于先驱的军中第二梯队。⑤成秩、莒恒、申鲜虞、傅挚：皆为齐国大夫。傅挚：申鲜虞之子。⑥曹开、晏父：皆为齐国大夫。二人分别为齐庄公的车御、车右。⑦贰广：副车。邢公、卢蒲癸：皆为齐国大夫。⑧启：军中左翼。牢成、襄罢师、狼蘧疏：皆为齐军将领。⑨胠：军中右翼。⑩商子车、侯朝、桓跳：皆为齐军将领。⑪大殿：后防军。⑫商子游、夏之御寇、崔如：皆为齐军将领。

故知胜有五：知可以战与不可以战者胜，识众寡[1]之用者胜，上下同欲[2]者胜，以虞待不虞[3]者胜，将能而君不御者胜[4]。此五者，知胜之道也。

——《孙子兵法·谋攻篇》

【注释】

①众寡：多少，这里指军队力量的配备。②同欲：这里指同心、齐心。③虞待不虞：有准备的对付没准备的。虞：准备。④将能：将领贤能。御：驾驭。这句话是说，将领贤能而君主又不横加干涉的会取得胜利。

孙子曰：凡治众如治寡[1]，分数[2]是也；斗众如斗寡，形名[3]是也；三军之众，可使毕受敌[4]而无败者，奇正[5]是也；兵之所加，如以碫投卵[6]者，虚实[7]是也。

——《孙子兵法·势篇》

【注释】

①治：管理，治理。这句话是说，管理人多的军队如同管理人少的军队。②分数：这里指军队的组织编制，如同《孙子兵法·计篇》中的“曲制”。

③形名：本指事物的形体和名称，先秦时期名家术语，也被兵家和法家采用。这里泛指指挥作战的工具及联络信号，如金、鼓、旌、旗之类。 ④毕受敌：四面受敌。毕：原为“必”，误，据王皙注及竹简本改。 ⑤奇(jī)正：古代军队的作战方法。奇：指变化无端、出敌不意的作战方法。正：指正规的或一般的作战方法。 ⑥以碫(duàn)投卵：用石头砸鸡蛋，比喻实力强的军队进攻实力弱的军队就如同用石头砸鸡蛋一样容易。碫：磨刀石，这里泛指石头。 ⑦虚实：指兵力的集中和分散。一说指兵力的强弱。

故善战者，求之于势①，不责②于人，故能择人而任势。任势者，其战人③也，如转木石。木石之性，安则静，危④则动，方则止，圆则行。故善战人之势，如转圆石于千仞之山者，势⑤也。

——《孙子兵法·势篇》

【注释】

①势：形势，局势，态势。 ②责：这里是苛求的意思。 ③战人：使人战，这里指指挥士卒作战，与《孙子兵法·形篇》中的“战民”义同。 ④危：这里指地势高倾。 ⑤势：这里指将帅指挥作战的有利态势。

《军政》①曰：“言不相闻，故为金鼓②；视不相见，故为旌旗③。”夫金鼓旌旗者，所以一④人之耳目也。人既专一，则勇者不得独进，怯者不得独退，此用众之法也。故夜战多金鼓，昼战多旌旗，所以变人之耳目也。

——《孙子兵法·军争篇》

【注释】

①《军政》：古代兵书。 ②金鼓：古代夜战时用来指挥作战、传递信号的工具。据《周礼》，“鼓人”掌六鼓四金之音声。六鼓指雷鼓、灵鼓、路鼓、鼖鼓、鼛鼓、晋鼓。四金指金錞、金镯、金铙、金铎。古代作战，鼓以作气，金以抑怒。鼓法有五：一持兵，二结阵，三行，四斗，五急斗。金法有五：一缓斗，二止，三退，四背，五急背。 ③旌旗：泛指指挥作战用的各种旗帜。旗法有五：一赤南

方,二玄北方,三青东方,四白西方,五黄中央。 ④一:统一。

涂有所不由[①],军有所不击,城有所不攻,地有所不争,君命有所不受[②]。

——《孙子兵法·九变篇》

【注释】

①涂有所不由:有的道路不可以走。涂:通“途”,道路。由:经过,通过。②君命有所不受:国君的命令有的可以不接受。

是故屈[①]诸侯者以害,役诸侯者以业[②],趋诸侯者以利[③]。故用兵之法,无恃其不来,恃吾有以待也;无恃其不攻,恃吾有所不可攻也。

——《孙子兵法·九变篇》

【注释】

①屈:使屈服,制服。 ②役:役使,这里指役使诸侯为我效力。业:事务。③趋:奔走。这句话有两种解释:一说用小利引诱调动诸侯,使其疲于奔走;一说以利益引诱诸侯,使其追随归附自己。

视[①]卒如婴儿,故可与之赴深溪[②];视卒如爱子,故可与之俱死。厚[③]而不能使,爱[④]而不能令,乱而不能治,譬若骄子[⑤],不可用也。

——《孙子兵法·地形篇》

【注释】

①视:这里是看作、对待的意思。 ②深溪:很深的溪涧,泛指危险地带。③厚:指待遇丰厚。 ④爱:这里是贬义,指溺爱。 ⑤骄子:娇生惯养的孩子。

错国于不倾之地[①]者,授有德[②]也。

——《管子·牧民》

【注释】

①错国于不倾之地:把国家建立在稳固的基础上。错:通“措”,安置。

②有德：有德行的人。

天下不患①无臣，患无君以使之；天下不患无财，患无人以分之。故知时者可立以为长，无私者可置以为政②，审于时而察于用，而能备官者，可奉以为君也③。

——《管子·牧民》

【注释】

①患：担忧。 ②政：通"正"，长官。 ③审于时……可奉以为君也：能审时度势，善于用财，又能任用调配官吏的，就可以奉为君主了。备：安置。

訾譐①之人，勿与任大。譕巨者可以远举②，顾忧者可与致道③。其计也速而忧在近者，往④而勿召也。

——《管子·形势》

【注释】

①訾：诋毁好人。譐：称誉坏人。 ②譕巨者可以远举：谋划远大的人，可以和他共图大事。譕："谟"的古字，通"谋"，谋划。 ③顾忧者可与致道：有忧患意识的人，可以和他共商治国之道。 ④往：离开。

有闻道而好为家者，一家之人①也；有闻道而好为乡者，一乡之人也；有闻道而好为国者，一国之人也；有闻道而好为天下者，天下之人也；有闻道而好定万物②者，天地之配③也。

——《管子·形势》

【注释】

①一家之人：能够治家的人才。下"一乡之人""一国之人""天下之人"与此同例。 ②定万物：使万物各得其所。 ③天地之配：与天地相媲美。配：匹配。

察能授官，班禄①赐予，使民之机②也。

——《管子·权修》

【注释】

①班禄：分等制定俸禄。班：排列等级。 ②机：关键。

君之所审者三：一曰德不当其位，二曰功不当其禄，三曰能不当其官。此三本[①]者，治乱之原[②]也。故国有德义未明于朝者，则不可加于尊位；功力[③]未见于国者，则不可授与重禄；临事[④]不信于民者，则不可使任大官。故德厚而位卑者谓之过，德薄而位尊者谓之失。……是故国有德义未明于朝而处尊位者，则良臣不进；有功力未见于国而有重禄者，则劳臣不劝[⑤]；有临事不信于民而任大官者，则材臣不用。

——《管子·立政》

【注释】

①三本：三个根本问题，即上文所说的大臣的品德和地位不相称、功劳和俸禄不相称、能力和官职不相称。 ②原：通“源”，根源。 ③功力：功劳和能力。 ④临事：主持政事。临：莅。 ⑤劳臣：有功劳的大臣。劝：劝勉，鼓励。

君之所慎者四：一曰大德不至仁，不可以授国柄[①]；二曰见贤不能让，不可与尊位；三曰罚避[②]亲贵，不可使主兵；四曰不好本事[③]，不务地利，而轻赋敛[④]，不可与都邑[⑤]。……故大德至仁，则操国得众；见贤能让，则大臣和同；罚不避亲贵，则威行于邻敌；好本事，务地利，重赋敛[⑥]，则民怀其产[⑦]。

——《管子·立政》

【注释】

①国柄：国家大权。柄：权柄。 ②避：回避。 ③本事：农业生产。 ④轻赋敛：随便征收赋税。轻：以……为轻，不慎重。 ⑤与都邑：任命为都邑的长官。与：授予。 ⑥重赋敛：不轻易征收赋税。重：以……为重，慎重。 ⑦怀其产：关心留恋他们的产业。怀：留恋。

群徒比周之说胜，则贤不肖不分[1]；金玉货财之说胜，则爵服下流[2]；观乐玩好之说胜，则奸民在上位；请谒任举[3]之说胜，则绳墨[4]不正；谄谀饰过[5]之说胜，则巧佞[6]者用。

——《管子·立政》

【注释】

①群徒比周之说胜，则贤不肖不分：小人结党营私的言论占据优势，好人和坏人就分不清了。比周：结党营私。 ②爵服下流：官爵移到下面，指出现卖官鬻爵的情况。 ③请谒：请托。任举：保举。 ④绳墨：木匠取直用的墨线，这里指用人的标准。 ⑤谄谀：阿谀奉承。饰过：掩饰过错。 ⑥巧佞：巧诈奸邪的人。

备长在乎任贤[1]，安高在乎同利[2]。

——《管子·版法》

【注释】

①备长在乎任贤：准备长远大计，在于任用贤人。备长：做长远准备。②安高在乎同利：巩固尊高的地位，在于与民同利。安：使……安定，巩固。

明王之务，在于强本事，去无用，然后民可使富；论[1]贤人，用有能，而民可使治；薄[2]税敛，毋苟于民，待以忠爱，而民可使亲。

——《管子·五辅》

【注释】

①论：衡量，评定。 ②薄：减轻。

举贤良，务功劳，布德惠，则贤人进；逐奸人，诘[1]诈伪，去谗慝[2]，则奸人止。

——《管子·五辅》

【注释】

①诘：查究。 ②慝（tè）：邪恶之人。

“毋访[①]于佞”，言毋用佞人[②]也，用佞人则私多行。“毋蓄[③]于谄”，言毋听谄，听谄则欺上。“毋育[④]于凶”，言毋使暴，使暴则伤民。“毋监于谗”，言毋听谗，听谗则失士。夫行私、欺上、伤民、失士，此四者用，所以害君义[⑤]失正也。

——《管子·宙合》

【注释】

①访：访求。 ②佞人：善于花言巧语、阿谀奉承的人。 ③蓄：通“畜”，爱养。 ④育：培养。 ⑤义：通“仪”，仪法。

然则国何可无道？人何可无求？得道而导之，得贤而使之，将有所大期[①]于兴利除害。

——《管子·法法》

【注释】

①大期：大的期望。

明君公国一民以听于世，忠臣直进[①]以论其能。明君不以禄爵私所爱，忠臣不诬能以干爵禄。君不私国[②]，臣不诬能[③]，行此道者，虽未大治，正民之经也。今以诬能之臣事私国之君，而能济[④]功名者，古今无之。诬能之人易知也。臣度之先王者，舜之有天下也，禹为司空[⑤]，契为司徒[⑥]，皋陶为李[⑦]，后稷为田[⑧]。此四士者，天下之贤人也，犹尚精一德[⑨]以事其君。今诬能之人，服事任官，皆兼四贤之能。自此观之，功名之不立，亦易知也。故列尊禄重无以不受也，势利官大无以不从也。以此事君，此所谓诬能篡利之臣者也。世无公国之君，则无直进之士；无论能之主，则无成功之臣。

——《管子·法法》

【注释】

①直进：以正直之道进取。 ②干：求取。私国：把国家当成自己私有的。

③诬能：冒充有才能。④济：成就。⑤司空：古代官名，主管营造。⑥司徒：古代官名，主管教化。⑦李：通“理”，主管刑狱的官员。⑧田：主管农业的官员。⑨精一德：精通一行。

管仲曰：“隰朋聪明捷给①，可令为东国②。宾胥无坚强以良，可以为西土。卫国之教，危傅③以利。公子开方之为人也，慧以给，不能久而乐始，可游④于卫。鲁邑之教，好迩而训于礼⑤。季友之为人也，恭以精，博于礼，多小信⑥，可游于鲁。楚国之教，巧文以利，不好立大义，而好立小信。蒙孙博于教，而文巧于辞，不好立大义，而好结小信，可游于楚。小侯既服，大侯既附，夫如是，则始可以施政矣。”

——《管子·大匡》

【注释】

①捷给：敏捷灵便。给：言语敏捷。②为东国：出使东方各国。③危傅：诡诈轻浮。危：诡。傅：当为“薄”。④游：出使。⑤好迩：好艺，崇尚六艺。训：顺。礼：原作“粮”，据刘绩说改。⑥小信：行为拘谨，注意小节。

故上明则下敬，政平则人安①，士教和则兵胜敌，使能②士则百事理，亲仁则上不危，任贤则诸侯服。

——《管子·霸言》

【注释】

①政平则人安：政事平易则人心安定。②使能：使用有才能的人。

论材量能①，谋德②而举之，上之道也；专意一心，守职而不劳③，下之事也。

——《管子·君臣上》

【注释】

①论：考察评定。量能：衡量才能。②谋德：考虑德行。③不劳：不夸耀功绩。

是以为人君者，坐万物之原①，而官②诸生之职者也。选贤论材，而待之以法。举而得其人，坐而收③，其福不可胜收也。官不胜任，奔走而奉④，其败事不可胜救也。而国未尝乏于胜任之士，上之明适⑤不足以知之。是以明君审知胜任之臣者也。故曰：主道得，贤材遂⑥，百姓治。治乱在主而已矣。

——《管子·君臣上》

【注释】

①坐万物之原：掌握万事的原则。 ②官：管，主管。 ③坐而收：不用费力就可以管理好国家。收："牧"的讹字，放牧，引申为管理。 ④奉：奉事，从事。 ⑤适：只是。 ⑥遂：进用，举荐。

其选贤遂材也，举德以就列，不类无德①；举能以就官，不类无能；以德弇②劳，不以年伤③。

——《管子·君臣下》

【注释】

①不类无德：不以无德之人为同类。 ②弇（yǎn）：遮蔽。 ③不以年伤：不受年龄资历限制。年伤：原作"伤年"，据赵守正说改。

管仲有病，桓公往问之曰："仲父之病病矣①，若不可讳而不起此病也，仲父亦将何以诏②寡人？"管仲对曰："微君之命臣也，臣故且谒之。虽然，君犹不能行③也。"公曰："仲父命寡人东，寡人东；令寡人西，寡人西。仲父之命于寡人，寡人敢不从乎？"管仲摄衣冠④起，对曰："臣愿君之远⑤易牙、竖刁、堂巫、公子开方。夫易牙以调和事公，公曰：惟烝婴儿之未尝。于是烝其首子而献之公。人情非不爱其子也，于子之不爱，将何有于公⑥？公喜宫而妒，竖刁自刑⑦而为公治内。人情非不爱其身也，于身之不爱，将何有于公？公子开方事公，十五年不归视其亲，齐、卫之间，不容数日之行⑧。臣闻之，务为⑨不

久，盖虚[10]不长。其生不良者，其死必不终。”桓公曰：“善。”管仲死，已葬。公憎四子者废之官。逐堂巫而苛病[11]起，逐易牙而味不至，逐竖刁而宫中乱，逐公子开方而朝不治。桓公曰：“嗟！圣人固有悖[12]乎！”乃复四子者[13]。处期年，四子作难，围公一室不得出。有一妇人，遂从窦入，得至公所。公曰：“吾饥而欲食，渴而欲饮，不可得，其故何也？”妇人对曰：“易牙、竖刁、堂巫、公子开方，四人分齐国，涂[14]十日不通矣。公子开方以书社七百下卫[15]矣，食将不得矣。”公曰：“嗟兹乎！圣人之言长乎哉！死者无知则已，若有知，吾何面目以见仲父于地下！”乃援素幭[16]以裹首而绝。死十一日，虫出于户，乃知桓公之死也。葬以杨门之扇。桓公之所以身死十一日，虫出户而不收者，以不终用贤也。

——《管子·小称》

【注释】

①仲父之病病矣：仲父您的病很严重了。第二个“病”是形容词，病得很重。 ②诏：告，告诫，教诲。 ③行：实行，做到。 ④摄衣冠：整顿衣冠。 ⑤远：使……远，放逐。 ⑥人情非不爱……将何有于公：按照人之常情，没有不疼爱自己儿子的。易牙连自己的儿子都不疼爱，对您又会怎样呢？ ⑦自刑：自我阉割，自受宫刑。 ⑧不容数日之行：用不了几天的行程。 ⑨为：通“伪”。 ⑩盖虚：掩饰虚伪。 ⑪苛病：鬼神附体之病。 ⑫悖：错误。 ⑬乃复四子者：于是又重新把四人召回。 ⑭涂：通“途”，路途。 ⑮下卫：投降卫国。 ⑯援：拿。幭(miè)：手帕头巾之类。

此则亦见于《吕氏春秋·知接》《韩非子·十过》《韩非子·难一》《说苑·说丛》。

慎使能而善听信之。使能之谓明[1]，听信之谓圣[2]。信明圣者，皆受天赏。使不能为悖[3]，悖而忘[4]也者，皆受天祸。

——《管子·四时》

【注释】

①使能之谓明:能发现人才并使用,叫作“明”。 ②听信之谓圣:能听取贤才的意见并信任贤才,叫作“圣”。 ③惛:通“昏”,昏昧。 ④忘:通“妄”,狂妄。

今恃不信之人①,而求以智②;用不守之民,而欲以固;将不战之卒③,而幸④以胜,此兵之三暗⑤也。

——《管子·九变》

【注释】

①不信之人:不可靠的人。 ②智:通“知”,了解敌情。 ③不战之卒:没有战斗力的士卒。 ④幸:侥幸。 ⑤暗:昏庸糊涂。

齐桓公问管子曰:“吾念有而勿失①,得而勿亡②,为之有道乎?”对曰:“勿创勿作,时至而随③。毋以私好恶害公正。察民所恶,以自为戒。黄帝立明台④之议者,上观于贤也;尧有衢室之问者,下听于人也;舜有告善之旌,而主不蔽也;禹立谏鼓于朝⑤,而备讯唉;汤有总街之庭⑥,以观人诽也;武王有灵台之复,而贤者进也。此古圣帝明王所以有而勿失、得而勿亡者也。”桓公曰:“吾欲效而为之,其名云何?”对曰:“名曰啧室⑦之议。曰:法简而易行,刑审而不犯,事约而易从,求⑧寡而易足。人有非上之所过,谓之正士,内⑨于啧室之议。有司执事者咸以厥⑩事奉职,而不忘为。此啧室之事也,请以东郭牙为之。此人能以正事争于君前者也。”桓公曰:“善。”

——《管子·桓公问》

【注释】

①有而勿失:长久占有不丧失。 ②亡:丢失。原作“忘”。 ③勿创勿作,时至而随:不要急于创新开始,条件成熟随机行事。 ④明台:传说为黄帝听政议政的地方。 ⑤立谏鼓于朝:置鼓于朝,使百姓击之以进谏。 ⑥总街之庭:设在街巷中心地区听取民众意见的场所。 ⑦啧室:专门用以辩论的场

所。啧:争吵,辩论。 ⑧求:征求,此处指征收赋税。 ⑨内:通“纳”。 ⑩厥:其。

明主之官物[1]也,任其所长,不任其所短,故事无不成而功无不立。乱主不知物之各有所长所短也,而责必备[2]。夫虑事定物,辩明礼义,人之所长而蝚蝯[3]之所短也;缘高出险,蝚蝯之所长而人之所短也。以蝚蝯之所长责人,故其令废而责不塞[4]。故曰:“坠岸三仞,人之所大难也,而蝚蝯饮焉。”

——《管子·形势解》

【注释】

①官物:授官任事。 ②责必备:求全责备。责:要求。备:全。 ③蝚蝯:也作“猱猨”,猿类动物,行动敏捷。 ④塞:搪塞,应付。

明主之治天下也,必用圣人,而后天下治;妇人之求夫家也,必用媒,而后家事成[1]。故治天下而不用圣人,则天下乖乱而民不亲[2]也;求夫家而不用媒,则丑耻而人不信也。

——《管子·形势解》

【注释】

①家事成:婚嫁成家。 ②亲:亲附。

明主操术任[1]臣下,使群臣效[2]其智能,进其长技。故智者效其计,能者进其功。

——《管子·明法解》

【注释】

①任:使用。 ②效:献。

庄公奋[1]乎勇力,不顾于行义。勇力之士,无忌于国,贵戚不荐

善[②]，逼迩不引过[③]，故晏子见公。公曰："古者亦有徒以勇力立于世者乎？"晏子对曰："婴闻之，轻死[④]以行礼谓之勇，诛暴不避强谓之力。故勇力之立也，以行其礼义也。汤武用兵而不为逆，并国[⑤]而不为贪，仁义之理也。诛暴不避强，替罪不避众，勇力之行也。古之为勇力者，行礼义也；今上无仁义之理，下无替罪[⑥]诛暴之行，而徒以勇力立于世，则诸侯行之以国危，匹夫行之以家残。昔夏之衰也，有推侈、大戏，殷之衰也，有费仲、恶来，足走千里，手裂兕虎，任之以力，凌轹[⑦]天下，威戮无罪，崇尚勇力，不顾义理，是以桀纣以灭，殷夏以衰。今公自奋乎勇力，不顾乎行义，勇力之士，无忌于国，身立威强，行本淫暴，贵戚不荐善，逼迩不引过，反圣王之德，而循灭君之行，用此存者，婴未闻有也。"

——《晏子春秋·内篇谏上》

【注释】

①奋：夸耀，崇尚。②荐善：进献忠言。③逼迩：亲信，近臣。引过：进谏过错。④轻死：以死为轻，不怕死。⑤并国：吞并他国。⑥替罪：消灭罪恶。⑦凌轹：欺凌。

景公游于牛山，北临[①]其国城而流涕曰："若何滂滂[②]去此而死乎！"艾孔、梁丘据皆从而泣。晏子独笑于旁。公刷涕[③]而顾晏子曰："寡人今日之游悲，孔与据皆从寡人而涕泣，子之独笑，何也？"晏子对曰："使贤者常守之，则太公、桓公将常守之矣；使勇者常守之，则灵公、庄公将常守之矣。数君者将守之，则吾君安得此位而立焉？以其迭[④]处之，迭去之，至于君也，而独为之流涕，是不仁也。不仁之君见一，谄谀之臣见二，此臣之所以独窃笑也。"

——《晏子春秋·内篇谏上》

【注释】

①临：俯看。②滂滂：盛大的样子。③刷涕：抹泪，揩干眼泪。

④迭：交替，轮流。

景公出游于公阜[①]，北面望睹齐国曰："呜呼！使古而无死，何如[②]？"晏子曰："昔者上帝以人之殁为善[③]，仁者息焉，不仁者伏[④]焉。若使古而无死，丁公[⑤]、太公将有齐国，桓、襄、文、武[⑥]将皆相之，君将戴笠衣褐，执铫耨[⑦]以蹲行畎亩之中，孰暇患死！"公忿然作色，不说。无几何而梁丘据御六马而来，公曰："是谁也？"晏子曰："据也。"公曰："何以知之？"曰："大暑而疾驰，甚者马死，薄者马伤，非据孰敢为之！"公曰："据与我和[⑧]者夫！"晏子曰："此所谓同[⑨]也，所谓和者，君甘则臣酸，君淡则臣咸。今据也甘君亦甘，所谓同也，安得为和！"公忿然作色，不说。无几何，日暮，公西面望睹彗星，召伯常骞[⑩]，使禳[⑪]去之。晏子曰："不可！此天教[⑫]也。日月之气，风雨不时，彗星之出，天为民之乱见之[⑬]，故诏之妖祥[⑭]，以戒不敬。今君若设文[⑮]而受谏，谒圣贤人，虽不去彗，星将自亡。今君嗜酒而并于乐，政不饰而宽于小人，近谗好优，恶文而疏圣贤人，何暇在彗！茀[⑯]又将见矣。"公忿然作色，不说。及晏子卒，公出，屏而泣曰："呜呼！昔者从夫子而游公阜，夫子一日而三责我，今谁责寡人哉！"

——《晏子春秋·内篇谏上》

【注释】

①公阜：齐国地名。《左传》作"遄台"，在山东临淄西南。 ②何如：当补为"何如其乐"。 ③人之殁为善：人死去是好事。殁：死。 ④伏：隐藏，消失。 ⑤丁公：太公之子，名伋，齐国国君。 ⑥桓：齐桓公，名小白。襄：齐襄公，名诸儿。文：齐文公，名赤。武：齐武公，名寿。 ⑦铫耨：大锄和小锄。 ⑧和：和睦。古人烹调以盐梅调味，咸酸互补，称为"和"。此处用来比喻君善纳谏、臣善进谏，君臣相得益彰。 ⑨同：苟同，此处用来比喻佞臣不分对错一味迎合君主的意志。 ⑩伯常骞：人名，齐国大臣。 ⑪禳：祭名，古代消灾除邪的祭祀。 ⑫教：告诫。 ⑬见之：出现彗星。见：通

“现”。之：指彗星。 ⑭诏之妖祥：以凶兆警告。诏：告。妖祥：凶吉，此处偏指凶。 ⑮设文：推行礼治。文：指礼乐制度。 ⑯茀：即孛星，属彗星之类，古人认为是不祥之兆。

景公畋于署梁[1]，十有八日而不返。晏子自国[2]往见公。比至，衣冠不正，不革衣冠，望游[3]而驰。公望见晏子，下而急带[4]曰：“夫子何为遽？国家得无有故[5]乎？”晏子对曰：“不亦急也！虽然，婴愿有复也。国人皆以君为安野而不安国，好兽而恶民，毋乃不可乎？”公曰：“何哉？吾为夫妇狱讼之不正乎？则泰士子牛[6]存矣；为社稷宗庙之不享[7]乎？则泰祝子游[8]存矣；为诸侯宾客莫之应乎？则行人子羽[9]存矣；为田野之不僻，仓库之不实？则申田[10]存焉；为国家之有余不足聘[11]乎，则吾子存矣。寡人之有五子，犹心之有四支[12]，心有四支，故心得佚[13]焉。今寡人有五子，故寡人得佚焉，岂不可哉！”晏子对曰：“婴闻之，与君言异。若乃心之有四支，而心得佚焉，可。得令四支无心，十有八日，不亦久乎？”公于是罢畋而归。

——《晏子春秋·内篇谏上》

【注释】

①畋于署梁：在署梁打猎。署梁：齐国地名，其地址不详。 ②国：国都，指齐都临淄。 ③游：旌旗的飘带。 ④下而急带：下车肃整威仪。下：下车。急带：整威仪，面容严肃认真。 ⑤故：变故。 ⑥泰士：即太士，齐国官名，掌狱讼。子牛：人名。 ⑦享：献祭。 ⑧泰祝：即太祝，齐国官名，掌祭祀。子游：人名。 ⑨行人子羽：行人，齐国官名，掌朝觐聘问。子羽：人名。 ⑩申田：即司田，齐国官名，掌农田之事。 ⑪聘：衍文。 ⑫四支：四肢。 ⑬佚：通“逸”，安闲舒适。

此则亦见于《韩诗外传》卷十。

景公出猎，上山见虎，下泽见蛇。归，召晏子而问之曰：“今日寡人出猎，上山则见虎，下泽则见蛇，殆所谓不祥[1]也？”晏子对曰：“国

有三不祥，是不与焉[②]。夫有贤而不知，一不祥；知而不用，二不祥；用而不任[③]，三不祥也。所谓不祥，乃若此者。今上山见虎，虎之室也；下泽见蛇，蛇之穴也。如[④]虎之室，如蛇之穴，而见之，曷为不祥也！”

——《晏子春秋·内篇谏下》

【注释】

①殆所谓不祥：大概是不吉利的先兆。殆：大概。　②是不与焉：这不在其中。是：代词，代指上山见虎，下泽见蛇。不与：不在其中。　③用而不任：任用而不信任，指不重用。　④如：到……地方去。

此则亦见于《说苑·君道》。

公孙接[①]、田开疆[②]、古冶子[③]事景公，以勇力搏虎闻。晏子过而趋，三子者不起，晏子入见公曰：“臣闻明君之蓄勇力之士也，上有君臣之义，下有长率之伦[④]，内可以禁暴，外可以威敌，上利其功，下服其勇，故尊其位，重其禄。今君之蓄勇力之士也，上无君臣之义，下无长率之伦，内不以禁暴，外不可威敌，此危国之器[⑤]也，不若去之。”公曰：“三子者，搏之恐不得，刺之恐不中也。”晏子曰：“此皆力攻勍敌[⑥]之人也，无长幼之礼。”因请公使人少馈之二桃，曰：“三子何不计功而食桃？”公孙接仰天而叹曰：“晏子，智人也。夫使公之计吾功者，不受桃，是无勇也，士众而桃寡，何不计功而食桃矣！接一搏猏而再搏乳虎[⑦]，若接之功，可以食桃而无与人同矣。”援桃而起。田开疆曰：“吾仗兵而却三军者再，若开疆之功，亦可以食桃，而无与人同矣。”援桃而起。古冶子曰：“吾尝从君济于河，鼋衔左骖以入砥柱之流[⑧]。当是时也，冶少不能游，潜行逆流百步，顺流九里，得鼋而杀之，左操骖尾，右挈鼋头，鹤跃而出。津人皆曰：‘河伯也！’若冶视之，则大鼋之首。若冶之功，亦可以食桃而无与人同矣。二子何不反桃！”抽剑而起。公孙接、田开疆曰：“吾勇不子若，功不子逮，取桃

不让,是贪也;然而不死,无勇也。”皆反其桃,挈领⑨而死。古冶子曰:“二子死之,冶独生之,不仁;耻人以言,而夸其声,不义;恨乎所行,不死,无勇。虽然,二子同桃而节⑩,冶专其桃而宜。”亦反其桃,挈领而死。使者复曰:“已死矣。”公殓之以服,葬之以士礼焉。

——《晏子春秋·内篇谏下》

【注释】

①公孙接:齐国大臣,又名公孙捷,齐顷公之子。 ②田开疆:陈氏之族的齐国大臣,又名田强。 ③古冶子:齐国大臣,又名古治子。 ④长率之伦:尊重长者的伦常。 ⑤器:人才。 ⑥勍敌:劲敌。勍:通“劲”。 ⑦猏:三岁的猪。乳虎:哺乳期的母虎。 ⑧砥柱之流:黄河激流。 ⑨挈领:刎颈,用剑割脖子。领:脖子。 ⑩同桃而节:同为桃子而死。节:其节操。

景公登射①,晏子修礼②而侍。公曰:“选射之礼③,寡人厌之矣!吾欲得天下勇士,与之图国④。”晏子对曰:“君子无礼,是庶人也;庶人无礼,是禽兽也。夫勇多则弑其君,力多则杀其长,然而不敢者,维礼之谓也。礼者,所以御民也,辔者,所以御马也,无礼而能治国家者,婴未之闻也。”景公曰:“善。”乃饰⑤射更席,以为上客,终日问礼。

——《晏子春秋·内篇谏下》

【注释】

①登射:即射,古代诸侯的大射之礼。登:齐方言,发语词。 ②修礼:遵循礼节。 ③选射之礼:即大射之礼,一种贵礼不贵勇力的射礼。 ④图国:谋求治国。 ⑤饰:通“饬”,整饬。

景公问晏子曰:“吾欲善治齐国之政,以干①霸王之诸侯。”晏子作色对曰:“官未具②也。臣数以闻,而君不肯听也。臣闻仲尼居处惰倦,廉隅不正③,则季次、原宪侍;气郁而疾,志意不通④,则仲由、

卜商侍;德不盛,行不厚,则颜回、骞、雍侍。今君之朝臣万人,兵车千乘,不善政之所失于下,霣[5]坠下民者众矣,未有能士敢以闻者。臣故曰:官未具也。"公曰:"寡人今欲从夫子而善齐国之政,可乎?"对曰:"婴闻国有具官,然后其政可善。"公作色不说,曰:"齐国虽小,则何谓官不具?"对曰:"此非臣之所复也。昔吾先君桓公身体惰懈,辞令不给[6],则隰朋昵[7]侍;左右多过,狱谳[8]不中,则弦宁昵侍;田野不修,民氓不安,则宁戚昵侍;军吏怠,戎士偷,则王子成甫昵侍;居处佚怠,左右慑畏,繁乎乐,省乎治,则东郭牙昵侍;德义不中,信行衰微,则管子昵侍。先君能以人之长续其短,以人之厚补其薄,是以辞令穷远而不逆,兵加于有罪而不顿[9],是以诸侯朝其德,而天子致其胙[10]。今君之过失多矣,未有一士以闻也。故曰官不具。"公曰:"善。"

——《晏子春秋·内篇问上》

【注释】

①干:求。 ②官未具:官员的条件不具备。 ③廉隅不正:行为随便。廉隅:本指棱角,此处比喻人的行为、品性端方不苟。 ④气郁而疾,志意不通:心情郁闷,志向不立,心情不舒。 ⑤霣:通"陨",坠落。 ⑥给:敏捷。 ⑦昵:亲近。 ⑧狱谳:狱讼审理。 ⑨顿:困顿。 ⑩天子致其胙:天子赏赐齐桓公祭肉,以示尊重,同于文王、武王之后。胙:祭肉。

此则亦见于《说苑·君道》。

景公问晏子曰:"古之莅国治民者,其任人何如?"晏子对曰:"地不同生[1],而任之以一种,责其俱生不可得;人不同能,而任之以一事,不可责[2]遍成。责焉无已,智者有不能给[3],求焉无餍[4],天地有不能赡也。故明王之任人,谄谀不迩乎左右,阿党不治乎本朝;任人之长,不强其短,任人之工,不强其拙。此任人之大略也。"

——《晏子春秋·内篇问上》

【注释】

①地不同生:土地有不同的性能。 ②责:要求。 ③给:满足。 ④餍:饱,引申为满足。

景公问晏子曰:“吾欲和民亲下[1]奈何?”晏子对曰:“君得臣而任使之,与言信,必顺其令[2],赦其过,任大臣无多责[3]焉,使迩臣无求嬖[4]焉,无以嗜欲贫其家,无亲谗人伤其心,家不外求[5]而足,事君不因人而进,则臣和矣。俭于藉敛,节于货财,作工不历时[6],使民不尽力,百官节适[7],关市[8]省征,山林陂[9]泽,不专其利,领民治民,勿使烦乱,知其贫富,勿使冻馁,则民亲矣。”公曰:“善!寡人闻命矣。”故令诸子无外亲谒,辟梁丘据无使受报,百官节适,关市省征,陂泽不禁,冤报者过,留狱者请焉。

——《晏子春秋·内篇问上》

【注释】

①和民亲下:当作“和臣亲下”。 ②令:善。 ③任大臣无多责:任用大臣而不过多地苛求于他。 ④嬖:宠爱的人。 ⑤家不外求:大夫之家不向外求取。 ⑥作工:兴办工程。历时:超过定时。 ⑦节适:节制适度。 ⑧关市:关与市的合称,边关的交易场所。 ⑨陂:池塘,湿地。

景公饮酒,夜移于晏子之家,前驱款门[1]曰:“君至!”晏子被元端[2],立于门曰:“诸侯得微[3]有故乎?国家得微有事乎?君何为非时[4]而夜辱?”公曰:“酒醴之味,金石之声,愿与夫子乐之。”晏子对曰:“夫布荐席[5],陈簠簋[6]者,有人,臣不敢与焉。”公曰:“移于司马穰苴[7]之家。”前驱款门曰:“君至!”穰苴介胄[8]操戟立于门,曰:“诸侯得微有兵乎?大臣得微有叛者乎?君何为非时而夜辱?”公曰:“酒醴之味,金石之声,愿与夫子乐之。”穰苴对曰:“夫布荐席,陈簠簋者,有人,臣不敢与焉。”公曰:“移于梁丘据之家。”前驱款门曰:

“君至!”梁丘据左操瑟,右挈⑨竽,行歌而出。公曰:“乐哉!今夕吾饮也。微此二子者,何以治吾国;微此一臣者,何以乐吾身。”君子曰:“圣贤之君,皆有益友,无偷乐之臣,景公弗能及,故两用之,仅得不亡。”

——《晏子春秋·内篇杂上》

【注释】

①前驱:先行的人。款门:敲门。款:叩。 ②元端:墨色的礼服。元:即“玄”,黑色。 ③得微:莫非,该不会。 ④非时:不恰当的时候。在古代,除非国家发生大事,否则国君不会深夜到军政大臣之家。 ⑤布荐席:铺设坐席。 ⑥陈簠簋:摆设宴饮的器皿。簠:外方内圆的器皿,用来盛稻粱。簋:外圆内方的器皿,用来盛黍稷。 ⑦司马穰苴:司马,官名,主持军政。穰苴:人名,姓田,曾为大司马。 ⑧介胄:甲胄,这里指穿好甲胄。 ⑨挈:提。

晏子为齐相,出,其御之妻从门间①而窥,其夫为相御,拥大盖②,策驷马,意气扬扬,甚自得也。既而归,其妻请去。夫问其故,妻曰:“晏子长不满六尺,相齐国,名显诸侯。今者妾观其出,志念深矣③,常有以自下④者。今子长八尺,乃为人仆御;然子之意,自以为足,妾是以求去也。”其后,夫自抑损⑤。晏子怪而问之,御以实对,晏子荐以为大夫。

——《晏子春秋·内篇杂上》

【注释】

①间:门缝。 ②拥大盖:张盖着形如大伞的车篷。盖:车篷,形圆如伞,下有柄。 ③志念深矣:志向远大。 ④自下:自己谦逊,礼于下人。 ⑤抑损:抑制谦退。

齐有北郭骚①者,结罘罔②,捆蒲苇③,织履,以养其母,犹不足,踵门④见晏子曰:“窃说先生之义,愿乞所以养母者。”晏子使人分仓

粟府金而遗之，辞金受粟。有间，晏子见疑于景公，出奔，过北郭骚之门而辞。北郭骚沐浴而见晏子曰："夫子将焉适？"晏子曰："见疑于齐君，将出奔。"北郭骚曰："夫子勉之矣。"晏子上车太息而叹曰："婴之亡岂不宜哉！亦不知士甚矣。"晏子行，北郭子召其友而告之曰："吾说晏子之义，而尝乞所以养母者焉。吾闻之，养其亲者身伉⑤其难。今晏子见疑，吾将以身死白⑥之。"著衣冠，令其友操剑，奉笥⑦而从，造于君庭，求复者曰："晏子，天下之贤者也；今去齐国，齐必侵矣。方见国之必侵，不若先死，请以头托白晏子也。"因谓其友曰："盛吾头于笥中，奉以托。"退而自刎。其友因奉托而谓复者曰："此北郭子为国故死，吾将为北郭子死。"又退而自刎。景公闻之，大骇，乘驲⑧而自追晏子，及之国郊，请而反之。晏子不得已而反。闻北郭子之以死白己也，太息而叹曰："婴之亡，岂不宜哉，亦愈不知士甚矣。"

——《晏子春秋·内篇杂上》

【注释】

①北郭骚：人名，姓北郭，名骚。 ②罘罔：捕兽的网。 ③蒲苇：一种水生植物，可用来织席、织履。 ④踵门：亲自到门。 ⑤伉：当。 ⑥白：剖白。 ⑦笥：方形竹器，常用来盛饭食或衣物。 ⑧驲（rì）：古代驿站专用的车，或称传车。

此则亦见于《吕氏春秋·士节》。

景公至自畋，晏子侍于遄台①，梁丘据造②焉。公曰："维据与我和夫！"晏子对曰："据亦同也，焉得为和。"公曰："和与同异乎？"对曰："异。和如羹焉，水火醯醢③盐梅，以烹鱼肉，焯④之以薪，宰夫和之，齐⑤之以味，济⑥其不及，以泄⑦其过；君子食之，以平其心。君臣亦然。君所谓可，而有否焉，臣献其否，以成其可；君所谓否，而有可焉，臣献其可，以去其否。是以政平而不干⑧，民无争心。故《诗》曰：

‘亦有和羹，既戒[9]且平；奏鬷[10]无言，时靡有争。’先王之济五味，和五声也，以平其心，成其政也。声亦如味：一气[11]，二体[12]，三类[13]，四物[14]，五声[15]，六律[16]，七音[17]，八风[18]，九歌[19]，以相成也；清浊，大小，短长，疾徐，哀乐，刚柔，迟速，高下，出入，周疏，以相济也。君子听之，以平其心，心平德和。故《诗》曰：‘德音不瑕[20]。’今据不然，君所谓可，据亦曰可；君所谓否，据亦曰否。若以水济水，谁能食之？若琴瑟之专一，谁能听之？同之不可也如是。”公曰：“善。”

——《晏子春秋·外篇》

【注释】

①遄台：地名，在山东临淄附近。 ②造：到。 ③醯醢：肉酱。 ④燀：炊。 ⑤齐：调和。 ⑥济：增加，补充。 ⑦泄：减少，冲淡。 ⑧干：冒犯。 ⑨戒：完备。 ⑩奏鬷（zōng）：祭祷。 ⑪一气：指顺气而动。 ⑫二体：指文舞和武舞。 ⑬三类：指风、雅、颂。 ⑭四物：四方之物。 ⑮五声：即宫、商、角、徵、羽。 ⑯六律：古代音乐术语，即黄钟、太簇、姑洗、蕤宾、夷则、无射。 ⑰七声：古代音乐术语，在五声的基础上加上变宫、变羽，合称七音或七声。 ⑱八风：八方之风。 ⑲九歌：相传为夏禹时之乐歌。 ⑳瑕：瑕疵。

晏子相景公，其论[1]人也，见贤而进之，不同君所欲；见不善则废之，不辟[2]君所爱；行己而无私，直言而无讳。有纳书者曰：“废置不周[3]于君前，谓之专；出言不讳于君前，谓之易[4]。专易之行存，则君臣之道废矣，吾不知晏子之为忠臣也。”公以为然。晏子入朝，公色不说，故晏子归，备载，使人辞曰：“婴故老悖无能，毋能服壮者事。”辞而不为臣，退而穷处，东耕海滨，堂下生藜藿，门外生荆棘。七年，燕、鲁分争，百姓惛乱，而家无积。公自治国，权轻诸侯，身弱高、国。公恐，复召晏子。晏子至，公一归七年之禄，而家无藏。晏子立，诸侯忌其威，高、国服其政，燕、鲁贡职，小国时朝。晏子没而后衰。

——《晏子春秋·外篇》

【注释】

①论：选择。 ②辟：通“避”，回避。 ③周：调和。 ④易：傲慢。

天下万事不可备能[1]，责其备能于一人，则贤、圣其犹病诸[2]！设一人能备天下之事，则左右前后之宜、远近迟疾之间，必有不兼[3]者焉。苟有不兼，于治阙[4]矣。全治而无阙者，大小多少，各当其分；农、商、工、仕，不易其业；老农[5]、长商[6]、习工[7]、旧仕[8]，莫不存焉。则处上者何事哉！

——《尹文子·大道上》

【注释】

①备能：全通。能：全，都。 ②贤、圣其犹病诸：贤人、圣人或许都难以做到。病：难。诸：之乎。 ③兼：兼顾。 ④阙：通“缺”，亏缺。 ⑤老农：有种田经验的农民。 ⑥长商：长于经商的商贾。 ⑦习工：熟习技艺的匠人。 ⑧旧仕：资历较老的官员。

孟尝君有舍人而弗悦，欲逐之。鲁连[1]谓孟尝君曰：“猿猕猴错木据水，则不若鱼鳖；历险乘危，则骐骥[2]不如狐狸。曹沫[3]之奋三尺之剑，一军[4]不能当；使曹沫释其三尺之剑，而操铫耨[5]与农夫居垅亩之中，则不若农夫。故物舍其所长，之其所短，尧亦有所不及矣。今使人而不能，则谓之不肖；教人而不能，则谓之拙。拙则罢之，不肖[6]则弃之，使人有弃逐，不相与处，而来害相报者，岂非世之立教首也哉！”孟尝君曰：“善。”乃弗逐。

——《战国策·齐策三》

【注释】

①鲁连：鲁仲连，战国时期齐国人，善于出谋划策，志行高洁。 ②骐骥：骏马。 ③曹沫：春秋时鲁国大夫。一说曹沫和曹刿是同一个人。 ④一军：一万两千五百人。《国语·齐语》载，齐制“万人为一军”。 ⑤铫耨：锄田的用具。 ⑥不肖：没有才能。

齐人有冯谖者，贫乏不能自存，使人属①孟尝君，愿寄食门下。孟尝君曰："客何好？"曰："客无好也。"曰："客何能？"曰："客无能也。"孟尝君笑而受之曰："诺。"左右以君贱之也，食②以草具。

居有顷，倚柱弹其剑，歌曰："长铗③归来乎！食无鱼。"左右以告。孟尝君曰："食之，比门下之客。"居有顷，复弹其铗，歌曰："长铗归来乎！出无车。"左右皆笑之，以告。孟尝君曰："为之驾，比门下之车客。"于是乘其车，揭④其剑，过其友曰："孟尝君客我。"后有顷，复弹其剑铗，歌曰："长铗归来乎！无以为家。"左右皆恶之，以为贪而不知足。孟尝君问："冯公有亲乎？"对曰："有老母。"孟尝君使人给其食用，无使乏。于是冯谖不复歌。

——《战国策·齐策四》

【注释】

①属：嘱托。　②食：给……吃。　③铗：剑柄。　④揭：举着。

后孟尝君出记①，问门下诸客："谁习计会，能为文收责②于薛者乎？"冯谖署曰："能。"孟尝君怪之，曰："此谁也？"左右曰："乃歌夫'长铗归来'者也。"孟尝君笑曰："客果有能也，吾负③之，未尝见也。"请而见之，谢曰："文倦于事，愦于忧，而性懧④愚，沉于国家之事，开罪于先生。先生不羞，乃有意欲为收责于薛乎？"冯谖曰："愿之。"于是约车治装，载券契而行，辞曰："责毕收，以何市而反⑤？"孟尝君曰："视吾家所寡有者。"

——《战国策·齐策四》

【注释】

①记：文告，告示。　②责：通"债"，债务。　③负：对不住。　④懧：通"懦"，懦弱。　⑤反：通"返"，回来。

驱而之薛，使吏召诸民当偿者，悉来合券。券遍合，起矫命①，以

责赐诸民，因烧其券，民称万岁。

长驱到齐，晨而求见。孟尝君怪其疾[2]也，衣冠而见之，曰："责毕收乎？来何疾也！"曰："收毕矣。""以何市而反？"冯谖曰："君云'视吾家所寡有者'。臣窃计，君宫中积珍宝，狗马实外厩，美人充下陈[3]。君家所寡有者以义耳！窃以为君市义。"孟尝君曰："市义奈何？"曰："今君有区区之薛，不拊爱子其民，因而贾[4]利之。臣窃矫君命，以责赐诸民，因烧其券，民称万岁。乃臣所以为君市义也。"孟尝君不说[5]，曰："诺，先生休矣！"

——《战国策·齐策四》

【注释】

①矫命：假借命令。 ②疾：表示速度快，这里是迅速的意思。 ③下陈：堂下的庭院。 ④贾：商人。贾利：指用商人的手段牟利。 ⑤说：通"悦"，高兴。

后期年，齐王[1]谓孟尝君曰："寡人不敢以先王之臣为臣。"孟尝君就国于薛，未至百里，民扶老携幼，迎君道中。孟尝君顾[2]谓冯谖曰："先生所为文市义者，乃今日见之。"冯谖曰："狡兔有三窟，仅得免其死耳[3]。今君有一窟，未得高枕而卧也。请为君复凿二窟。"孟尝君予车五十乘，金五百斤，西游于梁，谓梁王曰："齐放其大臣孟尝君于诸侯，诸侯先迎之者，富而兵强。"于是，梁王虚上位，以故相为上将军，遣使者，黄金千斤，车百乘，往聘孟尝君。冯谖先驱诫孟尝君曰："千金，重币也；百乘[4]，显使也。齐其闻之矣。"梁使三[5]反，孟尝君固辞不往也。

——《战国策·齐策四》

【注释】

①齐王：齐湣王。 ②顾：回头看。 ③狡兔有三窟，仅得免其死耳：成语"狡兔三窟"出于此。 ④乘：古代称兵车，四马一车为一乘。 ⑤三：多次。

齐王闻之，君臣恐惧，遣太傅赍[①]黄金千斤，文车二驷[②]，服剑[③]一，封书谢孟尝君曰："寡人不祥，被于宗庙之祟，沉于谄谀之臣，开罪于君，寡人不足为也。愿君顾[④]先王之宗庙，姑反国统[⑤]万人乎？"冯谖诫孟尝君曰："愿请先王之祭器，立宗庙于薛。"庙成，还报孟尝君曰："三窟已就，君姑高枕为乐矣。"

孟尝君为相数十年，无纤介[⑥]之祸者，冯谖之计也。

——《战国策·齐策四》

【注释】

①太傅：官名，古代三公之一。赍：把物品送给别人。 ②驷：古代同驾一辆车的四匹马，或套着四匹马的车。 ③服剑：国君的佩剑。 ④顾：兼顾，看在……的份上。 ⑤反：同"返"。统：治理，统治。 ⑥纤介：细微。介：同"芥"。

凡战：定爵位[①]，著功罪[②]；收游士[③]，申教诏[④]；讯厥众[⑤]，求厥技。方虑极物[⑥]，变嫌推疑[⑦]；养力索巧[⑧]，因心之动[⑨]。

——《司马法·定爵》

【注释】

①定爵位：定立爵位。西周时期贵族有公、侯、伯、子、男等爵称，战国以来各国发展出一种新的军功爵制，如秦的二十等爵制。 ②著功罪：昭明功罪。著：昭明。 ③收游士：收罗接纳游说之士。 ④申教诏：申明教令。 ⑤讯厥众：征询民众的意见。讯：征询。厥：其。 ⑥方虑极物：比较衡量，弄清各种事物的情况。极物：指穷究事物的情状。 ⑦变嫌推疑：指消除其疑虑。嫌：疑惑。推：移去，这里是消除的意思。 ⑧养力：养其精力。索巧：取其技巧。 ⑨因心之动：根据民心所向采取行动。因：依据，根据。

孙子曰：恒胜[①]有五：得主剸制[②]，胜；知道，胜；得众，胜；左右和，胜；量敌计险[③]，胜。孙子曰：恒不胜有五：御将[④]不胜；不知道不胜；乖[⑤]将不胜；不用间不胜；不得众不胜。

——《孙膑兵法·篡卒》

【注释】

①恒胜:经常获胜。 ②得主剸制:得到君主的信任,可以全权指挥作战。③量敌计险:原为“粮适计险”。 ④御将:与“得主剸制”相反,指将领受到君主的牵制,不能自主。御:驾驭,控制。 ⑤乖:离,异,这里指将帅不和。

孙子曰:明爵禄而……(以下为散简)

……杀士则士必……

……知之。知士可信,毋令人离之①。必胜乃战,毋令人知之②。当战毋忘……

……必审而行之。士死……

——《孙膑兵法·杀士》

【注释】

①离:离间。这句话的大意是,知道某个士人可靠,就信任他而不要受人离间。 ②必胜乃战,毋令人知之:大意是,有了必胜把握,才决心与敌作战,但这个决心不可让敌人知道。

《银雀山汉墓竹简(壹)·孙膑兵法》中的“杀士”篇与《孙膑兵法校理》中的“杀士”篇有较大差别。后者与银雀山汉墓竹简整理小组撰写的《临沂银雀山汉墓出土〈孙膑兵法〉释文》(《文物》1975 年第 1 期)一致。本文摘录的内容出自后者。

求善处大重①、理②任大事、擅宠于万乘之国、必无后患之术:莫若好同之,援贤博施,除怨而无妨害人。能耐任之,则慎行此道也。能而不耐③任,且恐失宠,则莫若早同之,推贤让能而安随其后。如是,有宠则必荣,失宠则必无罪,是事君者之宝,而必无后患之术也。故知者之举事也,满则虑嗛,平则虑险,安则虑危,曲重其豫④,犹恐及其祸,是以百举而不陷也。孔子曰:“巧而好度,必节;勇而好同,必胜;知而好谦,必贤。”此之谓也。愚者反是。处重擅权,则好专事而妒贤能,抑有功而挤有罪,志骄盈而轻旧怨,以吝啬而不行施,道

乎上为重，招权于下，以妨害人，虽欲无危，得乎哉！是以位尊则必危，任重则必废，擅宠则必辱，可立而待也，可炊而僓也。是何也？则堕之者众，而持之者寡矣。

天下之行术：以事君则必通，以为仁[⑤]则必圣，立隆而勿贰也。然后恭敬以先之，忠信以统之，慎谨以行之，端悫以守之，顿穷则从之，疾力以申重之。君虽不知，无怨疾之心；功虽甚大，无伐德之色；省求多功，爱敬不倦：如是则常无不顺矣。以事君则必通，以为仁则必圣，夫是之谓天下之行术。少事长，贱事贵，不肖事贤，是天下之通义也。

——《荀子·仲尼》

【注释】

①重：权，此指重要的官位。 ②理：顺。 ③耐：通“能”，能够。 ④满则虑嗛，平则虑险，安则虑危，曲重其豫：圆满时考虑不足，顺利时考虑艰难，安全时考虑危险，周到地从多方面加以防范。 ⑤仁：通“人”。

秦昭王问孙卿子曰：“儒无益于人之国？”孙卿子曰：“儒者法先王，隆礼义，谨乎臣子，而致[①]贵其上者也。人主用之，则势在本朝而宜；不用，则退编百姓而悫，必为顺下矣。虽穷困冻餧[②]，必不以邪道为贪；无置锥之地，而明于持社稷之大义；呜呼而莫之能应，然而通乎财万物、养百姓之经纪。势在人上，则王公之材也；在人下，则社稷之臣，国君之宝也。虽隐于穷阎漏[③]屋，人莫不贵之，道诚存也。仲尼将为司寇，沈犹氏不敢朝饮其羊，公慎氏出其妻，慎溃氏踰境而徙，鲁之粥牛马者不豫贾，必蚤[④]正以待之也。居于阙党，阙党之子弟罔不分，有亲者取多，孝弟[⑤]以化之也。儒者在本朝则美政，在下位则美俗。儒之为人下如是矣。”王曰：“然则其为人上何如？”孙卿曰：“其为人上也，广大矣：志意定乎内，礼节修乎朝，法则度量正乎官，忠信爱利形乎下。行一不义，杀一无罪而得天下，不为也。此君

义信乎人矣，通于四海，则天下应之如讙⑥。是何也？则贵名白而天下治也。故近者歌讴而乐之，远者竭蹶⑦而趋之，四海之内若一家，通达之属莫不从服。夫是之谓人师。《诗》曰：'自西自东，自南自北，无思不服。'此之谓也。夫其为人下也如彼，其为人上也如此，何谓其无益于人之国也！"昭王曰："善！"

——《荀子·儒效》

【注释】

①致：极。②餧：同"馁"，饥饿。③阇：里巷。漏：通"陋"，狭小，简陋。④沈犹氏：春秋时鲁国人，据说他常在早晨让羊喝饱了水再去卖羊，以欺骗买主。公慎氏：春秋时鲁国人，据说他的妻子淫乱，他却不管。慎溃氏：春秋时鲁国人，据说他平时荒淫无度。粥：同"鬻"，卖。豫：通"謣"，虚夸，欺骗。贾：同"价"。豫贾：虚定高价。蚤：通"早"。⑤阙党：同"阙里"，地名，相传为孔子授徒之所，在今山东省曲阜境内。党、里都是古代的居民组织（五百家为党，二十五家为里）。罔：通"网"，捕鱼的工具，这里指捕获的鱼。不：通"罘"，捕兽的网，这里指捕获的野兽。弟：同"悌"，弟弟尊敬兄长。⑥讙：喧哗，形容齐声回答。⑦竭蹶：力竭而跌倒，形容竭尽全力拚命奔走的样子。

先王之道，仁之隆也，比中而行之。曷谓中？曰：礼义是也。道者，非天之道，非地之道，人之所以道也，君子之所道也。君子之所谓贤者，非能遍能人之所能之谓也；君子之所谓知①者，非能遍知人之所知之谓也；君子之所谓辩者，非能遍辩人之所辩之谓也；君子之所谓察者，非能遍察人之所察之谓也：有所正矣。相高下，视垸肥，序五种②，君子不如农人；通财货，相美恶，辩贵贱，君子不如贾人；设规矩，陈绳墨，便备用，君子不如工人；不恤是非然不然之情，以相荐撙，以相耻怍③，君子不若惠施、邓析。若夫谪④德而定次，量能而授官，使贤不肖皆得其位，能不能皆得其官，万物得其宜，事变得其应，慎、墨不得进其谈，惠施、邓析不敢窜⑤其察，言必当理，事必当务，是

然后君子之所长也。

——《荀子·儒效》

【注释】

①知：通“智”。 ②序：次序，指合理安排，不失农时。五种：即“五谷”，指黍、稷、豆、麦、稻，一说指黍、稷、豆、麦、麻，此泛指各种庄稼。 ③不恤是非然不然之情，以相荐撙，以相耻怍：不顾是与非、对与不对的实际情况，互相贬抑，互相污辱。荐：通“践”。 ④谪：同“商”，计量，估量。 ⑤寃：使……得到容纳。

造父者，天下之善御者也，无舆马则无所见其能；羿[1]者，天下之善射者也，无弓矢则无所见其巧。大儒者，善调一天下者也，无百里之地则无所见其功。舆固马选矣，而不能以至远，一日而千里，则非造父也。弓调矢直矣，而不能射远中微，则非羿也。用百里之地，而不能以调一天下，制强暴，则非大儒也。彼大儒者，虽隐于穷阎漏屋，无置锥之地，而王公不能与之争名；在一大夫之位，则一君不能独畜，一国不能独容，成名况乎诸侯，莫不愿得以为臣；用百里之地，而千里之国莫能与之争胜，笞棰[2]暴国，齐一天下，而莫能倾也。是大儒之征也。其言有类，其行有礼，其举事无悔，其持险应变曲当，与时迁徙，与世偃仰，千举万变，其道一也。是大儒之稽也。其穷也，俗儒笑之；其通也，英杰化之，嵬琐[3]逃之，邪说畏之，众人媿[4]之。通则一天下，穷则独立贵名，天不能死，地不能埋，桀、跖之世不能污，非大儒莫之能立，仲尼、子弓是也。

——《荀子·儒效》

【注释】

①造父：周穆王的车夫，善于驾驭车马。见：同“现”。羿：夏代东夷族有穷氏的部落首领，又称夷羿、后羿，善于射箭。 ②笞：用鞭子、竹板抽打。棰：用木棍打。 ③嵬：通“傀”，怪诞，怪异。琐：委琐，鄙陋庸俗。 ④媿：通“愧”。

故有俗人者，有俗儒者，有雅[1]儒者，有大儒者。不学问，无正义，以富利为隆，是俗人者也。逢衣浅带，解果其冠[2]，略法先王而足乱世术，缪[3]学杂举，不知法后王而一制度，不知隆礼义而杀《诗》《书》[4]；其衣冠行伪[5]已同于世俗矣，然而不知恶者；其言议谈说已无以异于墨子矣，然而明不能别；呼先王以欺愚者，而求衣食焉；得委积足以掩其口，则扬扬如也；随其长子，事其便辟，举其上客，億然若终身之虏，而不敢有他志，是俗儒者也。法后王，一制度，隆礼义而杀《诗》《书》，其言行已有大法矣，然而明不能齐，法教之所不及，闻见之所未至，则知不能类也，知之曰知之，不知曰不知，内不自以诬，外不自以欺，以是尊贤畏法，而不敢怠傲，是雅儒者也。法先王，统礼义，一制度，以浅持博，以古持今，以一持万，苟仁义之类也，虽在鸟兽之中，若别白黑，倚物怪变，所未尝闻也，所未尝见也，卒然起一方，则举统类而应之，无所儗㤿[6]，张法而度之，则晻然若合符节[7]，是大儒者也。故人主用俗人，则万乘之国亡；用俗儒，则万乘之国存；用雅儒，则千乘之国安；用大儒，则百里之地久，而后三年，天下为一，诸侯为臣，用万乘之国，则举错[8]而定，一朝而伯[9]。

——《荀子·儒效》

【注释】

①雅：正。 ②逢：蓬松宽大。浅带：指宽阔的腰带。阔带子束衣服束得很浅，所以称“浅带”。解果：亦作“蟹螺”“蝵倮”“蟹堁”，高的意思。这两句是说他模仿儒者的穿戴。有人认为“解果”是平正的意思。 ③缪：通“谬”。 ④不知隆礼义而杀《诗》《书》：指不懂得把奉行礼义放在首位，把诵读《诗》《书》降到次要的地位。杀：减少，降等。 ⑤伪：通“为”。 ⑥儗：通“疑”。㤿：同“怍”，惭愧，颜面变色。 ⑦晻：通“奄”，覆盖，相合。符节：古代出入门关时的凭证，用竹片做成，上书文字，剖而为二，双方各存一半，验证时两片合起来完全相符，才可通行。 ⑧举错：通“举措”，采取措施。 ⑨伯：通“白”，指名声显著。

请问为政？曰：贤能，不待次而举；罢不能，不待须[①]而废；元恶，不待教而诛；中庸民，不待政而化。分未定也，则有昭缪[②]。虽王公士大夫之子孙也，不能属于礼义，则归之庶人。虽庶人之子孙也，积文学，正身行，能属于礼义，则归之卿相士大夫。故奸言、奸说、奸事、奸能、遁逃反侧之民，职而教之，须而待之，勉之以庆赏，惩之以刑罚，安职则畜，不安职则弃。五疾，上收而养之，材而事之，官施而衣食之，兼覆无遗。才行反时者，死无赦。夫是之谓天德，王者之政也。听政之大分：以善至者，待之以礼；以不善至者，待之以刑。两者分别则贤不肖不杂，是非不乱。贤不肖不杂，则英杰至，是非不乱，则国家治。若是，名声日闻，天下愿，令行禁止，王者之事毕矣。凡听，威严猛厉，而不好假道人，则下畏恐而不亲，周闭而不竭。若是，则大事殆乎弛，小事殆乎遂。和解调通，好假道人，而无所凝止之，则奸言并至，尝试之说锋起。若是，则听大事烦，是又伤之也。故法法而不议，则法之所不至者必废。职而不通，则职之所不及者必队[③]。故法而议，职而通，无隐谋，无遗善，而百事无过，非君子莫能。故公平者，听之衡也；中和者，听之绳也。其有法者以法行，无法者以类举，听之尽也。偏党而无经，听之辟也。故有良法而乱者，有之矣，有君子而乱者，自古及今，未尝闻也。传曰："治生乎君子，乱生乎小人。"此之谓也。

分均则不偏，埶齐则不壹，众齐则不使。有天有地而上下有差，明王始立而处国有制。夫两贵之不能相事，两贱之不能相使，是天数也。埶位齐而欲恶同，物不能澹[④]则必争，争则必乱，乱则穷矣。先王恶其乱也，故制礼义以分之，使有贫富贵贱之等，足以相兼临者，是养天下之本也。《书》曰："维齐非齐。"[⑤]此之谓也。

——《荀子·王制》

【注释】

①罢：通"疲"，疲沓，没有德才。须：须臾，一会儿。　②缪：通"穆"。昭

缪:即昭穆,据古代宗法制度,宗庙或墓地的辈次排列以始祖居中,二世、四世、六世位于始祖的左方,称昭;三世、五世、七世位于右方,称穆,以此来分别上下辈分。 ③队:通“坠”。 ④澹:通“赡”,满足。 ⑤《书》曰:“维齐非齐。”:《尚书》上说:“要整齐划一,在于不整齐划一。”其意思是:要使天下人步调一致,就必须有等级差别。

水火有气而无生,草木有生而无知,禽兽有知而无义,人有气、有生、有知,亦且有义,故最为天下贵也。力不若牛,走不若马,而牛马为用,何也?曰:人能群,彼不能群也。人何以能群?曰:分。分何以能行?曰:义。故义以分则和,和则一,一则多力,多力则强,强则胜物,故宫室可得而居也。故序四时,裁[①]万物,兼利天下,无它故焉,得之分义也。故人生不能无群,群而无分则争,争则乱,乱则离,离则弱,弱则不能胜物,故宫室不可得而居也,不可少顷舍礼义之谓也。能以事亲谓之孝,能以事兄谓之弟,能以事上谓之顺,能以使下谓之君。君者,善群也。群道当则万物皆得其宜,六畜皆得其长,群生皆得其命。故养长时,则六畜育;杀生时,则草木殖;政令时,则百姓一,贤良服。

——《荀子·王制》

【注释】

①裁:控制,安排。

序官:宰爵知宾客、祭祀、飨食、牺牲之牢[①]数,司徒知百宗、城郭、立器之数,司马知师旅、甲兵、乘白之数。修宪命,审诗商,禁淫声,以时顺修,使夷俗邪音不敢乱雅,大师之事也。修堤梁,通沟浍,行水潦,安水臧,以时决塞,岁虽凶败水旱,使民有所耘艾,司空之事也。相高下,视肥墝,序五种,省农功,谨蓄藏,以时顺修,使农夫朴力而寡能,治田之事也。修火宪,养山林薮泽草木鱼鳖百索,以时禁

发，使国家足用而财物不屈，虞师之事也。顺州里，定廛宅，养六畜，闲树艺，劝教化，趋孝弟[②]，以时顺修，使百姓顺命，安乐处乡，乡师[③]之事也。论百工，审时事，辨功苦，尚完利，便备用，使雕琢文采不敢专造于家，工师之事也。相阴阳，占祲兆，钻龟陈卦，主攘择五卜，知其吉凶妖祥，伛巫、跛击之事也。修采清，易道路，谨盗贼，平室[④]律，以时顺修，使宾旅安而货财通，治市之事也。抃急禁悍，防淫除邪，戮之以五刑，使暴悍以变，奸邪不作，司寇之事也。本政教，正法则，兼听而时稽之，度其功劳，论其庆赏，以时慎修，使百吏免尽而众庶不偷，冢宰之事也。论礼乐，正身行，广教化，美风俗，兼覆而调一之，辟公之事也。全道德，致隆高，綦文理，一天下，振毫末，使天下莫不顺比从服，天王之事也。故政事乱，则冢宰之罪也；国家失俗，则辟公之过也；天下不一，诸侯俗反，则天王非其人也[⑤]。

——《荀子·王制》

【注释】

①宰：主管。爵：古代的一种酒器，这里泛指饮食器具。宰爵：官名，掌管接待宾客及祭祀时的酒食祭品供应等事务。知：掌管。飨：用酒食招待人。牺牲：供祭祀用的纯色整牛、整羊、整猪。牢：作祭品用的牛、羊、猪的计量单位。②趋：通“促”。弟：通“悌”。 ③乡师：乡一级的长官，掌管本乡的教化和政事。周代一万二千五百家为乡，共辖五州。 ④室：当是“质”之音误。质：贸易时买方抵押给卖方的代金券。因为它具有法律效力，所以称“质律”（据《周礼·地官·质人》郑玄、贾公彦的解说）。 ⑤故政事乱……则天王非其人也：所以政事混乱，就是宰相的罪过；国家风俗败坏，就是诸侯的过错；天下不统一，诸侯想造反，那便是因为天子不是理想的人选。

万物同宇而异体，无宜而有用为[①]人，数也。人伦并处，同求而异道，同欲而异知，生[②]也。皆有可也，知愚同；所可异也，知愚分。势同而知异[③]，行私而无祸，纵欲而不穷，则民心奋而不可说也。如

是，则知者未得治也，知者未得治则功名未成也，功名未成则群众未县也，群众未县则君臣未立也。无君以制臣，无上以制下，天下害生纵欲。欲恶同物，欲多而物寡，寡则必争矣。故百技所成，所以养一人也。而能不能兼技，人不能兼官，离居不相待则穷，群而无分则争。穷者患也，争者祸也，救患除祸，则莫若明分使群矣。强胁弱也，知惧愚也，民下违上，少陵长，不以德为政。如是，则老弱有失养之忧，而壮者有分争之祸矣。事业[4]所恶也，功利所好也，职业无分。如是，则人有树事之患[5]，而有争功之祸矣。男女之合，夫妇之分，婚姻娉内，送逆[6]无礼。如是，则人有失合之忧，而有争色之祸矣。故知者为之分也。

——《荀子·富国》

【注释】

①宜：适合，指主动地迎合人们需要的应变能力。为：犹“于”。 ②知：通“智”。生：通“性”。 ③知异：认识不同，指所认可的事物不同，即生活追求不同。 ④事业：指劳役之事。 ⑤有树事之患：意谓事业难以建立，事情办不起来。 ⑥娉：同“聘”，送礼物订婚。一说指古婚礼六礼（纳采、问名、纳吉、纳徵、请期、亲迎）之一的问名，即询问女方之名。内：同“纳”，指纳币，又称纳徵，古婚礼六礼之一，派人送聘书、聘礼于女家，女家接受聘书、聘礼后复书，婚姻关系就确定了。逆：迎。

人之生不能无群，群而无分则争，争则乱，乱则穷矣。故无分者，人之大害也；有分者，天下之本利也；而人君者，所以管分之枢要也。故美之者，是美天下之本也；安之者，是安天下之本也；贵之者，是贵天下之本也。古者先王分割而等异之也，故使或美或恶，或厚或薄，或佚或乐，或劬[1]或劳，非特以为淫泰夸丽[2]之声，将以明仁之文，通仁之顺也。故为之雕琢刻镂、黼黻文章，使足以辨贵贱而已，不求其观；为之钟鼓管磬、琴瑟竽笙，使足以辨吉凶、合欢定[3]和而已，不求其余；为之

宫室台榭，使足以避燥湿、养德、辨轻重④而已，不求其外。《诗》曰：“雕琢其章，金玉其相⑤。亹亹⑥我王，纲纪四方。”此之谓也。

——《荀子·富国》

【注释】

①劬：劳苦，劳累。 ②淫：过分，放荡。泰：过分，奢侈。夸：美好。丽：美好。 ③吉：吉事，指祭祀、冠、婚娶等。凶：凶事，指丧事。定：成。 ④轻重：指尊卑。 ⑤相：质料。 ⑥亹（wěi）亹：勤勉不倦的样子。

兼足天下之道在明分。掩地表亩①，刺草殖谷，多粪肥田，是农夫众庶之事也。守时力民，进事长功，和齐百姓，使人不偷，是将率之事也。高者不旱，下者不水，寒暑和节而五谷以时孰，是天下之事也。若夫兼而覆之，兼而爱之，兼而制之，岁虽凶败水旱，使百姓无冻馁之患，则是圣君贤相之事也。墨子之言，昭昭②然为天下忧不足。夫不足，非天下之公患也，特墨子之私忧过计也。今是土之生五谷也，人善治之，则亩数盆，一岁而再获之，然后瓜桃枣李一本数以盆鼓，然后荤菜百疏以泽③量，然后六畜禽兽，一而剸车，鼋鼍、鱼鳖、鳅鳣以时别，一而成群，然后飞鸟凫雁若烟海，然后昆虫万物主其间，可以相食养者不可胜数也。夫天地之生万物也，固有余足以食人矣；麻葛、茧丝、鸟兽之羽毛齿革也，固有余足以衣人矣。夫有余不足，非天下之公患也，特墨子之私忧过计也。天下之公患，乱伤之也。胡不尝试相与求乱之者谁也？我以墨子之“非乐”也，则使天下乱，墨子之“节用”也，则使天下贫，非将堕之也，说不免焉。墨子大有天下，小有一国，将蹙然衣粗食恶，忧戚而非乐④。若是则瘠，瘠则不足欲，不足欲则赏不行。墨子大有天下，小有一国，将少人徒，省官职，上功劳苦，与百姓均事业，齐功劳，若是则不威，不威则罚不行。赏不行，则贤者不可得而进也；罚不行，则不肖者不可得而退也。贤者不可得而进也，不肖者不可得而退也，则能、不能不可得而

官也。若是,则万物失宜,事变失应,上失天时,下失地利,中失人和,天下敖然,若烧若焦。墨子虽为之衣褐带索,嚽菽饮水⑤,恶能足之乎?既以伐其本,竭其原,而焦天下矣。

——《荀子·富国》

【注释】

①掩:掩盖,使有植被,指开垦耕种。表:标记。亩:田垄。表亩:立田垄以作标志,指明确田界。 ②昭昭:通"懆懆",忧愁不安。 ③荤菜:有辛臭气味的蔬菜,如葱、蒜、韭、姜之类。疏:通"蔬"。泽:水草丛杂之地,低洼有水之地。④蹙:局促不安。衣粗食恶:针对"节用"而言。忧戚而非乐:针对"非乐"而言。墨子为民生疾苦而忧愁,认为音乐对解决人民的温饱问题、对阻止残酷的战争等都毫无用处,所以反对音乐。 ⑤褐:粗布衣服。带:腰带,这里用作动词。索:粗绳。嚽(chuò):同"啜",吃。菽:豆类植物,此指豆叶,古又称"藿",嫩时可食,是一种粗劣的蔬菜。嚽菽饮水:形容生活清苦。

故先王圣人为之不然。知夫为人主上者不美不饰之,不足以一民也;不富不厚之,不足以管下也;不威不强之,不足以禁暴胜悍也。故必将撞大钟、击鸣鼓、吹笙竽、弹琴瑟,以塞其耳,必将錭琢刻镂、黼黻文章以塞其目,必将刍豢稻粱、五味芬芳以塞其口。然后众人徒、备官职、渐庆赏、严刑罚以戒其心。使天下生民之属,皆知己之所愿欲之举在是于也,故其赏行;皆知己之所畏恐之举在是于也,故其罚威。赏行罚威,则贤者可得而进也,不肖者可得而退也,能不能可得而官也。若是,则万物得宜,事变得应,上得天时,下得地利,中得人和,则财货浑浑①如泉源,汸汸②如河海,暴暴如丘山,不时焚烧,无所臧之。夫天下何患乎不足也?故儒术诚行,则天下大而富,使而功,撞钟击鼓而和。《诗》曰:"钟鼓喤喤,管磬玱玱,降福穰穰,降福简简,威仪反反。既醉既饱,福禄来反③。"此之谓也。

——《荀子·富国》

【注释】

①浑浑：同“滚滚”，水流奔涌的样子。　②汸汸：同“滂滂”，水流盛大的样子。　③钟鼓喤喤……福禄来反：出自《诗经·周颂·执竞》，意为钟鼓敲得咚咚响，管磬相和声锵锵，幸福纷纷从天降。天赐幸福宽又广，威严仪容多端庄。酒醉饭饱德无量，福禄来归万年长。

羿、蜂门[1]者，善服射者也；王良、造父者，善服驭者也；聪明君子者，善服人者也。人服而势从之，人不服而势去之，故王者已于服人矣。故人主欲得善射，射远中微则莫若羿、蜂门矣；欲得善驭，及速致远，则莫若王良、造父矣。欲得调壹天下，制秦、楚，则莫若聪明君子矣。其用知甚简，其为事不劳而功名致大，甚易处而綦可乐也，故明君以为宝，而愚者以为难。夫贵为天子，富有天下，名为圣王，兼制人，人莫得而制也，是人情之所同欲也，而王者兼而有是者也。重色而衣之，重味而食之，重财物而制之，合天下而君之，饮食甚厚，声乐甚大，台谢[2]甚高，园囿甚广，臣使诸侯，一天下，是又人情之所同欲也，而天子之礼制如是者也。制度以陈，政令以挟，官人失要则死，公侯失礼则幽，四方之国有侈离之德则必灭，名声若日月，功绩如天地，天下之人应之如景向，是又人情之所同欲也，而王者兼而有是者也。故人之情，口好味而臭味莫美焉，耳好声而声乐莫大焉，目好色而文章致繁妇女莫众焉，形体好佚而安重闲静莫愉焉，心好利而谷禄莫厚焉，合天下之所同愿兼而有之，睪牢[3]天下而制之若制子孙，人苟不狂惑戆陋者，其谁能睹是而不乐也哉！欲是之主并肩而存，能建是之士不世绝，千岁而不合，何也？曰：人主不公，人臣不忠也。人主则外贤而偏举，人臣则争职而妒贤，是其所以不合之故也。人主胡不广焉，无恤亲疏，无偏贵贱，唯诚能之求？若是，则人臣轻职业让贤而安随其后，如是，则舜、禹还至，王业还起。功壹天下，名配舜、禹，物由有可乐如是其美焉者乎！呜呼！君人者，亦可以察若

言矣。杨朱哭衢涂，曰：“此夫过举跬步，而觉跌[4]千里者夫！”哀哭之。此亦荣辱安危存亡之衢已，此其为可哀甚于衢涂。呜呼哀哉！君人者千岁而不觉也。

——《荀子·王霸》

【注释】

①蜂门：又作逢蒙、逄蒙、蓬蒙，羿的徒弟，善射。《汉书·艺文志》“兵技巧家”下著录《逢门射法》二篇。 ②谢：通“榭”，建筑在高土台上的房子。③罣牢：牢笼，包罗。 ④举：抬起，指提腿迈步。跬：半步曰跬。跌：走错，失误。

无国而不有治法，无国而不有乱法；无国而不有贤士，无国而不有罢[1]士；无国而不有愿民，无国而不有悍民；无国而不有美俗，无国而不有恶俗。两者并行而国在，上偏[2]而国安，在下偏而国危。上一而王，下一而亡。故其法治，其佐贤，其民愿，其俗美，而四者齐，夫是之谓上一。如是则不战而胜，不攻而得，甲兵不劳而天下服。故汤以亳，武王以鄗，皆百里之地也，天下为一，诸侯为臣，通达之属，莫不从服，无它故焉，四者齐也。桀、纣即序[3]于有天下之势，索为匹夫而不可得也，是无它故焉，四者并亡也。故百王之法不同若是，所归者一也。上莫不致爱其下而制之以礼，上之于下，如保赤子。政令制度，所以接下之人百姓，有不理者如豪末，则虽孤独鳏寡必不加焉。故下之亲上欢如父母，可杀而不可使不顺。君臣上下，贵贱长幼，至于庶人，莫不以是为隆正。然后皆内自省以谨于分。是百王之所同也，而礼法之枢要也。然后农分田而耕，贾分货而贩，百工分事而劝，士大夫分职而听，建国诸侯之君分土而守，三公揔方而议，则天子共己而止矣[4]。出若入若，天下莫不平均，莫不治辨，是百王之所同，而礼法之大分也。

——《荀子·王霸》

【注释】

①罢：通“疲”，病，不贤，没有德行。 ②上偏：偏于上者，指治法多而乱法少，贤士多而罢士少，愿民多而悍民少，美俗多而恶俗少。 ③序：当为“厚”字之误。 ④三公摠方而议，则天子共己而止矣：三公统管各个方面加以商议，那么天子只要让自己拱着手就行了。

若夫贯日而治平，权物而称①用，使衣服有制，宫室有度，人徒有数，丧祭械用皆有等宜，以是用挟于万物，尺寸寻丈②莫得不循乎制度数量然后行，则是官人使吏之事也，不足数于大君子之前。故君人者立隆政本朝而当，所使要百事者诚仁人也，则身佚而国治，功大而名美，上可以王，下可以霸；立隆正本朝而不当，所使要百事者非仁人也，则身劳而国乱，功废而名辱，社稷必危：是人君者之枢机也。故能当一人而天下取，失当一人而社稷危，不能当一人而能当千人百人者，说无之有也。既能当一人，则身有何劳而为？垂衣裳而天下定。故汤用伊尹，文王用吕尚，武王用召公，成王用周公旦。卑者五伯，齐桓公闺门之内，县乐奢泰游抏之修③，于天下不见谓修，然九合诸侯，一匡天下，为五伯长，是亦无它故焉，知一政于管仲也，是君人者之要守也。知者易为之④兴力而功名綦大，舍是而孰足为也？故古之人有大功名者，必道是者也；丧其国、危其身者，必反是者也。故孔子曰：“知者之知，固以多矣，有以守少，能无察乎！愚者之知，固以少矣，有以守多，能无狂乎！”此之谓也。

——《荀子·王霸》

【注释】

①权：即调节秤锤使秤杆平衡，也称为“权衡”，引申为合理地调节。称：合适，配得上。 ②寻：古代长度单位，八尺为一寻。尺寸寻丈：这里借指处理各种事情的标准。 ③县：“悬”之古字。泰：通“汰”，侈。抏：通“玩”。修：讲求，搞。 ④知：通“智”。之：指代“要守”，指任用贤人为相。

道者何也？曰：君道也。君者何也？曰：能群也。能群也者何也？曰：善生养人者也，善班[①]治人者也，善显设[②]人者也，善藩饰[③]人者也。善生养人者人亲之，善班治人者人安之，善显设人者人乐之，善藩饰人者人荣之。四统者俱而天下归之，夫是之谓能群。不能生养人者人不亲也，不能班治人者人不安也，不能显设人者人不乐也，不能藩饰人者人不荣也。四统者亡而天下去之，夫是之谓匹夫。故曰：道存则国存，道亡则国亡。省工贾，众农夫，禁盗贼，除奸邪，是所以生养之也。天子三公，诸侯一相，大夫擅官，士保职，莫不法度而公，是所以班治之也。论德而定次，量能而授官，皆使其人载其事而各得其所宜。上贤使之为三公，次贤使之为诸侯，下贤使之为士大夫，是所以显设之也。修冠弁[④]、衣裳、黼黻、文章、琱琢、刻镂皆有等差，是所以藩饰之也。故由天子至于庶人也，莫不骋其能，得其志，安乐其事，是所同也。衣暖而食充，居安而游乐，事时制明而用足，是又所同也。若夫重色而成文章，重味而成珍备，是所衍也。圣王财衍以明辨异，上以饰贤良而明贵贱，下以饰长幼而明亲疏。上在王公之朝，下在百姓之家，天下晓然皆知其非以为异也，将以明分达治而保万世也。故天子诸侯无靡费之用，士大夫无流淫之行，百吏官人无怠慢之事，众庶百姓无奸怪之俗，无盗贼之罪，其能以称义遍矣。故曰："治则衍及百姓，乱则不足及王公。"此之谓也。

——《荀子·君道》

【注释】

①班：通"辨"（办），治理。　②显：使动用法，提拔任用。设：设置，安排。③藩饰：遮蔽文饰，指裁制不同的服饰让人穿带以显示出不同的等级。④弁：冠名。古代男子穿通常礼服时所戴的冠称弁。

至道大形[①]：隆礼至法则国有常，尚贤使能则民知方，纂论[②]公察则民不疑，赏克罚偷则民不怠，兼听齐明则天下归之。然后明分

职，序事业，材技官能，莫不治理，则公道达而私门塞矣，公义明而私事息矣。如是，则德厚者进而佞说者止，贪利者退而廉节者起。《书》曰："先时者杀无赦，不逮时者杀无赦。"人习其事而固，人之百事，如耳目鼻口之不可以相借官也，故职分而民不探③，次定而序不乱，兼听齐明而百事不留。如是，则臣下百吏至于庶人，莫不修己而后敢安正，诚能而后敢受职；百姓易俗，小人变心，奸怪之属莫不反悫。夫是之谓政教之极。故天子不视而见，不听而聪，不虑而知，不动而功，块然独坐而天下从之如一体，如四胑④之从心。夫是之谓大形。《诗》曰："温温恭人，维德之基。"此之谓也。

——《荀子·君道》

【注释】

①形：表现。此指实行"至道"以后表现出来的政治效果。 ②纂：集。纂论：与"公察"对文义近，指考察贤能时集中各方面的人员进行审查。 ③探：寻求，指另谋他职。 ④块然：同"岿然"，独自屹立而不动的样子，即上文"不视""不听""不虑""不动"的样子。胑：同"肢"。

墙之外，目不见也；里之前①，耳不闻也；而人主之守司，远者天下，近者境内，不可不略知也。天下之变，境内之事，有弛易齵差②者矣，而人主无由知之，则是拘胁蔽塞之端也。耳目之明，如是其狭也；人主之守司，如是其广也；其中不可以不知也，如是其危也。然则人主将何以知之？曰：便嬖左右者，人主之所以窥远收众之门户牖向③也，不可不早具也。故人主必将有便嬖左右足信者然后可，其知惠足使规物、其端诚足使定物然后可，夫是之谓国具。人主不能不有游观安燕之时，则不得不有疾病物故之变焉。如是国者，事物之至也如泉原，一物不应，乱之端也。故曰：人主不可以独也。卿相辅佐，人主之基、杖④也，不可不早具也。故人主必将有卿相辅佐足任者然后可，其德音足以填⑤抚百姓、其知虑足以应待万变然后可，

夫是之谓国具。四邻诸侯之相与，不可以不相接也，然而不必相亲也。故人主必将有足使喻志决疑于远方者然后可。其辩说足以解烦，其知虑足以决疑，其齐断足以距难，不还秩，不反君，然而应薄扞⑥患足以持社稷，然后可。夫是之谓国具。故人主无便嬖左右足信者谓之暗，无卿相辅佐足任者谓之独，所使于四邻诸侯者非其人谓之孤，孤独而晻谓之危。国虽若存，古之人曰亡矣。《诗》曰："济济多士，文王以宁。"此之谓也。

——《荀子·君道》

【注释】

①里：居民区，周代以二十五家为一里，里有里门。里之前：指里门之前。②弛易：变动的意思。齵差：参差不齐，此指不协调、出了乱子。 ③收：通"纠"，监督。门户牖向：古代双扇的门叫"门"，单扇的门叫"户"，"牖"即窗，"向"即北窗。这里喻指君主的耳目。 ④基：通"几"，一种小桌子，古代设于座侧，用来靠身。基杖：即几杖。古代老人坐着依靠几案，走路依靠手杖，所以此文用来喻指君主的依靠。 ⑤填：通"镇"，安定。 ⑥薄：通"迫"，急迫。扞：同"捍"，抵御。

人主之患，不在乎不言用贤，而在乎诚必用贤。夫言用贤者口也，却贤者行也，口行相反而欲贤者之至、不肖者之退也，不亦难乎！夫耀蝉①者务在明其火，振其树而已，火不明，虽振其树，无益也。今人主有能明其德者，则天下归之，若蝉之归明火也。临事接民，而以义变应，宽裕而多容，恭敬以先之，政之始也；然后中和察断以辅之，政之隆也；然后进退诛赏②之，政之终也。故一年与之始，三年与之终。用其终为始，则政令不行而上下怨疾，乱所以自作也。

——《荀子·致士》

【注释】

①耀：照。耀蝉：一种捕蝉方法，即在夜晚用灯火照蝉，蝉扑向火光，便可

捕捉。 ②进：指选拔贤良。退：指斥退奸臣。诛：指惩处罪犯。赏：指奖赏功臣。“政之始”是德化，“政之终”是赏罚。不教而杀是暴虐，所以不但政令不能实行，而且会激起民愤、产生动乱。

无用吾之所短遇人之所长[①]。故塞而避所短，移而从所仕。疏知而不法，察辨而操辟[②]，勇果而亡礼，君子之所憎恶也。多言而类，圣人也；少言而法，君子也；多言无法而流喆然[③]，虽辩，小人也。国法禁拾遗，恶民之串[④]以无分得也。有夫分义则容天下而治，无分义则一妻一妾而乱。天下之人，唯各特意哉，然而有所共予也。言味者予易牙，言音者予师旷，言治者予三王。三王既以定法度，制礼乐而传之，有不用而改自作，何以异于变易牙之和，更师旷之律？无三王之法，天下不待亡，国不待死。饮而不食者，蝉也；不饮不食者，浮蝣[⑤]也。虞舜、孝己孝而亲不爱，比干、子胥忠而君不用，仲尼、颜渊知而穷于世。劫迫于暴国而无所辟[⑥]之，则崇其善，扬其美，言其所长，而不称其所短也。

——《荀子·大略》

【注释】

①无用吾之所短遇人之所长：不要用自己的短处去对付别人的长处。 ②操辟：邪恶怪僻。 ③多言无法而流喆然：说多说少都不合法度，却还是放纵沉醉在其中。 ④串：同“毌”，即古“贯”字，通“惯”。 ⑤浮蝣：昆虫名。寿命短者仅数小时，长者六七日。古人说它朝生而夕死。 ⑥辟：通“避”。

齐桓公妒外而好内[①]，故竖刁自宫以治内；桓公好味，易牙蒸其子首而进之；燕子哙好贤，故子之明不受国。故君见恶，则群臣匿端；君见好，则群臣诬能。人主欲见，则群臣之情态得其资矣。故子之托于贤以夺其君者也，竖刁、易牙因君之欲以侵其君者也。其卒[②]，子哙以乱死，桓公虫流出户而不葬[③]。此其故何也？人君以情

借臣之患也。人臣之情非必能爱其君也，为重利之故也。今人主不掩其情，不匿其端，而使人臣有缘以侵其主，则群臣为子之、田常④不难矣。故曰："去好去恶，群臣见素。"群臣见素，则大君不蔽矣。

——《韩非子·二柄》

【注释】

①妒外而好内：心性妒忌而爱好女色。 ②卒：结果。 ③子哙以乱死，桓公虫流出户而不葬：子哙因兵乱而死，齐桓公死后直到蛆虫爬出门外也得不到安葬。 ④子之：春秋战国时燕国的相国，他怂恿燕王效法尧舜将王位让给他，后来燕国差不多名存实亡了。田常：春秋时期齐国大臣。齐简公四年，田常杀死简公，拥立齐平公，任相国。齐国的政权从此完全由田氏控制。

奚谓过而不听于忠臣？昔者齐桓公九合诸侯，一匡天下，为五伯长，管仲佐之。管仲老，不能用事，休居于家。桓公从而问之曰："仲父家居有病，即不幸而不起此病，政安迁之？"管仲曰："臣老矣，不可问也。虽然，臣闻之知臣莫若君，知子莫若父。君其试以心决之。"君曰："鲍叔牙何如？"管仲曰："不可。鲍叔牙为人，刚愎而上悍。刚则犯民以暴，愎则不得民心，悍则下不为用。其心不惧，非霸者之佐也。"公曰："然则竖刁何如？"管仲曰："不可。夫人之情莫不爱其身。公妒外而好内，竖刁自獍以为治内①。其身不爱又安能爱君？"曰："然则卫公子开方何如？"管仲曰："不可。齐、卫之间不过十日之行，开方为事君，欲适君之故，十五年不归见其父母，此非人情也。其父母之不亲也又能亲君乎？"公曰："然则易牙何如？"管仲曰："不可。夫易牙为君主味，君之所未尝食唯人肉耳，易牙蒸其子首而进之，君所知也。人之情莫不爱其子，今蒸其子以为膳于君，其子弗爱，又安能爱君乎？"公曰："然则孰可？"管仲曰："隰朋可。其为人也，坚中而廉外，少欲而多信②。夫坚中，则足以为表；廉外，则可以大任；少欲，则能临其众；多信，则能亲邻国。此霸者之佐也，君其用

之。”君曰：“诺。”居一年余，管仲死，君遂不用隰朋而与竖刁。刁莅事三年，桓公南游堂阜，竖刁率易牙、卫公子开方及大臣为乱。桓公渴馁[3]而死南门之寝，公守之室，身死三月不收，虫出于户。故桓公之兵横行天下，为五伯长，卒见弑于其臣，而灭高名，为天下笑者，何也？不用管仲之过也。故曰：过而不听于忠臣，独行其意，则灭其高名为人笑之始也。

——《韩非子·十过》

【注释】

①竖刁自獖以为治内：竖刁就阉割自己来为您治理内宫。 ②坚中：内心坚强。廉外：行为廉洁。少欲：淡泊寡欲。多信：守信用。 ③渴馁：又渴又饿。

齐有居士[1]田仲者，宋人屈谷见之，曰：“谷闻先生之义，不恃仰人而食。今谷有树瓠[2]之道，坚如石厚而无窍[3]，献之。”仲曰：“夫瓠所贵者，谓其可以盛也。今厚而无窍，则不可剖以盛物；而任重如坚石，则不可以剖而以斟。吾无以瓠为也。”曰：“然，谷将以欲弃之。”今田仲不恃仰人而食，亦无益人之国，亦坚瓠之类也。

——《韩非子·外储说左上》

【注释】

①居士：隐士。 ②瓠：大葫芦。 ③无窍：没有空隙。

齐桓公将立管仲，令群臣曰：“寡人将立管仲为仲父。善者入门而左，不善[1]者入门而右。”东郭牙中门而立。公曰：“寡人立管仲为仲父，令曰：‘善者左，不善者右。’今子何为中门而立？”牙曰：“以管仲之智为能谋天下乎？”公曰：“能。”“以断[2]，为敢行大事乎？”公曰：“敢。”牙曰：“君知能谋天下，断敢行大事，君因专属之国柄焉。以管仲之能，乘公之势以治齐国，得无危乎？”公曰：“善。”乃令隰朋治内、

管仲治外以相参[③]。

——《韩非子·外储说左下》

【注释】

①善:赞成。不善:不赞成。 ②断:果断。 ③相参:相互制约。

桓公问置吏于管仲,管仲曰:"辩察于辞,清洁于货,习人情,夷吾不如弦商,请立以为大理。登降肃让[①],以明礼待宾,臣不如隰朋,请立以为大行。垦草仞邑,辟地生粟[②],臣不如宁武,请以为大田。三军既成陈,使士视死如归,臣不如公子成父,请以为大司马。犯颜极谏[③],臣不如东郭牙,请立以为谏臣。治齐,此五子足矣;将欲霸王,夷吾在此。"

——《韩非子·外储说左下》

【注释】

①登:升。肃让:恭敬谦让。 ②垦草仞邑,辟地生粟:开垦荒地,创建城邑,开辟土地,种植粮食。 ③犯颜极谏:冒犯君上,极力劝谏。

太公望东封于齐。齐东海上有居士曰狂矞、华士昆弟二人者,立议曰:"吾不臣天子,不友诸侯,耕作而食之,掘井而饮之,吾无求于人也。无上之名,无君之禄,不事仕而事力[①]。"太公望至于营丘,使吏执杀之,以为首诛。周公旦从鲁闻之,发急传而问之曰:"夫二子,贤者也。今日飨国而杀贤者,何也?"太公望曰:"是昆弟二人立议曰:'吾不臣天子,不友诸侯,耕作而食之,掘井而饮之,吾无求于人也。无上之名,无君之禄,不事仕而事力。'彼不臣天子者,是望不得而臣也;不友诸侯者,是望不得而使也;耕作而食之,掘井而饮之,无求于人者,是望不得以赏罚劝禁也。且无上名,虽知,不为望用;不仰君禄,虽贤,不为望功。不仕,则不治;不任,则不忠。且先王之所以使其臣民者,非爵禄则刑罚也。今四者不足以使之,则望当谁为

君乎？不服兵革而显，不亲耕耨而名[②]，又非所以教于国也。今有马于此，如骥之状[③]者，天下之至良也。然而驱之不前，却之不止，左之不左，右之不右，则臧获[④]虽贱，不托其足。臧获之所愿托其足于骥者，以骥之可以追利辟害也。今不为人用，臧获虽贱，不托其足焉。已自谓以为世之贤士而不为主用，行极贤而不用于君，此非明主之所臣也，亦骥之不可左右矣，是以诛之。”一曰：太公望东封于齐。海上有贤者狂矞，太公望闻之，往请焉，三却马于门，而狂矞不报见也，太公望诛之。当是时也，周公旦在鲁，驰往止之，比至，已诛之矣。周公旦曰："狂矞，天下贤者也，夫子何为诛之？”太公望曰："狂矞也议不臣天子，不友诸侯，吾恐其乱法易教也，故以为首诛。今有马于此，形容似骥也，然驱之不往，引之不前，虽臧获不托足于其轸也。"

——《韩非子·外储说右上》

【注释】

①不事仕而事力：不做官而要从事体力劳动。 ②不服兵革而显，不亲耕耨而名：不打仗立功而显贵，不耕田种地而扬名。 ③如骥之状：像良马的样子。 ④臧获：奴仆。

或曰：管仲所以见告桓公者，非有度者之言也。所以去竖刁、易牙者，以不爱其身、适君之欲也。曰："不爱其身，安能爱君？"然则臣有尽死力以为其主者，管仲将弗用也。曰："不爱其死力，安能爱君？"是欲君去忠臣也。且以不爱其身，度其不爱其君，是将以管仲之不能死公子纠度其不死桓公也，是管仲亦在所去之域矣。明主之道不然，设民所欲以求其功，故为爵禄以劝之；设民所恶以禁其奸，故为刑罚以威之。庆赏信而刑罚必，故君举功于臣而奸不用于上，虽有竖刁，其奈君何？且臣尽死力以与君市，君垂爵禄以与臣市。君臣之际非父子之亲也，计数之所出也。君有道，则臣尽力而奸不生；无道，则臣上塞主明而下成私。管仲非明此度数于桓公也，使去竖刁，一竖刁又至，非绝奸之道也。且桓公所以身死虫流出尸不葬者，是臣重也。臣重之实，擅主①也。有擅主之臣，则君令不下究，臣情不上通。一人之力能隔君臣之间，使善败不闻，祸福不通，故有不葬之患也。明主之道：一人不兼官，一官不兼事；卑贱不待尊贵而进论，大臣不因左右而见；百官修通，群臣辐凑②；有赏者君见其功，有罚者君知其罪。见知不悖于前，赏罚不弊于后，安有不葬之患？管仲非明此言于桓公也，使去三子，故曰：管仲无度③矣。

——《韩非子·难一》

【注释】

①擅主：挟持君主。 ②百官修通，群臣辐凑：百官都能逐级上通于君，群臣好像车轮上的辐条聚集到车毂上一样归附君主。 ③无度：不懂法度。

或曰："昔者齐桓公两用管仲、鲍叔，成汤两用①伊尹、仲虺。夫两用臣者，国之忧，则是桓公不霸、成汤不王也。湣王一用淖齿，而身死乎东庙；主父一用李兑，减食而死。主有术，两用不为患；无术，两用则争事而外市，一则专制而劫弑。今留②无术以规上，使其主去两用一，是不有西河、鄢、郢之忧，则必有身死减食之患，是樛留未有善以知言也③。

——《韩非子·难一》

【注释】

①两用：同时重用。 ②留：樛留。 ③樛留未有善以知言也：樛留没有好见解向君主恰当进言。

齐桓公之时，晋客至，有司请礼。桓公曰"告仲父"者三，而优笑曰："易哉，为君！一曰仲父，二曰仲父。"桓公曰："吾闻君人者劳于索人，佚于使人①。吾得仲父已难矣，得仲父之后，何为不易乎哉？"

或曰：桓公之所应优，非君人者之言也。桓公以君人为劳于索人，何索人为劳哉？伊尹自以为宰干汤，百里奚自以为虏干穆公。虏，所辱也；宰，所羞也。蒙羞辱而接君上，贤者之忧世急也。然则君人者无逆贤而已矣，索贤不为人主难。且官职，所以任贤也；爵禄，所以赏功也。设官职，陈爵禄，而士自至，君人者奚其劳哉？使人又非所佚也。人主虽使人，必以度量准之，以刑名参之[②]；以事，遇于法则行，不遇于法则止；功当其言则赏，不当则诛。以刑名收臣，以度量准下，此不可释也，君人者焉佚哉？索人不劳，使人不佚，而桓公曰"劳于索人，佚于使人"者，不然。且桓公得管仲又不难。管仲不死其君而归桓公，鲍叔轻官让能而任之，桓公得管仲又不难，明矣。已得管仲之后，奚遽易哉[③]？管仲非周公旦。周公旦假为天子七年，成王壮，授之以政，非为天下计也，为其职也。夫不夺子而行天下者，必不背死君而事其仇；背死君而事其仇者，必不难夺子而行天下；不难夺子而行天下者，必不难夺其君国矣。管仲，公子纠之臣也，谋杀桓公而不能，其君死而臣桓公，管仲之取舍非周公旦，未可知也。若使管仲大贤也，且为汤、武。汤、武，桀、纣之臣也，桀、纣作乱，汤、武夺之。今桓公以易居其上，是以桀、纣之行居汤、武之上，桓公危矣。若使管仲不肖人也，且为田常。田常，简公之臣也，而弑其君。今桓公以易居其上，是以简公之易居田常之上也，桓公又危矣。管仲非周公旦以明矣，然为汤、武与田常，未可知也。为汤、武，有桀、纣之危；为田常，有简公之乱也。已得仲父之后，桓公奚遽易哉？若使桓公之任管仲，必知不欺己也，是知不欺主之臣也。然虽知不欺主之臣，今桓公以任管仲之专借竖刁、易牙，虫流出尸而不葬，桓公不知臣欺主与不欺主已明矣，而任臣如彼其专也，故曰：桓公暗主[④]。

——《韩非子·难二》

【注释】

①索人：寻求人才。使人：使用人才。 ②必以度量准之，以刑名参之：必

须用法度来衡量他们，用名实是否相符来检验他们。 ③奚遽易哉：哪里就能掉以轻心啊？ ④暗主：昏庸糊涂的君主。

桓公行公去私恶①，用管子而为五伯长；行私阿所爱，用竖刀而虫出于户②。

——《吕氏春秋·贵公》

【注释】

①去私恶：抛却私人恩怨，不计一箭之仇。 ②虫出于户：齐桓公去世后无人敛尸，尸体生虫爬出门外。

夫贤不肖、善邪辟、可悖逆①，国不乱、身不危奚待也？齐湣王是以知说②士，而不知所谓士也。故尹文问其故，而王无以应。此公玉丹之所以见信而卓齿之所以见任也。任卓齿而信公玉丹，岂非以自雠③邪？

——《吕氏春秋·正名》

【注释】

①贤不肖、善邪辟、可悖逆：把不肖的当成贤能的，把邪僻的当成善良的，把悖逆的当成可行的。 ②说：通“悦”，喜欢。 ③自雠：自己安排仇敌。齐湣王信任公玉丹和卓齿，后被卓齿所杀。卓齿：战国楚将，也作“淖齿”“踔齿”“悼齿”。

淳于髡，齐人也。博闻强记①，学无所主。其谏说，慕晏婴之为人也，然而承意观色为务。客有见髡于梁惠王，惠王屏左右，独坐而再见之，终无言也。惠王怪之，以让②客曰：“子之称淳于先生，管、晏不及，及见寡人，寡人未有得也。岂寡人不足为言邪？何故哉？”客以谓髡。髡曰：“固也。吾前见王，王志在驱逐；后复见王，王志在音声：吾是以默然③。”客具以报王，王大骇，曰：“嗟乎，淳于先生诚圣人

也！前淳于先生之来，人有献善马者，寡人未及视，会[4]先生至。后先生之来，人有献讴[5]者，未及试，亦会先生来。寡人虽屏人，然私心在彼，有之。”后淳于髡见，壹语连三日三夜无倦。惠王欲以卿相位待之，髡因谢去。于是送以安车驾驷，束帛加璧，黄金百镒[6]。终身不仕。

——《史记·孟子荀卿列传》

【注释】

①博闻强记：形容知识丰富，记忆力强。闻：见闻。 ②让：责备。 ③默然：沉默不语。 ④会：恰巧。 ⑤献讴：献唱。 ⑥镒：古代重量单位，合二十两。

齐湣王二十五年[1]，复卒使孟尝君入秦，昭王即以孟尝君为秦相。人或说秦昭王曰：“孟尝君贤，而又齐族也，今相秦，必先齐而后秦，秦其危矣。”于是秦昭王乃止。囚孟尝君，谋欲杀之。孟尝君使人抵[2]昭王幸姬求解。幸姬曰：“妾原得君狐白裘。”此时孟尝君有一狐白裘，直千金，天下无双，入秦献之昭王，更无他裘。孟尝君患之，遍问客，莫能对。最下坐有能为狗盗者，曰：“臣能得狐白裘。”乃夜为狗，以入秦宫臧中，取所献狐白裘至，以献秦王幸姬。幸姬为言昭王，昭王释孟尝君。孟尝君得出，即驰去，更封传，变名姓以出关。夜半至函谷关[3]。秦昭王后悔出[4]孟尝君，求之已去，即使人驰传逐之。孟尝君至关，关法鸡鸣而出客[5]，孟尝君恐追至，客之居下坐者有能为鸡鸣，而鸡齐鸣，遂发传出。出如食顷，秦追果至关，已后孟尝君出，乃还。始孟尝君列此二人于宾客，宾客尽羞之，及孟尝君有秦难，卒此二人拔之。自是之后，客皆服。

——《史记·孟尝君列传》

【注释】

①齐湣王二十五年：公元前 299 年。 ②抵：到，向。 ③函谷关：关隘

名。西据高原，东临绝涧，南接秦岭，北塞黄河，是中国历史上建置最早的雄关要塞之一。 ④出：释放。 ⑤关法鸡鸣而出客：按照秦法，关隘开放时间为早晨鸡叫时分。

于是叔孙通①使征鲁诸生三十余人。鲁有两生不肯行，曰："公所事者且十主，皆面谀②以得亲贵。今天下初定，死者未葬，伤者未起，又欲起礼乐。礼乐所由起，积德百年而后可兴也。吾不忍为公所为。公所为不合古，吾不行。公往矣，无污我！"叔孙通笑曰："若真鄙儒也，不知时变。"遂与所征三十人西，及上左右为学者与其弟子百余人为绵蕞野外③。习之月余，叔孙通曰："上可试观。"上既观，使行礼，曰："吾能为此。"乃令群臣习肄④，会十月。

——《史记·刘敬叔孙通列传》

【注释】

①叔孙通：薛县人（今山东省滕州市官桥镇），初为秦待诏博士，后被秦二世封为博士。 ②面谀：当面恭维。 ③为绵蕞（zuì）野外：在野外僻静处，拉绳索圈地界，束茅草像人形，演习朝仪。 ④肄：练习。

汉七年，长乐宫①成，诸侯群臣皆朝十月②。仪：先平明，谒者③治礼，引以次入殿门，廷中陈车骑步卒卫宫，设兵张旗志④。传言"趋"⑤。殿下郎中⑥侠陛，陛数百人。功臣列侯诸将军军吏以次陈西方，东乡；文官丞相以下陈东方，西乡。大行设九宾⑦，胪传。于是皇帝辇⑧出房，百官执职传警⑨，引诸侯王以下至吏六百石⑩以次奉贺。自诸侯王以下莫不振恐肃敬。至礼毕，复置法酒⑪。诸侍坐殿上皆伏抑首，以尊卑次起上寿。觞⑫九行，谒者言"罢酒"。御史执法举不如仪者辄引去。竟朝置酒，无敢谨哗⑬失礼者。于是高帝曰："吾乃今日知为皇帝之贵也。"乃拜叔孙通为太常⑭，赐金五百斤。

——《史记·刘敬叔孙通列传》

【注释】

①长乐宫:西汉皇家宫殿。 ②朝十月:汉十月为岁首,以十月为正,故行朝岁之礼,史家追书十月。 ③谒者:官名。春秋战国时国君左右掌传达等事的近侍,秦、汉属郎中令(汉改光禄勋)。 ④志:通“帜”,旗帜。 ⑤传言“趋”:师古曰:传声教入者皆令趋。趋,疾行致敬也。 ⑥郎中:本是官名,即帝王侍从官的通称,掌管各司事务,其职位仅次于尚书、侍郎、丞相。 ⑦九宾:周礼九仪,指公、侯、伯、子、男、孤、卿、大夫、士。 ⑧辇:古代用人拉着走的车子,这里指天子或王室坐的车子。 ⑨传警:皇帝乘车出行,左右侍帷幄者称警。 ⑩六百石:汉官秩。石:古代市制容量单位,十斗为一石。 ⑪法酒:进酒之礼,古人饮酒不过三爵,君臣百拜,终日宴不为之乱。 ⑫觞:古代酒器。 ⑬讙哗:大声说笑或叫喊。 ⑭太常:汉代为九卿之首,掌管朝廷、宗庙的礼仪。

叔孙通因进曰:“诸弟子儒生随臣久矣,与臣共为仪[①],原[②]陛下官之。”高帝悉[③]以为郎。叔孙通出,皆以五百斤金赐诸生。诸生乃皆喜曰:“叔孙生诚圣人也,知当世之要务。”

——《史记·刘敬叔孙通列传》

【注释】

①仪:按程序进行的礼节,这里指的是象征性的仪官。 ②原:同“愿”,希望。 ③悉:全,都。

汉九年[①],高帝徙叔孙通为太子太傅[②]。汉十二年,高祖欲以赵王如意易太子,叔孙通谏上曰:“昔者晋献公以骊姬之故废太子,立奚齐[③],晋国乱者数十年,为天下笑。秦以不蚤定扶苏[④],令赵高得以诈立胡亥,自使灭祀,此陛下所亲见。今太子仁孝,天下皆闻之;吕后与陛下攻苦食啖[⑤],其可背哉!陛下必欲废適而立少,臣愿先伏诛,以颈血污地。”高帝曰:“公罢矣,吾直戏耳。”叔孙通曰:“太子天下本,本一摇天下振动,奈何以天下为戏!”高帝曰:“吾听

公言。"及上置酒,见留侯[6]所招客从太子入见,上乃遂无易太子志矣。高帝崩,孝惠[7]即位,乃谓叔孙生曰:"先帝园陵寝庙,群臣莫习。"徙为太常,定宗庙仪法。及稍定汉诸仪法,皆叔孙生为太常所论著也。

——《史记·刘敬叔孙通列传》

【注释】

①汉九年:汉高祖刘邦九年,即公元前198年。②太子太傅:官名,太子的师傅,辅导太子。商、周两代已有太子太傅。③奚齐:春秋时晋献公之子,生母为骊姬,因其母骊姬有宠,献公废太子申生,尽逐群公子,欲立其为嗣。④蚤:同"早"。扶苏:秦始皇长子,名扶苏。⑤食啖:饮食。⑥留侯:张良。⑦孝惠:刘盈,西汉第二位皇帝,刘邦的嫡长子,在位七年。

其后魏伐赵,赵急,请救于齐。齐威王欲将孙膑,膑辞谢曰:"刑余[1]之人不可。"于是乃以田忌为将,而孙子为师,居辎车[2]中,坐为计谋。田忌欲引兵之赵,孙子曰:"夫解杂乱纷纠者不控卷[3],救斗者不搏撠[4],批亢捣虚,形格势禁,则自为解耳。今梁赵相攻,轻兵锐卒必竭于外,老弱罢于内。君不若引兵疾走大梁[5],据其街路,冲其方虚,彼必释赵而自救。是我一举解赵之围而收弊于魏也。"田忌从之,魏果去邯郸[6],与齐战于桂陵[7],大破梁军。

——《史记·孙子吴起列传》

【注释】

①刑余:犯罪获赦的人。②辎车:古代有帷盖的车子,既可载物,又可作卧车。③控卷:引拳相击。卷:通"拳"。④搏:拼搏。撠:击,刺。⑤大梁:战国时期魏国的都城,现已湮没于黄沙之下。⑥邯郸:战国时期赵国的都城。⑦与齐战于桂陵:此战历史上称为桂陵之战。周显王十五年(公元前354年),魏围攻邯郸,次年赵向齐求救。齐王命田忌、孙膑率军援救。孙膑认为魏以精锐攻邯郸,国内空虚,于是率军围攻魏都大梁,魏王使庞涓赶回救援。孙膑却在桂陵(今河南长垣)伏袭,打败魏军并生擒庞涓。孙膑在此战中采用

的避实击虚、攻其必救的手段成为两千多年来军事上诱敌就范的常用手段。成语“围魏救赵”出于此。

后十三岁①，魏与赵攻韩，韩告急于齐。齐使田忌将而往，直走大梁。魏将庞涓闻之，去②韩而归，齐军既已过而西矣。孙子谓田忌曰：“彼三晋之兵素悍勇而轻齐，齐号为怯，善战者因其势而利导之。兵法，百里而趣利者蹶上将③，五十里而趣利者军半至④。使齐军入魏地为十万灶⑤，明日为五万灶，又明日为三万灶。”庞涓行三日，大喜，曰：“我固知齐军怯，入吾地三日，士卒亡者⑥过半矣。”乃弃其步军，与其轻锐倍日并行逐之。孙子度其行，暮当至马陵。马陵道陕，而旁多阻隘，可伏兵，乃斫大树白而书之曰“庞涓死于此树之下”。于是令齐军善射者万弩，夹道而伏，期曰“暮见火举而俱发”。庞涓果夜至斫木下，见白书，乃钻火烛之。读其书未毕，齐军万弩俱发，魏军大乱相失。庞涓自知智穷兵败，乃自刭，曰：“遂成竖子之名！”齐因乘胜尽破其军，虏魏太子申以归。孙膑以此名显天下，世传其兵法。

——《史记·孙子吴起列传》

【注释】

①后十三岁：指梁惠王十七年，齐田忌败梁于桂陵，至二十七年十二月，齐田肦败梁于马陵，计相去无十三岁。　②去：离开。　③百里而趣利者蹶上将：奔逐百里与敌人争利的有可能损失上将军。蹶：跌倒，比喻失败或受挫折，一蹶不振。　④五十里而趣利者军半至：奔逐五十里与敌人争利的只有一半军队能赶到。　⑤使齐军入魏地为十万灶：让齐国的军队在进入魏国的时候做十万个烧饭灶。　⑥亡者：逃跑的士兵。

田单知士卒之可用，乃身操版插①，与士卒分功，妻妾编于行伍之间，尽散饮食飨士②。令甲卒皆伏，使老弱女子乘城③，遣使约降

于燕，燕军皆呼万岁[④]。田单又收民金，得千溢[⑤]，令即墨富豪遗燕将，曰："即墨即降，原无虏掠吾族家妻妾，令安堵[⑥]。"燕将大喜，许之。燕军由此益懈。

——《史记·田单列传》

【注释】

①身操版插：古之军行，常负版插。版插：亦作"版臿"，泛指建筑用具。版：筑墙器具。插：同"锸"，起土器具。 ②飨士：以酒食款待士兵，犒劳士卒。③令甲卒皆伏，使老弱女子乘城：命令装备整齐的精锐部队都埋伏起来，让老弱妇女上城防守。 ④遣使约降于燕，燕军皆呼万岁：又派使者去和燕军约定投降事宜，燕军官兵都高呼万岁。 ⑤千溢：形容财宝之多。溢：通"镒"。秦朝通用货币，也是古代的重量单位，合二十两。 ⑥安堵：安居。

田单乃收城中得千余牛，为绛缯衣[①]，画以五彩龙文，束兵刃于其角，而灌脂束苇于尾，烧其端。凿城数十穴，夜纵牛，壮士五千人随其后。牛尾热，怒而奔燕军，燕军夜大惊。牛尾炬火[②]光明炫燿，燕军视之皆龙文，所触尽死伤。五千人因衔枚[③]击之，而城中鼓譟从之，老弱皆击铜器为声，声动天地。燕军大骇，败走。齐人遂夷杀其将骑劫。燕军扰乱奔走，齐人追亡逐北[④]，所过城邑皆畔[⑤]燕而归田单，兵日益多，乘胜，燕日败亡，卒至河上[⑥]，而齐七十余城皆复为齐。乃迎襄王于莒，入临菑而听政。襄王封田单，号曰安平君[⑦]。

——《史记·田单列传》

【注释】

①绛缯衣：大红色丝帛制成的被服。 ②炬火：火把。 ③衔枚：枚的形状如筷子，横衔口中，以禁止喧哗，古时军中常用。 ④追亡逐北：追击败逃的敌人。亡：逃跑。北：败逃。 ⑤畔：同"叛"，背叛。 ⑥河上：黄河边上。⑦安平君：以田单初起安平，故以为号。

齐相卜式[①]上书曰："臣闻主忧臣辱。南越反，臣愿父子与齐习

船者往死之。"天子下诏曰:"卜式虽躬耕牧,不以为利,有余辄助县官之用。今天下不幸有急,而式奋愿父子死之,虽未战,可谓义形于内。赐爵关内侯②,金六十斤,田十顷。"布告天下,天下莫应。列侯以百数,皆莫求从军击羌、越。至酎,少府省金,而列侯坐酎金失侯③者百余人。乃拜式为御史大夫④。

——《史记·平准书》

【注释】

①卜式:西汉大臣,河南(今属洛阳市)人,以牧羊致富。　②关内侯:爵位名。秦汉时置,为二十等级之第十九级,位于列侯之次。有其号,无国邑。③酎金失侯:汉武帝采取的一项打击王侯势力的措施。元鼎五年(公元前112年),汉武帝以诸侯王所献助祭的"酎金"成色不好或斤两不足为借口而夺爵,被夺爵者达106人,占当时列侯的半数。汉武帝通过这些措施,进一步加强了中央集权,基本上结束了汉初以来诸侯王割据的局面。酎金:指祭祀太庙时诸侯助祭时所供奉的金子。　④御史大夫:官名,秦代始置,负责监察百官,代表皇帝接受百官奏事,管理国家重要图册、典籍,代朝廷起草诏命文书等。

昔者齐桓公出游于野①,见亡国故城郭氏之墟②,问于野人曰:"是为何墟?"野人曰:"是为郭氏之墟。"桓公曰:"郭氏者,曷为墟?"野人曰:"郭氏者,善善而恶恶③。"桓公曰:"善善而恶恶,人之善行也。其所以为墟者,何也?"野人曰:"善善而不能行,恶恶而不能去,是以为墟也④。"桓公归,以语管仲。管仲曰:"其人为谁?"桓公曰:"不知也。"管仲曰:"君亦一郭氏也。"于是桓公招野人而赏焉。

——《新序·杂事四》

【注释】

①野:郊外。　②郭氏之墟:郭氏故城废墟。　③善善而恶恶:喜欢好人,憎恶坏人。　④善善而不能行,恶恶而不能去,是以为墟也:郭氏喜欢贤人却不能任用,厌恶坏人却不能除去,因此灭亡,旧城变成了废墟。行:用,与下文"去"相对。

管仲傅齐公子纠，鲍叔傅公子小白。齐公孙无知杀襄公，公子纠奔①鲁，小白奔莒。齐人诛无知，逆公子纠于鲁。公子纠与小白争入，管仲射小白，中其带钩②，小白佯③死，遂先入，是为齐桓公。公子纠死，管仲奔鲁。桓公立，国定，使人迎管仲于鲁，遂立以为仲父，委国而听之。九合诸侯，一匡天下，为五伯④长。

——《新序·杂事五》

【注释】

①奔：出奔。 ②带钩：衣带钩。 ③佯：假装。 ④伯：通“霸”。

语曰：“桓公任其贼①，而文公用其盗②。”故曰：“明主任计不任怒③，暗主④任怒不任计。计胜怒者强，怒胜计者亡。”此之谓也。

——《新序·杂事五》

【注释】

①贼：指管仲。管仲曾箭射齐桓公，故称“其贼”。 ②盗：指里凫须。里凫须曾偷窃晋文公东西，故称“其盗”。 ③明主任计不任怒：英明的君主根据利害得失来选用人而不依靠感情。 ④暗主：昏庸的君主。

桓公问于管仲曰：“吾欲使爵腐于酒①，肉腐于俎②，得无害于霸乎？③”管仲对曰：“此极非其贵者耳，然亦无害于霸也。”桓公曰：“何如而害霸？”管仲对曰：“不知④贤，害霸；知而不用，害霸；用而不任，害霸；任而不信，害霸；信而复使小人参⑤之，害霸。”桓公：“善。”

——《说苑·尊贤》

【注释】

①爵腐于酒：当为“酒腐于爵”，酒在杯中变质。爵：酒杯。 ②俎：菜板。③得无害于霸乎：该不会妨害我的霸业吧。害：妨害。 ④知：识别。 ⑤参：通“糁”(sǎn)，杂糅，混杂。

田忌去齐奔楚，楚王郊迎至舍，问曰："楚万乘之国也，齐亦万乘之国也，常欲相并，为之奈何？"对曰："易知耳。齐使申孺将，则楚发五万人，使上将军将之，至禽①将军首而反耳；齐使田居将，则楚发二十万人，使上将军将之，分别而相去也②；齐使眄子将，则楚悉发四封之内，王自出将而忌从，相国、上将军为左右司马，如是则王仅得存耳。"于是齐使申孺将，楚发五万人使上将军至，擒将军首反。于是齐王忿然，乃更使盼子将，楚悉发四封之内，王自出将，田忌从，相国、上将军为左右司马，益王车属九乘，仅得免耳。至舍，王北面正领齐祛③，问曰："何先生知之早也？"田忌曰："申孺为人，侮贤者而轻不肖者，贤不肖者俱不为用，是以亡也；田居为人，尊贤者而贱不肖者，贤者负任，不肖者退，是以分别而相去也；眄子之为人也，尊贤者而爱不肖者，贤、不肖俱负任，是以王仅得存耳。"

——《说苑·尊贤》

【注释】

①禽：通"擒"。 ②分别而相去也：不分胜负，各自带兵撤回。 ③正领齐祛(qū)：整理好衣领和袖口。祛：袖口。

（叔孙）通儒服①，汉王憎之，乃变其服，服短衣，楚制②。汉王喜。通之降汉，从③弟子百余人，然无所进④，剸⑤言诸故群盗壮士进之。弟子皆曰："事先生数年，幸得从降汉，今不进臣等，剸言大猾⑥，何也？"通乃谓曰："汉王方蒙矢石争天下，诸生宁能斗乎？故先言斩将搴⑦旗之士。诸生且待我，我不忘矣。"汉王拜通为博士，号稷嗣君。

——《汉书·郦陆朱刘叔孙传》

【注释】

①儒服：穿儒生的服饰。 ②楚制：楚国服饰的样式。 ③从：跟从。 ④进：推荐。 ⑤剸：通"专"，专门，专断。 ⑥大猾：大奸贼，大盗。 ⑦搴：拔取。

汉王已并天下，诸侯共尊为皇帝于定陶，通就其仪号[①]。高帝悉去秦仪法[②]，为简易。群臣饮争功，醉或妄呼，拔剑击柱，上患之。通知上益厌之，说上曰："夫儒者难与进取，可与守成。臣愿征鲁诸生，与臣弟子共起朝仪[③]。"高帝曰："得无难乎？"通曰："五帝异乐，三王不同礼。礼者，因时世人情为之节文[④]者也。故夏、殷、周礼所因损益可知者，谓不相复也。臣愿颇采古礼与秦仪杂就[⑤]之。"上曰："可试为之，令易知，度吾所能行为之。"

——《汉书·郦陆朱刘叔孙传》

【注释】

①就：制定。仪号：礼仪制度。 ②秦仪法：秦代的礼仪规范。 ③朝仪：朝会礼仪。 ④节文：规范与修饰。 ⑤杂就：杂凑，不同的人或不同的事物凑合在一起。

臣闻人君莫不欲安，然而常危，莫不欲存，然而常亡，失御臣之术也。夫大臣操权柄，持国政，未有不为害者也。昔晋有六卿[①]，齐有田、崔[②]，卫有孙、宁[③]，鲁有季、孟，常掌国事，世执朝柄。终后田氏取齐[④]；六卿分晋；崔杼弑其君光；孙林父、宁殖出其君衎，弑其君剽；季氏八佾[⑤]舞于庭，三家者以《雍》彻，并专国政，卒逐昭公。周大夫尹氏筦朝事，浊乱王室，子朝、子猛更立，连年乃定。故经[⑥]曰"王室乱"，又曰"君氏杀王子克"，甚之也。《春秋》举成败，录祸福，如此类甚众，皆阴盛而阳微，下失臣道之所致也。故《书》曰："臣之有作威作福，害于而家，凶于而国。"孔子曰"禄去公室，政逮大夫"，危亡之兆。秦昭王舅穰侯[⑦]及泾阳、叶阳君专国擅势，上假太后之威，三人者权重于昭王，家富于秦国，国甚危殆，赖寤范睢[⑧]之言，而秦复存。二世委任赵高，专权自恣，壅蔽大臣，终有阎乐、望夷[⑨]之祸，秦遂以亡。近事不远，即汉所代也。

——《汉书·楚元王传》

【注释】

①六卿：指智伯、范、中行、韩、赵、魏。 ②田、崔：指田敬仲、崔杼。 ③孙、宁：指孙氏、宁氏，专权于卫。 ④田氏取齐：田氏取代姜氏齐国。 ⑤八佾：宫廷乐舞。 ⑥经：指《春秋》。 ⑦穰侯：魏冉。 ⑧范雎：字叔，战国时期魏国人，著名政治家、军事谋略家，秦国宰相，因封地在应城，所以又被称为"应侯"。 ⑨望夷：秦宫殿名。

汲黯[①]曰："弘位在三公[②]，奉禄甚多，然为布被，此诈也。"上问弘，弘谢曰："有之。夫九卿[③]与臣善者无过黯，然今日庭诘弘，诚中弘之病。夫以三公为布被，诚饰诈欲以钓名。且臣闻管仲相齐，有三归[④]，侈拟于君，桓公以霸，亦上僭[⑤]于君。晏婴相景公，食不重肉[⑥]，妾不衣丝，齐国亦治，亦下比于民。今臣弘位为御史大夫，为布被，自九卿以下至于小吏无差，诚如黯言。且无黯，陛下安闻此言？"上以为有让，愈益贤之。

——《汉书·公孙弘卜式兒宽传》

【注释】

①汲黯：西汉名臣，字长孺，濮阳（今河南濮阳）人。 ②三公：《礼记》等书以为三公指司马、司徒、司空。《周礼》以为太师、太傅、太保为三公。 ③九卿：太常、光禄勋、卫尉、太仆、廷尉、大鸿胪、宗正、大司农、少府。 ④三归：市租。 ⑤僭：超越本分。 ⑥重肉：两种以上的肉食。

六、人才考核

人才考核指按照一定的标准、采用一定的方法,来衡量与评定人才完成任务的能力与效果。

“得人才者得天下,失人才者失天下。”人才是国家的基石,在上位者不可不重视。齐国历史上的著名政治家——晏婴曾对齐景公“信用谗佞,赏无功,罚不辜”的愚蠢做法“尽心极谏”。《晏子春秋·内篇谏上》云:“景公信用谗佞,赏无功,罚不辜。晏子谏曰:‘臣闻明君望圣人而信其教,不闻听谗佞以诛赏。今与左右相说颂也,曰:比死者勉为乐乎!吾安能为仁而愈黥民耳矣!故内宠之妾,迫夺于国,外宠之臣,矫夺于鄙,执法之吏,并荷百姓。民愁苦约病,而奸驱尤佚,隐情奄恶,蔽谄其上,故虽有至圣大贤,岂能胜若谗哉!是以忠臣之常有灾伤也。臣闻古者之士,可与得之,不可与失之;可与进之,不可与退之。臣请逃之矣。’”

对人才进行考核主要有两大基本目的:(1)通过考核,发掘人才的能力。《管子·重令》云:“察身能而受官,不诬于上;谨于法令以治,不阿党;竭能尽力而不尚得,犯难离患而不辞死;受禄不过其功,服位不侈其能,不以毋实虚受者,朝之经臣也。”(2)通过考核,对人才给予公正的评价与待遇(包括奖惩)。《管子·七法》曰:“言是而不能立,言非而不能废,有功而不能赏,有罪而不能诛,若是而能治民者,未之有也。……便辟、左右、大族、尊贵、大臣,不得增其功焉。疏远、卑贱、隐不知之人,不忘其劳。故有罪者不怨上,受赏者无贪心,则列陈之士，皆轻其死而安难，以要上事，本兵之极也。”《管子·君臣上》亦云：“是故为人君者因其业，乘其事，而稽之以度。有善者，赏之以列爵之尊、田地之厚，而民不慕也；有过者，罚之以废亡之辱，僇死之刑，而民不疾也。”

对于如何考核人才，齐文化人才思想中有许多有见地的内容。(1)重视“德”。在这一最基本的方面，古今是一致的。《左传·襄公二十二年》：“君人执信，臣人执共，忠、信、笃、敬，上下同之，天之道也。”谦让是“德”的重要内涵之一。人在利益面前往往“见利忘义”，而齐文化对人才的要求是“利不可强，思义为愈”。《左传·昭公十年》：“晏子谓桓子：‘必致诸公！让，德之主也。让之谓懿德。凡有血气，皆有争心，故利不可强，思义为愈。义，利之本也。蕴利生孽。姑使无蕴乎！可以滋长。’”(2)树立“称职为荣，失职为耻”的荣辱观。《管子·法禁》曰：“圣王之治民也，进则使无由得其所利，退则使无由避其所害，必使反乎安其位，乐其群，务其职，荣其名，而后止矣。故逾其官而离其群者，必使有害；不能其事而失其职者，必使有耻。是故圣王之教民也，以仁错之，以耻使之，修其能，致其所成而止。”(3)使用人才要“扬长避短”。《管子·形势解》强调：“明主之官物也，任其所长，不任其所短，故事无不成，而功无不立。乱主不知物之各有所长所短也，而责必备。夫虑事定物，辩明礼义，人之所长，而蝚蝯之所短也；缘高出险，蝚蝯之所长，而人之所短也。以蝚蝯之所长责人，故其令废而责不塞。”(4)注重以事实说话。《管子·明法解》曰：“国之所以乱者，废事情而任非誉也。故明主之听也，言者责之以其实，誉人者试之以其官。言而无实者，诛；吏而乱官者，诛。是故虚言不敢进，不肖者不敢受官。乱主则不然，听言而不督其实，故群臣以虚誉进其党；任官而不责其功，故愚污之吏在庭。”

人才考核最基本的要求是必须坚持客观公正的原则。在上位者具有莫大的权力，但在运用权力时，要小心谨慎，绝对不能违背公平与公义，不能凭一己之私好随便行事。早在两千五百年前的春秋末期，齐国君臣便就此问题展开过讨论。据《晏子春秋·内篇谏上》载：“景公燕赏于国内，万钟者三，千钟者五，令三出，而职计莫之从。公怒，令免职计，令三出，而士师莫之从。公不说。晏子见，公谓晏子曰：‘寡人闻君国者，爱人则能利之，恶人则能疏之。今寡人爱人不能利，恶人不能疏，失君道矣。’晏子曰：‘婴闻之，君正臣从谓之顺，君僻臣从谓之逆。今君赏谗谀之民，而令吏必从，则是使君失其道，臣失其守也。先王之立爱，以劝善也，其立恶，以禁暴也。昔者三代之兴也，利于国者爱之，害于国者恶之，故明所爱而贤良众，明所恶而邪僻灭，是以天下治平，百姓和集。及其衰也，行安简易，身安逸乐，顺于己者爱之，逆于己者恶之，故明所爱而邪僻繁，明所恶而贤良灭，离散百姓，危覆社稷。君上不度圣王之兴，而下不观惰君之衰，臣惧君之逆政之行，有司不敢争，以覆社稷，危宗庙。'公曰：'寡人不知也，请从士师之策。'国内之禄，所收者三也。"

秋，栾盈[①]自楚适齐。晏平仲[②]言于齐侯曰："商任之会，受命于晋。今纳栾氏，将安用之？小所以事大，信也。失信，不立，君其图之。"弗听。退告陈文子[③]曰："君人执信，臣人执共[④]，忠、信、笃、敬，上下同之，天之道也。君自弃也，弗能久矣[⑤]！"

——《左传·襄公二十二年》

【注释】

①栾盈：春秋时期晋国下军佐。 ②晏平仲：晏婴。 ③陈文子：陈国陈完之曾孙。 ④共：通"恭"，恭敬。 ⑤君自弃也，弗能久矣：指襄公二十五年齐庄公被杀之事。

宣子遂如齐纳币[①]。见子雅[②]。子雅召子旗[③]，使见宣子。宣子曰："非保家之主也，不臣[④]。"见子尾[⑤]。子尾见强[⑥]，宣子谓之如子旗。大夫多笑之，唯晏子信之，曰："夫子[⑦]，君子也。君子有信，其有以知之矣。"

——《左传·昭公二年》

【注释】

①宣子：韩起，晋国大夫。纳币：送聘礼。 ②子雅：公孙灶，齐国大夫。③子旗：子雅之子栾施。 ④不臣：不像臣子。 ⑤子尾：公孙虿，齐国大夫。⑥强：子尾之子高强。 ⑦夫子：指韩起。

晏子谓桓子[1]:"必致诸公!让[2],德之主也。让之谓懿德[3]。凡有血气,皆有争心,故利不可强,思义为愈。义,利之本也。蕴利生孽[4]。姑使无蕴乎!可以滋长。"桓子尽致诸公,而请老于莒[5]。

——《左传·昭公十年》

【注释】

①桓子:陈桓子,齐国大夫。②让:谦让。③懿德:美德。④蕴利生孽:集聚利益就会生出妖孽。⑤莒:齐国城邑。

便辟、左右[1]、大族、尊贵、大臣,不得增其功焉。疏远、卑贱、隐不知之人[2],不忘其劳。故有罪者不怨上,受赏者无贪心,则列陈[3]之士,皆轻其死而安难[4],以要[5]上事,本[6]兵之极也。

——《管子·七法》

【注释】

①便辟:阿谀奉承的小人。左右:君主身边亲近的人。②隐不知之人:隐居不知名的人。③列陈:列阵。陈:通"阵"。④轻其死:勇于牺牲。安难:不怕危难。⑤要:求取。⑥本:主,统帅。

言是而不能立,言非而不能废[1],有功而不能赏,有罪而不能诛[2],若是而能治民者,未之有也。

——《管子·七法》

【注释】

①言是而不能立,言非而不能废:正确的主张不能采纳,错误的主张不能废除。言:言论,主张。是:正确。立:确立,采纳。②诛:惩罚。

圣王之治民也,进[1]则使无由得其所利,退[2]则使无由避其所害,必使反乎安其位,乐其群,务其职[3],荣其名,而后止矣。故逾其官而离其群者,必使有害;不能其事而失其职者,必使有耻。是故圣

王之教民也，以仁错[④]之，以耻使之，修[⑤]其能致其所成而止。

——《管子·法禁》

【注释】

①进：投机钻营，贪图官位。 ②退：畏缩退避，推卸责任。 ③务其职：努力从事本职工作。 ④错：通“措”，安置。 ⑤修：循，按照。

察身能而受官，不诬于上[①]；谨于法令以治，不阿党[②]；竭能尽力而不尚得[③]，犯难离患而不辞死[④]；受禄不过其功，服位不侈[⑤]其能，不以毋实虚受[⑥]者，朝之经臣也。

——《管子·重令》

【注释】

①不诬于上：不欺骗君主。诬：欺骗。 ②不阿党：不拉帮结派。 ③不尚得：不计较得失。 ④犯难离患而不辞死：碰到灾难、遭受祸患而不怕死。离：通“罹”，遭遇。 ⑤侈：过分。 ⑥毋实虚受：没有实际才能，凭空接受官位俸禄。

是故为人君者因其业，乘其事，而稽之以度[①]。有善者，赏之以列爵之尊、田地之厚，而民不慕也；有过者，罚之以废亡之辱，僇[②]死之刑，而民不疾[③]也。

——《管子·君臣上》

【注释】

①稽：考核。度：法度。 ②僇：通“戮”，杀戮。 ③疾：恨。

兼而一之，人君之道也；分而职之[①]，人臣之事也。君失其道，无以[②]有其国；臣失其事，无以有其位。

——《管子·君臣上》

【注释】

①分而职之：各司其职。 ②无以：不能够。

日至睹甲子木行御[1]。天子出令,命左右士师内御。总别列爵,论贤不肖士吏[2];赋秘[3],赐赏于四境之内。

——《管子·五行》

【注释】

①日至睹甲子木行御:冬至后到甲子日开始,即应按照木德统御天下。②论贤不肖士吏:评定贤能与不肖的官吏。③赋秘:发放朝廷秘藏。赋:布,发放。

是故先王之治国也,使法择人,不自举也;使法量功,不自度[1]也。故能匿而不可蔽,败而不可饰[2]也;誉者[3]不能进,而诽者[4]不能退也。

——《管子·明法》

【注释】

①自度:按照自己的心意衡量。②饰:掩饰,伪装。③誉者:徒有虚名的人。④诽者:遭受诽谤的人。

国之所以乱者,废事情而任非誉[1]也。故明主之听也,言者责之以其实,誉人者试之以其官。言而无实者,诛;吏而乱官者,诛。是故虚言不敢进,不肖者不敢受官。乱主则不然,听言而不督[2]其实,故群臣以虚誉进其党;任官而不责其功,故愚污[3]之吏在庭。

——《管子·明法解》

【注释】

①事情:事实。任:听任。非誉:诽谤和赞誉。非:通"诽"。②督:监督,考核。③污:品行不正。

明主之治也,明于分职,而督其成事。胜其任者处官,不胜其任者废免。故群臣皆竭能尽力以治其事。乱主则不然。故群臣处官

位，受厚禄，莫务治国者，期于管国之重而擅①其利，牧渔其民②以富其家。

——《管子·明法解》

【注释】

①重：重权。擅：专。 ②牧渔其民：鱼肉百姓。

轻重之法曰："自言能为司马不能为司马者，杀其身以衅其鼓①；自言能治田土不能治田土者，杀其身以衅其社；自言能为官不能为官者，刖以为门父②。"故无敢奸能诬禄③至于君者矣。

——《管子·揆度》

【注释】

①衅其鼓：用这个人的血来祭战鼓。 ②刖(yuè)：古代断足之刑。门父：守门人。 ③奸能诬禄：自称有能力妄求爵禄。

景公燕赏①于国内，万钟者三，千钟者五，令三出，而职计②莫之从。公怒，令免职计，令三出，而士师③莫之从。公不说。晏子见，公谓晏子曰："寡人闻君④国者，爱人则能利之，恶人则能疏之。今寡人爱人不能利，恶人不能疏，失君道矣。"晏子曰："婴闻之，君正臣从谓之顺，君僻臣从谓之逆。今君赏谗谀之民，而令吏必从，则是使君失其道，臣失其守⑤也。先王之立爱，以劝善也，其立恶，以禁暴也。昔者三代之兴也，利于国者爱之，害于国者恶之，故明所爱而贤良众，明所恶而邪僻灭，是以天下治平，百姓和集⑥。及其衰也，行安简易⑦，身安逸乐，顺于己者爱之，逆于己者恶之，故明所爱而邪僻繁，明所恶而贤良灭，离散百姓，危覆社稷。君上不度圣王之兴，而下不观惰君之衰，臣惧君之逆政之行，有司⑧不敢争，以覆社稷，危宗庙。"公曰："寡人不知也，请从士师之策。"国内之禄，所收者三也。

——《晏子春秋·内篇谏上》

【注释】

①燕赏:设宴赏赐。燕:通“宴”。 ②职计:掌管财物的官吏。 ③士师:掌管法律及刑罚的官吏。 ④君:君临,统治。 ⑤守:职守。 ⑥和集:和睦安定。 ⑦简易:怠慢、轻率。 ⑧有司:有关官吏。

景公信用谗佞[1],赏无功,罚不辜[2]。晏子谏曰:“臣闻明君望圣人而信其教,不闻听谗佞以诛赏。今与左右相说颂[3]也,曰:‘比死者勉为乐乎!吾安能为仁而愈黥民[4]耳矣!’故内宠之妾,迫夺于国[5],外宠之臣,矫夺于鄙[6],执法之吏,并荷[7]百姓。民愁苦约[8]病,而奸驱尤佚[9],隐情奄恶,蔽谄其上,故虽有至圣大贤,岂能胜若谗哉!是以忠臣之常有灾伤也。臣闻古者之士,可与得之,不可与失之;可与进之,不可与退之。臣请逃之矣。”遂鞭马而出。公使韩子休[10]追之曰:“孤不仁,不能顺教,以至此极,夫子休国焉而往,寡人将从而后。”晏子遂鞭马而返。其仆曰:“向之去何速?今之返又何速?”晏子曰:“非子之所知也,公之言至矣。”

——《晏子春秋·内篇谏上》

【注释】

①谗佞:善进谗言、巧言谄媚的小人。 ②辜:罪。 ③说颂:容悦或诵说。说:通“悦”。颂:通“容”。 ④黥民:犯罪的人。黥:古代的一种肉刑,在面额上刺字,并涂上墨。 ⑤国:国都。 ⑥鄙:边远地区。 ⑦荷:通“苛”,苛虐。 ⑧约:贫困。 ⑨奸驱尤佚:奸邪的人更加凶狠。奸驱:当作“奸慝”。尤佚:即“溢尤”,更甚。 ⑩韩子休:人名,齐景公之臣子。

翟王子羡[1]臣于景公,以重驾[2],公观之而不说也。嬖人婴子[3]欲观之,公曰:“及晏子寝病[4]也。”居囿[5]中台上以观之,婴子说之,因为之请曰:“厚禄之!”公许诺。晏子起病[6]而见公,公曰:“翟王子羡之驾,寡人甚说之,请使之示[7]乎?”晏子曰:“驾御之事,臣无职

焉。"公曰："寡人一乐之，是欲禄之以万钟，其足乎？"对曰："昔卫士东野[⑧]之驾也，公说之，婴子不说，公曰不说，遂不观。今翟王子羡之驾也，公不说，婴子说，公因说之；为请，公许之，则是妇人为制也。且不乐治人，而乐治马，不厚禄贤人，而厚禄御夫。昔者先君桓公之地狭于今，修法治，广政教，以霸诸侯。今君，一诸侯无能亲也，岁凶年饥，道途死者相望也。君不此忧耻，而惟图耳目之乐，不修先君之功烈，而惟饰驾御之伎[⑨]，则公不顾民而忘国甚矣。且《诗》曰：'载骖载驷，君子所届[⑩]。'夫驾八，固非制也，今又重此，其为非制也，不滋甚乎！且君苟美乐之，国必众为之，田猎则不便，道行致远则不可，然而用马数倍，此非御下之道也。淫于耳目，不当民务，此圣王之所禁也。君苟美乐之，诸侯必或效我，君无厚德善政以被诸侯，而易之以僻[⑪]，此非所以子民、彰名、致远、亲邻国之道也。且贤良废灭，孤寡不振，而听嬖妾以禄御夫以蓄怨，与民为雠之道也。《诗》曰：'哲夫成城[⑫]，哲妇倾城。'今君不思成城之求，而惟倾城之务，国之亡日至矣。君其图之！"公曰："善。"遂不复观，乃罢归翟王子羡，而疏嬖人婴子。

——《晏子春秋·内篇谏上》

【注释】

①翟王子羡：翟王之子名羡。 ②重驾：十六匹马驾车。 ③婴子：齐景公之妾。 ④寝病：因病卧床不起。 ⑤囿：古代供君王狩猎、游玩的园林。⑥起病：病愈。 ⑦示：犹"置"，陈列。 ⑧东野：卫国一位善于驾车的人。⑨伎：同"技"，技巧、技术。 ⑩载骖载驷，君子所届：驾着三马骖、四马骖，君子荣耀到顶头。载：发语词，无义。骖：一车驾三马，也称三乘。驷：一车驾四马，也称四乘。届：极致。 ⑪易之以僻：用邪僻来代替。 ⑫哲夫成城：有才能的男子建立国家。哲夫：足智多谋的人。城：国。成城：立国。

景公谓晏子曰："吾闻高纠[①]与夫子游，寡人请见之。"晏子对曰：

"臣闻之,为地战者,不能成其王;为禄仕者,不能正其君。高纠与婴为兄弟久矣,未尝干②婴之行,特禄仕之臣也,何足以补君乎!"

——《晏子春秋·内篇杂上》

【注释】

①高纠:人名,晏子的朋友。 ②干:干涉,过问。

高纠事晏子而见逐。高纠曰:"臣事夫子三年,无得①,而卒见逐,其说何也?"晏子曰:"婴之家俗②有三,而子无一焉。"纠曰:"可得闻乎?"晏子曰:"婴之家俗,闲处从容不谈议③,则疏;出不相扬美,入不相削④行,则不与;通国事无论,骄士慢知⑤者,则不朝⑥也。此三者,婴之家俗,今子是无一焉。故婴非特食馈之长也,是以辞。"

——《晏子春秋·内篇杂上》

【注释】

①无得:没有得到禄位。 ②家俗:家规,家法。 ③议:通"义"。 ④削:切磋。 ⑤骄士慢知:对贤士骄横,对智者怠慢。 ⑥朝:朋友过访。

晏子使高纠治家,三年而辞焉。傧者①谏曰:"高纠之事夫子三年,曾无以爵位而逐之,敢请其罪。"晏子曰:"若夫方立之人②,维圣人而已。如婴者,仄陋③之人也。若夫左婴右婴之人不举,四维④将不正。今此子事吾三年,未尝弼⑤吾过也,吾是以辞之。"

——《晏子春秋·外篇》

【注释】

①傧者:迎送客人的人,此指侍从。 ②方立之人:以道立身的人。方:道。 ③仄陋:浅陋。 ④四维:古人以礼、义、廉、耻为四维。 ⑤弼:辅佐,帮助。

夫有术者之为人臣也,得效度数之言①,上明主法,下困奸臣,以

尊主安国者也。是以度数之言得效于前，则赏罚必用于后矣。人主诚明于圣人之术，而不苟于世俗之言，循名实而定是非，因参验而审言辞②。是以左右近习之臣，知伪诈之不可以得安也，必曰："我不去奸私之行，尽力竭智以事主，而乃以相与比周，妄毁誉以求安，是犹负千钧之重陷于不测之渊而求生也，必不几矣③。"百官之吏亦知为奸利之不可以得安也，必曰："我不以清廉方正奉法，乃以贪污之心枉法以取私利，是犹上高陵之颠堕峻溪之下而求生，必不几矣。"安危之道若此其明也，左右安能以虚言惑主，而百官安敢以贪渔下？是以臣得陈其忠而不弊，下得守其职而不怨。此管仲之所以治齐，而商君之所以强秦也。

——《韩非子·奸劫弑臣》

【注释】

①得效度数之言：能够献出有关法术的建议。效：献出，献上。 ②因参验而审言辞：根据验证来鉴别言论。 ③必不几矣：一定没有指望了。

齐宣王使人吹竽①，必三百人。南郭处士②请为王吹竽，宣王说之，廪食③以数百人。宣王死，湣王④立，好一一听之，处士逃。一曰："韩昭侯曰'吹竽者众，吾无以知其善者。'田严对曰："一一而听之。"

——《韩非子·内储说上》

【注释】

①竽：一种乐器的名称，很像现在的笙。 ②处士：没有官职的普通知识分子。 ③廪食：官府供食。 ④湣王：齐宣王的儿子。

管子曰："见其可，说①之有证；见其不可，恶之有形。赏罚信于所见，虽所不见，其敢为之乎？见其可，说之无证；见其不可，恶之无形。赏罚不信于所见，而求所不见之外，不可得也。"或曰：广廷严居[②]，众人之所肃也；宴室独处，曾、史之所僈也[③]。观人之所肃，非行情也。且君上者，臣下之所为饰也。好恶在所见，臣下之饰奸物以愚其君，必也。明不能烛远奸，见隐微，而待之以观饰行、定赏罚，不亦弊乎？管子曰："言于室满于室，言于堂满于堂，是谓天下王。"或曰：管仲之所谓言室满室、言堂满堂者，非特谓游戏、饮食之言也，必谓大物也。人主之大物，非法则术也。法者，编著之图籍，设之于官府，而布之于百姓者也。术者，藏之于胸中，以偶众端而潜御群臣者也[④]。故法莫如显，而术不欲见。是以明主言法，则境内卑贱莫不闻知也，不独满于堂；用术，则亲爱近习莫之得闻也，不得满室。而管子犹曰"言于室满室，言于堂满堂"，非法术之言也。

——《韩非子·难三》

【注释】

①说：通"悦"，喜欢。 ②广廷严居：大庭广众和严肃场合。 ③宴室独处，曾、史之所僈也：私室独居，即便曾参、史鱼也会轻慢随便。 ④以偶众端而潜御群臣者也：用来对付各种各样事情而暗中驾驭群臣的。

惠王数被于军旅，卑礼厚币以招贤者。邹衍、淳于髡、孟轲[①]皆至梁。梁惠王曰："寡人不佞[②]，兵三折于外，太子虏，上将死，国以空虚，以羞先君宗庙社稷，寡人甚丑之，叟[③]不远千里，辱幸至弊邑之廷，将何利吾国？"孟轲曰："君不可以言利若是。夫君欲利则大夫欲利，大夫欲利则庶人欲利，上下争利，国则危矣。为人君，仁义而已矣，何以利为！"

——《史记·魏世家》

【注释】

①邹衍：战国时期齐国阴阳家学派代表人物与五行学说代表人物。淳于髡：战国时期齐国著名的政治家和思想家，与邹忌同时代，年龄略长于孟子，主要活动在齐威王和齐宣王之际。孟轲：孟子，邹人，受业于子思之门人，游事齐

宣王,宣王不能用。 ②不佞:谦辞,犹言不才。 ③叟:长老之称。

二月,诏曰:"欲省赋甚。今献[1]未有程,吏或多赋以为献,而诸侯王尤多,民疾之。令诸侯王、通侯常以十月朝献,及郡各以其口数率,人岁六十三钱[2],以给献费。"又曰:"盖闻王者莫高于周文,伯者莫高于齐桓,皆待贤人而成名。今天下贤者智能,岂特古之人乎?患在人主不交故也,士奚由进!今吾以天之灵、贤士大夫定有天下,以为一家,欲其长久,世世奉宗庙亡绝也。贤人已与我共平之矣,而不与吾共安利之,可乎?贤士大夫有肯从我游者,吾能尊显之。布告天下,使明知朕意。御史大夫昌下相国,相国酂侯[3]下诸侯王,御史中执法下郡守,其有意称明德者,必身劝,为之驾,遣诣相国府,署行、义、年。有而弗言,觉,免。年老癃[4]病,勿遣。"

——《汉书·高帝纪下》

【注释】

①献:地方与诸侯国向中央贡献财物。 ②人岁六十三钱:汉代人头税。除固有算赋外,每人再另交六十三钱。 ③酂侯:汉相萧何的受封侯国,地处南阳。 ④癃(lóng):疲病。

故曰:"善师者不陈,善陈者不战,善战者不败,善败者不亡。"若夫舜修百僚,咎繇作士[1],命以"蛮夷猾夏,寇贼奸轨",而刑无所用,所谓善师不陈者也。汤、武征伐,陈师誓众[2],而放禽桀、纣,所谓善陈不战者也。齐桓南服强楚,使贡周室,北伐山戎,为燕开路,存亡继绝[3],功为伯首,所谓善战不败者也。

——《汉书·刑法志》

【注释】

①咎繇:皋陶。士:掌管刑法之官。 ②誓众:指商汤伐夏桀作《汤誓》,周武王伐纣作《泰誓》《牧誓》。 ③存亡继绝:指存卫、邢、鲁三个国家,使其免于灭亡。

七、人才激励

按照现代管理学理论，人才激励就是运用某些手段或方式激励客体，使其在心理上处于兴奋和紧张状态，积极行为起来，付出更多的时间和精力，以实现激励主体所期望的目标。激励包括正激励和负激励（即激发和约束）两个方面。这两个方面是对立统一的。激发导致一种行为的发生，约束则是对行为加以规范，使其符合一定的方向，并将其限制在一定的时空范围内。

激发需要奖励，约束需要惩罚。奖励和惩罚是两个最基本的人才激励措施。《管子·明法解》云："明主之治也，县爵禄以劝其民，民有利于上，故主有以使之。立刑罚以威其下，下有畏于上，故主有以牧之。"君主要有效地管理民众，既要设置官爵俸禄作为奖励手段，也要确立刑威法度作为约束手段。官爵是引导，刑罚是震慑，这两手都要有，"无爵禄则主无以劝民，无刑罚则主无以威众"。

奖惩要严明。《六韬·文韬》载周文王问姜太公，怎样才能奖励一个人就能激励百人，处罚一个人就能警戒众人，姜太公回答说："凡用赏者贵信，用罚者贵必。赏信罚必于耳目之所闻见，则所不闻见者莫不阴化矣。"赏罚要严明，该赏赐的一定赏赐，该处罚的坚决处罚。当事人受到奖励或惩戒，其他人也会受到潜移默化的影响。奖惩不严明，该奖的不奖，该罚的不罚，君主就会失去权威。《管子·重令》："凡国有不听而可以得存者，则号令不足以使下；有犯禁而可以得免者，则斧钺不足以威众；有毋功而可以得富者，则禄赏不足以劝民。”齐威王奖励即墨大夫，诛杀阿大夫，是赏罚严明的典型案例。齐威王初年，朝政混乱。他派人实地考察，发现即墨大夫管理有方，百姓富足，社会安宁，就“封之万家”，进行赏赐；发现阿大夫治理无方，土地荒芜，百姓困苦，就“烹阿大夫，及左右尝誉者皆并烹之”。这样一来，全国上下都很受震动，“人人不敢饰非，务尽其诚”，其结果是“齐国大治，诸侯闻之，莫敢致兵于齐二十余年”(《史记·田敬仲完世家》)。

奖惩需公正。奖惩不公正会打击人的积极性。《管子·八观》云：“功多为上，禄赏为下，则积劳之臣不务尽力；治行为上，爵列为下，则豪桀材臣不务竭能。”功劳很大，但俸禄赏赐很少，那么有功勋的人就不会全心全意为国家效力；政绩很突出，但爵位很低，那么有才能的人就不会竭尽所能为国家效力。这样就会造成“兵士不战”和“内治不别”的后果。

奖惩公正需做到高低贵贱一视同仁。《六韬·龙韬》载周武王问姜太公：“将领怎样才能树立权威？怎样才算是英明？怎样能做到令行禁止?”姜太公说：“以诛大为威，以赏小为明，以罚审为禁止而令行。”地位再高的人，违法也要处罚，这样就可以树立权威；地位极低的人，有功也要赏赐，这样才是英明；赏罚公正得当，就能做到令行禁止。这是因为诛杀位高权重之人，可以使三军震动，“杀一人而三军震”；赏赐马夫徒隶，可以让万人喜悦，“赏一人而万人说”。因此姜太公提出“杀贵大，赏贵小”，刑罚能到最高层，赏赐能到最底层，权威自然就树立起来了。现实中，地位高的、和上层关系亲近的往往能躲避处罚，地位低的、和上层关系疏远的往往得不到奖赏，即“禁不胜于亲贵，罚不行于便辟，法禁不诛于严重，而害于疏远，庆赏不施于卑贱”(《管子·重令》)。“杀贵大，赏贵小”正是针对这种现象而发，司马穰苴对此深有体悟。齐景公时，晋国和燕国侵略齐国，司马穰苴被任命为将，领兵抗敌。出征前，司马穰苴集合军队，齐景公宠信的监军庄贾迟到，司马穰苴以军法将其处斩；行军中，司马穰苴与士兵同甘共苦，将自己的物资粮食拿出来款待战士。司马穰苴“杀贵大，赏贵小”，大大激发了军队的战斗力，人人“争奋出为之赴战”，晋军、燕军不战而退，齐军乘势收复失地，“于是追击之，遂取所亡封内故境而引兵归”(《史记·司马穰苴列传》)。

奖惩不可随意。君主不能随自己的情绪随便行赏或处罚。《管子·版法》

云:“喜无以赏,怒无以杀。喜以赏,怒以杀,怨乃起,令乃废。”高兴了就随便赏赐,生气了就滥杀无辜,会招致怨恨,会使政令废弛。君主也不能根据他人的毁誉随意处置大臣。不实际考察,有人称誉,就进行赏赐;有人批评,就进行处罚,就会使得“邪臣无功而得赏,忠正无罪而有罚”(《管子·明法解》)。在齐国历史上,齐襄公就因随意赏罚而造成恶果。齐襄公有个本家弟弟公孙无知,公孙无知因受到齐襄公父亲齐僖公的宠爱,在衣食礼仪上享受世子的待遇。齐襄公和公孙无知有矛盾,齐襄公即位后,就取消了公孙无知的待遇。齐襄公派连称、管至父戍葵丘,说好了瓜熟的时候去,第二年瓜熟的时候回来。结果到期后,二人请求回来,齐襄公不答应。二人就和公孙无知联合起来谋划对付齐襄公。齐襄公曾派公子彭生暗地里害死鲁桓公,后来鲁国追究此事,齐襄公就拿彭生当替罪羊,将他处死。齐襄公打猎时,遇到一头野猪,误以为是彭生,受惊摔伤。公孙无知、连称、管至父乘机作乱,杀死了齐襄公。

奖惩应该适度。赏罚太轻了不行,“赏薄则民不利,禁轻则邪人不畏”(《管子·正世》)。赏赐太少,处罚太轻,人们就不把它们放在眼里。赏罚太重了也不行,“惠厚不能供”,“严威不能振”(《管子·君臣上》)。行赏过于优厚,供应就成问题;刑罚过于严厉,也不能起到震慑的作用。奖惩还应及时。《司马法·天子之义》:“赏不逾时,欲民速得为善之利也;罚不迁列,欲民速睹为不善之害也。”有功劳立即行赏,有罪过就地处罚,让人们迅速看到为善的好处和作恶的坏处,这样才能更好地发挥奖惩的作用。

齐国兵学甲天下。齐国历史上出现了许多著名的军事家,他们在如何激励士兵的战斗力方面有独到的见解。如孙武曾经说“投之无所往,死且不北”,“投之亡地而后存,陷之死地然后生”(《孙子兵法·九地篇》)。把军队置于无路可走的绝境死地,战士们就拼死作战,取得胜利。这就是著名的“置之死地而后生”。秦汉之际,巨鹿大战中,项羽破釜沉舟,与秦军决一死战,取得胜利,用的就是孙武的这一策略。

卒未亲附①而罚之,则不服,不服则难用也;卒已亲附而罚不行,则不可用也。故令之以文,齐之以武②,是谓必取③。令素行④以教

其民,则民服;令不素行以教其民,则民不服。令素行者,与众相得⑤也。

——《孙子兵法·行军篇》

【注释】

①亲附:亲近依附,真心拥戴。 ②令之以文,齐之以武:用奖赏来团结士卒,用惩罚来教育士卒。文指赏,武指罚。 ③必取:必定取胜。 ④素行:指平素就一贯执行。素:平素。 ⑤与众相得:与士卒相处得融洽。相得:相投合。

投之无所往①,死且不北②。死焉不得③,士人尽力。兵士甚陷则不惧,无所往则固④,深入则拘⑤,不得已则斗。是故其兵不修而戒⑥,不求而得,不约而亲⑦,不令而信⑧,禁祥去疑⑨,至死无所之⑩。

吾士无余财,非恶货⑪也;无余命,非恶寿也。令发之日,士卒坐者涕沾襟⑫,偃卧者涕交颐⑬,投之无所往,诸、刿之勇⑭也。

故善用兵者,譬如率然⑮。率然者,常山⑯之蛇也。击其首则尾至,击其尾则首至,击其中则首尾俱至。敢问:"兵可使如率然乎?"曰:"可。"夫吴人与越人相恶也,当其同舟而济,遇风,其相救也如左右手。是故方马埋轮,未足恃也⑰;齐勇若一,政之道⑱也;刚柔皆得,地之理也。故善用兵者,携手若使一人,不得已也。

将军之事,静以幽⑲,正以治⑳。能愚士卒之耳目,使之无知;易其事,革其谋㉑,使人无识;易其居,迂其途,使人不得虑。帅与之期㉒,如登高而去其梯;帅与之深入诸侯之地,而发其机㉓,焚舟破釜,若驱群羊,驱而往,驱而来,莫知所之。聚三军之众,投之于险,此谓将军之事也。九地之变㉔,屈伸之利㉕,人情之理㉖,不可不察。

——《孙子兵法·九地篇》

【注释】

①投之无所往:把军队置于无路可走的绝境。投:置。 ②死且不北:拼死也不败退。 ③死焉不得:拼死求胜,怎能不得。焉:疑问词,怎么。

④固:稳固,坚定,这里指军心稳定。 ⑤拘:拘束,这里指军心团结,不涣散。 ⑥不修而戒:不待整治督促就能加强戒备。修:整治。戒:戒备。 ⑦不约而亲:不用约束就能亲附。 ⑧不令而信:不用命令就能信守服从。信:信从。 ⑨禁祥去疑:禁止迷信活动,消除疑虑。祥:妖祥,这里指占卜等活动。 ⑩无所之:没有可去的地方,这里指士卒至死也不会逃避。 ⑪恶(wù)货:厌恶财货。恶:厌恶,不喜欢。 ⑫涕沾襟:眼泪沾湿了衣襟。涕:眼泪。 ⑬偃卧者涕交颐:躺着的人泪流满面。偃:仰倒。颐:面颊。 ⑭诸、刿(guì)之勇:就像专诸和曹刿一样勇敢。诸:即专诸,春秋末期吴国刺客,曾为吴国公子光(即阖庐)刺杀吴王僚。刿:即曹刿,又名曹沫,春秋时期鲁国勇士,曾在齐鲁两国盟会上劫持了齐桓公。两人都是春秋时勇士。 ⑮率然:古代传说中的一种蛇。《神异经·西荒经》曰:"西方山中有蛇,头尾差大,有色五彩。人物触之者,中头则尾至,中尾则头至,中腰则头尾并至,名曰率然。" ⑯常山:即"恒山",避汉文帝刘恒讳,改"恒"作"常"。恒山,在今河北省曲阳县西北与山西接壤处。 ⑰方马埋轮,未足恃也:把马并列缚在一起,把车轮埋起来,以此来防止士卒溃散是靠不住的。方:并。恃:依靠。 ⑱政之道:指驾驭士卒的方法。政:这里指御兵之术。 ⑲静以幽:冷静而幽深。以:通"而"。 ⑳正以治:端庄持重,有条不紊。正:严正。治:不乱。 ㉑易其事,革其谋:变换任务,改变计划。 ㉒帅与之期:将帅与士卒如期去作战。之:指士卒。 ㉓发其机:击发弩机。机:弩机。 ㉔九地之变:指在九种不同地区作战方法的变化。 ㉕屈伸之利:指各种变通之利。伸:伸展。 ㉖人情之理:指人的心理状态。

故三军之事,莫亲于间①,赏莫厚于间,事莫密于间②。非圣智③不能用间,非仁义不能使间,非微妙④不能得间之实。微哉微哉,无所不用间也!间事未发⑤而先闻者,间与所告者皆死⑥。

——《孙子兵法·用间篇》

【注释】

①莫亲于间:没有比间谍更值得亲信的了。亲:亲信,亲密。 ②事莫密

于间:没有比间谍的事更秘密的了。密:秘密。 ③圣智:这里指才智超群之人。 ④微妙:这里指谋虑精细之人。 ⑤间事未发:起用间谍的事还未实施。 ⑥间与所告者皆死:间谍与泄密者都要被处死。

见其可也,喜之有征①;见其不可也,恶之有形②。赏罚信于其所见,虽其所不见,其敢为之乎③?见其可也,喜之无征;见其不可也,恶之无形。赏罚不信于其所见,而求其所不见之为之化④,不可得也。

——《管子·权修》

【注释】

①喜之有征:感到高兴并且有实际奖励。征:征验。 ②恶之有形:感到厌恶并且有实际惩罚。形:体现。 ③赏罚信于其所见,虽其所不见,其敢为之乎:君主对于看到的行为,能够做到该奖励就奖励,该处罚就处罚,那么,即使是君主看不到,人们还敢做坏事吗? ④为之化:受到影响感化,按君主的心意去做。

凡牧民者,以其所积者食①之,不可不审也。其积多者其食多,其积寡者其食寡,无积者不食。或有积而不食者,则民离上②;有积多而食寡者,则民不力;有积寡而食多者,则民多诈;有无积而徒食③者,则民偷幸④。

——《管子·权修》

【注释】

①积:通"绩",劳绩。食(sì):给人食物,这里是给予俸禄赏赐的意思。 ②民离上:人民与统治者离心离德。 ③徒食:平白取得俸禄赏赐。 ④偷幸:贪图侥幸。

是故非诚贾不得食于贾①,非诚工不得食于工,非诚农不得食于农,非信士不得立于朝②。

——《管子·乘马》

【注释】

①食于贾:依靠经商为生。　②立于朝:在朝廷做官。

喜无以赏[①],怒无以杀[②]。喜以赏,怒以杀,怨乃起,令乃废。

——《管子·版法》

【注释】

①喜无以赏:不因为自己高兴而随便赏赐。　②怒无以杀:不因为自己发怒而随便杀戮。

功多为上,禄赏为下,则积劳之臣不务尽力[①];治行为上,爵列为下,则豪桀材臣不务竭能[②]。便辟左右,不论功能而有爵禄,则百姓疾怨非上[③],贱爵轻禄;金玉货财商贾之人,不论而在爵禄,则上令轻,法制毁。权重之人,不论才能而得尊位,则民倍[④]本行而求外势。彼积劳之人不务尽力,则兵士不战矣;豪杰材人不务竭能,则内治不别[⑤]矣;百姓疾怨非上,贱爵轻禄,则上毋以劝众矣;上令轻,法制毁,则君毋以使臣,臣毋以事君矣;民倍本行而求外势,则国之情伪竭在敌国矣[⑥]。

——《管子·八观》

【注释】

①功多为上,禄赏为下,则积劳之臣不务尽力:功劳很大,但俸禄赏赐很少,那么有功勋的人就不会全心全意为国家效力。　②治行为上,爵列为下,则豪桀材臣不务竭能:政绩很突出,但爵位很低,那么有才能的人就不会竭尽所能为国家效力。　③疾怨非上:怨恨非议君主。　④倍:通"背",背离。　⑤别:辨别,有条理。　⑥则国之情伪竭在敌国矣:那么国家的虚实就全部泄露给敌国了。

爵人[①]不论能,禄人[②]不论功,则士无为行制死节[③],而群臣必通外请谒[④],取权道,行事便辟,以贵富为荣华以相稺[⑤]也,谓之逆。

——《管子·重令》

【注释】

①爵人：封人爵位。 ②禄人：给人俸禄。 ③行制：执行军令。死节：为国牺牲。 ④请谒：请托，拜见。 ⑤稱：夸耀。

故禁不胜于亲贵，罚不行于便辟，法禁不诛于严重，而害于疏远[①]，庆赏[②]不施于卑贱，而求令之必行，不可得也。能不通于官[③]，受禄赏不当于功，号令逆于民心，动静诡于时变[④]，有功不必赏，有罪不必诛，令焉不必行，禁焉不必止，在上位无以使下，而求民之必用，不可得也。

——《管子·重令》

【注释】

①法禁不诛于严重，而害于疏远：法律禁令不能用来惩罚罪行严重的人，却残害与自己关系疏远的无罪的人。 ②庆赏：奖赏。 ③能不通于官：能力和官位不相称。 ④动静诡于时变：国家政令违背时代要求。

凡国有不听而可以得存者，则号令不足以使下；有犯禁而可以得免者，则斧钺[①]不足以威众；有毋功而可以得富者，则禄赏不足以劝[②]民。

——《管子·重令》

【注释】

①斧钺：古代兵器，这里指刑罚。 ②劝：勉励。

僖公之母弟夷仲年生公孙无知，有宠于僖公，衣服礼秩如適[①]。僖公卒，以诸儿长，得为君，是为襄公。襄公立后，绌无知，无知怒。公令连称、管至父戍葵丘，曰："瓜时[②]而往，及瓜时而来。"期戍[③]，公问不至，请代不许，故二人因公孙无知以作乱。

——《管子·大匡》

【注释】

①適：通“嫡”，嫡子。 ②瓜时：瓜熟之时。 ③期戍：戍守满一整年。

爵授有德，则大臣兴义；禄予有功，则士轻死节①。上帅士以人之所戴②，则上下和；授事以能，则人上功③。审刑当罪，则人不易讼④；无乱社稷宗庙，则人有所宗。毋遗老忘亲⑤，则大臣不怨；举知人急⑥，则众不乱。行此道也，国有常经，人知终始，此霸王之术也。

——《管子·问》

【注释】

①轻死节：勇于为国牺牲。 ②上帅士以人之所戴：君主任用人们拥戴的将领来统帅士兵。 ③上功：崇尚功业。上：通“尚”。 ④不易讼：不轻易打官司。 ⑤毋遗老忘亲：不要遗忘老臣近臣。 ⑥举知人急：举办事业知道哪些是人民急需的。

故上杀不辜，则道正者不安；上失有罪，则行邪者不变。道正者不安，则才能之人去亡①；行邪者不变，则群臣朋党②。

——《管子·参患》

【注释】

①亡：逃跑。 ②朋党：结党营私。

是故将与之，惠厚不能供①；将杀之，严威不能振②。严威不能振，惠厚不能供，声实有闲③也。有善者不留④其赏，故民不私其利；有过者不宿⑤其罚，故民不疾其威。赏罚之制，无逾于民⑥，则人归亲于上矣。

——《管子·君臣上》

【注释】

①惠厚不能供：行赏过于优厚反而不能供应。 ②严威不能振：刑罚过

于严厉反而不能震慑。③声实有闲：名实不符。闲：通“间”，距离。④留：扣留。⑤宿：拖延。⑥赏罚之制，无逾于民：赏罚不超越人们应该得到的。

是故厉之以八政[1]，旌[2]之以衣服，富之以国裹[3]，贵之以王禁[4]，则民亲君，可用也。

——《管子·君臣下》

【注释】

①历：通“励”，勉励。八政：八种政事或八种官职。一般以食、货、祀、司空、司徒、司寇、宾、师为八政。②旌：表彰。③国裹：即国廪，俸禄。④王禁：国法。

人之可杀，以其恶死也[1]；其可不利，以其好利也[2]。

——《管子·心术上》

【注释】

①人之可杀，以其恶死也：人可以用杀戮来镇压，是因为怕死。②其可不利，以其好利也：人可以用剥夺利益来惩罚，是因为好利。

凡民之所以守战至死而不德其上[1]者，有数[2]以至焉。曰：大者亲戚[3]坟墓之所在也，田宅富厚足居也。不然，则州县乡党与宗族足怀乐[4]也。不然，则上之教训、习俗、慈爱之于民也厚，无所往而得之[5]。不然，则山林泽谷之利足生[6]也。不然，则地形险阻，易守而难攻也。不然，则罚严而可畏也。不然，则赏明而足劝[7]也。不然，则有深怨于敌人也。不然，则有厚功于上也。此民之所以守战至死而不德其上者也。

——《管子·九变》

【注释】

①不德其上：不认为自己对君主有恩德。②数：必然之理。③大者：

最重要的。亲戚：父母。　④怀乐：怀恋安乐。　⑤无所往而得之：到别的地方得不到这些。　⑥足生：足以满足生活需要。　⑦劝：劝勉，鼓励。

夫爱人不私赏①也，恶人不私罚②也，置仪设法，以度量断③者，上主也。爱人而私赏之，恶人而私罚之，倍④大臣，离左右，专以其心断者，中主也。臣有所爱而为私赏之，有所恶而为私罚之，倍其公法，损其正心⑤，专听其大臣者，危主也。

——《管子·任法》

【注释】

①爱人不私赏：喜欢一个人但不以私意赏赐。　②恶人不私罚：憎恶一个人但不以私意惩罚。　③断：判定。　④倍：通“背”，背离。　⑤正心：公正之心。

是故先王之治国也，不淫意于法之外①，不为惠②于法之内也。动无非法者，所以禁过而外私③也。威不两错④，政不二门⑤。以法治国，则举错而已。是故有法度之制者，不可巧以诈伪⑥；有权衡⑦之称者，不可欺以轻重；有寻⑧丈之数者，不可差以长短。今主释法以誉进能⑨，则臣离上而下比周⑩矣；以党举官，则民务交而不求用矣。

——《管子·明法》

【注释】

①不淫意于法之外：不在法制之外费心机。淫：过分。　②为惠：私行恩惠。　③外私：排除私行。　④威不两错：权威不能置于两处，由两家拥有。错：通“措”，安置。　⑤政不二门：政令不能出自二门，由两家发布。　⑥巧以诈伪：用欺诈伪装来投机取巧。　⑦权衡：秤锤和秤杆。　⑧寻：长度单位，八尺为一寻。　⑨以誉进能：按名声用人。　⑩比周：相互勾结。

故古之所谓明君者，非一君也①。其设赏有薄有厚，其立禁有轻

有重，迹行[②]不必同，非故相反也，皆随时而变，因俗而动[③]。

——《管子·正世》

【注释】

①非一君也：不是一样的君主，指他们的统治方法和措施各不相同。②迹行：行为事迹。③非故相反也，皆随时而变，因俗而动：并不是故意有所不同，都是随着时代的变化而变化，根据风俗的不同而行动。

夫民躁而行僻[①]，则赏不可以不厚，禁不可以不重。故圣人设厚赏，非侈也；立重禁，非戾[②]也。赏薄则民不利[③]，禁轻则邪人不畏。设人之所不利，欲以使，则民不尽力；立人之所不畏，欲以禁，则邪人不止。是故陈法[④]出令而民不从。故赏不足劝，则士民不为用；刑罚不足畏，则暴人轻犯禁[⑤]。

——《管子·正世》

【注释】

①躁而行僻：性情急躁，行为邪僻。②戾：暴戾。③不利：不以之为利，不把赏赐看在眼里。④陈法：公布法令。⑤轻犯禁：轻易违反禁令。

公曰："何谓三本？"管子对曰："三本者，一曰固，二曰尊，三曰质。"公曰："何谓也？"管子对曰："故国父母坟墓之所在，固也；田宅爵禄，尊也；妻子，质也。三者备，然后大其威，厉[①]其意，则民必死而不我欺[②]也。"

——《管子·小问》

【注释】

①厉：激励。②民必死而不我欺：人民一定不怕牺牲而不会欺骗我们。不我欺：不欺我。

惠王丰赏厚赐以竭藏[①]，赦奸纵过以伤法。藏竭则主权衰，法伤

则奸门闿[②]。

——《管子·七臣七主》

【注释】

①竭藏:用尽积蓄。 ②奸门闿:开启奸邪犯法之门。闿:通“开”。

夫上好本[①],则端正之士在前。上好利,则毁誉[②]之士在侧。上多喜善赏,不随其功[③],则士不为用。数出重法,而不克[④]其罪,则奸不为止。明王知其然,故见必然之政[⑤],立必胜之罚[⑥]。

——《管子·七臣七主》

【注释】

①本:根本,指道德。 ②毁誉:诽谤吹捧。 ③不随其功:不根据功劳大小。 ④克:制服,战胜。 ⑤见:颁布。必然之政:一定能够实施的政令。⑥必胜之罚:必然制服犯罪的刑罚。

夫施功而不钧[①],位虽高,为用者少[②];赦罪而不一,德虽厚,不誉者多;举事而不时,力虽尽,其功不成;刑赏不当,断斩虽多,其暴不禁。夫公之所加[③],罪虽重,下无怨气;私之所加[④],赏虽多,士不为欢。行法不道,众民不能顺;举错[⑤]不当,众民不能成。

——《管子·禁藏》

【注释】

①施功:论功行赏。钧:通“均”。 ②位虽高,为用者少:赏赐的爵位虽然很高,但肯出力效命的不会多。 ③公之所加:根据国家的法律行刑。 ④私之所加:根据个人的恩怨行赏。 ⑤错:通“措”,政令措施。

为善者,君予之赏;为非者,君予之罚。君因[①]其所以来,因而予之,则不劳矣。

——《管子·九守》

【注释】

①因：根据，利用。

民之所以守战至死而不衰者，上之所以加施[1]于民者厚也。故上施厚，则民之报上亦厚；上施薄，则民之报上亦薄。故薄施而厚责[2]，君不能得之于臣，父不能得之于子。

——《管子·形势解》

【注释】

①施：加，施加。　②责：索取。

明主之治也，县[1]爵禄以劝其民，民有利于上，故主有以使之；立刑罚以威其下，下有畏于上，故主有以牧[2]之。故无爵禄则主无以劝民，无刑罚则主无以威众。

——《管子·明法解》

【注释】

①县：通"悬"，公开宣示。　②牧：放牧，引申为管理。

故其当赏者，群臣不得辞也；其当罚者，群臣不敢避[1]也。夫赏功诛罪，所以为天下致利除害也。草茅弗去，则害禾谷；盗贼弗诛，则伤良民。夫舍公法而行私惠，则是利奸邪而长暴乱[2]也。行私惠而赏无功，则是使民偷幸而望于上也；行私惠而赦有罪，则是使民轻[3]上而易为非也。夫舍公法，用私意，明主不为也。

——《管子·明法解》

【注释】

①避：回避，逃避。　②长暴乱：助长暴乱。　③轻：轻视。

乱主不察臣之功劳，誉众者，则赏之；不审其罪过，毁[1]众者，则

罚之。如此者，则邪臣无功而得赏，忠正无罪而有罚。故功多而无赏，则臣不务尽力；行正而有罚，则贤圣无从竭能；行货财而得爵禄，则污辱之人在官；寄托之人[②]不肖而位尊，则民倍[③]公法而趋有势。如此，则悫愿[④]之人失其职，而廉洁之吏失其治。

——《管子·明法解》

【注释】

①毁：诋毁。 ②寄托之人：委以重任的人。 ③倍：通“背”，违背。④悫(què)愿：谨慎朴实。

乱主之行爵禄也，不以法令案[①]功劳；其行刑罚也，不以法令案罪过，而听重臣之所言。故臣有所欲赏，主为赏之；臣欲有所罚，主为罚之，废其公法，专听重臣。如此，故群臣皆务其党，重臣而忘其主，趋重臣之门而不庭[②]。

——《管子·明法解》

【注释】

①案：验。 ②不庭：不上朝廷。

管子对曰：“民之能明于农事者，置[①]之黄金一斤，直食八石[②]。民之能蕃育六畜者，置之黄金一斤，直食八石。民之能树艺[③]者，置之黄金一斤，直食八石。民之能树瓜瓠荤菜百果使蕃衮[④]者，置之黄金一斤，直食八石。民之能已[⑤]民疾病者，置之黄金一斤，直食八石。民之知时[⑥]，曰‘岁且阨’[⑦]，曰‘某谷不登[⑧]’，曰‘某谷丰’者，置之黄金一斤，直食八石。民之通于蚕桑，使蚕不疾病者，皆置之黄金一斤，直食八石。谨听其言而藏之官，使师旅之事无所与[⑨]，此国策之大者也。……”

——《管子·山权数》

【注释】

①置:设置奖励。 ②直食八石:相当于八石粮食。 ③能树艺:精通种植技艺。 ④衰(yù):古同“育”。 ⑤已:止,治愈。 ⑥知时:懂得天时。 ⑦曰:这里是预言的意思。岁且阨:年成将要歉收。 ⑧登:丰收。 ⑨使师旅之事无所与:使他们不受战争的干扰。

管子入复桓公曰:“终岁之租金四万二千金,请以一朝素赏①军士。”桓公曰:“诺。”以令至鼓期于泰舟之野期军士②。桓公乃即坛而立,宁戚、鲍叔、隰朋、易牙、宾胥无皆差肩③而立。管子执枹④而揖军士曰:“谁能陷陈⑤破众者,赐之百金。”三问不对。有一人秉剑而前,问曰:“几何人之众也?”管子曰:“千人之众。”“千人之众,臣能陷之。”赐之百金。管子又曰:“兵接弩张,谁能得卒长者,赐之百金。”问曰:“几何人卒之长也?”管子曰:“千人之长。”“千人之长,臣能得之。”赐之百金。管子又曰:“谁能听旌旗之所指,而得执将首者,赐之千金。”言能得者垒⑥十人,赐之人千金。其余言能外斩首者,赐之人十金。一朝素赏,四万二千金廓然⑦虚。桓公惕然太息曰:“吾曷以识此?”管子对曰:“君勿患。且使外为名于其乡,内为功于其亲,家为德于其妻子。若此,则士必争名报德,无北之意⑧矣。吾举兵而攻,破其军,并其地,则非特四万二千金之利也。”五子曰:“善。”桓公曰:“诺。”乃诫大将曰:“百人之长,必为之朝礼;千人之长,必拜而送之,降两级⑨。其有亲戚⑩者,必遗之酒四石,肉四鼎;其无亲戚者,必遗其妻子酒三石,肉三鼎。”行教半岁,父教其子,兄教其弟,妻谏其夫,曰:“见其若此其⑪厚,而不死列陈,可以反于乡乎?”桓公衍终举兵攻莱,战于莒必市里⑫。鼓旗未相望,众少未相知,而莱人大遁。故遂破其军,兼其地,而虏其将。故未列地而封,未出金而赏,破莱军,并其地,禽其君。此素赏之计也。

——《管子·轻重乙》

【注释】

①素赏：预先行赏。此谓交战之前，还没有拿出土地黄金进行封赐，即可先期鼓励战士，以收得良好战果。 ②至鼓期：即“致鼓旗”，准备好战鼓战旗。泰舟：地名。期军士：集合士兵。 ③差肩：肩并肩。 ④枹：鼓槌。 ⑤陷陈：陷阵。陈：通“阵”。 ⑥垒：通“累”，累积。 ⑦廓然：空虚的样子。 ⑧无北之意：没有失败逃跑的念头。北：失败。 ⑨降两级：下两级台阶相送。 ⑩亲戚：指父母。 ⑪其：通“期”，期待。 ⑫必市里：地名，无考。

景公伐莱，胜之，问晏子曰：“吾欲赏于莱何如?”对曰：“臣闻之，以谋胜国者，益臣之禄；以民力胜国者，益民之利。故上有羡获①，下有加利，君上享其名，臣下利其实。故用智者不偷业②，用力者不伤苦，此古之善伐者也。”公曰：“善。”于是破莱之臣，东邑之卒③，皆有加利。是上独擅名④，利下流也。

——《晏子春秋·内篇问上》

【注释】

①羡获：多余的收获。 ②不偷业：不偷闲。 ③东邑之卒：攻打东莱的士卒。东邑：即莱国，因在齐国东面，所以被称为东邑。 ④擅名：拥有名声。

公曰：“鲁与莒之事，寡人既得而闻之矣，寡人之德亦薄，然后世孰践有齐国者?”对曰：“田无宇之后为几①。”公曰：“何故也?”对曰：“公量②小，私量③大，以施于民，其与士交也，用财无筐箧④之藏，国人负携其子而归之，若水之流下也。夫先与人利，而后辞其难，不亦寡乎！若苟勿辞也，从而抚之，不亦几乎！”

——《晏子春秋·内篇问上》

【注释】

①田无宇：即陈桓子，字无宇。几：将近。 ②公量：指齐国公用的量器。量：量器。 ③私量：指田氏家族私用的量器。 ④箧：小箱子。

文王问太公曰："赏所以存劝，罚所以示惩[1]。吾欲赏一以劝百，罚一以惩众，为之奈何？"

太公曰："凡用赏者贵信，用罚者贵必。赏信罚必于耳目之所闻见，则所不闻见者莫不阴化[2]矣。夫诚，畅于天地，通于神明，而况于人乎！"

——《六韬·文韬·赏罚》

【注释】

①劝：鼓励。惩：警戒。　②阴化：暗中感化。

军中之事，不闻君命，皆由将出，临敌决战，无有二心。若此，则无天于上[1]，无地于下[2]，无敌于前[3]，无君于后[4]。是故智者为之谋，勇者为之斗，气厉[5]青云，疾若驰骛[6]，兵不接刃，而敌降服。战胜于外，功立于内，吏迁士赏，百姓欢说[7]，将无咎殃。是故风雨时节[8]，五谷丰熟，社稷安宁。

——《六韬·龙韬·立将》

【注释】

①无天于上：这里指不管天时气候有何变化，都不受限制。　②无地于下：这里指不管地形地势有何变化，都不受限制。　③无敌于前：这里指不管敌情有何变化，都不受限制。　④无君于后：这里指不管国君在后方有何意见，都不受牵制。　⑤厉：激扬，上扬。　⑥驰骛：马群交驰，这里指奔驰的马。⑦说：通"悦"，愉悦。　⑧时节：这里用作动词，意思是顺应时令节气。

武王问太公曰："将何以为威？何以为明[1]？何以为禁止而令行？"

太公曰："将以诛大[2]为威，以赏小[3]为明，以罚审[4]为禁止而令行。故杀一人而三军震者，杀之；赏一人而万人说[5]者，赏之。杀贵大，赏贵小。杀及当路贵重之臣，是刑上极[6]也；赏及牛竖、马洗、厩

养[⑦]之徒，是赏下通[⑧]也。刑上极，赏下通，是将威之所行也。”

——《六韬·龙韬·将威》

【注释】

①威：权威，威信。明：英明。 ②诛大：诛杀地位尊贵的人。大：这里指地位较高、权势较大的人。 ③赏小：赏赐地位低微的人。小：这里指地位低微、默默无闻的人。 ④审：详审，周密而又慎重。 ⑤说：通“悦”，愉悦。⑥当路：指身居要职。刑上极：刑罚达到最上层。 ⑦牛竖：指牧牛的仆隶。竖：童仆。马洗、厩养：指饲养马匹的仆隶。厩：马棚。 ⑧赏下通：赏赐达到最下层。

战必以义[①]者，所以励众胜敌也；尊爵重赏者，所以劝用命[②]也；严刑罚者，所以进罢怠[③]也。一喜一怒，一与一夺，一文一武，一徐一疾者，所以调和三军，制一[④]臣下也。

——《六韬·龙韬·奇兵》

【注释】

①义：正义。 ②用命：听命效力。 ③罢怠：疲乏怠惰。罢：通“疲”。④制一：控制而使之一致。

古者贤王，明民之德[①]，尽民之善[②]，故无废德，无简民[③]，赏无所生，罚无所试。有虞氏不赏不罚，而民可用，至德也；夏赏而不罚，至教也；殷罚而不赏，至威也；周以赏罚，德衰也。

赏不逾时，欲民速得为善之利也；罚不迁列[④]，欲民速睹为不善之害也。大捷不赏[⑤]，上下皆不伐善[⑥]；上苟[⑦]不伐善，则不骄矣；下苟不伐善，必亡等[⑧]矣。上下不伐善若此，让[⑨]之至也。大败不诛[⑩]，上下皆以不善在己；上苟以不善在己，必悔其过；下苟以不善在己，必远其罪[⑪]。上下分恶[⑫]若此，让之至也。

——《司马法·天子之义》

【注释】

①明民之德:指重用民之有德行者。明:表彰,彰显。 ②尽民之善:指网罗民之有材技者。 ③简民:怠惰之民。 ④迁列:离开行列。这里是说惩罚要就地执行,使人民迅速看到做坏事的害处。 ⑤大捷不赏:大胜不能遍赏,故曰不赏。 ⑥伐善:自我标榜,夸耀战功。 ⑦苟:如果。 ⑧亡等:没有等级差别。亡:通“无”,没有。 ⑨让:谦让。 ⑩大败不诛:大败不能遍罚,故曰不诛。 ⑪必远其罪:一定会避免犯错。 ⑫分恶:分担错误。

凡人,死爱[①],死怒,死威,死义,死利。凡战之道,教约[②]人轻死,道约人死正[③]。

——《司马法·严位》

【注释】

①死爱:为爱而死。以下“死怒”“死威”等语法结构与此同。 ②教约:用法令约束人。 ③道约:用道义约束人。人死正:为正义而死。

凡战:胜则与众分善[①]。若将复战,则重[②]赏罚。若使不胜,取过在己[③]。复战,则誓以居前,无复先术。胜否勿反[④],是谓正则。

——《司马法·严位》

【注释】

①分善:分享荣誉。善:这里引申指荣誉。 ②重:重新,另行。 ③取过在己:把错误归于自己,即由自己承担责任。 ④反:违反。这句话是说,无论胜败都不要违反这个原则。

书亲绝[①],是谓绝顾壹虑[②];选良次兵[③],是谓益人之强;弃任节食[④],是谓开人之意[⑤]。自古之政也。

——《司马法·用众》

【注释】

①书亲绝:致信亲人,决意不归。 ②绝顾:断绝后顾之心。壹虑:使思想

集中于一点,专心致志。 ③选良次兵:选拔人才,配备兵器。良:精良士卒。次:授予。 ④弃任节食:丢弃辎重,少携带食粮。任:负载,这里指辎重。节食:少带食粮。 ⑤开人之意:开发士卒拼死作战的意志。意:意志。

田忌曰:"行阵已定,动而令士必听,奈何?"

孙子曰:"严而示之利①。"

田忌曰:"赏罚者,兵之急者②邪?"

孙子曰:"非。夫赏者,所以喜众,令士忘死也。罚者,所以正乱③,令民畏上④也。可以益胜⑤,非其急者也。"

田忌曰:"权、势、谋、诈,兵之急者邪?"

孙子曰:"非也。夫权者,所以聚众也。势者,所以令士必斗也。谋者,所以令敌无备也。诈者,所以困敌也。可以益胜,非其急者也。"

——《孙膑兵法·威王问》

【注释】

①示:原为"视",显示。这句话是说,既要有严明的法纪,又要给予奖励。②急者:最要紧的事情。 ③正乱:整饬军纪。 ④畏上:敬畏上级。 ⑤益胜:有助于取胜。

孙子曰:用兵移民①之道,权衡也。权衡,所以篡②贤取良也。阴阳③,所以聚众合敌④也。正衡再累……既忠⑤,是谓不穷。称乡县衡⑥,虽其宜也。

私公之财壹也,夫民有不足于寿而有余于货者⑦,有不足于货而有余于寿者⑧。唯明王圣人知⑨之,故能留之。死者不毒⑩,夺者不愠⑪。此无穷……民皆尽力。近者弗则远者无能。货多则辨⑫,辨则民不德其上。货少则□,□则天下以为尊。然则为民赇⑬也。吾所以为赇也。此兵之久也,用兵之国之宝⑭也。

——《孙膑兵法·行篡》

【注释】

①移民：使民归附。 ②篡：挑选。 ③阴阳：中国古代哲学的重要概念，所指不一，如天之昼夜阴晴、物之表里向背、室之前后内外、事之公开隐蔽等。 ④聚：原为“冣”，聚合。合敌：同敌人交战。 ⑤累：秤锤。既忠：同“既中”，达到平衡适中。既：原为“暨”。这句话是说，反复衡量达到准确公平了。 ⑥乡：同“向”，方向。称乡：确定方向。县：通“悬”，二者义同。这句话是说，论功行赏、衡量轻重要公平。 ⑦有不足于寿而有余于货者：指富有而贪生的人。 ⑧有不足于货而有余于寿者：指因贫困而轻生的人。 ⑨知：原为“智”。 ⑩毒：痛恨。 ⑪愠(yùn)：原为“温”，抱怨。 ⑫辨：离异，离心。 ⑬赇：这里疑指蓄积财富。 ⑭宝：原为“葆”。

孙子曰：合军聚众[1][，务在激气]。复徙[2]合军，务在治兵利气[3]。临境近敌[4]，务在厉[5]气。战日有期，务在断气[6]。今日将战，务在延气[7]。

……以威三军之士，所以激气[8]也。将军令……其令，所以利气也。将军乃……短衣絜裘[9]，以劝[10]士志，所以厉气也。将军令，令军人人为三日粮，国人家为……望，国使毋来，军使毋往，[所以]断气也。将军召将卫人者而告之曰：饮食毋……[所]以延气……也。

延气(以下为散简)

……营[11]也。以易[12]营之，众而贵武，敌必败。

气不利则拙，拙则不及，不及则失利，失利……

……气不厉则慑[13]，慑则众□，众……

……

……而弗救，身死家残。将军召使而勉之，击……

——《孙膑兵法·延气》

【注释】

①合军聚众：集合兵员组建军队。 ②复徙：指连续行军。 ③治兵利气：意即整治兵器，增强士气。 ④境：原为“竟”，指国境、边境。敌：原为

"商"。 ⑤厉:原为"疠",激励。 ⑥断气:断然决一死战的士气。 ⑦延气:长久保持高昂士气。 ⑧激气:激发士气。激:原为"敫"。 ⑨絜(jié)裘:疑为"褐裘",兽皮或粗麻制成的短衣,古代贫贱之人所穿。 ⑩劝:勉励。 ⑪营:迷惑。 ⑫易:轻视。 ⑬慑:原为"聶"。

赏未行,罚未用,而民听令者,其令,民之所能行也。赏高罚下①,而民不听其令者,其令,民之所不能行也。使民虽不利,进死而不旋踵②,孟贲③之所难也,而责之民,是使水逆流④也。故战势,胜者益⑤之,败者代之,劳者息之,饥者食之。故民见□人而未见死,蹈白刃而不旋踵。故行水得其理,漂石折舟⑥;用民得其性⑦,则令行如流。

——《孙膑兵法·奇正》

【注释】

①赏高罚下:指赏罚高下,即不论赏罚轻重。 ②旋:原为"荀"。旋踵:后退。 ③孟贲:古之勇士。 ④流:原为"留"。 ⑤益:增,这里指增加兵力。⑥漂石折舟:《孙子兵法·势篇》:"激水之疾,至于漂石者,势也。"可参见。漂:原为"剽"。 ⑦性:原为"生"。

仁、义、礼、乐、名、法、刑、赏,凡此八者,五帝、三王治世之术也。故仁以道①之,义以宜之②,礼以行之,乐以和之,名以正之,法以齐之,刑以威之,赏以劝③之。故仁者所以博施于物,亦所以生偏私;义者所以立节行,亦所以成华伪;礼者所以行恭谨,亦所以生惰慢;乐者所以和情志,亦所以生淫放;名者所以正尊卑,亦所以生矜篡;法者所以齐众异,亦所以乖名分;刑者所以威不服,亦所以生陵暴;赏者所以劝忠能,亦所以生鄙争。凡此八术,无隐于人而常存于世,非自显于尧、汤之时,非自逃于桀、纣之朝。用得其道,则天下治;失其道,则天下乱。过此而往④,虽弥纶⑤天地,笼络万品⑥,治道之外,非

群生所餐挹⑦，圣人错⑧而不言也。

——《尹文子·大道下》

【注释】

①道：同"导"，引导。 ②义以宜之：用义教众人做合乎自身名分的事。宜：适宜。 ③劝：勉励。 ④过此而往：除此以外。 ⑤弥纶：包举。 ⑥笼络万品：控御万物。 ⑦餐挹：吸收，采用。 ⑧错：通"措"，放置、废弃。

"……古者君之使臣，求不私爱于己，求显忠于己。而居官者必能，临陈者必勇。禄赏之所劝，名法之所齐，不出于己心，不利于己身。语曰：'禄薄者不可与经①乱，赏轻者不可与入难②。'此处上者所宜慎者也。"

——《尹文子》佚文

【注释】

①经：治理。 ②入难：拯救危难。

权谋倾覆之人退，则贤良知圣之士案自进矣；刑政平，百姓和，国俗节，则兵劲城固，敌国案自诎矣；务本事，积财物，而勿忘栖迟薛越①也，是使群臣百姓皆以制度行，则财物积，国家案自富矣。三者体此而天下服，暴国之君案自不能用其兵矣。何则？彼无与至也。彼其所与至者，必其民也，其民之亲我也欢若父母，好我芳若芝兰，反顾其上则若灼黥②，若仇雠。彼人之情性也虽桀、跖，岂有肯为其所恶贼其所好者哉！彼以夺矣。故古之人有以一国取天下者，非往行之也，修政其所莫不愿，如是而可以诛暴禁悍矣。故周公南征而北国怨，曰："何独不来也！"东征而西国怨，曰："何独后我也！"孰能有与是斗者与？安以其国为是者王。

——《荀子·王制》

【注释】

①忘：通“妄”，胡乱。栖迟：滞留等待，即丢在一边、遗弃的意思。薛越：同“屑越”，碎落的意思，即搞得破碎散乱后又抛弃它。　②灼：烧。黥：即墨刑，用刀在犯人的面额上刺字，再用墨涂在刺纹中。

殷之日，安以静兵息民，慈爱百姓，辟田野，实仓廪，便备用，安谨募选阅材伎之士，然后渐赏庆以先之，严刑罚以防之，择士之知事者使相率贯也，是以厌然[①]畜积修饰而物用之足也。兵革器械者，彼将日日暴露毁折之中原，我今将修饰之，拊循[②]之，掩盖之于府库；货财粟米者，彼将日日栖迟薛越之中野，我今将畜积并聚之于仓廪；材技股肱、健勇爪牙之士，彼将日日挫顿竭之于仇敌，我今将来致之，并阅之，砥砺之于朝廷。如是，则彼日积敝，我日积完；彼日积贫，我日积富；彼日积劳，我日积佚。君臣上下之间者，彼将厉厉焉，日日相离疾也，我今将顿顿[③]焉，日日相亲爱也，以是待其敝。安以其国为是者霸。立身则从傭[④]俗，事行则遵傭故，进退贵贱则举傭士，之所以接下之人百姓者则庸宽惠，如是者则安存。立身则轻楛，事行则蠲疑[⑤]，进退贵贱则举佞倪[⑥]，之所以接下之人百姓者则好取侵夺，如是者危殆。立身则憍暴，事行则倾覆，进退贵贱则举幽险诈故，之所以接下之人百姓者，则好用其死力矣，而慢其功劳，好用其籍敛矣，而忘其本务，如是者灭亡。此五等者，不可不善择也，王霸、安存、危殆、灭亡之具也。善择者制人，不善择者人制之；善择之者王，不善择之者亡。夫王者之与亡者，制人之与人制之也，是其为相县也亦远矣！

——《荀子·王制》

【注释】

①厌然：安然。　②拊循：通“抚揗”，抚摸，指揩擦、保养。　③厉厉：严厉地，恶狠狠地。顿：通“敦”，诚恳笃厚的样子。　④傭：通“庸”，平庸、平常。

⑤蠲(juān):除去。蠲疑:毫不迟疑,指急躁鲁莽、毫无顾忌。这种人立身轻率,所以做事鲁莽。 ⑥说:通"锐"。佞说:口齿伶俐。

垂事养民,拊循之,唲呕之,冬日则为之饘粥,夏日则与之瓜麮,以偷取少顷之誉焉,是偷道也,可以少顷得奸民之誉,然而非长久之道也。事必不就,功必不立,是奸治者也。[1]僡然要时务民,进事长功,轻非誉而恬[2]失民,事进矣,而百姓疾之,是又不可偷偏者也。徙坏堕落,必反[3]无功。故垂事养誉不可,以遂功而忘民亦不可,皆奸道也。故古人为之不然,使民夏不宛暍[4],冬不冻寒,急不伤力,缓不后时,事成功立,上下俱富,而百姓皆爱其上,人归之如流水,亲之欢如父母,为之出死断亡而愉者,无它故焉,忠信调和均辨[5]之至也。故君国长民者欲趋时遂功,则和调累解[6],速乎急疾;忠信均辨,说乎赏庆矣;必先修正其在我者,然后徐责其在人者,威乎刑罚。三德者诚乎上,则下应之如景向[7],虽欲无明达,得乎哉!《书》曰:"乃大明服,惟民其力,懋[8]和而有疾。"此之谓也。故不教而诛,则刑繁而邪不胜;教而不诛,则奸民不惩;诛而不赏,则勤厉之民不劝;诛赏而不类,则下疑俗俭[9]而百姓不一。故先王明礼义以壹之,致忠信以爱之,尚贤使能以次之,爵服庆赏以申重之,时其事、轻其任,以调齐之,潢[10]然兼覆之,养长之,如保赤子。若是,故奸邪不作,盗贼不起,而化善者劝勉矣。是何邪?则其道易,其塞固,其政令一,其防表明。故曰:上一则下一矣,上二则下二矣,辟之若草木枝叶必类本。此之谓也。不利而利之,不如利而后利之之利也。不爱而用之,不如爱而后用之之功也。利而后利之,不如利而不利者之利也;爱而后用之,不如爱而不用者之功也。利而不利也,爱而不用也者,取天下矣。利而后利之,爱而后用之者,保社稷也。不利而利之,不爱而用之者,危国家也。

——《荀子·富国》

【注释】

①垂事养民……是奸治者也：放下生产不管而搞些小恩小惠去养育民众，抚慰他们，疼爱他们，冬天给他们熬煮稀饭，夏天给他们供应瓜果、大麦粥，以此来苟且骗取一时的名誉，这是一种只求眼前的苟且做法。它可以暂时得到奸邪之人的赞誉，但并不是长久的办法。其结果是，事业必定不能成就，功绩必定不能建立，这是用奸诈的办法来治国的人。垂：放下，舍弃。哾呕：小儿语声，引申指哄逗、疼爱。则：表示对比关系的连词。为之饘粥：双宾语结构，“为”是“给……做……”的意思。饘粥：古代的稀饭，厚的叫饘，稀的叫粥。②僧：通“嘈”，纷杂忙乱。要：通“邀”，求、争取。恬：内心安静，泰然淡泊，满不在乎。 ③徙：移，趋于。坏：毁坏。堕落：衰败。反：通“返”。 ④宛：通“煴”，闷热。暍：中暑。 ⑤辨：通“平”。均辨：均平，公平一律。 ⑥趋时：赶时间，争取时间，紧跟时势。累：祸害，指妨害道德的主观因素。解：解除，除去。累解：排除一切妨害道德的主观因素。 ⑦景：“影”的本字。向：通“响”，回声。如景向：影子紧随物形，回响紧随声音，“如景向”比喻民众的响应积极迅速，紧相追随。 ⑧惟：语助词。懋：勉力，努力。 ⑨俭：通“险”。俗俭：习俗险恶，指侥幸免罪、苟且求赏。 ⑩调齐：调剂，调整，使之协调。潢：通“滉”，流水大量涌来的样子，这里用来形容君主恩泽的广大。

威王初即位以来，不治，委政卿大夫，九年之间，诸侯并伐，国人不治。于是威王召即墨大夫而语之曰：“自子之居即墨[①]也，毁言日至。然吾使人视即墨，田野辟，民人给，官无留事，东方以宁。是子不事吾左右以求誉也。”封之万家。召阿大夫[②]语曰：“自子之守阿，誉言日闻。然使使视阿，田野不辟[③]，民贫苦。昔日赵攻甄[④]，子弗能救。卫取薛陵[⑤]，子弗知。是子以币厚吾左右以求誉也。”是日，烹[⑥]阿大夫，及左右尝誉者皆并烹之。遂起兵西击赵、卫，败魏于浊泽而围惠王。惠王请献观以和解，赵人归我长城。于是齐国震惧，人人不敢饰非[⑦]，务[⑧]尽其诚。齐国大治。诸侯闻之，莫敢致兵于齐二十余年。

——《史记·田敬仲完世家》

【注释】

①即墨：齐地名，故城在今山东平度东南。 ②阿大夫：阿城的主管官员。阿：齐地名。 ③不辟：荒芜。 ④赵攻甄：赵国攻打甄地。甄地：甄地为春秋卫国属地，卫公族分封于甄地为甄姓，后属齐国。 ⑤卫取薛陵：卫国夺取薛陵。薛陵：齐国城邑。 ⑥烹：煮，古代的一种酷刑。 ⑦饰非：作假欺骗。⑧务：致力，尽力。

司马穰苴①者，田完②之苗裔也。齐景公时，晋伐阿、甄③，而燕侵河上，齐师败绩。景公患④之。晏婴乃荐田穰苴曰："穰苴虽田氏庶孽⑤，然其人文能附众，武能威敌，愿君试之。"景公召穰苴，与语兵事，大说⑥之，以为将军，将兵扞⑦燕晋之师。穰苴曰："臣素卑贱，君擢之闾伍⑧之中，加之大夫之上，士卒未附，百姓不信，人微权轻，愿得君之宠臣，国之所尊，以监军⑨，乃可。"于是景公许之，使庄贾往。穰苴既辞，与庄贾约曰："旦日日中会于军门。"穰苴先驰至军，立表下漏待贾。贾素骄贵，以为将己之军而己为监，不甚急；亲戚左右送之，留饮。日中而贾不至。穰苴则仆表决漏⑩，入，行军勒兵，申明约束。约束既定，夕时，庄贾乃至。穰苴曰："何后期为？"贾谢曰："不佞大夫亲戚送之，故留。"穰苴曰："将受命之日则忘其家，临军约束则忘其亲，援枹鼓之急⑪则忘其身。今敌国深侵，邦内骚动，士卒暴露⑫于境，君寝不安席，食不甘味，百姓之命皆悬于君，何谓相送乎！"召军正问曰："军法期而后至者云何？"对曰："当斩。"庄贾惧，使人驰报景公，请救。既往，未及反⑬，于是遂斩庄贾以徇三军。三军之士皆振栗。久之，景公遣使者持节赦贾，驰入军中。穰苴曰："将在军，君令有所不受。"问军正⑭曰："驰三军法何？"正曰："当斩。"使者大惧。穰苴曰："君之使不可杀之。"乃斩其仆，车之左驸⑮，马之左骖⑯，以徇三军。遣使者还报，然后行。士卒次舍井灶饮食问疾医药⑰，身自拊循之⑱。悉取将军之资粮享士卒，身与士卒平分粮食。

最比其羸弱者，三日而后勒兵。病者皆求行，争奋出为之赴战。晋师闻之，为罢去。燕师闻之，度水而解。于是追击之，遂取所亡封内故境而引兵归。未至国[19]，释兵旅，解约束，誓盟而后入邑。景公与诸大夫郊迎，劳师成礼，然后反归寝。既见穰苴，尊为大司马[20]。田氏日以益尊于齐。

——《史记·司马穰苴列传》

【注释】

①司马穰苴：又称田穰苴，春秋末期齐国人，是田完(陈完)的后代、齐田氏家族的支庶。 ②田完：春秋时人，田齐始祖。 ③阿、甄：皆齐国地名，故址在山东东阿、甄城。 ④患：担心。 ⑤庶孽：平民百姓。 ⑥说：同"悦"。 ⑦扞：自卫、保护，这里为抵御之意。 ⑧闾伍：闾、伍均为古代民户编次的单位，"闾伍"指平民所居，这里指平民。 ⑨监军：监督军队，这里作官名。 ⑩表、漏：皆为古代的计时器。 ⑪枹：鼓槌。鼓之急：紧急击鼓进军。鼓：名词动用，击鼓。急：紧急，作"鼓"的后置状语。 ⑫暴：通"曝"，曝晒。露：露宿，宿于露中。 ⑬反：同"返"。 ⑭军正：军队中的执法官。 ⑮车之左驸：车子左侧的立木。 ⑯马之左骖：在左边拉车的马。 ⑰士卒次舍井灶饮食问疾医药：士兵驻扎宿营，挖井砌灶，饮水吃饭，看病用药。 ⑱身自拊循之：诸事亲自抚慰。 ⑲国：指国都。 ⑳大司马：古代官名，典武事。

孙子武者[1]，齐人也。以兵法见于吴王阖庐。阖庐曰："子之十三篇，吾尽观之矣，可以小试勒兵[2]乎？"对曰："可。"阖庐曰："可试以妇人乎？"曰："可。"于是许之，出宫中美女，得百八十人。孙子分为二队，以王之宠姬二人各为队长，皆令持戟。令之曰："汝知而心与左右手背乎[3]？"妇人曰："知之。"孙子曰："前，则视心；左，视左手；右，视右手；后，即视背。"妇人曰："诺。"约束既布，乃设铁钺[4]，即三令五申之。于是鼓之右，妇人大笑。孙子曰："约束不明，申令不熟，将之罪也。"复三令五申而鼓之左，妇人复大笑。孙子曰："约

束不明，申令不熟，将之罪也；既已明而不如法者，吏士之罪也。”乃欲斩左右队长。吴王从台上观，见且斩爱姬，大骇。趣使使[⑤]下令曰：“寡人已知将军能用兵矣。寡人非此二姬，食不甘味[⑥]，愿勿斩也。”孙子曰：“臣既已受命为将，将在军，君命有所不受。”遂斩队长二人以徇[⑦]。用其次为队长，于是复鼓之。妇人左右前后跪起皆中规矩绳墨，无敢出声。于是孙子使使报王曰：“兵既整齐，王可试下观之，唯王所欲用之，虽赴水火犹可也。”吴王曰：“将军罢休就舍[⑧]，寡人不愿下观。”孙子曰：“王徒好其言，不能用其实。”于是阖庐知孙子能用兵，卒以为将。西破强楚，入郢[⑨]，北威齐晋，显名诸侯，孙子与有力焉。

——《史记·孙子吴起列传》

【注释】

①孙子武者：即孙武，齐国人，春秋时期著名的军事家，被人们尊称为“兵圣”。后人亦尊称其为孙子。　②勒兵：模拟军事操练。　③汝知而心与左右手背乎：你们知道你们的心口、左手、右手和背的方向吗？　④𫓧钺：斫刀和大斧。　⑤趣使使：急忙派使者。　⑥食不甘味：吃饭也不香甜。　⑦徇：示众。⑧罢休就舍：停止演练，回客舍休息。　⑨郢：古地名，春秋战国时期楚国的国都。

八、人才绩效

用人绩效指用人产生的成绩与功效。齐国的用人绩效从大的方面来说，可从三个阶段来考察：第一阶段是西周时期，姜太公确立了“尊贤尚功”的国策，齐国最终成为东方大国；第二阶段是春秋时期，以齐桓公和齐景公为代表的姜齐统治者为了称霸中原，选贤任能；第三阶段是以齐威王和齐宣王为代表的田齐统治者为了称雄天下和统一中国，以人才为宝，称王天下，威加诸侯。

具体来说，西周时期，姜太公在西周王朝尊贤、用贤的基础上提出了“尊贤尚功”的用人政策。因年代久远，材料缺乏，我们无法了解其“尊贤尚功”国策的详细内容，但通过《春秋繁露》和《韩非子》记载的太公诛营荡和杀狂矞、华士两个故事可以知道，姜太公实施“尊贤尚功”的国策旨在稳定社会、服务姜齐政权。对于那些扰乱社会秩序和不为国家服务的歪才及不合作者，他一律采取强硬措施。根据《史记》记载，在姜太公“尊贤尚功”的用人政策以及“因其俗，简其礼，通商工之业，便鱼盐之利”等国策的指导下，齐国在西周初期就发展成为东方大国。然而值得注意的是，这一时期，姜太公虽然在用人方面注重“尊贤尚功”，但仍实施西周分封制确立的亲亲尊尊的国策。“尊贤尚功”只是其用人政策的有益补充。

春秋时期，礼坏乐崩，以齐桓公和齐景公为代表的姜齐统治者为了称霸中原，选贤用能。齐桓公在鲍叔牙、国氏、高氏等贤臣、大族的辅佐下取得政权后，在鲍叔牙的建议下，破格提拔与自己有一箭之仇的管仲为相。自此，管仲辅佐齐桓公选贤用能,对内富国强兵,对外“九合诸侯,一匡天下”,建立了首霸中原的不朽功业。可以说,齐桓公能称霸中原,管仲功不可没。《管子》《史记》《国语》等典籍记载了齐桓公重用管仲所产生的种种绩效。这些绩效从大的方面说,涉及齐国的内政、外交方针;从小的方面看,涉及齐桓公的饮食、生活等各个方面。这些绩效归结起来就是齐桓公得管仲、重用贤臣,则国富民强、称霸中原;失管仲、重用奸佞之臣,则身死国亡、丧失中原霸主的地位。《说苑·尊贤》:“(齐桓公)以得管仲隰朋,九合诸侯,一匡天下,毕朝周室,为五霸长,以其得贤佐也。失管仲、隰朋,任竖刁、易牙,身死不葬,虫流出户。一人之身,荣辱俱施者,何者?其所任异也。”齐桓公不但重用管仲及朝廷之中的其他杰出人才,而且还通过僭越周天子的“庭燎之礼”等招揽人才,《汉书·王褒传》评价说:“齐桓设庭燎之礼,故有匡合之功。”至春秋后期,齐景公又重用贤臣晏婴为齐相。晏婴为齐景公推荐了众多人才,并且一生不遗余力地劝谏景公,不但使齐国国力增强,具有了复霸中原的实力,而且制止了齐景公许多不良的生活习俗及危害国家百姓的行为,这在《晏子春秋》中有很好的体现。《晏子春秋》载齐景公在晏婴死后,感慨地说:“子大夫日夜责寡人,不遗尺寸,寡人犹且淫泆而不收,怨罪重积于百姓。今天降祸于齐,不加于寡人,而加于夫子,齐国之社稷危矣,百姓将谁告夫!”由此可见晏婴对齐景公乃至齐国安危的影响之大。当然春秋时期姜齐统治者在用人方面也有失误之处,最大的失误之处在于重用田氏贵族,面对田氏的强大,无能为力,最终导致了田氏代齐之悲剧的发生。

战国时期,田齐政权的用人政策最值得后人称道的是以“人才为宝”的用人理念。春秋末期至战国初期,随着士阶层的崛起,各国统治者为了富国强兵,无不重视人才,礼贤下士之风和布衣卿相之局由此形成。此时夺取政权不久的田齐统治者顺应历史潮流,在用人方面提出了以“人才为宝”的用人理念。其用人政策主要表现为:其一,创立并发展了稷下学宫。田氏取代姜齐政权后,继承发扬了其先祖重士、养士的优良传统,变家族养士为国家养士,并由此创立了稷下学宫。稷下学宫是田齐政权的人才培养基地和政治咨询机构,它不仅是战国时期的学术中心、百家争鸣的主要场所,而且论证了田氏政权的合法性,为田齐政权的兴盛做出了一定的贡献。稷下先生或教化百姓,或为田齐政权制造政治舆论，或为田氏政权提供政治咨询，或参与处理齐国政务。其二，以人才为宝，重用大批人才治理齐国。内政上，齐威王在邹忌的辅佐下，进行了社会改革，达到了富国强兵的目的；军事上，齐威王、齐宣王任命田忌为将、孙膑为师，在桂陵、马陵之战中重创当时的中原霸主魏国；外交上，重用淳于髡等稷下名士，派他们出使楚、魏、赵等国，既维护了齐国的尊严，又救齐国于危难之中。可以说，齐威王、齐宣王统治时期，田齐政权能够称王天下、开疆拓土，进而与秦王朝并称东帝、西帝，与其重用人才的行为密切相关。

郑伯使大子华听命于会，言于齐侯曰："泄氏、孔氏、子人氏三族①，实违君命。君若去之以为成。我以郑为内臣②，君亦无所不利焉。"齐侯将许之。管仲曰："君以礼与信属③诸侯，而以奸④终之，无乃不可乎？子父不奸之谓礼，守命共时之谓信。违此二者，奸莫大焉。"公曰："诸侯有讨于郑，未捷。今苟有衅⑤，从之，不亦可乎？"对曰："君若绥之以德，加之以训⑥，辞，而帅诸侯以讨郑。郑将覆亡之不暇⑦，岂敢不惧？若揔⑧其罪人以临之，郑有辞矣，何惧？且夫合诸侯，以崇德也。会而列奸⑨，何以示后嗣？夫诸侯之会，其德、刑、礼、义，无国不记。记奸之位，君盟替矣。作而不记，非盛德也。君其勿许！郑必受盟。夫子华既为大子，而求介于大国以弱其国，亦必不免。郑有叔詹、堵叔、师叔⑩三良为政，未可间也。"齐侯辞焉。

——《左传·僖公七年》

【注释】

①泄氏、孔氏、子人氏三族：皆为郑国大夫。 ②内臣：指郑国侍奉齐国。③属：会合。 ④奸：邪恶。 ⑤衅：间隙。 ⑥训：以礼教训它。 ⑦覆亡：救亡。暇：空闲。 ⑧揔：同"总"，率领。 ⑨列奸：使奸人列于君位。 ⑩叔詹、堵叔、师叔：皆为郑国大夫。

齐僖公生公子诸儿、公子纠、公子小白。使鲍叔傅①小白，鲍叔

辞,称疾不出。管仲与召忽往见之,曰:“何故不出?”鲍叔曰:“先人有言曰:‘知子莫若父,知臣莫若君。’今君知臣不肖也,是以使贱臣傅小白也。贱臣知弃②矣。”召忽曰:“子固辞,无出,吾权任③子以死亡,必免子。”鲍叔曰:“子如是,何不免之有乎?”管仲曰:“不可。持社稷宗庙者,不让事,不广④闲。将有国者未可知也。子其出乎。”召忽曰:“不可。吾三人者之于齐国也,譬之犹鼎之有足也,去一焉则必不立矣。吾观小白,必不为后⑤矣。”管仲曰:“不然也。夫国人憎恶纠之母,以及纠之身,而怜小白之无母也。诸儿长而贱,事未可知也。夫所以定齐国者,非此二公子者,将无已⑥也。小白之为人无小智,惕⑦而有大虑,非夷吾莫容小白。天下不幸降祸加殃于齐,纠虽得立,事将不济,非子定社稷,其将谁也?”召忽曰:“百岁之后,吾君下世,犯吾君命,而废吾所立,夺吾纠也,虽得天下,吾不生也。兄⑧与我齐国之政也,受君令而不改,奉所立而不济,是吾义也。”管仲曰:“夷吾之为君臣也,将承君命,奉社稷以持宗庙,岂死一纠哉?夷吾之所死者,社稷破,宗庙灭,祭祀绝,则夷吾死之。非此三者,则夷吾生。夷吾生则齐国利,夷吾死则齐国不利。”鲍叔曰:“然则奈何?”管子曰:“子出奉令则可。”鲍叔许诺。乃出奉令,遂傅小白。

——《管子·大匡》

【注释】

①傅:教导,辅佐。 ②知弃:知道国君不想重用。 ③权:姑且。任:保证。 ④广:通“旷”。 ⑤必不为后:一定不会成为王位继承人。 ⑥无已:无人承担其事。已:通“以”。 ⑦惕:性急。 ⑧兄:通“况”,况且。

桓公既霸,会诸侯于葵丘,而欲封禅①。管仲曰:“古者封泰山,禅梁父②者七十二家,而夷吾所记者十有二焉。昔无怀氏封泰山,禅云云③;虙羲④封泰山,禅云云;神农封泰山,禅云云;炎帝封泰山,禅云云;黄帝封泰山,禅亭亭;颛顼封泰山,禅云云;帝佶封泰山,禅云

云;尧封泰山,禅云云;舜封泰山,禅云云;禹封泰山,禅会稽;汤封泰山,禅云云;周成王封泰山,禅社首。皆受命[5]然后得封禅。”桓公曰:“寡人北伐山戎,过孤竹;西伐大夏,涉流沙,束马悬车,上卑耳之山;南伐至召陵,登熊耳山,以望江汉。兵车之会三,而乘车之会六,九合诸侯,一匡天下,诸侯莫违我。昔三代受命,亦何以异乎?”于是管仲睹桓公不可穷以辞[6],因设之以事,曰:“古之封禅,鄗上之黍,北里之禾,所以为盛[7];江淮之间,一茅三脊[8],所以为藉[9]也;东海致比目之鱼,西海致比翼之鸟,然后物有不召而自至者十有五焉。今凤皇麒麟不来,嘉谷不生,而蓬蒿藜莠茂,鸱枭数至,而欲封禅,毋乃不可乎?”于是桓公乃止。

——《管子·封禅》

【注释】

①封禅:古代帝王祭祀天地的典礼。封:在泰山上封土为坛以祭天。禅:在泰山下一处小山上清理出一块地面以祭地。 ②梁父:山名,在今山东新泰。 ③云云:小山名,在今山东泰安。下“亭亭”同。 ④虑羲:即伏羲。 ⑤受命:受天之命。 ⑥不可穷以辞:不能用言辞说服。 ⑦盛:装在祭器中的禾黍。 ⑧一茅三脊:有三根脊梗的茅草,即菁茅。 ⑨藉:草垫。

桓公、管仲、鲍叔牙、宁戚四人饮,饮酣,桓公谓鲍叔牙曰:“阖[1]不起为寡人寿乎?”鲍叔牙奉杯[2]而起曰:“使公毋忘出如莒时也,使管子毋忘束缚在鲁也,使宁戚毋忘饭牛车下也。”桓公辟[3]席再拜曰:“寡人与二大夫能无忘夫子之言,则国之社稷必不危矣。”

——《管子·小称》

【注释】

①阖:通“何”。 ②奉杯:捧杯。奉:通“捧”。 ③辟:通“避”,离开。

此则亦见于《吕氏春秋·直谏》。

桓公使管仲求宁戚。宁戚应之曰:"浩浩乎。"管仲不知[①],至中食而虑之。婢子曰:"公何虑?"管仲曰:"非婢子之所知也。"婢子曰:"公其毋少少,毋贱贱[②]。昔者吴干[③]战,未龀[④]不得入军门。国子擿[⑤]其齿,遂入,为干国多[⑥]。百里奚,秦国之饭牛者也,穆公举而相之,遂霸诸侯。由是观之,贱岂可贱,少岂可少哉?"管仲曰:"然。公使我求宁戚,宁戚应我曰:'浩浩乎。'吾不识。"婢子曰:"《诗》有之:'浩浩者水,育育[⑦]者鱼。未有室家,而安召我居?'宁子其欲室乎[⑧]?"

——《管子·小问》

【注释】

①不知:不明白什么缘故。 ②毋少少,毋贱贱:不要小看年轻人,不要鄙视低贱的人。 ③干:邗,古国名。 ④未龀(chèn):乳齿未换的小孩。龀:小孩换牙。 ⑤擿:敲击。 ⑥为干国多:被邗国人称赞。多:称赞。 ⑦育育:鱼游动自如的样子。 ⑧宁子其欲室乎:宁戚大概是想要成家吧。

庄公奋[①]乎勇力,不顾[②]于行义。勇力之士,无忌[③]于国,贵戚[④]不荐善,逼迩不引过[⑤],故晏子见公。

——《晏子春秋·内篇谏上》

【注释】

①奋:夸耀,崇尚。 ②顾:顾及。 ③无忌:无所顾忌。 ④贵戚:同姓之卿。 ⑤逼迩:近臣。不引过:不敢指出过失。

景公饮酒,七日七夜不止。弦章[①]谏曰:"君从欲[②]饮酒七日七夜,章愿君废酒[③]也!不然,章赐死。"晏子入见,公曰:"章谏吾曰:'愿君之废酒也!不然,章赐死。'如是而听之,则臣为制也;不听,又爱[④]其死。"晏子曰:"幸矣章遇君也!令章遇桀纣者,章死久矣。"于是公遂废酒。

——《晏子春秋·内篇谏上》

【注释】

①弦章:又名弦商,齐景公时大臣。 ②从欲:纵欲。从:通“纵”。 ③废酒:废弃饮酒,指戒酗酒。 ④爱:舍不得。

景公疥且疟[①],期年不已。召会谴[②]、梁丘据、晏子而问焉,曰:“寡人之病病矣,使史固与祝佗巡[③]山川宗庙,牺牲珪璧莫不备具,数其常多于先君桓公,桓公一则寡人再。病不已,滋甚,予欲杀二子者以说于上帝,其可乎?”会谴、梁丘据曰:“可。”晏子不对。公曰:“晏子何如?”晏子曰:“君以祝为有益乎?”公曰:“然。”晏子免冠曰:“若以为有益,则诅亦有损也。君疏辅而远拂[④],忠臣拥塞,谏言不出。臣闻之,近臣嘿[⑤],远臣瘖[⑥],众口铄金。今自聊摄[⑦]以东,姑尤[⑧]以西者,此其人民众矣,百姓之咎怨诽谤,诅君于上帝者多矣。一国诅,两人祝,虽善祝者不能胜也。且夫祝直言情,则谤吾君也;隐匿过,则欺上帝也。上帝神,则不可欺;上帝不神,祝亦无益。愿君察之也。不然,刑无罪,夏商所以灭也。”公曰:“善解余惑,加冠!”命会谴毋治齐国之政,梁丘据毋治宾客之事,兼属之乎晏子。晏子辞,不得命,受,相退[⑨],把政,改月而君病悛[⑩]。公曰:“昔吾先君桓公,以管子为有力,邑狐与穀[⑪],以共宗庙之鲜[⑫],赐其忠臣,则是多忠臣者。子今忠臣也,寡人请赐子州款[⑬]。”辞曰:“管子有一美,婴不如也;有一恶,婴不忍为也,其宗庙之养鲜也。”终辞而不受。

——《晏子春秋·内篇谏上》

【注释】

①疥:疥癣。疟:疟疾。 ②会谴:又作“裔款”,齐国大夫。 ③史:官名,掌管祭祀和记事等事。固:人名。祝:官名,掌管祭祀之事。佗:人名。巡:巡祭。 ④疏辅而远拂:疏远辅佐大臣。辅:左辅。拂:右弼,股肱之臣。⑤嘿:通“默”,沉默。 ⑥瘖:不能说话。 ⑦聊摄:聊城、摄城,位于齐国西部

边界。 ⑧姑尤:姑水和尤水,绕流齐国东部边界。 ⑨相退:会谴、梁丘据不以晏子为贪,相与俱退。 ⑩病悛:病愈。 ⑪邑狐与穀:把狐和穀两邑赏赐给管仲。 ⑫鲜:野兽。 ⑬州款:齐地名。

梁丘据死,景公召晏子而告之,曰:"据忠且爱我,我欲丰厚其葬,高大其垄①。"晏子曰:"敢问据之忠与爱于君者,可得闻乎?"公曰:"吾有喜于玩好,有司未能我具也,则据以其所有共②我,是以知其忠也;每有风雨,暮夜求必存③,吾是以知其爱也。"晏子曰:"婴对则为罪,不对则无以事君,敢不对乎!婴闻之,臣专④其君,谓之不忠;子专其父,谓之不孝;妻专其夫,谓之嫉。事君之道,导亲⑤于父兄,有礼于群臣,有惠于百姓,有信于诸侯,谓之忠;为子之道,以钟爱其兄弟,施行于诸父⑥,慈惠于众子,诚信于朋友,谓之孝;为妻之道,使其众妾皆得欢忻⑦于其夫,谓之不嫉。今四封⑧之民,皆君之臣也,而维据尽力以爱君,何爱者之少邪?四封之货,皆君之有也,而维据也以其私财忠于君,何忠者之寡邪?据之防塞⑨群臣,拥蔽⑩君,无乃甚乎?"公曰:"善哉!微子,寡人不知据之至于是也。"遂罢为垄之役,废厚葬之令,令有司据法而责,群臣陈过而谏。故官无废法,臣无隐忠,而百姓大说。

——《晏子春秋·内篇谏下》

【注释】

①垄:坟墓。 ②共:通"供",供给。 ③存:至。 ④专:专宠。 ⑤导亲:劝导亲近。 ⑥诸父:对同宗族伯叔辈的通称。 ⑦欢忻:欢悦。忻:通"欣"。 ⑧四封:四境。 ⑨防塞:妨碍堵塞。 ⑩拥蔽:即"壅蔽",蒙蔽。

庄公问晏子曰:"威当世而服天下,时耶?"晏子对曰:"行也。"公曰:"何行?"对曰:"能爱邦内之民者,能服境外之不善;重士民之死力者,能禁暴国之邪逆;中听①任贤者,能威诸侯;安仁义而乐利世

者，能服天下。不能爱邦内之民者，不能服境外之不善；轻士民之死力者，不能禁暴国之邪逆；愎谏[2]傲贤者，不能威诸侯；倍[3]仁义而贪名实者，不能服天下。威当世而服天下者，此其道也已。”而公不用，晏子退而穷处。公任勇力之士，而轻臣仆之死，用兵无休，国罢[4]民害，期年，百姓大乱，而身及崔氏[5]祸。君子曰：“尽忠不豫交，不用不怀禄。其晏子可谓廉矣！”

——《晏子春秋·内篇问上》

【注释】

①中听：听中正之言。 ②愎谏：不接受劝谏。愎：固执，任性。 ③倍：通“背”，背离。 ④罢：通“疲”，疲乏。 ⑤崔氏：指崔杼。

庄公将伐晋，问于晏子，晏子对曰：“不可。君得合而欲多[1]，养[2]欲而意骄。得合而欲多者危，养欲而意骄者困。今君任勇力之士，以伐明主，若不济，国之福也，不德而有功，忧必及君。”公作色不说。晏子辞不为臣，退而穷处，堂下生蓼藿[3]，门外生荆棘。庄公终任勇力之士，西伐晋，取朝歌，及太行、孟门，兹于兑[4]，期而民散，身灭于崔氏。崔氏之期[5]，逐群公子，及庆氏[6]亡。

——《晏子春秋·内篇问上》

【注释】

①君得合而欲多：指所得者既给，而所求者弥多。合：通“给”，给予。 ②养：滋长。 ③堂下生蓼藿：指堂下杂草丛生。蓼：蓼草。藿：藿香。 ④兹于兑：且于之隧也，莒国隧道名。 ⑤期：当作“乱”。 ⑥庆氏：庆封，齐国大夫。

景公外傲诸侯，内轻百姓，好勇力，崇乐以从[1]嗜欲，诸侯不说，百姓不亲。

——《晏子春秋·内篇问上》

【注释】

①从:通"纵",放纵。

景公问晏子曰:"古之盛君[①],其行如何?"晏子对曰:"薄于身而厚于民,约[②]于身而广于世:其处上也,足以明政行教,不以威天下;其取财也,权[③]有无,均贫富,不以养嗜欲;诛不避贵,赏不遗贱;不淫于乐,不遁于哀[④];尽智导民,而不伐[⑤]焉,劳力岁事[⑥],而不责焉;政尚相利,故下不以相害,行教尚相爱,故民不以相恶为名;刑罚中于法,废罪[⑦]顺于民。是以贤者处上而不华[⑧],不肖者处下而不怨,四海之内,社稷之中,粒食之民[⑨],一意同欲。若夫私家之政,生有厚利,死有遗教,此盛君之行也。臣闻问道者更正[⑩],闻道者更容[⑪]。今君税敛重,故民心离;市买悖,故商旅绝;玩好充,故家货殚。积邪在于上,蓄怨藏于民,嗜欲备于侧,毁非满于国,而公不图。"公曰:"善。"于是令玩好不御,公市不豫,宫室不饰,业土不成,止役轻税,上下行之,而百姓相亲。

——《晏子春秋·内篇问上》

【注释】

①盛君:盛德之君。 ②约:约束。 ③权:权衡。 ④遁于哀:哀痛过久。遁:通"循"。 ⑤伐:自夸。 ⑥岁事:当作"事民"。事:治理。 ⑦废罪:当作"废置"。 ⑧华:通"哗",哗众取宠之意。 ⑨粒食之民:以谷物为食的人,指庶民百姓。 ⑩更正:改变不正的想法。 ⑪更容:改变容貌,即肃然起敬。

晏子聘于晋,叔向[①]从之宴,相与语。叔向曰:"齐其何如?"晏子对曰:"此季世[②]也,吾弗知,齐其为田氏乎!"叔向曰:"何谓也?"晏子曰:"公弃其民,而归于田氏。齐旧四量[③]:豆、区、釜、钟[④],四升为豆,各自其四,以登[⑤]于釜,釜十则钟。田氏三量,皆登一焉,钟乃巨

矣。以家量贷，以公量收之。山木如市，弗加于山，鱼盐蜃[6]蛤，弗加于海。民参[7]其力，二入于公，而衣食其一；公积朽蠹，而老少冻馁；国都之市，屦贱而踊贵；民人痛疾[8]，或燠休[9]之。昔者殷人诛杀不当，僇民无时，文王慈惠殷众，收恤无主，是故天下归之，民无私与，维德之授。今公室骄暴，而田氏慈惠，其爱之如父母，而归之如流水，欲无获民，将焉避？箕伯、直柄、虞遂、伯戏[10]，其相胡公大姬[11]，已在齐矣。”

——《晏子春秋·内篇问下》

【注释】

①叔向：羊舌肸，又称叔肸，字叔向，晋国大夫。 ②季世：末世。 ③四量：四种量器。 ④豆、区、釜、钟：量器名。四升为一豆，四豆为一区，四区为一釜，十釜为一钟。 ⑤登：加。 ⑥蜃：大蛤。 ⑦参：同“三”。 ⑧痛疾：病痛和疾病。 ⑨燠休：抚慰。 ⑩箕伯、直柄、虞遂、伯戏：舜的后裔，齐国田氏的先人。 ⑪相：祖。胡公：田氏始祖。大姬：胡公的妃子。

景公游于寿宫[1]，睹长年[2]负薪者，而有饥色。公悲之，喟然叹曰：“令吏养之！”晏子曰：“臣闻之，乐贤而哀不肖，守国之本也。今君爱老，而恩无所不逮，治国之本也。”公笑，有喜色。晏子曰：“圣王见贤以乐贤，见不肖以哀不肖。今请求老弱之不养，鳏寡之无室者，论而共秩[3]焉。”公曰：“诺。”于是老弱有养，鳏寡有室。

——《晏子春秋·内篇杂上》

【注释】

①寿宫：一名“胡宫”，齐君的行宫。 ②长年：年老。 ③共：通“供”。秩：本指官吏的俸禄，此处指供给钱粮衣食等，使老弱有所养、鳏寡得以成家。

此则亦见于《说苑·贵德》。

灵公好妇人而丈夫饰者，国人尽服之，公使吏禁之，曰：“女子而男子饰者，裂其衣[①]，断其带。”裂衣断带相望，而不止。晏子见，公问曰：“寡人使吏禁女子而男子饰者，裂断其衣带，相望而不止者何也？”晏子对曰：“君使服之于内，而禁之于外，犹悬牛首于门，而卖马肉于内也。公何以不使内勿服，则外莫敢为也。”公曰：“善。”使内勿服，不逾月，而国人莫之服[②]。

——《晏子春秋·内篇杂下》

【注释】

①裂其衣：撕裂她们的衣服。 ②国人莫之服：当作“国人莫服之”。此则亦见于《说苑·政理》。

景公欲更晏子之宅，曰：“子之宅近市湫隘[①]，嚣尘[②]不可以居。请更诸爽垲[③]者。”晏子辞曰：“君之先臣容焉，臣不足以嗣之，于臣侈矣。且小人近市，朝夕得所求，小人之利也。敢烦里旅[④]！”公笑曰：“子近市，识贵贱乎？”对曰：“既窃利之，敢不识乎！”公曰：“何贵何贱？”是时也，公繁于刑，有鬻踊者。故对曰：“踊贵而屦贱。”公愀然[⑤]改容。公为是省于刑。君子曰：“仁人之言，其利博哉！晏子一言，而齐侯省刑。《诗》曰：‘君子如祉，乱庶遄已[⑥]。’其是之谓乎。”

——《晏子春秋·内篇杂下》

【注释】

①湫隘：低下狭小。 ②嚣尘：喧闹不已，尘土飞扬。 ③爽垲：明亮干燥。 ④里旅：里旅的有司，即主管里旅的地方官。 ⑤愀然：忧愁的样子。 ⑥君子如祉，乱庶遄已：出自《诗经·小雅·巧言》。意思是：君子如能任用贤良，祸乱很快就能平定。

景公坐于路寝，曰：“美哉其室，将谁有此乎？”晏子对曰：“其田氏乎，田无宇为埠[①]矣。”公曰：“然则奈何？”晏子对曰：“为善者，君

上之所劝也，岂可禁哉！夫田氏国门击柝之家[②]，父以托[③]其子，兄以托其弟，于今三世矣。山木如市，不加于山；鱼盐蚌蜃，不加于海。民财为之归[④]。今岁凶饥，蒿种芼敛不半[⑤]，道路有死人。齐旧四量，四升而豆，豆四而区，区四而釜，釜十而钟。田氏四量，各加一焉。以家量贷，以公量收，则所以籴百姓之死命者泽[⑥]矣。今公家骄汰[⑦]，而田氏慈惠，国泽[⑧]是将焉归？田氏虽无德而施于民。公厚敛而田氏厚施焉。《诗》曰：'虽无德与汝，式歌且舞。'田氏之施，民歌舞之也，国之归焉，不亦宜乎！"

——《晏子春秋·外篇第七》

【注释】

①埠：水堤，比喻除害利民。 ②击柝之家：家族人多，聚集时要敲击木柝。柝：木梆，旧时巡夜敲击之物。 ③托：托付。 ④民财为之归：百姓的财物因田氏而得到归还。 ⑤蒿种芼敛不半：蒿和芼的收获不到一半。蒿：草名，有青蒿、白蒿。芼：池沼生的水草，可食用。 ⑥籴：买进粮食。泽：恩泽。 ⑦骄汰：骄横奢侈。 ⑧泽：通"舍"，除也。

齐宣王问曰："人皆谓我毁明堂[①]，毁诸？已[②]乎？"孟子对曰："夫明堂者，王者之堂也。王欲行王政，则勿毁之矣。"

——《孟子·梁惠王下》

【注释】

①明堂：明堂的制度。 ②已：止。

齐人伐燕，胜之。宣王问曰："或谓寡人勿取，或谓寡人取之。以万乘之国伐万乘之国，五旬而举之，人力不至于此。不取，必有天殃。取之，何如？"孟子对曰："取之而燕民悦，则取之。古之人有行之者，武王是也。取之而燕民不悦，则勿取。古之人有行之者，文王是也。以万乘之国伐万乘之国，箪[①]食壶浆以迎王师，岂有他哉？避

水火也。如水益深，如火益热，亦运②而已矣。”

——《孟子·梁惠王下》

【注释】

①箪：古代盛饭的竹筐。　②运：转。

齐人伐燕，取之。诸侯将谋救燕。宣王曰：“诸侯多谋伐寡人者，何以待之？”孟子对曰：“臣闻七十里为政于天下者，汤是也。未闻以千里畏人者也。《书》曰：‘汤一征，自葛始。’天下信①之，东面而征西夷怨，南面而征北狄怨，曰‘奚为后我？’民望之，若大旱之望云霓②也。归市③者不止，耕者不变，诛其君而吊其民，若时雨降，民大悦。《书》曰：‘徯我后，后来其苏④。’今燕虐其民，王往而征之，民以为将拯己于水火之中也，箪食壶浆以迎王师，若杀其兄父，系累⑤其子弟，毁其宗庙，迁其重器，如之何其可也？天下固畏齐之强也，今又倍地而不行仁政，是动天下之兵也。王速出令，反其旄倪⑥，止其重器，谋于燕众，置君而后去之，则犹可及止也。”

——《孟子·梁惠王下》

【注释】

①信：信任。　②霓：虹霓。　③归市：赶集。　④苏：复生，解放。　⑤系累：捆绑。　⑥旄倪：指所掳掠的老小俘虏。旄：同“耄”，指老人。倪：指小儿。

沈同以其私问①曰：“燕可伐与？”孟子曰：“可。子哙②不得与人燕，子之③不得受燕于子哙。有仕④于此，而子悦之，不告于王而私与之吾子之禄爵，夫士也亦无王命而私受之于子，则可乎？何以异于是？”

——《孟子·公孙丑下》）

【注释】

①沈同：齐国大臣。以其私问：以个人身份询问。　②子哙：燕国国君，姓

姬，名哙。 ③子之：燕国相国。 ④仕：官员。

齐人伐燕。或问曰："劝齐伐燕，有诸？"曰："未也。沈同问：'燕可伐与？'吾应之曰：'可。'彼然而伐之也。彼如曰：'孰可以伐之？'则将应之曰：'为天吏，则可以伐之。'今有杀人者，或问之曰：'人可杀与？'则将应之曰：'可。'彼如曰：'孰可以杀之？'则将应之曰：'为士师，则可以杀之。'今以燕伐燕[1]，何为劝之哉？"燕人畔。王曰："吾甚惭于孟子。

——《孟子·公孙丑下》

【注释】

①以燕伐燕：朱熹注"言齐无道，与燕无异，如以燕伐燕也"。

他日，王谓时子[1]曰："我欲中国[2]而授孟子室，养弟子，以万钟，使诸大夫国人皆有所矜式[3]。子盍为我言之！"

——《孟子·公孙丑下》

【注释】

①时子：齐国大臣。 ②中国：国都之中。 ③矜式：效法。矜：敬。式：法。

先生王斗[1]造门而欲见齐宣王，宣王使谒者延入。王斗曰："斗趋见王为好势，王趋见斗为好士，于王何如？"使者复还报。王曰："先生徐[2]之，寡人请从。"宣王因趋而迎之于门，与入，曰："寡人奉先君之宗庙，守社稷，闻先生直言正谏不讳。"王斗对曰："王闻之过。斗生于乱世，事乱君，焉敢直言正谏。"宣王忿然[3]作色，不说[4]。

有间，王斗曰："昔先君桓公所好者，九合诸侯，一匡天下，天子受籍[5]，立为大伯[6]。今王有四焉。"宣王说，曰："寡人愚陋，守齐国，

唯恐失抎[7]之，焉能有四焉？”王斗曰：“否。先君好马，王亦好马。先君好狗，王亦好狗。先君好酒，王亦好酒。先君好色，王亦好色。先君好士，是王不好士。”宣王曰：“当今之世无士，寡人何好？”王斗曰：“世无骐驎騄耳[8]，王驷[9]已备矣。世无东郭俊、卢氏之狗，王之走狗已具矣。世无毛嫱、西施[10]，王宫已充矣。王亦不好士也，何患无士？”王曰：“寡人忧国爱民，固愿得士以治之。”王斗曰：“王之忧国爱民，不若王爱尺縠[11]也。”王曰：“何谓也？”王斗曰：“王使人为冠，不使左右便辟而使工者何也？为能之也。今王治齐，非左右便辟无使也，臣故曰不如爱尺縠也。”宣王谢曰：“寡人有罪国家。”于是举士五人任官，齐国大治。

——《战国策·齐策四》

【注释】

①王斗：人名，齐国人。 ②徐：慢慢地，这里是稍等的意思。 ③忿然：气愤的样子。 ④说：同“悦”，高兴。 ⑤籍：侯伯之位。 ⑥大伯：诸侯领袖，这里讲的是齐桓公称霸之事。 ⑦抎：丧失。 ⑧骐驎：千里马。騄耳：良马。 ⑨驷：古代同驾一辆车的四匹马。 ⑩毛嫱：春秋时期越国的美女之一，大体与西施同时，相传为越王勾践的爱姬。《管子》说：“毛嫱、西施，天下之美人也。” ⑪縠(hú)：丝织品。

此则亦见于《说苑·尊贤》。

晋平公问叔向曰：“昔者齐桓公九合诸侯，一匡天下，不识臣之力也？君之力也？”叔向对曰：“管仲善制割，宾胥无善削缝，隰朋善纯缘[1]，衣成，君举而服之。亦臣之力也，君何力之有？”师旷伏琴而笑之。公曰：“太师奚笑也？”师旷对曰：“臣笑叔向之对君也。凡为人臣者，犹炮宰和五味[2]而进之君，君弗食，孰敢强之也？臣请譬之：君者壤地也，臣者草木也，必壤地美然后草木硕大。亦君之力，臣何力之有？”或曰：叔向、师旷之对，皆偏辞也。夫一匡天下，九合诸侯，

美之大者也，非专君之力也，又非专臣之力也。昔者宫之奇在虞，僖负羁[③]在曹，二臣之智，言中事，发中功，虞、曹俱亡者，何也？此有其臣而无其君者也。且蹇叔[④]处干而干亡，处秦而秦霸，非蹇叔愚于干而智于秦也，此有君与无臣也。向曰“臣之力也”，不然矣。昔者桓公宫中二市，妇闾二百，被发而御妇人，得管仲，为五伯长；失管仲，得竖刁，而身死，虫流出尸不葬。以为非臣之力也，且不以管仲为霸；以为君之力也，且不以竖刁为乱。昔者晋文公慕于齐女而亡归，咎犯[⑤]极谏，故使反晋国。故桓公以管仲合，文公以舅犯霸，而师旷曰“君之力也”，又不然矣。凡五霸所以能成功名于天下者，必君臣俱有力焉。故曰：叔向、师旷之对，皆偏辞也。

——《韩非子·难二》

【注释】

①制割：裁割，裁衣裳。削缝：修裁，缝纫。纯缘：缉衣边。 ②炮宰：古代职掌庖厨的人。炮：通“庖”。五味：辛、酸、咸、苦、甘，这里指烹调。 ③宫之奇：生卒年不详，春秋时虞国人，明于料事，具有远见卓识，忠心耿耿地辅佐虞君。僖负羁：又名釐负羁，生卒年不明，春秋时期曹国大夫。 ④蹇叔：春秋时宋国人，为百里奚推荐，被秦穆公任为上大夫。 ⑤咎犯：即狐偃，亦称子犯、舅犯、咎犯、臼犯、狐子、狐突之子，春秋时晋国人，晋文公重耳的舅舅。在重耳逃亡过程中，他多次劝诫公子重耳改掉身上的贵族公子哥习气，教导重耳要体恤百姓、尊重贤臣、忍辱负重，是重耳最重要的谋士。

孟尝君前在于薛，荆[①]人攻之。淳于髡为齐使于荆，还反[②]，过于薛。孟尝君令人礼貌而亲郊送之，谓淳于髡曰：“荆人攻薛，夫子弗为忧，文无以复侍矣。”淳于髡曰：“敬闻命矣。”至于齐，毕报[③]。王曰：“何见于荆？”对曰：“荆甚固[④]，而薛亦不量其力。”王曰：“何谓也？”对曰：“薛不量其力，而为先王立清庙[⑤]。荆固而攻薛，薛清庙必危，故曰薛不量其力，而荆亦甚固。”齐王知颜色[⑥]，曰：“嘻！先君之

庙在焉。"疾举兵救之，由是薛遂全。

——《吕氏春秋·报更》

【注释】

①荆：楚国。 ②反：通"返"，返回。 ③毕报：汇报完毕。 ④固：本指独占，这里是贪婪的意思。 ⑤清庙：宗庙。 ⑥知颜色：变了脸色。知：显现。

齐宣王为大室，大益百亩，堂上三百户[①]。以齐之大，具[②]之三年而未能成。群臣莫敢谏王。春居问于宣王曰："荆王释先王之礼乐而乐为轻[③]，敢问荆国为有主乎？"王曰："为无主。""贤臣以千数而莫敢谏，敢问荆国为有臣乎？"王曰："为无臣。""今王为大室，其大益百亩，堂上三百户。以齐国之大，具之三年而弗能成。群臣莫敢谏，敢问王为有臣乎？"王曰："为无臣。"春居曰："臣请辟[④]矣。"趋而出。王曰："春子！春子反！何谏寡人之晚也？寡人请今止之。"遽召掌书[⑤]曰："书之：寡人不肖，而好为大室，春子止寡人。"

——《吕氏春秋·骄恣》

【注释】

①户：门。 ②具：备办，修建。 ③乐为轻：音乐变得轻浮。 ④辟：通"避"，躲避。 ⑤掌书：管记录的人。

此则亦见于《新序·戒奢》。

管仲，世所谓贤臣，然孔子小之[①]。岂以为周道衰微，桓公既贤，而不勉之至王，乃称霸哉？语曰"将顺其美，匡救其恶，故上下能相亲也[②]"。

——《史记·管晏列传》

【注释】

①孔子小之：孔子以为周道衰，齐桓公贤主，管仲不能劝勉辅弼于帝王，乃

自称霸主，故有"孔子小之"之说。小：以……为小，轻视。 ②将顺其美，匡救其恶，故上下能相亲也：意为管仲相齐，顺百姓之美，匡救国家之恶，令君臣百姓相亲者，是管之能也。

孟尝君相齐，其舍人魏子为孟尝君收邑入①，三反②而不致一入。孟尝君问之，对曰："有贤者，窃假与之，以故不致入。"孟尝君怒而退魏子。居数年，人或毁孟尝君于齐湣王曰："孟尝君将为乱。"及田甲劫湣王③，湣王意疑孟尝君，孟尝君乃奔。魏子所与粟贤者闻之，乃上书言孟尝君不作乱，请以身为盟，遂自刭宫门以明孟尝君。湣王乃惊，而踪迹验问，孟尝君果无反谋，乃复召孟尝君。孟尝君因谢病，归老于薛。湣王许之。

——《史记·孟尝君列传》

【注释】

①舍人魏子：舍人官微，记姓而略其名，故云魏子。邑入：收取封地租税。 ②反：同"返"。 ③田甲劫湣王：齐湣王七年（公元前294年），齐国贵族田甲劫持了齐湣王。事败后，孟尝君被齐湣王怀疑，遂出逃。这导致了孟尝君之后与齐国的"敌对"。

齐王惑①于秦、楚之毁，以为孟尝君名高其主而擅齐国之权，遂废孟尝君。诸客见孟尝君废，皆去。冯驩曰："借臣车一乘，可以入秦者，必令君重于国而奉邑益广，可乎？"孟尝君乃约车币②而遣之。冯驩乃西说秦王曰："天下之游士冯轼结靷③西入秦者，无不欲强秦而弱齐；冯轼结靷东入齐者，无不欲强齐而弱秦。此雄雌之国也，势不两立④为雄，雄者得天下矣。"秦王跽⑤而问之曰："何以使秦无为雌而可？"冯驩曰："王亦知齐之废孟尝君乎？"秦王曰："闻之。"冯驩曰："使齐重于天下者，孟尝君也。今齐王以毁废之，其心怨，必背齐；背齐入秦，则齐国之情，人事之诚，尽委之秦⑥，齐地可得也，岂直

为雄也！君急使使载币阴迎孟尝君[7]，不可失时也。如有齐觉悟，复用孟尝君，则雌雄之所在未可知也。”秦王大悦，乃遣车十乘黄金百镒以迎孟尝君。冯驩辞以先行，至齐，说齐王曰：“天下之游士冯轼结靷东入齐者，无不欲强齐而弱秦者；冯轼结靷西入秦者，无不欲强秦而弱齐者。夫秦齐雄雌之国，秦强则齐弱矣，此势不两雄。今臣窃[8]闻秦遣使车十乘载黄金百镒以迎孟尝君。孟尝君不西则已，西入相秦则天下归之，秦为雄而齐为雌，雌则临淄、即墨危矣。王何不先秦使之未到，复孟尝君，而益与之邑以谢之？孟尝君必喜而受之。秦虽强国，岂可以请人相而迎之哉！折秦之谋，而绝其霸强之略[9]。”齐王曰：“善。”乃使人至境候秦使。秦使车适入齐境，使还驰告之，王召孟尝君而复其相位，而与其故邑之地，又益以千户。秦之使者闻孟尝君复相齐，还车而去矣。

——《史记·孟尝君列传》

【注释】

①惑：受……蛊惑。　②约车币：准备了马车和礼物。　③冯轼结靷：驾车奔走。　④势不两立：指敌对的双方不能同时存在。比喻矛盾不可调和。此成语出自《战国策》。《战国策·楚策一》曰：“秦之所害于天下莫如楚，楚强则秦弱，楚弱则秦强，此其势不两立。”　⑤跽：长跪，挺直上身、两膝着地。　⑥人事之诚，尽委之秦：齐国的国情、朝廷中上至君王下至官吏的状况都将为秦国所掌握。　⑦载币阴迎孟尝君：载着礼物暗地里去迎接孟尝君。　⑧窃：私下里。⑨折秦之谋，而绝其霸强之略：挫败秦国的阴谋，断绝它称强称霸的计划。

孝惠帝元年[1]，除诸侯相国法[2]，更以参为齐丞相[3]。参之相齐，齐七十城。天下初定，悼惠王富于春秋，参尽召长老[4]诸生，问所以安集百姓，如齐故诸儒[5]以百数，言人人殊[6]，参未知所定。闻胶西有盖公[7]，善治黄老言，使人厚币请之。既见盖公，盖公为言治道贵清静而民自定，推此类具言之。参于是避正堂，舍盖公焉。其治要

用黄老术,故相齐九年,齐国安集,大称贤相。

——《史记·曹相国世家》

【注释】

①孝惠帝元年:公元前194年。 ②除诸侯相国法:废除了诸侯国设相国的法令。战国时期,各诸侯国都设相国。 ③更以参为齐丞相:改命曹参为齐国丞相。参:指的是平阳侯曹参。 ④长老:民年五十以上,有修行,能帅众为善。 ⑤齐故诸儒:齐国原有的那些读书人。儒:儒者,有学问的人。 ⑥言人人殊:说的话各个不同,指各人有各人的意见。 ⑦盖公:西汉著名学者。

惠帝二年,萧何[1]卒。参闻之,告舍人趣治行[2],"吾将入相"。居无何,使者果召参。参去,属其后相曰:"以齐狱市为寄[3],慎勿扰也。"后相曰:"治无大于此者乎?"参曰:"不然。夫狱市者,所以并容也[4],今君扰之,奸人安所容也?吾是以先之。"

——《史记·曹相国世家》

【注释】

①萧何:汉初丞相,谥号"文终侯",汉朝的开国元勋之一,与张良、韩信合称为汉初三杰。 ②趣治行:赶快整理行装。 ③以齐狱市为寄:把齐国的狱市托付给你。 ④夫狱市者,所以并容也:孟康曰:"狱市者,兼受善恶,若穷极奸人,奸人无所容窜,久且为乱。秦人极刑而天下畔,孝武峻法而狱繁,此其效也。"

齐桓公置酒,令诸侯大夫曰:"后者饮一经程[1]。"管仲后,当饮一经程,饮其一半,而弃其半。桓公曰:"仲父当饮一经程而弃之,何也?"管仲曰:"臣闻之:酒入口者舌出,舌出者言失,言失者弃身[2],与其弃身,不宁弃酒乎。"桓公曰:"善。"

——《韩诗外传》卷十第十六章

【注释】

①后者:迟到者。经程:古代酒器。 ②弃身:丧身。

此则亦见于《说苑·敬慎》。

齐桓公时，江国、黄国小国也，在江、淮之间，近楚。楚，大国也，数侵伐，欲灭取之。江人、黄人患楚。齐桓公方存亡继绝，救危扶倾，尊周室，攘夷狄，为阳谷之会，贯泽之盟，与诸侯将伐楚。江人、黄人慕桓公之义，来会盟于贯泽。管仲曰："江、黄远齐而近楚，楚为利之国也。若伐而不能救，无以宗诸侯①，不可受也。"桓公不听，遂与之盟。管仲死，楚人伐江灭黄，桓公不能救，君子闵之。是后桓公信坏德衰，诸侯不附，遂陵迟②不能复兴。夫仁智之谋，即事有渐③，力所不能救，未可以受其质④。桓公受之，过也。管仲可谓善谋矣。

——《新序·善谋上》

【注释】

①宗诸侯：使诸侯归附。宗：朝见，归往。 ②陵迟：衰落，衰败。原指山陵的坡度慢慢降低。 ③即事有渐：考虑到事情的逐渐发展。 ④质：通"贽"，礼物，这里指一国向另一国表示依附时所送的礼物。

齐桓公谓鲍叔曰："寡人欲铸大钟，昭寡人之名焉。寡人之行，岂避①尧舜哉！"鲍叔曰："敢问君之行？"桓公曰："昔者，吾围谭三年，得而不自与者，仁也。吾北伐孤竹，刬②令支而反者，武也。吾为葵丘之会，以偃③天下之兵者，文也。诸侯抱美玉而朝者九国，寡人不受者，义也。然则文武仁义，寡人尽有之矣，寡人之行，岂避尧舜哉？"鲍叔曰："君直言，臣直对。昔者，公子纠在上位而不让，非仁也；背太公之言而侵鲁境，非义也；坛场之上，诎④于一剑，非武也；侄娣不离怀衽，非文也。凡为不善遍于物，不自知者，无天祸，必有人害。天处甚高，其听甚下。除君过言，天且闻之⑤。"桓公曰："寡人有过，幸记之，是社稷之福也。子不幸教，几有大罪⑥，以辱社稷。"

——《说苑·正谏》

【注释】

①避：逊于，比……差。 ②刬（chǎn）：铲除，灭除。 ③偃：弭兵。

④诎:屈,屈服。 ⑤除君过言,天且闻之:去除您错误的言论吧,不然老天爷将要听到了。且:将要。 ⑥子不幸教,几有大罪:如果不是先生有幸教诲我,我几乎要犯大罪过了。

齐桓公将伐山戎孤竹,使人请助于鲁。鲁君进群臣而谋。皆曰:"师行数千里,入蛮夷之地,必不反矣。"于是鲁许助之而不行[①]。齐已伐山戎孤竹,而欲移兵于鲁。管仲曰:"不可!诸侯未亲,今又伐远而还诛近邻,邻国不亲,非霸王之道。君之所得山戎之宝器者,中国之所鲜也,不可以不进周公之庙乎?"桓公乃分山戎之宝,献之周公之庙。明年起兵伐莒。鲁下令丁男[②]悉发,五尺童子皆至。

——《说苑·权谋》

【注释】

①许助之而不行:表面上答应帮助出兵,实际上却按兵不动。 ②丁男:成年男子。

齐人王满生见周公,周公出见之,曰:"先生远辱[①],何以教之?"王满生曰:"言内事者于内,言外事者于外。今言内事乎?言外事乎?"周公导入,王满生曰:"敬从布席[②]。"周公不导坐,王满生曰:"言大事者坐,言小事者倚[③]。今言大事乎?言小事乎?"周公导坐,王满生坐。周公曰:"先生何以教之?"王满生曰:"臣闻圣人不言而知,非圣人者,虽言不知。今欲言乎?无言乎?"周公俛念[④],有顷,不对,王满生藉笔牍书之曰:"社稷且危。"傅之于膺[⑤],周公仰视见书,曰:"唯唯,谨闻命矣。"明日诛管蔡。

——《说苑·指武》

【注释】

①远辱:谦辞,辱没自己跑老远的路来到这里。 ②布席:布置座席。 ③倚:倚靠,站着。 ④俛念:低头想。俛:通"俯"。 ⑤傅:通"附",附着,靠

近。膺:胸。

此则亦见于《吕氏春秋·精谕》,“王满生”作“胜书”。

齐桓公谓管仲曰:“吾国甚小,而财用甚少,而群臣衣服舆马甚汰[①]。吾欲禁之,可乎?”管仲曰:“臣闻之,君尝之,臣食之;君好之,臣服之。今君之食也,必桂之浆,衣练紫[②]之衣,狐白之裘。此群臣之所奢太也。《诗》云:‘不躬不亲,庶民不信[③]。’君欲禁之,胡不自亲乎?”桓公曰:“善。”于是更制练帛之衣,大白之冠。朝一年,而齐国俭也。

——《说苑·反质》

【注释】

①汰:奢侈。 ②练紫:紫色丝绸。 ③不躬不亲,庶民不信:出自《诗经·小雅·节南山》。意思是:君主如果不躬亲政事,百姓就不会信服。

太公封于齐,问焉以治国之要[①],营荡[②]对曰:“任仁义而已。”太公曰:“任仁义奈何?”营荡对曰:“仁者爱人,义者尊老。”太公曰:“爱人尊老奈何?”营荡对曰:“爱人者,有子不食其力[③];尊老者,妻长而夫拜之[④]。”太公曰:“寡人欲以仁义治齐,今子以仁义乱齐,寡人立而诛之,以定齐国。”

——《春秋繁露·五行相胜》

【注释】

①问焉以治国之要:当为“以治国之要问焉”。 ②营荡:西周时期齐国人。 ③有子不食其力:有儿子也不靠他来赡养。 ④妻长而夫拜之:妻子年老,丈夫要行叩拜之礼。

九、齐国官制

齐国官制由设官制度和如何使用各级官吏的制度组成。前者涉及国家机构的设置(主要指中央机构和地方机构)和官职的名称、品级、职责等,后者涉及各级官吏的培养、选拔、任用、考核、奖惩等。

西周时期,齐国是一个地方诸侯国,虽有一定的自治权,但不是一个绝对独立的国家。齐国这一时期的官制模仿西周官制而来。由于缺乏史料,我们仅知道齐国的中央官制大致由齐国君主和卿大夫组成,齐卿又由上卿(天子命卿)和下卿组成。地方官制则主要由乡遂制组成。这一时期,齐国君主的权力受到内外两方面力量的制约。从外部来看,由于"礼乐征伐自天子出",周天子通过分封制度、世卿世禄制度、册命制度、监国制度、朝觐制度对齐国君主进行控制;从内部来看,齐国君主的权力又受到以朝议制度为代表的传统力量的干预。其中分封制度、册命制度、朝觐制度、朝议制度在《诗经》《左传》中有一定的反映。虽然记载分封制度、册命制度、朝觐制度的内容不是直接涉及齐国的,但西周时期各诸侯国的官制都渊源于西周官制,因此在资料缺乏的情况下,可以利用别国的有关资料了解西周时期齐国的官制。周代的爵禄制度、述职制度在《孟子》中也有一定的反映。

如果说西周时期齐国官制渊源于西周官制,那么春秋时期则是齐国官制的形成时期。这一时期,礼崩乐坏,齐国由此建立了自己的官制。现有的资料表明,这一时期齐国的中央官制由齐国君主、天子命卿(国、高二氏)、下卿(齐国宰相)以及以五官为代表的百官组成。地方官制则主要由国君直辖区的国鄙制和国君分封区的采邑制组成。与西周时期的官制相比,齐国官制中齐国君主的权力明显加强,主要表现为齐相由齐国君主任命,而齐相的权力又在天子命卿之上。春秋时期齐国中央官制中齐国君主权力的加强、宰相的设置以及以五官为代表的百官制度在《管子》《晏子春秋》《孟子》《国语》《左传》《史记》等典籍中都有一定的反映。值得注意的是上述典籍既有对以宰相、五官为代表的各个官制职责的论述,又有对祝、史、行人、太卜、吏啬夫、民啬夫、水官乃至守门人等百官之具体事例的说明。

战国时期,齐国官制进一步完善。这一时期的中央官制的变化主要表现在以下几个方面:其一,将相的设置。虽然战国时期齐国的中央官制在结构上没有大的变化,但局部出现了变化。最明显的表现莫过于齐将、齐相的设置。齐相设于春秋时期,管仲、晏婴都是这一时期的名相。齐将设于春秋时期,但这时的齐将是战争时期临时委派的,齐景公任田穰苴为将便是明证。战国时期,齐将成为与齐相平起平坐的常职,如战国初期邹忌曾为齐相,田忌曾为齐将。其二,齐国君主名称的变化及其权力的加强。齐国君主的名称由齐公、齐侯变为齐王,反映了齐国君主统一天下的雄心斗志。齐国君主权力的加强表现在齐国君主可以根据需要随时罢免将、相。其三,中央官制由世卿世禄制向官僚体制变化。其四,稷下学宫的设置。稷下学宫作为齐国的咨询机构、人才培养基地、战国时期百家争鸣的中心,几乎存在于整个战国时期,对齐国的兴衰产生了一定的影响。战国时期齐国的地方官制也发生了一定的变化,主要表现在以下几个方面:其一,春秋时期国君直辖区的国鄙制虽然仍然存在,但普遍实行都县制。都县制是与以秦国为代表的郡县制相区别的一种地方官制,具有明显的分权特色。其二,春秋时期国君分封区的采邑制转变为封君采邑制。封君采邑制与国君分封区的采邑制相比,具有封君数量少、齐王有权任免封君官爵且封君没有大量私属武装等特点。这是西周以来分封制的延续与演变。这种演变虽然结束于秦始皇统一中国时,但又在秦王朝末年的楚汉之争中以及西汉初期出现过,并有各自的特点。战国时期齐国官制的材料既分散于本书的前几部分,又集中于齐国官制这一部分。齐国官制以将相的设置、官僚体制的建立、稷下学宫的设置、封君采邑制最具特色。

另外值得说明的是，春秋战国时期齐国还出现了文官制度和武官制度。文官制度和武官制度是齐国管理官吏的重要制度。所谓文官制度指对文职官员的管理制度。其主要内容包括文职官员的培养、选任、爵禄、考核、监督、奖惩等。

春秋时期齐国的文官制度处于初步形成时期，主要包括选任、考核、奖惩三方面的内容。春秋时期的选任制度分为世官制、荐举制和三选制三类。其中世官制即世卿世禄制，它是春秋时期选任制度的核心，齐国的重要官吏如卿大夫都是世袭的，其中以齐国上卿国、高二氏最具代表性。荐举制是春秋时期选任制度的重要组成部分，春秋时期的宰相及大臣都有权向国君推荐官吏。如管仲得力于鲍叔牙的推荐成为齐国宰相，齐国名相管仲、晏婴都向齐桓公、齐景公推荐了许多重要官吏，这在《国语》《管子》《晏子春秋》中都有一定的体现。三选制是春秋时期齐国选任制度的有机组成部分。齐国卿大夫以下的官吏尤其是基层官吏有许多是通过三选制推荐上来的。齐国三选制的相关记载见于《国语·齐语》。另外，春秋时期齐国对士、农、工、商不同部门的官吏制定了不同的选拔标准。春秋时期齐国对官员的考核大致在年初及年底进行，考核范围遍及士、农、工、商各个领域。齐国文官的奖励制度体现在三选制中，其惩罚制度包括赎罪制度、五刑制度等。这些内容在《管子》中有一定的体现。

春秋时期的武官制度指对武职官员的管理制度。因为春秋时期的官吏大多军政一体，只有大司马、司马带有一定的武官性质。齐景公时期设将，这说明文职、武职有分离倾向，但由于当时的将只是临时委任，因此春秋时期的武官制度仍处于萌芽时期。由于武官制度出现得晚以及材料的限制，我们可从选任和奖惩两个方面去了解这一时期的武官制度。春秋时期的武官制度以世袭为主。如齐桓公时期三军的统帅国君、国氏、高氏都是世袭的。这一时期的武官制度除世袭外，还有荐举制。如春秋后期齐相晏婴曾向齐景公推荐田穰苴为司马。而这一时期基层武官的推荐仍然通过三选制进行。春秋时期齐国武官制度中的奖励制度最明显的表现莫过于勇爵的设置，其最高奖励应该是大司马，如田穰苴就因军功卓著而被齐景公尊为大司马。当时武官的惩罚制度主要体现在军刑中。春秋时期齐国的军刑虽然有小罪、中罪、大罪之分,但对于违犯军事的仍然以戮即斩首为主,田穰苴依法斩监军庄贾便是明显的例证。春秋时期齐国武官制度的内容在《管子》《晏子春秋》《国语》《史记》中都有一定的体现。

战国时期齐国的文官和武官制度得到进一步的发展。

这一时期的文官制度主要有选任、考核、检查监督和奖惩等制度。选任制除春秋时期的世袭制、荐举制外,还有游说制。荐举制的地位最为重要。荐举制又分为自荐和他荐。自荐以邹忌自荐而被齐威王任命为齐相最有代表性。他荐包括大臣推荐和稷下先生推荐两类。其中大臣推荐以邹忌向齐威王举荐田居子、田解子、黔涿子、田种首子、北郭刀勃子为代表,稷下先生推荐以淳于髡、王斗推荐人才为代表。游说制也是战国时期重要的选任制度。当时纵横家游说各国以获得重要官职。在齐国,以苏秦在齐闵王时期游说谋得齐相最有代表性。战国时期的考核与春秋时期没有本质的区别,但两者的考核对象发生了很大的变化。春秋时期的考核对象仅限于中、下层官吏,战国时期的高级官吏也在考核之内,也就是说其考核对象为百官众臣。其考核制度为上计制度。而检查监督制度的表现之一就是"五横"官职的设定。这一时期的奖惩制度差别不大,以齐威王整顿吏治,奖即墨大夫、烹阿大夫最具代表性。战国时期齐国文官制度的内容见于《管子》《战国策》《史记》《说苑》等典籍中。

战国时期的武官制度在战国时期已经形成,其具体内容体现在选任和奖惩两个方面。其中选任制度主要包括临战受命制和荐举制两类。临战受命制主要针对将军的任命。虽然战国时期齐国和其他诸侯国都设置了将军这一官职,但并非永久设置,将军都是临战受命,这在《六韬》《战国策》《史记》中都有一定的体现。荐举制则是针对将帅以下的武官,其中以田忌向齐威王推荐孙膑为代表,这在《史记》中有所体现。战国时期的奖惩制度主要包括奖励武官的军功爵制和惩罚武官的军法制度。军功爵制以秦国最具代表性。齐国虽然没有秦国那样系统的军功爵制,却有军功爵制。如战国初期田婴因在马陵之战有功而被齐威王封为齐相,战国后期田单因复齐功勋卓著而被齐襄王封于安平,号安平君。军法以秦国最为完备、最为严酷。齐国虽然没有秦国那样完备和严酷的军法，但也非常重视军法在战争中所起的作用，这在《六韬》中有一定的体现。

鸡既鸣矣，朝①既盈矣。匪鸡则鸣，苍蝇之声。东方明矣，朝既昌②矣。匪东方则明，月出之光。虫飞薨薨③，甘④与子同梦。会⑤且归矣，无庶予子憎⑥。

——《诗经·齐风·鸡鸣》

【注释】

①朝：朝廷。 ②昌：盛，人多。 ③薨薨：虫子群飞的声音。 ④甘：乐，喜欢。 ⑤会：朝会。 ⑥无庶予子憎：当作"庶无予子憎"，庶几没有因我恨你。

子之还①兮，遭我乎猺②之间兮。并驱从两肩③兮，揖我谓我儇④兮。子之茂⑤兮，遭我乎猺之道兮。并驱从两牡⑥兮，揖我谓我好兮。子之昌⑦兮，遭我乎猺之阳兮。并驱从两狼兮，揖我谓我臧⑧兮。

——《诗经·齐风·还》

【注释】

①还：轻捷的样子。 ②猺（náo）：齐国山名，在今山东临淄南。 ③从：追逐。肩：三岁的兽。 ④儇：轻利便捷。 ⑤茂：美，这里指猎手技术完美。 ⑥牡：雄兽。 ⑦昌：盛状。 ⑧臧：善。

夜如何其？夜未央①，庭燎②之光。君子至止③，鸾声将将④。夜如何其？夜未艾⑤，庭燎晣晣⑥。君子至止，鸾声哕哕⑦。夜如何其？夜乡晨⑧，庭燎有辉。君子至止，言⑨观其旂。

——《诗经·小雅·庭燎》

【注释】

①夜未央：夜未尽。 ②庭燎：庭中火炬，庭中大烛。 ③君子：朝见天子

的诸侯。止:语气词。 ④鸾声将将:銮铃锵锵。鸾:也作“銮”。将将:即锵锵。 ⑤艾:止,尽。 ⑥晣晣:明亮的样子。 ⑦哕哕:铃声。 ⑧乡晨:向晨,近晓。乡:通“向”。 ⑨言:语首助词。

溥[①]天之下,莫非王土;率土之滨[②],莫非王臣。

——《诗经·小雅·北山》

【注释】

①溥:通“普”,普遍。 ②率土之滨:四海之内。率:循,沿着。滨:水边。

采菽采菽[①],筐之筥[②]之。君子[③]来朝,何锡予之?虽无予之?路车[④]乘马。又何予之?玄衮及黼[⑤]。觱沸槛泉[⑥],言采其芹。君子来朝,言观其旂。其旂淠淠[⑦],鸾声嘒嘒[⑧]。载骖载驷,君子所届。赤芾[⑨]在股,邪幅[⑩]在下。彼交匪纾[⑪],天子所予。乐只[⑫]君子,天子命之。乐只君子,福禄申[⑬]之。维柞之枝,其叶蓬蓬。乐只君子,殿[⑭]天子之邦。乐只君子,万福攸同[⑮]。平平[⑯]左右,亦是率从。汎汎[⑰]杨舟,绋纚维[⑱]之。乐只君子,天子葵[⑲]之。乐只君子,福禄膍[⑳]之。优哉游哉,亦是戾[㉑]矣。

——《诗经·小雅·采菽》

【注释】

①菽:豆。 ②筥:圆形筐。 ③君子:指诸侯。 ④路车:古代诸侯乘坐的一种车子。 ⑤玄衮:画着卷龙的黑色礼服。黼:画着黑白相间的斧形花纹的礼服。 ⑥觱(bì)沸:泉水涌出沸腾的样子。觱:沸。槛泉:正出的泉水。⑦淠(pèi)淠:旗帜飘动的样子。 ⑧嘒嘒:车铃声。 ⑨芾:通“韍”,古代官服上的蔽膝。 ⑩邪幅:绑腿。 ⑪彼交匪纾:当作“匪交匪纾”,不傲慢,不怠慢。交:通“绞”,傲。纾:缓。 ⑫只:语气词。 ⑬申:重,指福上加福。⑭殿:镇定,安抚。 ⑮攸同:所聚。攸:所。同:聚。 ⑯平平:亦作“便便”,长于口才、办事能干的样子。 ⑰汎汎:漂流的样子。 ⑱绋:系船的麻绳。纚:拉船用的竹索。维:系。 ⑲葵:通“揆”,量才使用。 ⑳膍(pí):厚赐。

㉑戾：至，至极。

牧野洋洋①，檀车煌煌②，驷騵彭彭③。维师尚父④，时维鹰扬。凉⑤彼武王，肆伐⑥大商，会朝⑦清明。

——《诗经·大雅·大明》

【注释】

①洋洋：广大的样子。 ②檀车：檀木制的战车。煌煌：鲜明的样子。 ③騵：赤毛白腹的马。彭彭：强壮有力的样子。 ④师尚父：太师吕望。师：太师，官名。尚父：吕尚的尊称，后世又称为姜太公。 ⑤凉：辅佐，辅助。 ⑥肆伐：疾驰讨伐。肆：疾。 ⑦会朝：会合朝见。

奕奕梁山①，维禹甸②之，有倬③其道。韩侯受命，王亲命之：缵戎④祖考，无废朕命。夙夜匪解⑤，虔共⑥尔位，朕命不易。榦不庭方⑦，以佐戎辟⑧。四牡奕奕，孔修且张⑨。韩侯入觐⑩，以其介圭⑪，入觐于王。王锡韩侯，淑旂绥章⑫，簟茀错衡⑬，玄衮赤舄⑭，钩膺镂钖⑮，鞹鞃浅幭⑯，鞗革金厄⑰。

——《诗经·大雅·韩奕》

【注释】

①奕奕梁山：高大的梁山。奕奕：高大。梁山：山名，在今陕西韩城西北。 ②甸：治理。 ③有倬：宽大。 ④缵：继承。戎：你。 ⑤解：通“懈”。 ⑥共：奉行。 ⑦榦不庭方：征伐不来朝见周王的方国。榦：正，通“征”，征伐。不庭：不来朝见周王。方：方国。 ⑧辟：君王。 ⑨修且张：长且大。 ⑩觐：朝见。 ⑪介圭：大圭，玉制的礼器。 ⑫淑旂：美丽的画有蛟龙的旗。淑：美。绥章：旗杆头上有染色的羽毛。 ⑬簟茀错衡：诸侯所坐路车的装饰。 ⑭玄衮：画着卷龙的黑色礼服。赤舄：贵族穿的红鞋。 ⑮钩膺：套在马胸前颈上的带饰。镂：刻。钖：马额上的金属装饰物。 ⑯鞹鞃：用皮裹的车中供人凭的皮包横木。浅幭：用浅毛皮裹的车上覆盖物。 ⑰鞗革：皮的马缰绳。金厄：金属环，缠辔头。

齐晏桓子[①]卒。晏婴粗缞[②]斩，苴绖、带、杖，菅屦[③]，食鬻[④]，居倚庐，寝苫，枕草。其老[⑤]曰："非大夫之礼也。"曰："唯卿为大夫。"

——《左传·襄公十七年》

【注释】

①晏桓子：晏弱，晏婴之父。 ②缞斩：丧服，用麻布做成。 ③苴：结子的麻。菅屦：丧服中的草鞋。 ④鬻：粥。 ⑤其老：人名，晏婴的家宰。

齐庄公朝，指殖绰、郭最[①]曰："是寡人之雄[②]也。"州绰曰："君以为雄，谁敢不雄？然臣不敏[③]，平阴之役[④]，先二子鸣。"庄公为勇爵。殖绰、郭最欲与焉。州绰曰："东闾之役[⑤]，臣左骖迫，还于门中，识其枚数。其可以与于此乎？"公曰："子为晋君也。"对曰："臣为隶新。然二子者，譬于禽兽，臣食其肉而寝处其皮矣。"

——《左传·襄公二十一年》

【注释】

①殖绰、郭最：齐庄公好勇，设立勇爵，殖绰、郭最被列在头两位。 ②雄：勇猛之意。 ③不敏：谦词，不才。 ④平阴之役：指发生于襄公十八年（公元前555年）的齐国与诸侯国的平阴之战，州绰曾抓获殖绰、郭最二将。 ⑤东闾之役：齐与晋的一场战役，详见《左传·襄公十八年》。东闾：齐都城东门。

比至[①]，三衅[②]、三浴之。桓公亲逆[③]之于郊，而与之坐而问焉，曰："昔吾先君襄公筑台以为高位，田、狩、毕、弋[④]，不听国政，卑圣侮士，而唯女是崇。九妃、六嫔，陈妾数百，食必粱肉，衣必文绣。戎士[⑤]冻馁，戎车[⑥]待游车之裹，戎士待陈妾之余。优笑在前，贤材在后。是以国家不日引[⑦]，不月长[⑧]。恐宗庙之不扫除，社稷之不血食[⑨]，敢问为此若何？"管子对曰："昔吾先王昭王、穆王，世法文、武远绩以成名，合群叟[⑩]，比校民之有道者，设象以为民纪[⑪]，式权以相应，比缀以度[⑫]，竱本肇末[⑬]，劝之以赏赐，纠之以刑罚，班序颠毛[⑭]，

以为民纪统。”桓公曰:“为之若何?”管子对曰:“昔者,圣王之治天下也,参其国而伍其鄙,定民之居,成民之事,陵为之终,而慎用其六柄[15]焉。”

——《国语·齐语》

【注释】

①比至:等到了(齐国)。 ②衅:同“薰”,用香料熏身。 ③逆:迎接。 ④田、狩、毕、弋:泛指狩猎。 ⑤戎士:士兵。 ⑥戎车:战车。 ⑦日引:每天进步。 ⑧月长:每月增益。 ⑨血食:祭祀时要杀牲取血。 ⑩群:聚集。叟:老人。 ⑪民纪:民众纲纪。 ⑫缀:连。度:法制。 ⑬竱本肇末:先均等根本,以端正其末。 ⑭颠毛:头顶毛发。 ⑮六柄:生、杀、贫、富、贵、贱六大权柄。

此则及以下四则亦见于《管子·小匡》。

桓公曰:“定民之居若何?”管子对曰:“制国以为二十一乡[1]。”桓公曰:“善。”管子于是制国以为二十一乡:工商之乡六[2];士乡十五[3],公帅五乡[4]焉,国子[5]帅五乡焉,高子[6]帅五乡焉。参国起案,以为三官,臣立三宰[7],工立三族,市立三乡,泽立三虞[8],山立三衡[9]。

——《国语·齐语》

【注释】

①乡:两千家为一乡。 ②工商之乡六:工三乡,商三乡。 ③士乡十五:士兵十五乡,组成三军。 ④公帅五乡:齐桓公自领五乡。 ⑤国子:齐国上卿。 ⑥高子:齐国上卿。 ⑦臣立三宰:群臣设立三位卿士。 ⑧虞:执掌川泽之官。 ⑨衡:执掌山林之官。

桓公曰:“吾欲从事[1]于诸侯,其可乎?”管子对曰:“未可,国未安。”桓公曰:“安国若何?”管子对曰:“修旧法,择其善者而业用之;遂滋[2]民,与无财[3],而敬百姓,则国安矣。”桓公曰:“诺。”遂修旧法,

择其善者而业用之；遂滋民，与无财，而敬百姓。国既安矣，桓公曰：“国安矣，其可乎？”管子对曰：“未可。君若正卒伍[4]，修甲兵，则大国亦将正卒伍，修甲兵，则难以速得志矣。君有攻伐之器，小国诸侯有守御之备，则难以速得志矣。君若欲速得志于天下诸侯，则事可以隐令[5]，可以寄政。”桓公曰：“为之若何？”管子对曰：“作内政而寄军令焉。”桓公曰：“善。”

——《国语·齐语》

【注释】

①从事：称霸的意思。 ②滋：同“慈”，慈爱。 ③与无财：帮助贫穷的人。与：给予，赠送。 ④卒伍：军队。 ⑤隐令：隐藏军令。

管子于是制国[1]：“五家为轨，轨为之长；十轨为里，里有司；四里为连，连为之长；十连为乡，乡有良人[2]焉。以为军令：五家为轨，故五人为伍，轨长帅之；十轨为里，故五十人为小戎[3]，里有司帅之；四里为连，故二百人为卒，连长帅之；十连为乡，故二千人为旅，乡良人帅之；五乡一帅[4]，故万人为一军，五乡之帅帅之。三军，故有中军之鼓，有国子之鼓，有高子之鼓。春以蒐[5]振旅，秋以狝[6]治兵，是故卒伍整于里，军旅整于郊。内教既成，令勿使迁徙。伍之人祭祀同福，死丧同恤，祸灾共之。人与人相畴，家与家相畴，世同居，少同游。故夜战声相闻，足以不乖；昼战目相见，足以相识；其欢欣足以相死[7]。居同乐，行同和，死同哀，是故守则同固，战则同强。君有此士也三万人，以方行于天下，以诛无道，以屏[8]周室，天下大国之君莫之能御。”

——《国语·齐语》

【注释】

①制国：制定国家规章制度。 ②良人：乡大夫。 ③小戎：兵车。 ④五乡一帅：一军之长。 ⑤蒐：春天打猎。 ⑥狝：秋天打猎。 ⑦相死：以死相救。 ⑧屏：拱卫。

桓公曰："定民之居若何？"管子对曰："制鄙[1]。三十家为邑，邑有司；十邑为卒，卒有卒帅；十卒为乡，乡有乡帅；三乡为县，县有县帅；十县为属，属有大夫。五属，故立五大夫，使各治一属焉；立五正，使各听一属焉。是故正[2]之政听属，牧政听县，下政听乡。"桓公曰："各保治尔所，无或[3]淫怠而不听治者！"

——《国语·齐语》

【注释】

①制鄙：制定近郊居民的居住政策。 ②正：指五正。 ③无或：勿，不要。

分国[1]以为五乡，乡为之师。分乡以为五州，州为之长。分州以为十里，里为之尉。分里以为十游，游为之宗[2]。十家为什，五家为伍，什伍皆有长焉。

——《管子·立政》

【注释】

①国：国都。 ②乡、州、里、游、宗：均为国都内的行政组织单位，乡师、州长、里尉、游宗为其长官。

闾有司[1]观出入者，以复于里尉。凡出入不时[2]，衣服不中[3]，圈属群徒不顺于常[4]者，闾有司见之，复无时[5]。若在长家子弟、臣妾、属役、宾客，则里尉以谯[6]于游宗，游宗以谯于什伍，什伍以谯于长家。谯敬[7]而勿复。一再则宥[8]，三则不赦。凡孝悌、忠信、贤良、俊材，若在长家子弟、臣妾、属役、宾客，则什伍以复于游宗，游宗以复于里尉，里尉以复于州长，州长以计于乡师，乡师以著于士师。凡过党[9]，其在家属，及于长家；其在长家，及于什伍之长；其在什伍之长，及于游宗；其在游宗，及于里尉；其在里尉，及于州长；其在州长，及于乡师；其在乡师，及于士师。三月一复，六月一计[10]，十二月一

著[11]。凡上贤不过等，使能不兼官；罚有罪不独及[12]，赏有功不专与[13]。

——《管子·立政》

【注释】

①闾有司：管理里门的小吏。 ②不时：不按时。 ③不中：不合要求。 ④圈属：家眷亲属。圈：通“眷”。不顺于常：不合常规。 ⑤复无时：随时报告。 ⑥谯：责备。 ⑦敬：通“儆”，戒。 ⑧一再则宥：第一次和第二次可以宽恕。 ⑨过党：犯罪的党徒。 ⑩计：总计。 ⑪著：记录备案。 ⑫不独及：不单单处罚罪犯本人。 ⑬不专与：不单单奖励立功者本人。

孟春之朝，君自听朝，论爵赏校官[1]，终五日。季冬之夕，君自听朝，论罚罪刑杀，亦终五日。正月之朔[2]，百吏在朝，君乃出令，布宪[3]于国。五乡之师，五属大夫，皆受宪于太史。大朝之日，五乡之师，五属大夫，皆身习宪[4]于君前。太史既布宪，入籍于太府[5]，宪籍分于君前。五乡之师出朝，遂[6]于乡官，致于乡属，及于游宗，皆受宪。宪既布，乃反致令焉，然后敢就舍[7]。宪未布，令未致，不敢就舍；就舍谓之留令，死罪不赦。五属大夫，皆以行车朝[8]，出朝不敢就舍，遂行。至都之日，遂于庙，致属吏，皆受宪。宪既布，乃发使者致令，以布宪之日，蚤晏[9]之时。宪既布，使者以发，然后敢就舍。宪未布，使者未发，不敢就舍；就舍谓之留令，罪死不赦。宪既布，有不行宪者，谓之不从令，罪死不赦。考宪而有不合于太府之籍者，侈[10]曰专制，不足曰亏令，罪死不赦。首宪既布，然后可以行宪。

——《管子·立政》

【注释】

①论爵赏校官：评定爵位赏赐，考核百官。校：考校。 ②正月之朔：正月初一。 ③布宪：公布法令。 ④身习宪：亲自学习宪令。 ⑤入籍于太府：

把宪令底本收藏在太府。 ⑥遂:到达。 ⑦就舍:回到住处。 ⑧以行车朝:乘车入朝。 ⑨蚤:通“早”。晏:通“晚”。 ⑩侈:过,这里指随便增加宪令的内容。

修火宪①,敬②山泽林薮积草,天财之所出,以时禁发③焉,使民足于宫室之用,薪蒸④之所积,虞师⑤之事也。决水潦,通沟渎,修障防⑥,安水藏,使时水⑦虽过度,无害于五谷;岁虽凶旱,有所秎获⑧,司空⑨之事也。相高下⑩,视肥墝⑪,观地宜,明诏期⑫前后,农夫以时均修⑬焉,使五谷桑麻皆安其处,司田⑭之事也。行⑮乡里,视宫室,观树艺,简⑯六畜,以时钧修焉,劝勉百姓,使力作毋偷,怀乐家室,重去乡里⑰,乡师之事也。论百工,审时事⑱,辩功苦⑲,上完利⑳,监壹㉑五乡,以时钧修焉,使刻镂文采㉒,毋敢造于乡,工师㉓之事也。

——《管子·立政》

【注释】

①火宪:防火的法令。 ②敬:通“警”,警戒。 ③以时禁发:按时封禁开放。 ④薪蒸:烧柴。 ⑤虞师:主管山泽的官员。 ⑥障防:堤坝。 ⑦时水:季节性雨水。 ⑧秎获:收获。秎:收割。 ⑨司空:主管水利、建筑的官员。 ⑩相高下:观测地势高低。 ⑪墝(qiāo):土地贫瘠。 ⑫诏期:征召日期。 ⑬以时均修:按时节进行调节。 ⑭司田:主管农业的官员。 ⑮行:巡视。 ⑯简:检阅,察看。 ⑰重去乡里:不轻易离开乡里。重:看重。 ⑱审时事:审查各时节的工作安排。 ⑲辩功苦:分辨器具质量的好坏。功:器之精者。苦:器之劣者。 ⑳上完利:提倡生产完美实用的产品。上:通“尚”。 ㉑监壹:监督管理。 ㉒刻镂文采:指奢侈品。 ㉓工师:主管手工业的官员。

相三月,请论①百官。公曰:“诺。”管仲曰:“升降揖让,进退闲②习,辨③辞之刚柔,臣不如隰朋,请立为大行④。垦草入邑,辟土聚粟多众,尽地之利,臣不如宁戚,请立为大司田。平原广牧⑤,车不结

辙[⑥]，士不旋踵[⑦]，鼓之而三军之士视死如归，臣不如王子城父，请立为大司马。决狱[⑧]折中，不杀不辜，不诬无罪，臣不如宾胥无，请立为大司理。犯君颜色[⑨]，进谏必忠，不辟[⑩]死亡，不挠[⑪]富贵，臣不如东郭牙，请立以为大谏之官。此五子者，夷吾一不如；然而以易夷吾，夷吾不为也。君若欲治国强兵，则五子者存矣；若欲霸王，夷吾在此。”桓公曰：“善。”

——《管子·小匡》

【注释】

①论：评定。 ②闲：通“娴”，娴熟。 ③辨：通“辩”。 ④大行：外交官。 ⑤广牧：广阔的郊外。牧：远郊。 ⑥结辙：车辙交错，比喻因指挥不当而导致车马混乱。 ⑦旋踵：旋转脚跟，指往后撤退。踵：脚后跟。 ⑧决狱：断案。 ⑨颜色：脸色，脸面。 ⑩辟：通“避”，躲避。 ⑪挠：屈服。

宿定[①]所征伐之国，使群臣、大吏、父兄、便辟左右不能议成败，人主之任[②]也。论功劳，行赏罚，不敢蔽贤有私；行用货财，供给军之求索，使百吏肃敬，不敢解怠行邪，以待君之令，相室[③]之任也。缮[④]器械，选练士，为教服，连什伍，遍知天下，审御机数[⑤]，此兵主之事也。

——《管子·地图》

【注释】

①宿定：提前确定。 ②人主之任：君主的职责。 ③相室：相国，宰相。 ④缮：修缮。 ⑤审御机数：仔细掌握战机与策略。

吏啬夫任事，民啬夫任教[①]。教在百姓，论在不挠[②]，赏在信诚，体之以君臣，其诚也以守战[③]。如此，则民啬夫之事究矣。吏啬夫尽有訾程事律[④]，论法辟、衡权、斗斛、文劾[⑤]，不以私论，而以事为正。如此，则吏啬夫之事究矣。民啬夫成教，吏啬夫成律，之后，则虽有

敦悫忠信者不得善[⑥]也，而戏豫怠傲者不得败[⑦]也。如此，则人君之事究[⑧]矣。

——《管子·君臣上》

【注释】

①吏啬夫任事，民啬夫任教：吏啬夫掌管督查，民啬夫掌管教化。民啬夫：原作“人啬夫”。啬夫：古代官名。 ②不挠：不屈，不屈法行私。 ③其诚也以守战：民啬夫教化成功后，百姓既可以守，也可以战。诚：通“成”，成功。④訾程事律：计量规章和办事法规。 ⑤法辟：法度刑律。衡权：秤杆秤锤。斗斛：量器。文劾：文告与弹劾。 ⑥敦悫(què)：敦厚严谨。善：通“缮”，修补，增补。 ⑦戏豫：游戏玩乐。败：损害。 ⑧究：穷尽。

故曰：君明、相信、五官肃、士廉、农愚、商工愿[①]，则上下体[②]而外内别也，民性因而三族[③]制也。

——《管子·君臣上》

【注释】

①五官：《管子·小匡》有大行、大司田、大司马、大司理、大谏。廉：正直。愚：质朴。愿：诚实恭谨。 ②体：区别。 ③民性因：人民生活有依靠。性：通“生”。因：依靠。三族：指士、农、商工。

是故有道之君，上有五官以牧其民，则众不敢逾轨而行矣；下有五横以揆[①]其官，则有司不敢离法而使[②]矣。

——《管子·君臣上》

【注释】

①五横：负责纠察监督的官职。横：通“衡”，衡量，考核。揆：监督，管理。②使：行使。

是故岁一言[①]者，君也；时省[②]者，相也；月稽[③]者，官也；务四支之力，修耕农之业以待令者，庶人也。是故百姓量其力于父兄之

间，听其言于君臣之义，而官论其德能而待之。大夫比④官中之事，不言其外，而相为常具⑤以给之。相总要，者官⑥谋士，量实议美⑦，匡⑧请所疑。而君发其明府之法瑞以稽之⑨，立三阶之上，南面而受要⑩。

——《管子·君臣上》

【注释】

①岁一言：每年问政一次。 ②时省：按四时季节考察。 ③月稽：每月稽考。 ④比：及。 ⑤常具：日常规章条例。 ⑥者官：诸官。者：通"诸"。 ⑦量实议美：衡量实际情况，评议是否美善。 ⑧匡：匡正。 ⑨发其明府之法瑞以稽之：拿出藏在太府中的宪令及印玺符信，据以进行检查考核。 ⑩受要：听取重要事情的汇报。

是故有道之君者执本，相执要，大夫执法以牧其群臣，群臣尽智竭力以役①其上。四守②者得则治，易③则乱。

——《管子·君臣下》

【注释】

①役：供奉，供职。 ②四守：指君主、相、大夫、群臣的职守。 ③易：变易。

昔者黄帝得蚩尤而明于天道，得大常而察于地利，得苍龙而辩于东方，得祝融而辩于南方，得大封而辩于西方，得后土而辩于北方。黄帝得六相①而天地治，神明至。蚩尤明乎天道，故使为当时②；大常察乎地利，故使为廪者；苍龙辨乎东方，故使为土师；祝融辨乎南方，故使为司徒；大封辨于西方，故使为司马；后土辨乎北方，故使为李。是故春者土师也，夏者司徒也，秋者司马也，冬者李也。

——《管子·五行》

【注释】

①六相：指前文所举蚩尤、大常、苍龙、祝融、大封、后土。 ②当时：掌管天时。

乃别制断[1]之，州者谓之术，不满术者谓之里。故百家为里，里十为术，术十为州，州十为都，都十为霸国[2]。不如霸国者，国[3]也。以奉天子，天子有万诸侯也，其中有公侯伯子男焉。

——《管子·度地》

【注释】

①制断：规定。 ②霸国：成就霸业的国家。 ③国：此指普通国家，与霸国相区别。

请为置水官，令习水者为吏：大夫、大夫佐各一人，率部校长、官佐各财足[1]。乃取水官左右各一人，使为都匠水工[2]。令之行[3]水道、城郭、堤川、沟池、官府、寺舍及州中，当缮治者，给卒财足。令曰：常以秋岁末之时，阅其民，案家人比地[4]，定什伍口数，别男女大小。其不为用者辄免之，有锢病不可作者疾之，可省作者半事之[5]。并行以定甲士，当被兵之数，上其都[6]。都以临下，视有余不足之处，辄下水官。水官亦以甲士当被兵之数，与三老、里有司、伍长行里，因父母案行。阅其备水之器，以冬无事之时。笼、臿、板、筑，各什六[7]，土车什一，雨輂什二。食器两具，人有之，锢藏里中，以给丧器[8]。后常令水官吏与都匠，因三老、里有司、伍长案行之。常以朔日始，出阅具之，取完坚，补弊久[9]，去苦恶[10]。常以冬少事之时，令甲士以更次益薪，积之水旁。州大夫将之，唯毋后时[11]。其积薪也，以事[12]之已；其作土也，以事未起。天地和调，日有长久，以此观之，其利百倍。

——《管子·度地》

【注释】

①官佐各财足:官佐和各种仆役。 ②都匠水工:水工工头。 ③行:巡视。 ④案家人比地:查验人口,核查土地。比:考校,核查。 ⑤半事之:工作减半。 ⑥上其都:上报给都官。 ⑦什六:每十家六件。下文“什一”“什二”同例。 ⑧丧器:破损的器具。丧:丧失,破坏。 ⑨弊久:敝旧。 ⑩苦恶:质量粗劣。 ⑪唯毋后时:千万别拖延时间。 ⑫事:农事。

晏子朝,杜扃望羊[①]待于朝。晏子曰:“君奚故不朝?”对曰:“君夜发[②]不可以朝。”晏子曰:“何故?”对曰:“梁丘据扃入歌人虞[③],变齐音。”晏子退朝,命宗祝修礼[④]而拘虞,公闻之而怒曰:“何故而拘虞?”晏子曰:“以新乐淫君。”公曰:“诸侯之事,百官之政,寡人愿以请子。酒醴[⑤]之味,金石之声,愿夫子无与焉。夫乐,何必夫故哉?”对曰:“夫乐亡而礼从之,礼亡而政从之,政亡而国从之。国衰,臣惧君之逆政之行。有歌,纣作《北里》[⑥],幽厉[⑦]之声,顾夫淫以鄙[⑧]而偕亡。君奚轻变夫故哉?”公曰:“不幸有社稷之业,不择言而出之,请受命矣。”

——《晏子春秋·内篇谏上》

【注释】

①杜扃:人名,齐景公的侍臣。望羊:远视的样子。 ②夜发:夜间不睡,兴致勃发。 ③扃:关闭,延伸为秘密。虞:人名。 ④宗祝:官名,主祭祀祈祷。修礼:治礼,依据礼仪规定。 ⑤酒醴:美酒。 ⑥《北里》:殷纣王创作的舞曲,后泛指靡靡之音。 ⑦幽厉:周幽王、周厉王。 ⑧顾:只不过。淫以鄙:淫靡与粗俗的音乐。

景公游于麦丘[①],问其封人[②]曰:“年几何矣?”对曰:“鄙人之年八十五矣。”公曰:“寿哉!子其祝我。”封人曰:“使君之年长于胡[③],宜国家。”公曰:“善哉!子其复之。”曰:“使君之嗣,寿皆若鄙臣之年。”公曰:“善哉!子其复之。”封人曰:“使君无得罪于民。”公曰:“诚有鄙民得罪于君则可,安有君得罪于民者乎?”晏子谏曰:“君过

矣！彼疏者有罪，戚者治之，贱者有罪，贵者治之；君得罪于民，谁将治之？敢问：桀、纣，君诛乎？民诛乎？”公曰：“寡人固④也。”于是赐封人麦丘以为邑⑤。

——《晏子春秋·内篇谏上》

【注释】

①麦丘：齐地名。 ②封人：古代掌官国家疆界的官吏，此处指邑人。③胡：指齐国先君胡公静，以享国久而闻名。 ④固：孤陋寡闻。 ⑤以为邑：把麦丘作为他的食邑。

景公正昼①被②发，乘六马御妇人以出正闺③。刖跪④击其马而反之，曰：“尔非吾君也。”公惭而不朝。

——《晏子春秋·内篇杂上》

【注释】

①正昼：白天。 ②被：通“披”。 ③正闺：宫中正门。 ④刖跪：受过刖足刑罚的人，这里指守门人。

晏子侍于景公，朝寒，公曰：“请进暖食。”晏子对曰：“婴非君奉馈①之臣也，敢辞。”公曰：“请进服裘。”对曰：“婴非君茵②席之臣也，敢辞。”公曰：“然夫子之于寡人何为者也？”对曰：“婴，社稷之臣也。”公曰：“何谓社稷之臣？”对曰：“夫社稷之臣，能立社稷，别上下之义，使当③其理；制百官之序，使得其宜④；作为辞令⑤，可分布于四方。”自是之后，君不以礼不见晏子。

——《晏子春秋·内篇杂上》

【注释】

①奉馈：进献食物。奉：献。馈：进食于人。 ②茵：垫子，褥子。 ③当：恰当。 ④使得其宜：使百官各得其所。 ⑤作为：制定。辞令：法令。

此则亦见于《说苑·臣术》。

景公新成柏寝之台①，使师开②鼓琴，师开左抚宫，右弹商，曰："室夕③。"公曰："何以知之？"师开对曰："东方之声薄④，西方之声扬⑤。"公召大匠⑥曰："室何为夕？"大匠曰："立室以宫矩⑦为之。"于是召司空⑧曰："立宫何为夕？"司空曰："立宫以城矩为之。"明日，晏子朝公，公曰："先君太公以营丘之封立城，曷为夕？"晏子对曰："古之立国者，南望南斗，北戴枢星，彼安有朝夕⑨哉！然而以今之夕者，周之建国，国之西方，以尊周也。"公蹴然曰："古之臣乎！"

——《晏子春秋·内篇杂下》

【注释】

①柏寝之台：台名，在今山东高青县境内。②师开：乐师开。师：乐师。开：人名。③室夕：房子偏向西方。夕：西。④薄：低沉。⑤扬：高扬。⑥大匠：掌管土木建筑的官吏。⑦矩：规矩。⑧司空：掌管工程的官吏。⑨朝夕：东西。

晏子使吴，吴王谓行人①曰："吾闻晏婴，盖北方辩于辞、习于礼者也。命摈者②曰：'客见则称天子请见。'"明日，晏子有事，行人曰："天子请见。"晏子蹴然。行人又曰："天子请见。"晏子蹴然。又曰："天子请见。"晏子蹴然者三。曰："臣受命弊邑之君，将使于吴王之所，以不敏而迷惑，入于天子之朝。敢问吴王恶乎存③？"然后吴王曰："夫差请见。"见之以诸侯之礼。

——《晏子春秋·内篇杂下》

【注释】

①行人：掌管朝觐聘问的官吏。②摈者：负责迎送贵宾的人。摈：通"傧"。③存：在。

景公禄晏子以平阴与槀邑①，反市者十一社②。晏子辞曰："吾

君好治宫室，民之力弊矣；又好盘游[3]玩好，以饬[4]女子，民之财竭矣；又好兴师，民之死近矣。弊其力，竭其财，近其死，下之疾其上甚矣！此婴之所为不敢受也。”

——《晏子春秋·内篇杂下》

【注释】

①平阴：地名。稾邑：当作“棠邑”，即莱邑。 ②反市：贩市，贩卖货物的集市。反：通“贩”。社：古制二十五家为社。 ③盘游：游乐。 ④饬：通“饰”，装饰，打扮。

晏子相齐，三年，政平民说。梁丘据见晏子中食[1]，而肉不足，以告景公，旦日[2]，割地将封晏子[3]，晏子辞而不受。曰：“富而不骄者，未尝闻之。贫而不恨者，婴是也。所以贫而不恨者，以善为师也。今封，易婴之师，师已轻，封已重矣，请辞。”

——《晏子春秋·内篇杂下》

【注释】

①中食：中等膳食。 ②旦日：第二天。 ③割地将封晏子：一说为“封晏子以都昌”。

景公谓晏子曰：“昔吾先君桓公，以书社[1]五百封管仲，不辞而受，子辞之何也?”晏子曰：“婴闻之，圣人千虑，必有一失；愚人千虑，必有一得。意者管仲之失，而婴之得者耶？故再拜而不敢受命。”

——《晏子春秋·内篇杂下》

【注释】

①书社：古制二十五家为社，把社内人名登录簿册，即“书社”。这里指按社登记入册的土地和人口。

晏子相齐，衣十升之布[①]，脱粟[②]之食，五卯、苔菜[③]而已。左右以告公，公为之封邑，使田无宇致台与无盐[④]。晏子对曰："昔吾先君太公受之营丘，为地五百里。为世国长[⑤]，自太公至于公之身，有数十公矣。苟能说其君以取邑，不至公之身，趣齐搏以求升土[⑥]，不得容足而寓[⑦]焉。婴闻之，臣有德益禄，无德退禄，恶有不肖父为不肖子为封邑以败其君之政者乎？"遂不受。

——《晏子春秋·内篇杂下》

【注释】

①十升之布：即十总之布，粗疏之布。 ②脱粟：糙米。 ③五卯、苔菜：清淡的菜。五卯：指成颗粒的盐。苔菜：指蔬菜。 ④台与无盐：台邑与无盐邑。 ⑤世国长：世袭诸侯国的首领。世国：世代承袭的诸侯国。 ⑥趣：通"趋"，奔向。搏：攫取。升土：指土地。 ⑦寓：寄居。

景公疥遂痁[①]，期而不瘳。诸侯之宾，问疾者多在。梁丘据、裔款言于公曰："吾事鬼神，丰于先君有加矣。今君疾病，为诸侯忧，是祝史[②]之罪也。诸侯不知，其谓我不敬，君盍诛于祝固、史嚚以辞宾。"公说，告晏子。晏子对曰："日[③]宋之盟，屈建问范会之德于赵武[④]，赵武曰：'夫子家事治，言于晋国，竭情无私，其祝史祭祀，陈言不愧；其家事无猜，其祝史不祈。'建以语康王[⑤]。康王曰：'神人无怨，宜夫子之光辅五君，以为诸侯主也。'"公曰："据与款谓寡人能事鬼神，故欲诛于祝史，子称是语何故？"对曰："若有德之君，外内不废，上下无怨，动无违事，其祝史荐信，无愧心矣。是以鬼神用飨，国受其福，祝史与焉。其所以蕃祉老寿[⑥]者，为信君使[⑦]也，其言忠信于鬼神。其适遇淫君，外内颇[⑧]邪，上下怨疾，动作辟违[⑨]，从欲厌私，高台深池，撞钟舞女[⑩]，斩刈[⑪]民力，输掠[⑫]其聚，以成其违，不恤后人，暴虐淫纵，肆行非度，无所还忌，不思谤讟，不惮鬼神，神怒民痛，无悛[⑬]于心。其祝史荐信，是言罪也；其盖失数美[⑭]，是矫诬也；

进退无辞，则虚以成媚，是以鬼神不飨，其国以祸，祝史与焉。所以夭昏孤疾者，为暴君使也，其言僭嫚⑮于鬼神。”

——《晏子春秋·外篇》

【注释】

①疥遂痁：疥且痁，即疥癣和疟疾。疥：疥癣。遂：且，和。痁：疟疾。②祝：官名，掌管祭祀之事。史：官名，掌管祭祀和记事等事。③日：从前。④屈建：字子木，春秋时期楚康王时任令尹。范会：即士会，春秋时期晋国人，因受采邑于范，又被称为范会、范武子。赵武：也称赵文子、赵孟，春秋时期晋国大夫。⑤康王：即楚康王。⑥蕃祉老寿：子孙多而福大，健康长寿。⑦信君使：诚信国君的使者。⑧颇：偏颇。⑨辟违：僻邪。辟：通“僻”。违：邪。⑩撞钟舞女：奏乐歌舞。⑪斩刈：砍割，这里指损害。⑫输掠：掠夺。⑬悛：悔改。⑭盖失数美：掩盖过失，数说好事。⑮僭：不可信。嫚：通“慢”，怠慢。

晏子治东阿①，三年，景公召而数②之曰：“吾以子为可，而使子治东阿，今子治而乱，子退而自察③也，寡人将加大诛④于子。”晏子对曰：“臣请改道易行而治东阿，三年不治，臣请死之。”景公许。于是明年上计⑤，景公迎而贺之曰：“甚善矣！子之治东阿也。”晏子对曰：“前臣之治东阿也，属托⑥不行，货赂⑦不至，陂池⑧之鱼，以利贫民。当此之时，民无饥者，君反以罪臣。今臣后之东阿也，属托行，货赂至，并重赋敛，仓库少内，便事左右，陂池之渔，入于权家。当此之时，饥者过半矣，君乃反迎而贺。臣愚不能复治东阿，愿乞骸骨⑨，避贤者之路。”再拜，便僻。景公乃下席而谢之曰：“子强复治东阿，东阿者，子之东阿也，寡人无复与焉。”

——《晏子春秋·外篇》

【注释】

①东阿：齐邑，故地在今山东东阿县东北。②数：列举罪状。③自察：自己审察，即自我检讨。④诛：责罚。⑤上计：送上记载赋税收入的账簿。

⑥属托:请托。 ⑦贷赂:贿赂。 ⑧陂池:池塘。 ⑨乞骸骨:指归隐养老。

此则亦见于《说苑·政理》。

景公问太卜[1]曰:“汝之道何能?”对曰:“臣能动地。”公召晏子而告之,曰:“寡人问太卜曰:‘汝之道何能?’对曰:‘能动地。’地可动乎?”晏子默然不对,出,见太卜曰:“昔吾见钩星在四心之间[2],地其动乎?”太卜曰:“然。”晏子曰:“吾言之,恐子死之也;默然不对,恐君之惶也。子言,君臣俱得焉。忠于君者,岂必伤人哉!”晏子出,太卜走入见公,曰:“臣非能动地,地固将动也。”陈子阳[3]闻之,曰:“晏子默而不对者,不欲太卜之死也;往见太卜者,恐君之惶也。晏子,仁人也,可谓忠上而惠下也。”

——《晏子春秋·外篇》

【注释】

①太卜:又称“卜正”,掌管占卜的官吏。 ②昔:通“夕”,夜里。钩星:古星名。四心:即天驷,二十八星宿之一。古人认为钩星在天驷的四星之间,会发生地震。 ③陈子阳:即田子阳,齐国大臣。

景公谓晏子曰:“昔吾先君桓公,予管仲狐与谷[1],其县十七,著[2]之于帛,申之以策[3],通之诸侯,以为其子孙赏邑。寡人不足以辱而先君,今为夫子赏邑,通之子孙。”晏子辞曰:“昔圣王论功而赏贤,贤者得之,不肖者失之,御[4]德修礼,无有荒怠。今事君而免于罪者,其子孙奚宜与焉?若为齐国大夫者必有赏邑,则齐君何以共其社稷与诸侯币帛[5]?婴请辞。”遂不受。

——《晏子春秋·外篇》

【注释】

①狐与谷:古齐地名。 ②著:书写。 ③申之以策:在竹策上记录下来。申:明。策:简策。 ④御:进。 ⑤共:通“供”。与诸侯币帛:用财币与诸侯打交道。

孟子谓齐宣王曰:“王之臣有托[1]其妻子于其友而之楚游者,比其反[2]也,则冻馁其妻子,则如之何?”王曰:“弃之。”曰:“士师[3]不能治士,则如之何?”王曰:“已之。”曰:“四境之内不治,则如之何?”王顾左右而言他。

——《孟子·梁惠王下》

【注释】

①托:托付。 ②反:同“返”。 ③士师:古代的司法官。

圣人有忧之,使契为司徒[1],教以人伦:父子有亲,君臣有义,夫妇有别,长幼有叙[2],朋友有信。放勋曰:劳之来之,匡之直之,辅之翼之,使自得之,又从而振德之。

——《孟子·滕文公上》)

【注释】

①契:殷代的祖先。司徒:掌管民事的官职。 ②叙:同“序”。

北宫锜[1]问曰:“周室班[2]爵禄也,如之何?”孟子曰:“其详不可得闻也。诸侯恶其害己也,而皆去其籍[3],然而轲也尝闻其略也:天子一位,公一位,侯一位,伯一位,子男同一位,凡五等也。君一位,卿一位,大夫一位,上士一位,中士一位,下士一位,凡六等。天子之制,地方千里,公侯皆方百里,伯七十里,子、男五十里,凡四等。不能[4]五十里,不达于天子,附于诸侯曰附庸。天子之卿受地视[5]侯,大夫受地视伯,元士受地视子男。大国地方百里,君十卿禄,卿禄四大夫,大夫倍上士,上士倍中士,中士倍下士,下士与庶人在官者同禄,禄足以代其耕也。次国地方七十里,君十卿禄,卿禄三大夫,大夫倍上士,上士倍中士,中士倍下士,下士与庶人在官者同禄,禄足以代其耕也。小国地方五十里,君十卿禄,卿禄二大夫,大夫倍上士,上士部中士,中士倍下士,下士与庶人在官者同禄,禄足以代其

耕也。耕者之所获,一夫百亩;百亩之粪,上农夫食九人,上次食八人,中食七人,中次食六人,下食五人。庶人在官者,其禄以是为差。”

——《孟子·万章下》

【注释】

①北宫锜:卫国人。 ②班:列,这里有规定等级的意思。 ③籍:指相关的文字档案。 ④不能:不足。 ⑤视:比。

天子适诸侯曰巡狩,诸侯朝于天子曰述职。春省耕而补不足,秋省敛而助不给。入其疆,土地辟,田野治,养老尊贤,俊杰在位,则有庆①,庆以地。入其疆,土地荒芜,遗老失贤,掊克②在位,则有让③。一不朝则贬其爵,再不朝则削其地,三不朝则六师④移之。是故天子讨而不伐,诸侯伐而不讨。

——《孟子·告子下》

【注释】

①庆:赏。 ②掊克:聚敛。 ③让:责罚。 ④六师:指天子的军队。

武王问太公曰:“王者帅师,必有股肱羽翼①,以成威神②,为之奈何?”

太公曰:“凡举兵帅师,以将为命③。命在通达,不守一术。因能受职,各取所长,随时变化,以为纲纪。故将有股肱羽翼七十二人,以应天道④。备数如法,审知命理⑤,殊能异技,万事毕矣。”

武王曰:“请问其目⑥。”

太公曰:“腹心一人,主潜谋应卒⑦,揆天消变⑧,总揽计谋,保全民命;

“谋士五人,主图安危,虑未萌,论行能⑨,明赏罚,授官位,决嫌疑,定可否;

“天文三人，主司星历[10]，候风气[11]，推时日[12]，考符验[13]，校灾异[14]，知人心去就之机[15]；

“地利三人，主三军行止形势[16]，利害消息[17]，远近险易，水涸山阻，不失地利；

“兵法九人，主讲论异同，行事成败，简练[18]兵器，刺举[19]非法；

“通粮四人，主度[20]饮食，备蓄积，通粮道，致五谷，令三军不困乏；

“奋威四人，主择材力[21]，论兵革[22]，风驰电掣，不知所由；

“伏旗鼓三人，主伏[23]旗鼓，明耳目，诡符节[24]，谬号令，闇忽[25]往来，出入若神；

“股肱四人，主任重持难，修沟堑，治壁垒，以备守御；

“通材三人，主拾遗[26]补过，应偶[27]宾客，议论谈语，消患解结[28]；

“权士三人，主行奇谲，设殊异，非人所识，行无穷之变；

“耳目七人，主往来，听言视变，览四方之事、军中之情；

“爪牙五人，主扬威武，激励三军，使冒[29]难攻锐，无所疑虑；

“羽翼四人，主扬名誉，震远方，摇动四境，以弱敌心；

“游士八人，主伺奸候变，开阖[30]人情，观敌之意，以为间谍；

“术士二人，主为谲诈，依托鬼神，以惑众心；

“方士二人，主百药，以治金疮[31]，以痊万病；

“法算二人，主计会[32]三军营壁、粮食、财用出入。”

——《六韬·龙韬·王翼》

【注释】

①股肱羽翼：人无股肱不便行事，鸟无羽翼不能飞翔。古代以“股肱”或“羽翼”来比喻辅佐之人。股肱：大腿和胳膊。　②威神：尊贵威严，神机莫测。③命：根本所在，这里指全军首脑。　④天道：天象，亦即大自然的运行规律。古人认为人事如有缺失，天道会因之生变。人事与天道相应，就能避免灾祸、顺利如意。又，古代以五日为一候，三候为一节气，一年有七十二候，共二十四

节气。根据动植物及其他自然现象变化的征候,说明每候每节气时令的变化。这也是所谓“天道”之一。这里说“股肱羽翼七十二人,以应天道”,即以七十二人应七十二候。 ⑤审:清楚。命理:这里指天道和事理。 ⑥目:细目。此指详细的编制情况。 ⑦卒(cù):通“猝”,突然,这里指突然发生的紧急情况。 ⑧揆(kuí)天:测度天象,窥知天意。揆:测度。变:灾变。古人认为灾变是上天的警告,必须顺应天意才能消弭。 ⑨行能:德行和才能。 ⑩星历:星象历数。历法与天文有关,所以星历并称。 ⑪候风气:占验风向及时气变化。候:伺望,观测。 ⑫时日:指时日的吉凶。 ⑬符验:指天降祥瑞与人事符合应验。 ⑭校:校核,考察。灾异:灾害变异等意外事件及其与人事活动的吉凶关系。 ⑮去就:离散或归向。机:这里指变化的缘由、关键所在。⑯三军:指车、骑、步三个兵种,用以代指全军。形势:地形和地势。 ⑰消息:指一消一长,或处优势,或处劣势。 ⑱简练:这里指精心选择,熟练掌握。⑲刺举:侦察检举。刺:刺探,探听。 ⑳度:计算。 ㉑材力:勇力,这里指具有勇力的人。 ㉒兵革:泛指军备或战事。 ㉓伏:通“服”,服习,熟练地掌握。古代作战时,往往以旗帜和鼓声传达号令,以指挥军队进退,大将必建旗鼓,全军以旗鼓为耳目。 ㉔符节:古代军中用以传达命令或征用军队的凭证,用竹或金属制成。 ㉕闇(yǎn)忽:突然。 ㉖拾遗:原指捡拾他人遗失之物,引申为指出尊者的失误,与“补过”同义。 ㉗应偶:应对。 ㉘结:绳结,比喻结成仇怨。 ㉙冒:冲犯,冲击。 ㉚开阖:或张或闭,任由控制。㉛金疮:金属兵刃造成的创伤。 ㉜计会(kuài):计算,总计出入。

徙齐王田市[①]为胶东王。齐将田都[②]从共救赵,入关。立都为齐王。故秦所灭齐王建孙田安[③],羽[④]方渡河救赵,安下济北数城,引兵降羽。立安为济北王。田荣[⑤]者,背梁不肯助楚击秦,以故不得封。陈馀[⑥]弃将印去,不从入关,然素闻其贤,有功于赵,闻其在南皮[⑦],故因环封之三县。番君将梅鋗[⑧]功多,故封十万户侯[⑨]。羽自立为西楚伯王,王梁、楚地九郡,都彭城。诸侯各就国。

——《汉书·陈胜项籍传》

【注释】

①田市：秦末齐国人，田儋的儿子。秦二世胡亥二年（公元前208年），秦将章邯杀齐王田儋，齐人乃立齐王建的弟弟田假为王。至项羽分封十八诸侯时，封田市为胶东王。 ②田都：秦末齐国人，本来是田儋、田荣兄弟的副将。项羽分封十八诸侯时，封田都为齐王（临淄王）。 ③田安：西楚王朝（公元前206年—公元前202年）的济北王，秦汉时期的齐国贵族。 ④羽：西楚霸王项羽。 ⑤田荣：故齐王田氏贵族，狄县（在今山东高青县东南）人。秦末农民起义后，与其兄田儋在齐地响应，恢复齐国，田荣为相国。公元前206年，田荣自立为齐王，起兵反抗项羽。不久，项羽率大军讨伐齐国。公元前205年正月，田荣兵败，溃退至平原县，为平原县民所杀。 ⑥陈馀：魏国大梁人，项羽分封诸侯王时，陈馀被封为侯，心有不满，于是联合齐王田荣，击走张耳，复立赵歇，自为代王。 ⑦南皮：故齐国城邑。 ⑧番君：吴芮，秦时番阳令也，甚得江湖民心，号曰番君。梅鋗：秦末将领，长沙王吴芮部将。 ⑨十万户侯：食邑十万户以上，号称“十万户侯”，汉代侯爵最高的一层。后来以此泛指高官贵爵。

田荣闻羽徙齐王市胶东，而立田都为齐王，大怒，不肯遣市之胶东，因以齐反，迎击都。都走①楚。市畏羽，乃亡之胶东就国。荣怒，追杀之即墨，自立为齐王。予彭越②将军印，令反梁地。越乃击杀济北王田安。田荣遂并王三齐之地。时汉王还定三秦③。羽闻汉并关中，且东，齐、梁畔④之，大怒，乃以故吴令郑昌⑤为韩王以距汉，令萧公角⑥等击彭越。越败萧公角等。时，张良徇韩，遗项王书曰：“汉王失职，欲得关中，如约即止，不敢东。”又以齐、梁反书遗羽，羽以此故无西意，而北击齐。征兵九江王布⑦，布称疾不行，使将将数千人往。

——《汉书·陈胜项籍传》

【注释】

①走：逃跑。 ②彭越：西汉开国功臣，与韩信、英布并称汉初三大名将，西汉建立后，被封为梁王。 ③三秦：泛指关中一带。公元前207年，秦王子婴退出，让秦将章邯、董翳、司马欣接管秦地，章邯为雍王，董翳为翟王，司马欣

为塞王,此即“三秦”的由来。 ④畔:同“叛”。 ⑤郑昌:秦朝时吴县县令,项羽起兵后,跟随项羽左右。公元前206年,项羽杀韩王韩成,立郑昌为韩王,以对抗汉王刘邦。 ⑥萧公角:楚汉之争时名将。 ⑦九江王布:指英布,秦末汉初名将;因被黥,又称黥布。初属项梁,后为项羽帐下的五大将之一,封九江王。刘邦起事后,英布叛楚归汉;汉朝建立后,被封为淮南王。

参考文献

原典类

(汉)班固《汉书》,中华书局1962年版。

(汉)刘向集录《战国策》,上海古籍出版社1985年版。

(汉)司马迁《史记》,中华书局1982年版。

(清)郭庆藩《庄子集释》,中华书局2004年版。

(清)焦循《孟子正义》,中华书局1987年版。

(清)王先谦《荀子集解》,中华书局1988年版。

(清)王先慎《韩非子集解》,中华书局2013年版。

(宋)朱熹《诗集传》,上海古籍出版社1980年版。

陈鼓应《庄子今注今译》,中华书局2009年版。

程俊英《诗经译注》,上海古籍出版社2004年版。

程树德《论语集释》,中华书局1990年版。

程翔《说苑译注》,北京大学出版社2009年版。

傅振伦《孙膑兵法译注》,巴蜀书社1986年版。

何建章《战国策注释》,中华书局1990年版。

黄朴民《中国古军礼的丰碑——〈司马法〉导读》,军事科学出版社2000年版。

霍印章《孙膑兵法注》,《齐文化丛书》(7),齐鲁书社1997年版。

姜涛《管子新注》，齐鲁书社 2006 年版。

孔德骐《先秦兵学集成之作——〈六韬〉导读》，军事科学出版社 2000 年版。

黎翔凤《管子校注》，中华书局 2004 年版。

李零《吴孙子发微》，中华书局 1997 年版。

李梦生《左传译注》，上海古籍出版社 2004 年版。

厉时熙《尹文子简注》，上海人民出版社 1977 年版。

梁启雄《荀子简释》，中华书局 1983 年版。

卢守助《晏子春秋译注》，上海古籍出版社 2006 年版。

骈宇骞等译注《武经七书》，中华书局 2007 年版。

屈守元《韩诗外传笺疏》，巴蜀书社 2012 年版。

上海师范大学古籍整理组校点《国语》，上海古籍出版社 1978 年版。

石光瑛《新序校释》，中华书局 2009 年版。

唐书文《六韬·三略译注》，上海古籍出版社 2012 年版。

田旭东《司马法校注》，《齐文化丛书》(7)，齐鲁书社 1997 年版。

邬国义等《国语译注》，上海古籍出版社 1994 年版。

吴九龙《孙子兵法义疏》，《齐文化丛书》(7)，齐鲁书社 1997 年版。

吴九龙主编《孙子校释》，军事科学出版社 1990 年版。

吴则虞《晏子春秋集释》，中华书局 1962 年版。

向宗鲁《说苑校证》，中华书局 1987 年版。

徐勇《六韬校注》，《齐文化丛书》(7)，齐鲁书社 1997 年版。

许富宏《慎子集校集注》，中华书局 2013 年版。

许维遹《韩诗外传集释》，中华书局 1980 年版。

许维遹《吕氏春秋集释》，中华书局 2009 年版。

杨伯峻《春秋左传注》，中华书局 1990 年版。

杨伯峻《论语译注》，中华书局 1980 年版。

杨伯峻《孟子译注》，中华书局 2010 年版。

张大可、丁德科《史记通解》，商务印书馆 2015 年版。

张觉《韩非子译注》，上海古籍出版社 2007 年版。

张觉《荀子译注》，上海古籍出版社 1995 年版。

张清常、王延栋《战国策笺注》，南开大学出版社 1993 年版。

张双棣等《吕氏春秋译注》，北京大学出版社 2000 年版。

张震泽《孙膑兵法校理》，中华书局 2014 年版。

赵守正《管子通解》，北京经济学院出版社 1989 年版。

赵蔚芝《晏子春秋注解》，《齐文化丛书》(3)，齐鲁书社 1997 年版。

赵仲邑《新序详注》，中华书局 1997 年版。

周立升《稷下七子捃逸》，《齐文化丛书》(7)，齐鲁书社 1997 年版。

周振甫《诗经译注》，中华书局 2010 年版。

朱海雷《关尹子 · 慎子今译》，浙江大学出版社 2012 年版。

研究类

程有为《中国古代人才思想史》，中州古籍出版社 1996 年版。

焦国洪《中国古代用人之道》，湖南大学出版社 1998 年版。

雷祯孝《中国人才思想史》(第一卷)，中国展望出版社 1986 年版。

李大生等《中国人才史鉴》，黑龙江人民出版社 1990 年版。

李树喜《中国人才史稿》，河北人民出版社 1983 年版。

李则之《中国古代人才观》，经济管理出版社 1997 年版。

齐秀生《社会环境与人才》，齐鲁书社 2005 年版。

齐秀生主编《举贤尚功——齐国官制与用人思想研究》，齐鲁书社 2005 年版。

王继如主编《汉书今注》，凤凰出版社 2013 年版。

谢燮正《中国人才制度史略》，吉林人民出版社 1987 年版。

张祥浩《中国传统人才思想》，江苏人民出版社 2003 年版。

朱耀廷《诸子百家论人才》，北京大学出版社 1988 年版。

朱耀廷《中国古代人才观》，新华出版社 1993 年版。

后 记

2015年2月15日，省委高校工委决定建立“山东省高校优秀传统文化与人才培养研究基地”，由山东理工大学牵头，日常办事机构设在山东理工大学齐文化研究院。4月3日，基地在山东理工大学举行了隆重的揭牌仪式。基地成立后，即着手展开相关研究，本书就是为齐文化人才思想研究而做的基础性工作。

本书按照现代人才学理论对齐文化相关人才资料进行分类编排整理，选材范围包括：(1)《管子》《晏子春秋》《荀子》《六韬》《孙子兵法》《孙膑兵法》《司马法》《尹文子》《慎子》等齐文化文献；(2)《左传》《国语》《战国策》《史记》《汉书》等史书；(3)《诗经》《论语》《孟子》《庄子》《韩非子》《吕氏春秋》《韩诗外传》《新序》《说苑》等相关古籍。

本书由山东省高校优秀传统文化与人才培养研究基地负责人张宇声教授担任主编，统稿定稿。具体编选工作由齐文化研究院部分教师共同完成，其中邱文山负责《荀子》《韩非子》部分，张杰负责《晏子春秋》《尹文子》《慎子》《诗经》《孟子》《庄子》部分，巩曰国负责《论语》《管子》《吕氏春秋》《韩诗外传》《新序》《说苑》部分，张晓明负责《六韬》《孙子兵法》《孙膑兵法》《司马法》部分，卜祥伟负责《左传》《国语》《战国策》《史记》《汉书》部分。所选原文均据通行权威版本，个别文字根据需要进行了校改。注释参考各家注本，择善而从。

本书在编撰过程中，得到了山东省高校工委副书记齐秀生同志的悉心指导，得到了山东理工大学相关领导的大力支持；齐文化研究院院长张灿贤教授一直关心、支持本书的编写工作，在此谨表示衷心感谢！

由于时间紧张，本书肯定还存在一些疏漏乃至错误，欢迎各位读者批评指正。

编者

2016年12月

图书在版编目(CIP)数据

齐文化人才资料汇编 / 张宇声主编. -- 济南 : 齐鲁书社, 2018. 1
ISBN 978-7-5333-3915-9

Ⅰ. ①齐… Ⅱ. ①张… Ⅲ. ①人才学—史料—汇编—山东 Ⅳ. ①C964. 2

中国版本图书馆 CIP 数据核字(2017)第 327606 号

齐文化人才资料汇编
QIWENHUA RENCAI ZILIAO HUIBIAN
张宇声 主编

主管单位	山东出版传媒股份有限公司
出版发行	齊魯書社
社　　址	济南市英雄山路 189 号
邮　　编	250002
网　　址	www. qlss. com. cn
电子邮箱	qilupress@126. com
营销中心	(0531)82098521　82098519
印　　刷	日照日报印务中心
开　　本	720mm×1020mm　1/16
印　　张	23
插　　页	3
字　　数	375 千
版　　次	2018 年 1 月第 1 版
印　　次	2018 年 1 月第 1 次印刷
印　　数	1–1000
标准书号	ISBN 978－7－5333－3915－9
定　　价	**58. 00 元**